Fritz Perls in Berlin 1893-1933

P H
V

Bernd Bocian, Dr. phil., Jahrgang 1954, Gestalttherapeut. Weiterbildung in Reichianischer Körperarbeit und Tiefenpsychologischer Psychotherapie. Von 1985 bis 2000 Redaktionsmitglied der Fachzeitschrift „Gestalttherapie" der DVG. Diverse Veröffentlichungen zum historischen und aktuellen Verhältnis von Psychoanalyse und Gestalttherapie. Lebt mit Frau und Tochter in Genua, Italien. Derzeitige Interessen: Psychologie der Emigrationserfahrung und Psychotraumatologie.

Bernd Bocian

FRITZ PERLS IN BERLIN 1893 - 1933

Expressionismus – Psychoanalyse – Judentum

Herausgegeben und mit einem Geleitwort
von Anke und Erhard Doubrawa

Peter Hammer Verlag
Eine Edition des Gestalt-Instituts Köln
GIK Bildungswerkstatt

Zur Erinnerung an die Emigranten
der expressionistischen Generation

Umschlaggestaltung: Magdalene Krumbeck
Herausgeber der Edition GIK im Peter Hammer Verlag:
Anke und Erhard Doubrawa
Satz: Edition GIK – Buchproduktion, Köln
Druck: AALEXX Druck GmbH, Großburgwedel
ISBN 978-3-7795-0086-5
www.peter-hammer-verlag.de

INHALT

II. Zur Aktualität der Erfahrungen der deutsch-jüdischen Großstadtavantgarde

GELEITWORT

„Jetzt scheint es mir, angesichts von Abwertungen, hingegen wieder notwendig, die Bedeutung von Fritz Perls ins Bewusstsein zu heben."
(Ludwig Frambach, Gestalttherapeut)

Fritz Perls, den kreativen Psychoanalytiker und Begründer der Gestalttherapie, lässt Bernd Bocians vorliegendes, akribisch recherchiertes und brillant leichtfüßig geschriebenes Buch in seiner Kindheit, Jugend- und Studentenzeit und seinen ersten Berufsjahren als Arzt und Psychoanalytiker für uns lebendig werden. Damit betritt Bernd Bocian Neuland und liefert einen fehlenden Mosaikstein zur *Geschichte der Gestalttherapie und der psychoanalytischen Bewegung* sowie zur *Geschichte der so genannten expressionistischen Generation*.

Das Buch zeigt Fritz Perls in seinen bislang kaum erforschten Berliner Jahren als Repräsentanten einer avantgardistischen europäischen Großstadtkultur, die durch den Nationalsozialismus vertrieben wurde und deren Lebens- wie Überlebenserfahrungen als Erbe mit in den Gestaltansatz eingegangen sind. Prägende Lebenskontexte dieser Nonkonformisten und Pioniere der Moderne waren

- das wilhelminische Patriarchat,
- die traumatischen Kriegserfahrungen,
- Revolution und Konterrevolution,
- die kulturelle Explosion in der Weimarer Republik,
- die politische Radikalisierung und die Emigration.

Der deutsch-jüdische Kontext wird von Bernd Bocian als grundlegend für das Verständnis von Person und Werk beschrieben.

Unter Benutzung von völlig neuem Archivmaterial zu Fritz Perls werden die Einflüsse des freimaurerischen Vaters, von Expressionismus, Dadaismus, kulturkritischer Psychoanalyse, Max Reinhardts Theater, der Gestaltpsychologie und des hegelianischen Marxismus detailliert dargestellt. Der hier analysierte Lebenskontext von Perls macht deutlich, dass die an Kreativität und Leid reichen Lebens- wie Überlebenserfahrungen dieser Emigrantengeneration uns noch einiges für die Zukunft zu sagen haben. Und nicht zuletzt liefert Bernd Bocian eine ausführliche Würdigung von Fritz (und Laura) Perls' Engagement im antifaschistischen Widerstand gegen das heraufkommende deutsche Naziregime. Letzteres war auch der Grund für ihre Flucht aus Nazideutschland bereits im Frühjahr 1933.

Die Bedeutung von Fritz Perls für die Gestalttherapie wird ganz unterschiedlich gewertet und gewürdigt, je nach Phase der Geschichte dieses therapeutischen Ansatzes.

Phase 1: Bis in die 1970er Jahre wurde der deutsche Arzt und Psychoanalytiker meist als *alleiniger* Begründer der Gestalttherapie angesehen. Das ist übrigens in der Außenansicht der Gestalttherapie bis heute noch so geblieben, wenn man z. B. in gängigen Lexika (auch in psychologischen!) nachsieht. Aber auch Teile der Gestalt-Bewegung nehmen den eigenständigen Beitrag seiner Frau Laura (geb. Posner, Psychologin und ebenfalls Psychoanalytikerin) kaum wahr, obwohl Laura Perls von Anfang an maßgeblich an der Entwicklung der Gestalttherapie beteiligt war. Sie leistete viel „Schattenarbeit", wie es Ivan Illich nannte. (Illich ist übrigens stark von einem anderen Mitbegründer der Gestalttherapie, Paul Goodman, beeinflusst worden.) Illich versteht unter „Schattenarbeit" diejenige Arbeit, die erforderlich ist, damit man überhaupt arbeiten kann.

Im amerikanischen Sozialphilosophen und Schriftsteller Paul Goodman – einem wichtigen Mentor der amerikanischen Schüler- und Studentenbewegung – wurde in dieser ersten Phase nur so etwas wie der „Sekretär" von Fritz Perls gesehen. In dieser Phase der Rezeption der Gestalttherapie stützte man sich vor allem auf die „Demonstrationen" der gestalttherapeutischen Arbeit in Fritz Perls' späten Jahren (z. B. im Esalen-Institut in Big Sur / Kalifornien) und seine vermeintliche Ablehnung von Theorie. Es wurde nicht beachtet, auf welchem Hintergrund Fritz Perls seine zum Teil missverständlichen Äußerungen über Theorie machte. Es ist ähnlich wie im Jazz. Ein Jazz-Musiker improvisiert. Er setzt sich von der klassischen Musik ab. Aber zu allermeist haben gerade Jazz-Musiker die Klassik gelernt. Meist von der Pike auf. Das vorliegende Buch von

Bernd Bocian zeigt, als wie prägend der intellektuelle Hintergrund von Fritz Perls für die spätere Entwicklung der Gestalttherapie angesehen werden muss. Fritz Perls war von der Pike auf Psychoanalytiker. Und er hat sich ausführlich mit den psychologischen und soziologischen Theorien sowie mit der Philosophie seiner Zeit auseinandergesetzt.

Phase 2: Bei der Suche nach theoretischer Fundierung der Gestalt-Methoden entdeckte man in den 1980er und 1990er Jahren allmählich Paul Goodman, der spiegelbildlich zu Fritz Perls die *amerikanische* Bohème repräsentierte. So wurde Goodmans eigenständiger Beitrag zunehmend gewürdigt – in Deutschland vor allem durch den Sozialphilosophen und Schriftsteller Stefan Blankertz, der schon in seiner Jugend schulkritische Schriften von Paul Goodman ins Deutsche übersetzt hat. (Vgl. u.a. S. Blankertz, Gestalt begreifen. Ein Arbeitsbuch zur Gestalttherapie-Theorie, Wuppertal 1996.)

Laura Perls' Bedeutung für die Entwicklung (und Weiterentwicklung) der Gestalttherapie hat vor allem das Gestalttherapeuten- und Verleger-Ehepaar Anna und Milan Sreckovic bekannt gemacht – und Laura Perls' erstes Buch gemeinsam mit ihr als deutsche Erstveröffentlichung herausgegeben (L. Perls, Leben an der Grenze: Essays und Anmerkungen zur Gestalt-Therapie, Köln 1989). Laura Perls steht für einen ganz bestimmten, von Fritz durchaus abweichenden Stil: für liebevolle Aufmerksamkeit, für Wohlwollen, Einfühlungsvermögen und „Support" (Unterstützung) der KlientInnen in einer sehr bodenständigen Arbeit. In Laura Perls verkörpert sich gleichsam die „mütterliche" Dimension der Gestalttherapie (L. Perls, Meine Wildnis ist die Seele des Anderen: Der Weg zur Gestalttherapie, Wuppertal 2005).

Phase 3: Man könnte fast sagen, dass Fritz Perls in der zweiten Phase der Rezeption der Gestalttherapie in Verruf geraten sei. Schon bald hatte es sich eingebürgert, negativ über den Vater der Gestalttherapie zu sprechen. Fritz, der „Rastlose", hieß es, „verlässt seine Familie, um herumzustreunen". Das hört sich heute so an, wie immer über Väter gesprochen wurde: Sie seien nie da gewesen. Natürlich nicht, denn sie waren ja schließlich weg zur Arbeit. Um Brot für die Familie heranzuschaffen. Ihr Erfolgt zahlte sich auch für letztere aus. Auch Fritz war nun gerade nicht untätig beim „Herumstreunen". Er gründete Gestalt-Institute. Er lehrte. Er machte Gestalttherapie in den 1960ern weltbekannt – von Esalen aus.

dem Zentrum der amerikanischen Human-Potential-Bewegung (F. Perls, Was ist Gestalttherapie?, Wuppertal 1998). Alle, auch Lore und Paul, haben davon profitiert. Dennoch überwiegt heute meist erst einmal die Kritik an Fritz Perls' Arbeit: Na ja, gibt man zu, Fritz sei sehr intuitiv und wirklich ein Genie gewesen. Doch sei seine therapeutische Haltung zweifelhaft. Und außerdem sei er auch noch theoriefeindlich.

Wir glauben, es ist Zeit für eine *neue* Phase: War es in den letzten zwei Jahrzehnten angebracht, Laura Perls' und Paul Goodmans Beiträge zur Gestalttherapie hervorzuheben, so scheint es nun wichtig, sich auch wieder Fritz Perls zuzuwenden. Darin stimmen wir mit dem Gestalttherapeuten Ludwig Frambach überein, dessen Satz wir als Motto für unser Geleitwort gewählt haben. Bernd Bocians Buch bietet viele Anregungen, Fritz Perls' Beitrag zur Gestalttherapie neu zu bewerten. Vor allem aber finden sich viele Ansätze darin, die über ein rein historisches Interesse auch für die Weiterentwicklung der Theorie und Praxis der Gestalttherapie *heute* von Bedeutung sind.

Wir wünschen dem Buch von Bernd Bocian die Beachtung, die seine bahnbrechende Arbeit verdient.

Köln, im Februar 2007

Anke und Erhard Doubrawa
Gestalt-Institut Köln / GIK Bildungswerkstatt
www.gestalt.de

VORWORT UND DANKSAGUNG

Dieses Buch ist nicht nur die erste biographische Arbeit über die vierzig Lebensjahre, die Friedrich Salomon („Fritz") Perls in Berlin verbracht hat und somit ein Buch über die Vorgeschichte der Gestalttherapie, sondern es enthält zugleich ein Stück Geschichte der sogenannten expressionistischen Generation. Die prägende Lebenszeit dieser gesellschaftlichen Außenseiter und Pioniere der Moderne reicht vom Trauma des ersten Weltkriegs, über die Jahre der Weimarer Republik, bis zur Emigration aus Nazideutschland. In Perls' Leben werden exemplarisch die an Kreativität und Leid reichen Erfahrungen dieser Generation sichtbar. Mit der Beschreibung der Berliner Jahre von Perls, liefere ich zudem einen fehlenden Mosaikstein zur Sozial- und Geistesgeschichte der psychoanalytischen Bewegung. Perls kam vom linken Flügel des Berliner Institutes und gehörte als Psychoanalytiker zu den „Nonkonformisten, Häretikern und risikobereiten Wahrheitssuchern" (Dahmer). Bis an sein Lebensende blieb er ein kreativer und unbequemer Selbstdenker, eine Spezies, deren Verschwinden aus den psychoanalytischen Organisationen nicht nur Anna Freud nach der Emigration beklagt hat. Für ein tiefgehendes Verständnis der Person Perls und des hier behandelten historischen Kontextes halte ich eine Kenntnis der sozialen wie psychologischen Phänomene, die mit dem Begriff und Erfahrungsmodus „deutscher Jude" gemeint sind, für unabdingbar. Der persönliche wie inhaltliche Beitrag der deutschen Juden zur expressionistischen Bewegung war bedeutend und die psychoanalytische Bewegung wurde damals fast komplett von ihnen getragen. Hinzu kommt, dass zentrale theoretische Positionen von Perls, wie beispielsweise die positive Bewertung von Autonomie und die kritische Einstellung gegenüber Konfluenzphänomenen, überhaupt nur vor diesem Hintergrund verstehbar sind.

In den hier beschriebenen Berliner Jahren von Perls spiegelt sich die faszinierende und letztendlich tragische Geschichte einer avantgardistischen europäischen Großstadt-Kultur. Ihre Protagonisten sind ab 1933 aus Deutschland und Europa geflohen, sind von dort vertrieben worden oder wurden getötet. Fritz Perls und seiner Frau Lore ist es gelungen, der Zerstörung dieser Kultur und ihrer Träger zu entkommen und viele ihrer Lebens- und Überlebenserfahrungen, die einen bleibenden Wert für die Zukunft haben, in ihren therapeutischen Ansatz zu integrieren und somit aufzubewahren. Als europäischer und speziell als deutscher Gestalttherapeut, war es mir sowohl eine innere Verpflichtung als auch eine Herzensangelegenheit, am Beispiel von Fritz Perls an diese Kultur, an diese Emigranten, an diese Menschen zu erinnern.

Ich danke Erhard und Anke Doubrawa sowie dem Hammer Verlag für die Möglichkeit, diese Arbeit einem interessierten Publikum zugänglich zu machen. Des Weiteren danke ich Hartmut Frech und Regine Reichwein dafür, dass ich eine erste Form dieser Arbeit als Dissertation an der TU-Berlin vorlegen konnte. Die hier vorliegende, wesentlich erweiterte und umgearbeitete Fassung, habe ich mit zusätzlichen Fußnoten versehen, die wichtige Erläuterungen und Informationen enthalten.

Besonders herzlich möchte ich den unten aufgeführten Personen danken, die mir konkret in den Jahren der Suche und Forschung geholfen haben, insbesondere den zahlreichen psychoanalytischen Kollegen und Kolleginnen unter ihnen, die mich mit einer unerwarteten Selbstverständlichkeit, Offenheit und Generosität unterstützt haben.

Mein letzter Dank gilt meiner italienischen Frau Gabriella und meinem Töchterchen Mirta, die ein Stück zusammen mit diesem Buch aufgewachsen ist.

Genua, im September 2006

Bernd Bocian

Die Personen, die mich bei der Suche und Beschaffung von biographischem und zeithistorischem Material unterstützt haben, waren:

Mitchel G. Ash, Berlin / Wien
Andreas Bocian, Münster
Gerhard Brändle, Pforzheim
Frau Bruckmann, Berlin
Dieter Essig, Pforzheim
Ernst Federn, Wien
Hildegard Feidel-Mertz, Frankfurt
Volker Friedrich, Hamburg
Rainer Funk, Tübingen
Birgit Gregor-Jerke, Berlin
Sabine Hank, Berlin
Ludger M. Herrmanns, Berlin
Michael Hubensdorf, Berlin / Toronto
Alfred Hübner, Pforzheim
Dagmar Kicherer, Freiburg
Helga Krohn, Frankfurt
Michael Laier, Frankfurt
Herr Lockemann, Berlin
Regine Lockot, Berlin
Kurt Mühlberger, Wien
Thomas Müller, Berlin
Bernd Nitzschke, Düsseldorf
Johannes Reichmayer, Wien
Hans J. Rothe, Frankfurt
Channa Schütz, Berlin
Milan Sreckovic, Nizza
Anna Sreckovic, Nizza
Albrecht Goetz von Olenhusen, Freiburg

ERINNERUNGSARBEIT UND AKTUALITÄT

„Unsere Geschichte ist der Hintergrund unserer Existenz; sie ist nicht eine Anhäufung von Fakten, sondern das Protokoll darüber, wie wir zu dem wurden, was wir sind“ (Fritz Perls 1979, 76).

„Nur jenes Erinnern ist fruchtbar, das zugleich an das erinnert, was noch zu tun ist“ (Ernst Bloch 1985, 516).

Fritz Perls, der allgemein als Begründer der Gestalttherapie gilt, ist als eine Art Guru der amerikanischen *counter-culture* Bewegung an der amerikanischen Westküste, Ende der sechziger Jahre des letzten Jahrhunderts, berühmt geworden. Er hat sich, die Konventionen der etablierten Psychotherapie und allemal die der freudianischen Psychoanalyse seiner Zeit transzendierend, in existentielle Begegnungen mit seinem Gruppenklientel gewagt, mit seiner Art der direkten Kommunikation Heil und Schaden angerichtet und auf jeden Fall das Interventionsspektrum von Therapie erweiterte. Kaum einer hat sich seine Erscheinung einmal als Figur vor dem Hintergrund eines damals schon über siebzigjährigen Lebens angeschaut. Wer das tut, findet heraus, dass so manche anscheinend oberflächlich klingende Formulierung, so mancher kaum erläuterte theoretische oder praktische Ansatz, sich aus einem an Überlebenserfahrung wie theoretischer Rezeption reichen Leben speist.

Hinter dem „dirty old man“, wie Perls sich manchmal selber nannte, der sich in seinen letzten Lebensjahren äußerlich als eine Mischung aus Rabbi, Weihnachtsmann und Rasputin, mit weißem Rauschebart und Latzhose präsentierte und dessen Begräbnisfeier 1971 in San Francisco einem alten Hippykönig alle Ehre gemacht hätte, findet sich das Leben des 1893 in Berlin in einer jüdischen Familie geborenen Friedrich Salomon Perls.

Perls hat in bedeutenden medizinischen Einrichtungen eine Fachausbildung zum Nervenarzt durchlaufen und ist in Berlin und Wien, seinerzeit den international wichtigsten Zentren dieser Zunft, zum freudianischen Psychoanalytiker ausgebildet worden. Er war für einige Jahre offizieller Lehranalytiker der Internationalen Psychoanalytischen Vereinigung (IPV) und ist als ein erfahrener Kliniker anzusehen. Hinter dem populär gewordenen Bild des Exzentrikers von der amerikanischen Westküste, findet sich ein Mann, der bis an sein Lebensende als Vertreter der sogenannten expressionistischen Generation zu erkennen war, der intellektuell in den Kreisen der Berliner Bohème „aufwuchs", der Expressionismus, Dada und die Hinwendung der Kunstavantgarde zur revolutionären Linken miterlebte und mitmachte. Fronteinsatz und Kriegstrauma, Antisemitismus, Bedrohung, Flucht und Holocaust sind weitere wichtige biografische Einflussfaktoren. Das „eingehende Studium dieses durch zwei Weltkriege und Emigration zerfurchten Lebens und von allen typischen Zeitströmungen bewegten Denkens"[1] hat mir Respekt vor den Lebenserfahrungen des alten Mannes und des von ihm wesentlich inspirierten Ansatzes eingeflösst.

Zentrale Haltungen, Theorien und Methoden der Gestalttherapie stehen für mich in der durch die Nationalsozialisten vertriebenen Tradition der Berliner Kulturavantgarde der Jahre der Weimarer Republik.[2] Was mit Fritz[3] Perls 1933 aus Deutschland geflohen ist, sind im Kern die Erfahrungen der sogenannten expressionistischen Generation. Zudem ist die Entstehungsgeschichte des Gestaltansatzes als therapeutisches Verfahren Teil der Geschichte der Psychoanalyse im deutschsprachigen Kulturraum und insbesondere der Emigrationsgeschichte der Freudianischen Psychoanalyse. Für die Historiker der Psychoanalyse existiert Perls als Kandiat des Berliner Institutes nicht und auch die Tatsache, dass er für einige Zeit offiziell eine Lehranalytikerstelle für die IPV in Südafrika innehatte, wird nicht zur Kenntnis genommen. Insofern füllt mein Buch auch eine Lücke in Bezug auf die Geschichte der Psychoanalyse der Vornazizeit und ich habe vor, mich in einer weiteren Arbeit mit den ersten Emigrationsjahren von Perls zu befassen und in diesem Zusammenhang auch die Gründe für den Entzug der Lehrerlaubnis durch die IPV zu recherchieren und zu analysieren.

An anderer Stelle habe ich mich eingehend mit der Entwicklung der Gestalttherapie aus der Revision der Freudschen Theorie, Methode und Kulturkritik durch das dissidente Psychoanalytikerpaar Fritz und Lore Perls beschäftigt (vgl. Bocian 2000). Ich hoffe, in dieser Arbeit ist auch deutlich geworden, dass für die Gestalttherapie begründeter Anlass besteht, in Theorie und Praxis Anspruch auf das Erbe einiger kreativer und von der Orthodoxie damals ausgegrenzter Psychoanalytiker zu erheben.[4] Die Psychoanalyse als Wissenschaft vom Menschen gehört niemandem (vgl. Cremerius 1992, 34) und sie ist im Sinne von Perls bis heute als ein „Forschungs-Projekt" (Perls 1981, 151f) zu betrachten. Von daher gestehe ich niemandem Definitionsmacht in diesem Bereich zu und es besteht für mich kein Anlass, das Erbe der psychoanalytischen Freigeister, von denen die Perls' lernten oder mit denen sie zusammenarbeiteten, den „offiziellen" Vertretern der Freudschen Schule zu überlassen. Im Rahmen der vorliegenden Arbeit werde ich auch auf die Anfänge der kulturkritischen psychoanalytischen Traditionslinie hinweisen, die über Otto Gross ihre Wirkung im expressionistischen Milieu ausgeübt hat und auf der meiner Ansicht nach auch die Gestalttherapie liegt.

Bezogen auf den Fakt, dass Perls Emigrant war, schließe ich mich der Auffassung von Peters in seinem Buch „Psychiatrie im Exil" an, dass es wenig Erinnerung an die Emigranten gibt. Im Sinne von Peters bemüht sich auch mein Buch darum „einen kleinen Teil der notwendigen Trauerarbeit zu leisten, ein kleines Teilchen zu einer Saveur diachronique zu liefern und so dem beklagten spurlosen Verschwinden der Emigranten aus der deutschen Geschichte ein wenig entgegenzuwirken" (Peters 1992, 397).

Erinnern werde ich am Beispiel von Fritz Perls auch an den bleibenden Wert spezifischer Lebenserfahrungen deutscher Juden und damit an einen Bestandteil deutscher Kultur, der wohl unwiederbringlich vertrieben, vernichtet und verloren ist. Von Bedeutung in diesem Zusammenhang ist, dass es gerade die Berliner Kulturavantgarde war und hier noch einmal verstärkt die deutschen Juden unter ihnen, die sich in eine bürgerlich-humanistische europäische Kultur eingebettet sah und dies auch durch ihre direkten persönlichen und professionellen internationalen Kontakte in den Jahren der Weimarer Republik legitimierte.

Wenn ich Perls als deutschen Juden betrachte und bezeichne, eine Etikettierung, deren Berechtigung ich an späterer Stelle diskutieren werde, so geht es mir an dieser Stelle im Sinne Rürups darum, die betroffenen Menschen nicht lediglich als Objekte und Opfer, sondern auch als „Mithandelnde und Mitgestaltende der deutschen Geschichte" (Rürup in Bundeszentrale 1991, 59) zu beschreiben. Rürup nennt die deutsch-jüdische Beziehungsgeschichte eine „große, in mancher Hinsicht einzigartige Geschichte, die abrupt und schrecklich endete und die so vollständig zerstört wurde, dass auch ihre Spuren in der Geschichte verwischt wurden" (ebd.). Robert B. Goldmann, ein in New York lebender „Vorkriegsjude" (Goldmann 1999, 10), hat nach dem Tod des Vorsitzenden des Zentralrates der Juden in Deutschland, Ignaz Bubis, in der Frankfurter Allgemeinen Zeitung eine ähnliche Position vertreten. Vor dem Hintergrund, dass von der Geschichte der europäischen Juden, und damit in der Regel auch von der Geschichte der Juden aus dem deutschen Sprachraum, in Amerika fast ausschließlich ihre Flucht, Vertreibung und Tötung wahrgenommen wird, plädiert er für ein „Bildungswesen, in dem die Geschichte der deutschsprachigen Juden Zentraleuropas ein wichtiges Thema ist" (ebd.). Es geht Rührup und Goldmann, ebenso wie Hermand (1996) und Mosse[5] darum, das kreative jüdische Leben im Verlauf der deutschen Geschichte nicht der Vergessenheit anheimfallen zu lassen. Die Entstehung der Gestalttherapie bietet sich hier meiner Ansicht nach als ein gutes Exempel an, weil in ihr etwas vom humanistischen europäischen Geist, von den persönlichen Grenzerfahrungen und den Überlebensstrategien der Träger dieser Kultur fortlebt.

Von einer deutsch-jüdischen Kultur kann allerdings nur einseitig in Bezug auf die Mehrheit der damals in Deutschland lebenden Juden gesprochen werden und Bezeichnungen, wie die von der großen und einzigartigen Beziehungsgeschichte, sind zu relativieren. Ein Interesse von deutscher Seite an einer Begegnung oder einem Dialog mit dem Judentum gab es praktisch nicht. Die Juden, die sich in die deutsche Gesellschaft und Kultur assimilierten, ließen ihr Judentum, wie die Katholiken und Protestanten, zu einer Konfession werden. Sie waren seit der Emanzipation im Besitz der Bürgerrechte, durch ihre Assimilation wurden sie Mitglieder der deutschen Gesellschaft und verstanden sich dementsprechend als Deutsche jüdischen oder mosaischen Glaubens. Traverso hat noch einmal sehr vehement darauf hingewiesen, dass die Emanzipation zwar die separierte und sich separierende jüdische „Nation" aufgelöst hat, dass aber auf Grund der in Deutschland existierenden Unterscheidung zwischen Staats- und Volkszugehörigkeit, diesem mehrheitlich freiwilligen Verzicht nicht die Zugehörigkeit zum „Deutschtum" folgte, auch wenn ein Teil der Assimilierten dies subjektiv so empfand. „Ob sie sich dessen bewusst waren oder nicht, die assimilierten Juden lebten in einer Art Niemandsland" (Traverso 1993, 9). Von der viel und kontrovers diskutierten deutsch-jüdischen Symbiose kann lediglich in Bezug auf eine zahlenmäßig kleine, in ihrer Wirkung aber einflussreichen Gruppe von Außenseitern gesprochen werden, in der die nationale, soziale oder religiöse Herkunft keine Rolle spielte (vgl. Gay 1989b, Hermand 1996, Mosse 1992, Scholem 1995, Traverso 1993). Perls gehörte für mich zu dieser Gruppe oftmals nonkonformistischer Menschen, deren Weltsicht vor dem Hintergrund der europäischen Aufklärung durch die Lebensphilosophie geprägt war, die von der Welterfahrung her zur expressionistischen Generation gehörten und sich spätestens nach der deutschen Novemberrevolution 1918 politisch linksliberal bis linksextrem orientierten. In den Jahren der Weimarer Republik, dieser „Republik der Außenseiter" (Gay 1989a), wurde die durch sie geschaffene Avantgarde-Kultur, zwar nicht dominierend, aber einflussreich und von Erfolg gekrönt, bis ihre Protagonisten verjagt und vertrieben wurden und außerhalb Deutschlands der Mythos der Kultur der Weimarer Republik und insbesondere der „wilden zwanziger Jahre" in Berlin entstand. Der Grundstoff der Gestalttherapie ist für mich aus dem geistigen und kulturellen „Material" dieser Jahre gemacht und Fritz wie Lore Perls haben mit der Entwicklung der Gestalttherapie so manches aus dieser Kultur über die deutsche Landesgrenze hinaus in die Welt gerettet.

Die sogenannte expressionistische Generation, diese gesellschaftlichen Außenseiter und Pioniere der Moderne, erlebten und erlitten den sich in Deutschland und speziell in der Metropole Berlin rasant durchsetzenden Modernisierungsprozess am bewusstesten. Auf vorgeschobenem Posten versuchten sie damals mit dem umzugehen, was von aktuellen Zeitdiagnostikern[6] als Chance und Gefahr für die Identitätsbildung der Menschen in den postmodernen oder globalisierten Industrienationen benannt wird. Gemeint sind hier Phänomene wie die Pluralität der Weltdeutungen und Sinngebungen, sowie die Auflösung der traditionellen sozialen wie familiären Einbindungen, die dem Individuum den Raum für die Möglichkeit einer individuellen Lebensgestaltung bereitstellen und es gleichzeitig dem Zwang und den Risiken einer eigenverantwortlichen Selbstkonstruktion unterwerfen. Damals betraf dies eine kleine Gruppe, eben die Avantgarde, heute stellen sich diese „riskanten Freiheiten" (Beck) einem wachsenden Teil der Bevölkerung. Vor diesem Hintergrund stellt sich für mich der Entwurf der Gestalttherapie als ein Antwortversuch auf die Bedrohungen und Chancen eines Prozesses sozialpsychologischer Veränderungen dar, der andauert und seitdem immer größere Teile der Gesellschaft erfasst hat. Die Gestalttherapie trägt Erfahrungen in sich, die sowohl eine Ganzheitsutopie enthalten als auch Erfahrungen im Umgang mit Brüchen, Dissoziationen und Identitätsbedrohungen. Es handelt sich um einen durch konkrete Individuen betriebenen Antwortversuch auf die allgemeinen Anforderungen der Moderne sowie auf ihre speziellen deutschen Auswüchse.

Ich werde im Folgenden zurückschauen auf die Entstehungsgeschichte der Gestalttherapie, die eng mit der Lebens- und Emigrationsgeschichte von Fritz und Lore Perls verknüpft ist. Wenn auch Fritz Perls, Lore Perls und Paul Goodmann, diese „mènage à trois", wie Lore Perls sie nannte, gemeinsam als Begründer der Gestalttherapie anzusehen sind, so bleibt F. Perls für mich doch der „geistige Hauptinitiator" (Frambach 1996, 44).[7] Ohne Fritz Perls hätte es die Gestalttherapie nicht gegeben, in gewisser Weise war sie sein „Baby", und er war es auch, der dieses „Baby" in der Welt bekanntgemacht hat.

Die in diesem Buch untersuchte Zeit umfasst mehr als die Hälfte von Perls' Leben und die ersten vierzig Jahre eines Menschenlebens beinhalten wohl alle wichtigen Einflüsse auf die Persönlichkeitsbildung, in mehr oder weniger ausgeprägter Form. Bisher liegt keine gesonderte Arbeit der deutschen Lebensphase von Fritz Perls vor, die über die von ihm selber bzw. seiner Frau in den publizierten Büchern und Interviews gegebenen Informationen hinausgeht.[8] Die Biographie von Shepard (1975) fügte dem bis dahin vorliegenden Material für die deutsche Zeit nichts hinzu, was genauso für die fast zwanzig Jahre später erschienene Arbeit von Clarkson und Mackewn (1995) gilt. Die Anmerkung von Shepard, dass Material über die „formative years" (Shepard 1975, xc) in Deutschland unter anderem wegen der Schoah nicht zugänglich gewesen wäre, kann ich nicht bestätigen. Es scheint eher so zu sein, dass bisher von niemandem recherchiert wurde und sich bisher auch niemand in den zeitgeschichtlichen Kontext der deutschen Vorgeschichte der Gestalttherapie eingearbeitet hat. Die Arbeit von Gaines (1979) bleibt wertvoll, da er in seiner umfangreichen Sammlung von persönlichen Erinnerungen an Perls auch wichtiges biographisches Material konserviert hat.[9]

Die vorliegende Arbeit folgt in Bezug auf die Analyse der Figuration[10] von persönlicher Lebenserfahrung und Theorieproduktion bei Fritz Perls einer Fragestellung, die Plöger in seinem Artikel über methodische Probleme und Perspektiven der Biographieforschung für die vorliegende Untersuchung terminologisch äußerst passend auf den Punkt gebracht hat: „Wie ist diese Gestalt entstanden?“ (Plöger in Dickow Hg. 1988, 94). Bei der Antwort auf diese Frage betrachte ich, entsprechend der hermeneutischen Tradition, die speziell durch Fritz Perls repräsentierten Konzepte des Gestaltansatzes als symbolgewordene Praxis, als in Texten „geronnenes Leben“. Dieses Leben, seinen zeithistorischen Kontext mit seinen politischen, kulturellen und intellektuellen Einflüssen, sowie die in seinem Verlauf geleisteten subjektiven Lern-, Anpassungs- und Verarbeitungsmechanismen, versuche ich durch die Auswertung der vorhandenen Quellen und des neuen Materials nachzuvollziehen und zu deuten. Entsprechend dem gestalttherapeutischen „Kontext Prinzip“ (Perls et. al. 1991, 194) bette ich die einzelnen biographischen Lebenserinnerungen in den lebensweltlichen Hintergrund ein, der ihnen Sinn verleiht. Dazu habe ich auch bisher unbekanntes und unveröffentlichtes biographisches Material aus deutschen und österreichischen Archiven und Bibliotheken benutzt, sowie Auszüge aus dem privaten Briefwechsel[11] zwischen Fritz Perls und Lore Perls aus dieser Zeit.

Die Interpretation von Lebensgeschichten bleibt immer unabgeschlossen, zugleich aber erschließt jeder neue Blick auf ein Leben bisher Ungesehenes oder auch Vergessenes. Hilfreich zur Vermeidung einer rein subjektiven Deutung von Perls' Biographie war mir, außer der Analyse des komplexen historischen Lebensfeldes, das Hinzuziehen publizierter Lebenserinnerungen von Personen, die Zeitgenossen von Perls waren und sich in einem ähnlichen, teilweise dem selben Lebensfeld wie er bewegten. Im Vergleich ergab sich, dass aus den sich ähnelnden Lebenserfahrungen Schlüsse gezogen wurden, die in die gleiche Richtung weisen. Bei meinem Herangehen folge ich grundsätzlich der von Peter Gay so genannten „horizontalen Sichtweise“, die er bei historischen Betrachtungen von der „vertikalen Sichtweise“ unterschieden hat. Es ist für Gay ein legitimes Vorgehen, vertikale Verknüpfungen vorzunehmen und historische Geschehnisse „zur schlüssigen Erklärung späterer Verbrechen“ (Gay 1989b, 29) zu benutzen, also etwa historische Ereignisse in Deutschland aus dem Blickwinkel der Schrecken des Nationalsozialismus zu betrachten. Die in der vorliegenden Arbeit bevorzugte horizontale Betrachtungsweise konzentriert sich auf die von den Individuen erlebten Erfahrungen. Diese Herangehensweise liegt der für den Gestaltansatz typischen „kontextuellen Methode“ (Perls et. al. 1991, 26) näher, bzw. dem, was Perls und Goodman als „Gestaltanalyse“ (ebd., 14)[12] bezeichnet haben. In gestaltpsychologischer Tradition wird hierbei davon ausgegangen, dass jedes Subjekt die seinen Feld- und Erfahrungsbedingungen entsprechende Überzeugung hat und Wirklichkeit immer subjektiv im aktuellen Lebensfeld konstruiert wird. Gay betont entsprechend, dass die horizontale Betrachtungsweise ihr Augenmerk auf die damalige Gegenwart der Individuen richtet, die für sie alles andere war „als eine potentielle Schreckenskammer. Sie war ein blühendes, schwirrendes Durcheinander voller Konflikte und Ungewissheiten und Freuden. Ihre Gegenwart war das, was die Gegenwart immer ist: verwirrend und üppig in ihren unleserlichen, oft widersprüchlichen Parolen“ (ebd., 30).

Unvermeidlich ist an dieser Stelle die Feststellung, dass der Blickwinkel des Forschenden immer beschränkt und durch sein subjektives Interesse mitbestimmt bleibt. Der Autor einer biographischen Arbeit erhofft sich „nicht nur einen Zuwachs an Kenntnis von der Welt, sondern auch ein vermehrtes Wissen über sich selbst“ (Schwarze 1987, 11). Die Beschäftigung mit dem Leben eines anderen Menschen ist wohl auch immer ein „Prozess der Selbsterkenntnis im anderen“ (ebd.).[13]

I.
BIOGRAPHISCHE BAUSTEINE

1. PRÄGENDE LEBENSKONTEXTE: KRIEG – EXPRESSIONISMUS – PSYCHOANALYSE

Im Jahr 1893 wurde in Berlin Friedrich Salomon Perls als drittes Kind und einziger Sohn einer jüdischen Familie aus dem Osten des deutschen Reiches geboren. Diese Herkunft und dieses Datum stellt ihn in einen bestimmten sozialen und geschichtlichen Kontext. Wenn gefragt wird, was die Generation von Perls an prägenden gesellschaftlichen Einflüssen aufgenommen hat, so möchte ich, natürlich aus einem fokussierten Blickwinkel heraus, der sich aus meiner Kenntnis seines weiteren Lebensverlaufes herleitet, folgende wichtige Einflussbereiche nennen.

1.) Fritz Perls gehörte zu der in den achtziger und neunziger Jahren des 19. Jahrhunderts geborenen sogenannten Frontgeneration. Diese Menschen erlebten in ihren Jugendjahren die Aufschwungseuphorie und die Zukunftsängste der Jahre vor dem ersten Weltkrieg und gehörten zu den „am meisten und längsten zur Front eingezogenen Jahrgängen, waren also in besonderem Sinne Frontgeneration“ (Peukert 1987, 30). Die jungen Männer sammelte ihre politischen Erfahrungen, sowie die meist um die Kriegsdienstjahre hinausgezögerten Erfahrungen in Bezug auf Familiengründung und Berufsleben, in der Regel erst nach dem Krieg (vgl. Peukert ebd.).

Zudem hat das Kriegserlebnis wohl kaum einen Soldaten ohne traumatische Erfahrung aus den zerschossenen und leichenüberfüllten Schützengräben nach Hause zurückkehren lassen. Dieses „zu Hause“ bestand allerdings nach der Revolution und dem Zusammenbruch der alten kaiserlich-imperialen Welt nicht mehr aus der gewohnten gesellschaftlichen Ordnung und ihren spezifischen Werten. Der größte Teil der aus dem bürgerlichen Milieu stammenden jungen Kriegsteilnehmer hat als Reaktion auf die Kriegserlebnisse, auf die Erfahrung der Kriegsniederlage und die enttäuschten Größenphantasien, sowie den Verlust der althergebrachten gesellschaftlichen und menschlichen Orientierungen, neuen Halt in den rechten völkischen Ideologien gesucht und gefunden. Perls' Reaktionsmodus verlief anders und wurde hierbei entscheidend durch seine Sozialisation in den Berliner Bohème Kreisen mitbestimmt.

2.) Aus der Frontgeneration stammten viele Vertreter der Avantgarde-Kultur der Weimarer Republik. Diese Bewegung von Neuerern schuf am Rande der etablierten Einrichtungen Werke von bleibender Wirkung und war „Ort eines echten Bündnisses zwischen Juden und Deutschen, die sich auf dem Terrain einer gemeinsamen Revolte begegneten" (Traverso 1993, 53). Der schon im Kaiserreich wirkende grundlegende Einfluss war der Expressionismus, der als ein Epochenbegriff die Zeit von 1910 bis maximal 1925 umschließt (vgl. Vietta 1994). Die sogenannte expressionistische Generation war „unter dem Erlebnis zerstörter Tradition und verlorener Identität chaotisch zerrissen" (Glaser 1976, 200). Nach dem ersten Weltkrieg fand sich dieser Teil der Frontgeneration in der Revolte wieder, suchte den „neuen Menschen" in einer sozialistischen „Brüdergesellschaft", jenseits der patriarchalischen Gesellschaftsordnung und des bekämpften patriarchalischen Vaters, jenseits der Selbstzwangmechanismen des Über-Ich und der gesellschaftlichen Untertanenmentalität.

Wichtig ist mir an dieser Stelle der Interpretationsansatz von Vietta (1994), der die vielfältigen künstlerischen Stile und Erscheinungsformen dieser Zeit durch das Herausfiltern eines inneren Zusammenhangs zu fassen versucht. Das Kennzeichen der expressionistischen Epoche ist für Vietta die Dialektik von persönlich erlebter Ichdissoziation und der Sehnsucht nach Menschheitserneuerung, bzw. von Entfremdungserfahrung und messianischem Aufruf zur Wandlung des Menschen (vgl. ebd., 22). So gesehen meint Expressionismus im Kern nicht den eigentlichen künstlerischen Akt, sondern eine spezifische Ich- und Welterfahrung.[14] Diese Erfahrung ist, wie ich zeigen werde, auch bei Perls zu finden, der sich in den betreffenden Jahren in den hier gemeinten Künstler- und Bohèmekreisen bewegt hat.

In diesen Kreisen wurde Philosophie und Erkenntniskritik oftmals nicht im eigentlichen Sinne studiert, sondern weitgehend durch „Osmose" aufgenommen und „existentiell antizipiert" (ebd., 151). Die philosophische Grundlage der expressionistischen Gruppierungen (eigentlich aller oppositionellen Kreise von links bis rechts) war die Lebensphilosophie, die speziell in der Gestalt Nietzsches ein Synonym für eine antibürgerliche Haltung und die Kritik am wilhelminischen Wertesystem war. Auf diese philosophische Grundlage wird einzugehen sein, ebenso wie auf den prägnantesten Ausdruck der sich antibürgerlich verstehenden Avantgarde-Bewegung, soweit sie sich im Bereich der gelebten Kunst bzw. philosophischen Aktion abgespielt hat. Gemeint ist hier der Berliner Dadaismus, mit dem Perls durch seinen ersten „Guru" Salomo Friedlaender / Mynona in Verbindung stand (vgl. Erlhof in Hausmann, 228; Exner 1996, 264f). Als einer der ganz wenigen hat Perls, der im Sinne von Sloterdijk (1983b, 711f) durchaus ein Nachfolger des Diogenes, ein Neo-Kyniker war, die dadaistische Haltung bis an sein Lebensende beibehalten. Dada war für den in unserem Zusammenhang wichtigsten Vertreter der Dadagruppe, Raoul Hausmann, ein „Lebenszustand, mehr eine Form der inneren Beweglichkeit als eine Kunstrichtung" (Hausmann 1982b, 229). Ich werde Perls, posthum, zum ersten und einzigen Gestalt-Dada erklären.

3.) Darüber hinaus gehörte Perls zu der sehr kleinen Gruppierung der „linkspolitisch orientierten Freudianischen Psychoanalytiker" (Jacoby 1990, 65), die ich hier auch, mit Bezug auf ihre behandlungstechnischen Innovationen, als Berliner Charakteranalytiker[15] bezeichnen möchte. Auch diese Gruppierung, deren Mitglieder zumeist um die Jahrhundertwende geboren wurden, befand sich mitten in ihrer beruflichen Entwicklung, als der Nationalsozialismus sie ins Exil trieb. Mit ihnen verlor die freudianische Psychoanalyse, deren Schwerpunkt sich nun von Europa nach Amerika verlagerte, ihre gesellschafts- und kulturkritischen Anteile für Jahre.[16] In diesem Zusammenhang werde ich an den anarchistischen Psychoanalytiker Otto Gross erinnern, der als Vorläufer der linken Freudianer schon vor dem ersten Weltkrieg für den Einfluss der Psychoanalyse, allerdings in radikal kulturkritischer Form, in den Bohèmekreisen von München und Berlin gesorgt hat. Wie viel von diesem fast Vergessenen (auch bis in die Gestalttherapie hinein) weitergewirkt hat, wird aufzuzeigen sein. Meiner Ansicht nach hat der Ende der vierziger Jahre mit dem anarchistischen Schriftsteller Paul Goodman gemeinsam konzipierte Entwurf der Gestalttherapie, einiges von den in Berlin begonnenen Versuchen der Entwicklung einer sozialkritischen, aktiven, emotionsorientierten und die Körpersprache stärker einbeziehenden Psychoanalyse fortgeführt.

Perls' deutscher Lebensweg ist durch alle prägenden Etappen gegangen, die für die sich antibürgerlich verstehende linke Großstadtintelligenz typisch war: Das Aufbegehren gegen das erstickende häusliche wie gesellschaftliche Patriarchat der wilhelminischen Gesellschaft; die traumatischen Erfahrungen des ersten Weltkrieges; die deutsche Novemberrevolution und blutige Konterrevolution; die Jahre der Erfolge der Kulturavantgarde; politische Radikalisierung und schließlich die Emigration. Seine mit der Berufsausbildung zusammenhängende Teilhabe an der kleinen Bewegung der Linksfreudianer ist dem hinzuzufügen.

Alle diese Einflussfaktoren müssen bei Perls und bei vielen Protagonisten mit diesem Hintergrund, ergänzt werden durch das Faktum, dass er als Kind jüdischer Eltern in Deutschland geboren wurde. Auf Grund des weiteren Ganges der deutschen Geschichte, ist dieser Einflussfaktor, auch unabhängig vom eigenen Selbstverständnis der beschriebenen Individuen, mitzubehandeln. Ich will dies hier relativ ausführlich tun, nicht nur weil der deutsch-jüdische Hintergrund und Erfahrungsmodus für das Verständnis von Perls von immenser Bedeutung ist und meist vernachlässigt wird, sondern auch, weil ich es für wichtig halte, an diese für die Kultur Deutschlands und Europas bedeutende Welt zu erinnern.

2. DER JÜDISCHE KONTEXT UND DAS KLASSISCH-HUMANISTISCHE BILDUNGSIDEAL

„An obscure lower middle class Jewish boy"
(F. Perls 1977, 1).

„Roses are redish, violets are
blueish. If it wasn't for
Christmas, we'd all be Jewish"
(F. Perls in Kogan 1976).

Bei der Frage, ob Perls Jude war, folge ich der Argumentation von Leon Botstein. Einen Menschen, der sich selbst nicht wesentlich als Jude fühlte und definierte, dennoch als einen solchen zu betrachten und zu bezeichnen, ist eine „extreme, rassistische Definition" (Botstein 1991, 15). Botstein argumentiert: „Der einzige legitime Grund dafür, die maximale Definition zu benutzen – nach der jeder, der jüdische Vorfahren in einer oder zwei Generationen hatte, ein Jude war – ist, dass dies eine objektive historische Wirklichkeit ist, die durch den verbreiteten Antisemitismus seit dem Ende des 18. Jahrhunderts geschaffen wurde. Trotz Assimilation vergaß die Mehrheit – weder im deutschsprachigen Gebiet, noch in russischen und polnischen Kreisen – nie, wenn jemand von jüdischer Herkunft war" (ebd., 17).

Fritz Perls nennt sich auf der ersten Seite seiner autobiographischen Skizze einen „jüdischen Jungen der unteren Mittelschicht" (Perls 1981, 1) und in der Erinnerungssammlung von Gaines wird berichtet, dass er noch in den letzten Jahren immer wieder jiddische Sprüche oder Rabbigeschichten zum Besten gab (vgl. Gaines 1979, 338f). Seine Großeltern waren religiös, ebenso seine Mutter und möglicherweise auch seine älteste Schwester Elisabeth, die bei der jüdischen Gemeinde in Berlin als

Sekretärin arbeitete. Sein Vater war anscheinend ein emanzipierter und aufgeklärter assimilierter Jude, der ausschließlich am abstrakt religiösen Humanismus der Freimaurerbewegung orientiert war. In seiner Kindheit lernte Fritz Perls Hebräisch, da er auf seine Bar Mizwah vorbereitet wurde, eine Zeremonie, durch die er im religiösen Sinne mit dreizehn Jahren volljährig wurde. Der vorbereitende Unterricht in der Synagoge war „unpersönlich" (Perls 1981, 277) und die Zeremonien in der Synagoge blieben ihm „fremd und merkwürdig" (ebd.). Mit der Teilnahme an der Bar Mizwah hat Perls allerdings mehr jüdisch-religiöse Unterweisung erhalten, als beispielsweise Siegmund Freud (vgl. Gay 1988, 131), blieb aber wie dieser ein „ungläubiger Jude" (Freud in Gay ebd., 133).

Da der jüdische Lebenskontext von Perls bisher nicht tiefergehend reflektiert wurde, möchte ich im Rahmen dieser Arbeit grundlegende Informationen zur Lebenssituation der Juden im deutschen Reich, bis zur Zeit von Perls' Geburt, an den Anfang stellen.

2.1. Juden im Deutschen Reich: Zwischen Antisemitismus und deutsch-jüdischem Kulturchauvinismus

Mit der Gründung des Deutschen Reiches 1871 erhielten die Juden im ganzen Reich die volle rechtliche Emanzipation. In den folgenden Jahren kam es zu antisemitischen Hetzkampagnen. Dieses Deutsche Reich, wesentlich von Bismarck durch Diplomatie und Krieg geschaffen, ein Nachzügler unter den europäischen Großreichen, war ein noch unsicheres Gebilde. Der Traum ging aufs feste Ganze. Wie bei der Nationalisierung anderer europäischer Staaten wurde Homogenität angestrebt, entsprechend gab es kulturelle Intoleranz sowie Nichtduldung und Nichtertragen von Differenz.[17] Die Differenten, die „Feinde" der Einheit, drohten von Innen wie von Außen das gerade erst in Gang gesetzte Gemeinschaftsprojekt zu zerstören. Zu diesen mit dem Begriff Reichsfeinde belegten sozialen Gruppen gehörten die Sozialdemokraten, überhaupt alle Demokraten, die römischen Katholiken, die Polen und die Juden. Antisemitismus war ein Solidarisierungsfaktor in Zeiten des Defizitempfindens bei noch ungefestigter nationaler Stellung, wurde dann entbehrlicher in den Zeiten des ökonomischen und imperialistischen Aufstieges und Erfolges, und wieder bedeutsam beim Verlust der eigenen Machtstellung am Ende des ersten Weltkrieges. Dies war keine typisch deutsche Erscheinung. Auch in Frankreich hatte der Antisemitismus in den 90er Jahren des 19. Jahrhunderts den nationalen Chauvinismus begleitet, der den Makel des verlorenen Krieges gegen das preußische Deutschland auszugleichen versuchte (vgl. Battenberg 1990b, 232). Der Kampf gegen die vermeintlichen Feinde der deutschen Einheit, wurde zunehmend nicht mehr nur vor dem Hintergrund eines nun einheitlich regierten, religiös protestantisch dominierten Territoriums gesehen. Das Einheitsgefühl erhielt seine „materielle" Basis zunehmend durch den Mythos des gemeinsamen Ursprungs, der natürlich gegeben war und nicht erworben werden konnte (vgl. Bauman 1996, 177f). Im Rahmen der Nationalisierung des aus vielen Kleinstaaten, unterschiedlichen Religionen und Kulturen bestehenden deutschen Staatsgebildes, bekam die Metapher von der Gleichheit des durch die Körper pulsierenden „reinen-deutschen Blutes", das den jeweiligen individuellen Organismus erst zum Teil des deutschen Volkes, des deutschen Volkskörpers machte, zunehmend Bedeutung. „Juden" waren damit quasi nicht assimilierbar, zu andersartig und wurden innerhalb des Volks-Organismus immer wieder als fremd, als Introjekt definiert und ausgestoßen. Ein konfluentes Aufgehen im neuen Organismus war nicht möglich. Ich benutze hier bewusst eine Mischung aus historischem und gestalttherapeutischem Vokabular, weil ich annehme, dass die für die Entwicklung der Gestalttherapie wichtige Assimilationsthematik und die in diesem Zusammenhang benutzten Termini, sich zu einem Teil aus Perls' Erfahrung als Jude in Deutschland speisen.

Zum Höhepunkt der antisemistischen Wellen gegen die „Volksfremden" geriet der Berliner Antisemitismusstreit 1879-1881, in dem die Hetzreden des protestantischen Berliner Hofpredigers Adolf Stoeker und der Streit der Berliner Universitätsprofessoren Treitschke und Mommsen eine zentrale Stellung einnahmen. In diesen Kontext gehört auch der 1879 in Berlin geprägte Begriff Antisemitismus, der sich durchsetzte und auch in andere europäische Sprachen übernommen wurde. Im Geburtsjahr von Perls, 1893, kam es als Gegenreaktion in Berlin zur Gründung des „Centralvereins der deutschen Staatsbürger jüdischen Glaubens". Es war das erste Mal, dass Juden seit der Emanzipationszeit wieder an die Öffentlichkeit traten, um sich gegen Diskriminierung zu wehren und selbstorganisiert für ihre Rechte einzutreten. Der Centralverein entwickelte sich zur wichtigsten Interessensvertretung der assimilierten Juden, die im deutschen Reich die Mehrheit bildeten. Seine zentrale Botschaft war: „Wir sind nicht deutsche Juden, sondern deutsche Staatsbürger jüdischen Glaubens. Wir stehen fest auf dem Boden der deutschen Nationalität. Mit Juden anderer Länder haben wir ebensoviel gemeinsam wie deutsche Katholiken und Protestanten mit Katholiken und Protestanten anderer Länder“ (in Adler 1988, 117).

Das jüdische Volk hat im Laufe seiner Exilgeschichte in allen europäischen Ländern entsetzliches gelitten. Die antisemitischen Angriffe im wilhelminischen Deutschland blieben in der Regel verbal und schriftlich und es bestand in den allermeisten Fällen keine direkte Gefährdung für Leib, Gut oder Leben. Bis zum Ende des ersten Weltkrieges, einem Zeitpunkt, zu dem der Antisemitismus in gewisser Weise als Mittel der Politik „wiederentdeckt“ (Battenberg 1990b, 232) wurde, blieb es relativ ruhig. Versuche gewaltsamer Übergriffe wurden von den Ordnungskräften im Keim erstickt, es wurde also auch die Sicherheit der jüdischen Bürger des Reiches geschützt. Die letzten gewaltsamen Ausschreitungen, bezogen auf die hier behandelte Zeit, waren die Unruhen in Pommern 1881. Die Abneigung der meisten mittelständischen Bürger gegen den „Radauantisemitismus“ beruhigte die deutschen Juden. Gleichzeitig unterstützte aber die Zivilisierung der antisemitischen Aktionen die Akzeptanz des Antisemitismus in den höheren Schichten, gerade auch in seiner neuen pseudowissenschaftlichen Form als „naturwissenschaftliche“ Rassenlehre, wie sie in diesen Jahren, mit starker deutscher Beteiligung, in Europa auf Grundlage des alten christlichen Antisemitismus entstand. Der Antisemitismus drang in alle gehobenen Kreise ein und auch in die mittelständisch bäuerlichen oder handwerklichen Organisationen und Vereine. Er war zwar keine dominierende politische Kraft geworden, hatte sich aber unlösbar mit dem sich ausbreitenden nationalistischen und imperialistischen Gedankengut verbunden. So war er tief in das Bürgertum eingedrungen und hatte es verändert.

Wenn vom Antisemitismus im wilhelminischen Kaiserreich als eine Bewegung der Führungs- und Bildungsschichten gesprochen wird, meint das seinen Einfluss angefangen von der die oberste Prestigeleiter repräsentierenden Militärkaste bis weit in die gesellschaftlichen Gruppen der Lehrer, Studenten, Hochschullehrer und protestantischen Pfarrer hinein (vgl. ebd., 32). Antisemitismus gehörte als „gesellschaftlicher Code" (Vulkov 1994, 120) in den ideologischen Zentralbereich der rechtskonservativen und rechtsradikalen Organisationen und Parteien. Die Liberalen und die sozialistischen Parteien waren programmatisch nicht antisemitisch orientiert. Von daher ging die politische Orientierung vieler Juden in diese Richtung. Hätten rechte Organisationen sich nicht unlösbar mit dem Antisemitismus amalgamiert, wäre auch hier ein Zulauf national gesinnter jüdischer Deutscher zu verzeichnen gewesen, die es durchaus gab und die vereinzelt auch führende Mitglieder in nationalistischen und antisemitischen Organisationen waren (vgl. Hepp 1999, 283).

In den Jahren des Wilhelmismus fand der Antisemitismus keinen großen Widerhall in der Arbeiterschaft. Die Saat massiver Propaganda und Verhetzung der proletarischen Schichten, durch das mittlerweile national-chauvinistisch gesinnte kleine und große deutsche „Bildungsbürgertum", sollte allerdings Jahrzehnte später aufgehen. Die damals marxistische deutsche Sozialdemokratie, die als einzige Partei durchgängig gegen den Antisemitismus auftrat, besaß, wie der Sozialismus allgemein, Attraktivität für den auf gesellschaftliche Veränderung hoffenden Teil der deutschen Juden. Wichtige Aktivisten jüdischer Herkunft waren die sozialdemokratischen Politiker Ferdinand Lasalle und Eduard Bernstein, die späteren Kommunisten Rosa Luxemburg und Eugen Levinè und die freiheitlichen Sozialisten Kurt Eisler und Gustav Landauer. Diese bekannten Namen sollen nicht darüber hinwegtäuschen, dass die Mehrheit der deutschen Juden, genau wie die anderen Bürger denen es recht gut ging, politisch konservativ orientiert und nicht an einer sozialistischen Veränderung interessiert war.

Den Juden, aber nicht nur ihnen, war der Zugang zum Staatsdienst erschwert, etwa eine ordentliche Professur an der Universität oder die aktive Offizierslaufbahn, die in der wilhelminischen Gesellschaft mit einem enorm hohen sozialen Prestige verbunden war. Dass es lediglich um Barrieren beim Zugang zu solch hohen Positionen ging, sagt schon einiges über den Stand des Integrationsprozesses aus.

In dem neu gegründeten protestantisch-preußisch dominierten Großstaat Deutschland waren auch andere Bevölkerungsteile benachteiligt. Hierzu gehörten Frauen, Katholiken, Vertreter der lange verbotenen Sozialdemokratie (die „vaterlandslosen Gesellen") und weitere „Reichsfeinde" wie die Linksliberalen oder die nationale Minderheit der Polen (vgl. Heer Hg. 1997, 196f). Dass die Masse der Arbeiterschaft von der herrschenden Elite verachtet, von Kapitaleignern jeder religiösen Zugehörigkeit und Herkunft physisch ausgebeutet und verschliessen wurde und zugleich ihrer politischen Rechte und Einflussnahmen weitgehend beraubt war, gehört ebenfalls zum Gesamtbild. Dies verdeutlicht auch, dass von der realen gesellschaftlichen Lage her, die Klassenfronten zwischen Ausbeutern und Ausgebeuteten, Herrschenden und Unterdrückten entscheidender als irgend eine religiöse Orientierung oder die Abstammungsfrage waren.

Für den damaligen gesellschaftlichen Kontext und im Vergleich mit anderen Ländern, war die Situation in Deutschland für die deutschen Juden insgesamt attraktiv. Der Antisemitismus war in ganz Europa verbreitet, Deutschland war keine Ausnahme.[18] Österreich und Frankreich hatten starke antisemitische Bewegungen, die in Frankreich im Rahmen der Dreyfuß Affäre 1896 eskalierten. Der osteuropäische, auch der österreichische Antisemitismus, wurde von vielen Juden als so bedrohlich erlebt, dass sie Deutschland als Durchgangs- und oft auch als Fluchtort wählten.

Im Geburtsjahr von Friedrich Salomon Perls 1893, dem Gründungsjahr des Centralvereins, waren 16 Abgeordnete ausgesprochen antisemitischer Parteien im deutschen Reichstag und 1893 war auch das Gründungsjahr diverser nationalistisch-imperialistisch-antisemitischer Verbände.[19] Aber die Gefahr, die von diesen organisierten Antisemiten ausging, wurde nicht als existentiell erlebt und die ökonomische, rechtliche und kulturelle Situation der deutschen Juden bot Anlass zu Optimismus.

Jüdische Autoren aus dem deutschen Kulturraum haben geschrieben, dass die Juden Deutschland in diesen Jahren geliebt haben (vgl. Adler 1987, 158; Scholem 1995, 42). Sie waren stolz darauf, dass es seit Moses Mendelsohn (1729-1786) und der jüdischen Aufklärung, der Berliner Haskala, im deutschen Kulturraum zu einer außerordentlichen Emanzipation gekommen war, die soziale und ökonomische Aufstiegsmöglichkeiten bot. Auch die Juden Osteuropas, die in der Mehrzahl Jiddisch sprachen, das aus einem rheinisch-mittelalterlichen Dialekt hervorgegangen ist, hatten die deutsche Emanzipation zum Vorbild und waren entsprechend an der deutschen Kulturtradition orientiert. Deutschland und hier speziell das Berlin Moses Mendelsohns, das Berlin der Salons der hochgebildeten Jüdinnen Rahel Varnhagen und Henriette Herz, in denen sich die damalige philosophische und künstlerische Elite traf, besaß große Attraktivität und bildete das geistige Zentrum der europäisch-jüdischen Emanzipation und Assimilation. Vermögende ostjüdische Familien schickten ihre Söhne und später auch Töchter bis in die zwanziger Jahre des zwanzigsten Jahrhunderts zum Studium nach Berlin. Auf der Gegenseite wurde dies bereits im Kaiserreich durch zahlreiche gewichtige und herausragende Beiträge deutscher Juden zu Wirtschaft, Wissenschaft und Kunst ausgeglichen, ohne die es das hohe Ansehen und den anerkannten Rang deutscher Leistungen in diesen Jahren wohl nicht gegeben hätte (vgl. etwa. Rürup Hg. 1995).

Die Identifikation mit der deutschen Kultur ging in manchen Fällen bis zum Chauvinismus, der sich allerdings kulturell und nicht rassisch verstand. Victor Klemperer hat beispielsweise berichtet, dass sein Vater auf die Tschechen als ein ungebildetes Volk herabgeblickt hat und als deutscher Jude auch die deutschen Österreicher abwertete, denn „mit der deutschen Kultur vermochte sich eben keine andere zu messen, (...). Was war den schon das Blut – auf die geistige Zugehörigkeit kam alles an" (Klemperer in Heer Hg. 1997, 27). Norbert Elias erinnerte sich, dass für ihn, während seiner Kindheit in Schlesien, im Schatten seines sich preußisch fühlenden Vaters, alles Östliche, also die „Polacken" oder die Russen, kulturell betrachtet Barbaren und minderwertige Menschen waren (vgl. Elias 1996, 28f). Auch Ernst Toller, im preußisch besetzten Posen aufgewachsen, erinnerte, dass er von den „Polacken" glaubte, „sie seien die Nachkommen Kains, der den Abel erschlug und von Gott dafür gezeichnet wurde" (Toller 1994, 11). Toller weiter: „Bei allen Kämpfen gegen die Polen bildeten Juden und Deutsche eine Front. Die Juden fühlten sich als Pioniere der deutschen Kultur. (...) Die Juden saßen an Kaisers Geburtstag mit den Reserveoffizieren, dem Kriegsverein und der Schützengilde an einer Tafel, tranken Bier und Schnaps und ließen Kaiser Wilhelm hochleben" (ebd. 11f). Im ersten Weltkrieg lernte Toller auch chauvinistische jüdische Militärärzte und Unteroffiziere kennen (vgl. ebd., 72). Dies sei hier erwähnt, damit kein einseitiges oder im nachhinein idyllisches, letztlich rassistisches Bild von deutschen Juden als grundsätzlich von Weltbürgertum und Humanität beseelten besseren Menschen entsteht. Wenn deutsche Juden dies in einer großen Anzahl waren, so hatte das auch mit ihrer sozialen Lage zu tun, wie ich noch zeigen werde.

In ihrer Summe stellt sich die Geschichte der deutschen Juden zu Perls' Geburt, Ende der neunziger Jahre des neunzehnten Jahrhunderts, als die Geschichte eines sozialen Aufstiegs dar (vgl. Bildarchiv 1983, 245, Vulkov 1994, 67). Wenn dies auch ein Motiv für den Antisemitismus war, so nahm in den folgenden Jahren der Einfluss der antisemitischen Parteien erst einmal ab. Es kam zu einem „liberalen Neuaufschwung" (Vulkov ebd.) und die Juden fühlten sich in Deutschland weiterhin sicher und in der Regel auch zu Hause.

2.2. Bürgerlicher Humanismus schlägt in Nationalismus um

Berlin hatte nach der Reichsgründung einen industriellen Aufschwung erlebt, in dessen Verlauf die Bevölkerungszahl, insbesondere die der Arbeiterschaft, enorm anwuchs. Diese Arbeitermassen hausten mehrheitlich in überfüllten, feuchten und dunklen Mietskasernen mit unmenschlichen Lebensbedingungen. Die Kinderzahl wie die Kindersterblichkeit war hoch. Ein Arbeitstag betrug durchschnittlich elf Arbeitsstunden und es wurde sechs Wochentage gearbeitet, bei zwei oder drei Urlaubstagen pro Jahr. Natürlich wuchs in solch einer Situation die Mitgliederzahl der Gewerkschaften und der Stimmenanteil der Sozialdemokratie.

Ende des 19. Jahrhunderts waren die Juden in Berlin überwiegend selbständige mittelständische Geschäftsinhaber und Kaufleute. Ein kleinerer Teil gehörte bereits seit Generationen zur gesellschaftlichen, teilweise adligen Oberschicht. Viele hatten gesellschaftlich herausragende Stellungen, als Fabrikbesitzer, Verleger und Bankiers, Parlamentarier, Juristen, Ärzte, Kunstmäzene und Publizisten. Das Angebot der rechtlichen Emanzipation und die Chancen des ökonomischen Wachstums und Aufstiegs des preußisch-deutschen Reiches nutzend, waren sie in gewisser Weise Repräsentanten der neuen, sich ständig entwickelnden und das Leben der Menschen ständig verändernden bürgerlich-kapitalistischen Gesellschaft geworden. Eine Folge hiervon war, dass sich in den neuen rassistischen Judenhass, der den vorbürgerlich-christlichen fortführte, auch ein anti-modernes, anti-materialistisches und anti-kapitalistisches Element mischte.

Die wirtschaftlich und sozial aufgestiegenen Juden waren ein Teil des Bürgertums geworden und hatten dessen soziale Normen, Bildungsinhalte und kulturelle Werte übernommen. Im Zentrum stand die Orientierung an der liberalen deutschen Aufklärung und klassischen deutschen Literatur und Philosophie des 18. Jahrhunderts. Insbesondere Lessing, der in seinem Stück „Nathan der Weise“ seinem Freund Moses Mendelsohn ein Denkmal gesetzt hat, galt dabei als „Platonisches-Idealbild“ des Deutschen (vgl. Heer 1997, 34). Der deutsche Goethe-Kult kam mit kräftiger Unterstützung deutscher Juden zustande und Friedrich Schiller, der als „Sprecher des reinen Menschtums“ (Scholem 1995, S. 30) betrachtet wurde, hat in dieser Funktion den west- wie den osteuropäischen Juden immens viel bedeutet. Darüber hinaus standen andere Repräsentanten der deutschen Kultur, wie Humboldt, Herder, Jean Paul, Kant usw. hoch im Kurs.

In Folge der Französischen Revolution und der durch die Aufklärung stimulierten Emanzipationsbewegungen, hatte sich ein Teil der Juden Deutschlands auf die Suche nach einer von Rasse und Religion unabhängigen Identität und Heimat gemacht. Mit der Bereitschaft, ihre alte Identität als Teile eines jüdischen Volkes aufzugeben, orientierten sich immer mehr Juden im deutschen Kulturraum am damals noch durch Toleranz, kritische Rationalität und Weltoffenheit geprägten humanistischen Menschenbild und Bildungsideal der deutschen Aufklärung. Bei diesem ging es im Sinne Lessings um die Erziehung des Menschengeschlechtes und den Prozess der Selbstbildung, der althergebrachte angeborene Standesunterschiede transformierte und bei dem es darauf ankam, was der Einzelne aus sich machte, wie er seine Persönlichkeit möglichst ganzheitlich „ausbildete“. Deutschland war für die sich an dieser Tradition orientierenden Menschen, die das jahrhundertealte, erzwungene und zugleich selbstgewählte Identitätsgehäuse des jüdischen Ghettos ab der ersten Hälfte des 18. Jahrhunderts verließen, wesentlich eine Kulturnation. Assimilation geschah durch Bildung, Deutscher wurde und war man im Geiste und nicht durch Blut und Abstammung.

Auf Grund der Informationen über den eskalierenden Revolutionsterror in Frankreich und die folgende Enttäuschung über das Verhalten der sich oft als Eroberungsarmee gebärdenden französischen Revolutionstruppen, gingen liberale und sogar revolutionsfreundliche deutsche

Demokraten zunehmend auf Distanz zum französischen Modell. Die Enttäuschung Schillers und Hölderlins sowie die Empörung Beethovens, über die Selbstkrönung Napoleons zum Kaiser, sind bekannt. Im geschichtlichen Verlauf hat ein weiterer Teil des deutschen Bürgertums, im Rahmen der sogenannten Befreiungskriege gegen die französische Besatzung durch die Revolutionsarmee unter Napoleon, seine anfängliche Orientierung an den freiheitlichen Idealen der Französischen Revolution aufgegeben und lehnte zunehmend alles westlich-französisch-demokratische ab. Nicht zu vergessen ist auch, dass bewaffnete Missionare, die versuchen, einem anderen Volk die Republik, bzw. Freiheit und Demokratie aufzuzwingen, selten geliebt werden.

Das in den Revolutionsversuchen von 1848 kulminierende Ideal einer demokratischen deutschen Republik, wurde gewaltsam niedergeschlagen, und bescherte den USA die massenhafte Immigration der sogenannten „Forty-Eighters", die Wesentliches zur Entwicklung Amerikas beitrugen.[20] Nach der Reichsgründung von 1871 wandte sich das Bürgertum dann mehrheitlich von den demokratischen Einheitsidealen ab und orientierte sich wieder stärker an den Normen und Werten von Adel und Militär. Es fand eine entscheidende Verschiebung von der weltbürgerlich gesinnten Aufklärung in Richtung Nationalismus und ins rassistisch Völkische statt. Entsprechend wurden die genannten Klassiker quasi zu deutschen Helden, wurden nationalisiert und national uminterpretiert. Besonders fatal war, dass sich die frühbürgerliche Einheit von Bildung und Humanität zunehmend auflöste und dem Professor, dem Richter, dem Pfarrer wie dem Offizier, das Humane als undeutsch, als Ausdruck von Schlappheit galt (vgl. Glaser 1985, 172). Hermann Glaser hat diesen „Auszug aus dem universalhumanistischen und den Einzug ins nationalistische Denkgehäuse" (Glaser 1993, 112) auch als die Zerstörung des deutschen Geistes im neunzehnten und zwanzigsten Jahrhundert bezeichnet und mehrfach detailliert und plastisch beschrieben. Das damals entstandene Mentalitätsmuster nennt Glaser „Spießer-Ideologie". Kultur wurde Fassade, Mythos pendelte nicht mehr den überhandnehmenden Logos aus, sondern ersetzte ihn, „Verdrängung und Komplex ersetzten Emanzipation und Autonomie" (Glaser 1993, 150). Goethe, für den sich beispielsweise in seinem Bühnenstück „Hermann und Dorothea" ein deutscher Charakter durch Offenheit und Toleranz auszeichnete, wurde seines Humanismus beraubt und in einen nationalen Heros transformiert. Das dialektische Weltbild der frühen Romantik, die etwa den Leib-Seele Dualismus in einer höheren Ganzheitlichkeit synthetisieren wollte, reduzierte sich auf ein Entweder-Oder. Der idealistisch erzieherische Schwung in der Sprache Schillers verendete in einem allseits verbreiteten leeren Pathos, schwülstig und national-aggressiv, das (gerade) auch bei Universitätsprofessoren anzutreffen war. Friedrich Nietzsche, den die Nazis ausschließlich wegen seiner individualistischen, antichristlichen, frauenfeindlichen und antisozialistischen Enthemmungsphilosophie schätzten und ihn damit allerdings seiner Ambivalenz[21] beraubten, hatte vorausschauend schon früh von der Vernichtung, der „Exstirpation des deutschen Geistes durch das deutsche Reich" gesprochen. Nietzsche hatte deutlich gesehen, dass es die hier angesprochene, mittlerweile „ehemalige deutsche Bildung" (Nietzsche 1992, 363) war, die Deutschland für andere Völker Europas interessant gemacht hatte. Nach der Reichsgründung wurde diese Tradition „mit einem blinden Eifer abgeschüttelt" (ebd.) und die Deutschen „wussten ... nichts besseres dagegen einzutauschen, als den politischen und nationalen Wahnsinn" (ebd.).

Der Umschlag des bürgerlichen Humanismus in bürgerlichen Nationalismus schaffte eine der Voraussetzungen für den späteren Aufstieg des Nationalsozialismus. Wenn dieser in Bezug auf Menschenliebe dann nur noch von „Humanitätsgedusel" sprach, so hat er auch hier etwas bereits Vorhandenes weitergeführt und radikalisiert.

Diesen Veränderungsprozess in der Kultur des Bürgertums, dessen Ausgang damals natürlich noch nicht feststand, nahmen viele deutsche Juden nicht wahr oder wollten ihrer Hoffnungen wegen nicht hinschauen. Es entsprach einfach nicht ihrem Selbstverständnis als wichtige Mitglieder der deutschen Kulturnation, in der sie sich bei aller Widersprüchlichkeit und trotz aller Rückschläge durchaus wohlfühlten. Noch nach dem Machtantritt der Nationalsozialisten 1933, sprachen Männer wie der Philosoph und Begründer des kulturellen Zionismus Martin Buber und der Rabbiner von Berlin, Leo Baeck, von der Verwurzeltheit der Juden in Deutschland und erlebten und beschrieben das Heraufkommende als „Zerreißung eines organischen Zusammenhangs" (Traverso 1993, 23).

Die Aufnahme des frühen bürgerlich-humanistischen Menschen- und Bildungsbegriffes, durch die sich assimilierenden deutschen Juden, hat dazu geführt, dass viele von ihnen in der Emigration von einem Selbstverständnis als Vertreter des wahren Deutschtums und eines besseren Deutschlands ausgingen, das sie gegen seine Verzerrung ins Völkische verteidigten. Sie hingen „an den idealisierten Bildern von Schiller, Lessing, Goethe,[22] Kant und Herder, die mit einer Ehrerbietung behandelt wurden, die früher nur den Patriarchen des Alten Testamentes erwiesen worden war" (Baumann 1996, 160). Goethe galt dem alten Fritz Perls immer noch als die Verkörperung seines Persönlichkeitsideals, der integrierten Persönlichkeit, und mit einem Gedanken Schillers verband er in seiner Jugendzeit eine „Erleuchtung" (Perls 1981, 46).

Auch wenn man in bezug auf die Geschichte des deutschen Judentums, mit seiner Liebe zu einem zum Teil lediglich imaginierten Kulturdeutschland und seinem Integrationsoptimismus, heute von der „Verfolgung einer noblen Illusion" (Mosse 1992, 33) sprechen kann, oder aus der Ausschwitzperspektive heraus auch von einer geradezu gefährlichen Selbstaufgabe und „Gefühlsverwirrung" (Scholem 1995, 28), möchte ich hier auf die positive Bedeutung dieses humanistischen Menschenbildes und Bildungsideals für die Entstehung der Gestalttherapie zu sprechen kommen.

2.3. Das bürgerlich-humanistische Bildungsideal: Individualität und ganzheitliche Persönlichkeitsbildung

Gestalttherapie wird in den meisten Fällen der sogenannten humanistischen Orientierung innerhalb der Psychologie und Therapie zugerechnet. Ich schlage vor, dies nicht nur auf die sogenannte Humanistische Psychologie zurückzuführen, in deren Rahmen die Gestalttherapie Jahre nach ihrer Konzeption populär wurde, sondern auch auf ihre Verwurzelung in der wesentlich älteren Tradition der bürgerlich-humanistischen Bildung, die über Fritz und Lore Perls in sie eingegangen ist. In der für den Gestaltansatz wichtigen Betonung des persönlichen Wachstums hat der klassisch-romantische[23] deutsche Bildungsbegriff überdauert, der speziell für die gebildeten deutschen Juden, noch bis in die Emigration hinein, ein wesentlicher identitätsstiftender Orientierungspunkt blieb.

Ab der Mitte des achtzehnten Jahrhunderts entstand im deutschen Kulturraum eine neue humanistische Bewegung. Sie knüpfte an den Renaissance-Humanismus an und orientierte sich an einem idealisierten Bild des antiken griechischen Menschen und der Paidea, dem griechischen Bildungsideal, dem es um die möglichst umfassende körperliche, geistige wie soziale Bildung des Individuums ging. Humanität und umfassende Bildung bildeten in diesem Denkgebäude einen organischen Zusammenhang und das Recht auf Persönlichkeitsentwicklung und individuelle Entfaltung der schöpferischen Kräfte stand grundsätzlich allen Menschen zu.

Es begann sich ein spezifischer deutscher Bildungsbegriff zu entwickeln, der dann aber zunehmend im Rahmen der Befreiungskriege gegen das Frankreich Napoleons eine nationale Färbung annahm. Die Bevorzugung der klassischen griechischen Literatur (Homer, Pindar) vor der römischen, verstand sich in diesem Kontext auch als „politische Kampfansage an Paris" (H. Blankertz 1992, 92). Bei Wilhelm von Humboldt, einem der wichtigsten Vertreter des Neu-Humanismus, fehlte allerdings jedes antifranzösische Element, so dass er als exemplarischer Vertreter der hier gemeinten klassischen deutschen, kosmopolitisch-humanistischen Tradition angesehen werden kann.

Der Neu-Humanismus Humboldtscher Prägung nahm Partei für das Individuum, gegen dessen gesellschaftliche Vereinnahmung und gegen das reine Nützlichkeitsdenken.[24] Bildung galt hier als Weg der Individualität zu sich selbst, als eine unendliche, lebenslange Aufgabe. Es ging um die Realisierung des Menschentums, jenseits von nationalen, konfessionellen und beruflich-ständischen Bestimmungen und Begrenzungen. Adel entstand nicht automatisch und ausschließlich durch Geburt, sondern der Einzelne konnte sich selbst durch Bildung adeln. Die „Dichterfürsten" Goethe und Schiller repräsentierten diese Sichtweise im literarischen Bereich. Das Leben, so auch der Grundtenor der zahlreichen Bildungsromane, war eine Bildungsreise. „Humboldt verstand Individualität als die innere Formkraft, mit der der Mensch das Aufgefasste in das eigene Wesen verwandelt" (Blankertz 1992, 101). Das liegt schon sehr nahe bei der gestalttherapeutischen Auffassung von Assimilation, bei der der Einzelne sich nicht lediglich an die Umweltforderungen anpasst oder sie aufnimmt, sondern das zunächst fremde Umweltmaterial auf selbstbestimmte Art und Weise, wählend und destrukturierend, passend macht und somit wächst. Bildung ist in beiden Fällen Eigenaktivität, eben

Selbstbildung. Das mit den humanistischen Bildungsvorstellungen verbundene Ideal der persönlichen Ganzheit oder Totalität, meinte ein Ganzes, das sich in der individuellen Besonderheit zeigt. Der Individualität kann und darf keine Form von Außen aufgezwungen werden, und Goethe fasste in „Wilhelm Meisters Lehrjahre" entsprechend das humanistische Bildungsideal in dem Satz zusammen: „mich selbst, ganz wie ich da bin, auszubilden" (in Mosse 1992, 22).

Weltoffenheit und die Entfaltung der individuellen Persönlichkeit als autonomer, unendlicher innerer Entwicklungsprozess, passten als Bildungsideal nach 1871 endgültig nicht mehr in ein Staatsgebilde, das versuchte, über den Ausschluss des nicht-deutschen in Bezug auf Politik, Religion und Rasse, sowie durch die Heranbildung einer Untertanenmentalität, ein einheitliches mächtiges Reich zu schaffen. Nach der deutschen Reichsgründung 1871, „als die Deutschen selbst den ursprünglichen Bildungsbegriff meist bis zur Unkenntlichkeit verstümmelt hatten, wurde dieser Begriff für die deutschen Juden zum Synonym ihres Judentums" (Mosse ebd., 23).[25]

2.3.1. Friedrich Schiller: „Mittlerer Modus" und „lebende Gestalt"

Die mit der Aufklärung einhergehende tendenzielle Geringschätzung für das Körperliche und Sinnliche, die einseitige Bevorzugung von Kopf und Verstand, rief innerhalb der Aufklärung Kritik und Gegenreaktion hervor. Der Totalitätsbegriff der frühen Romantik richtete sich beispielsweise auch gegen diese Fragmentierung des Lebendigen und lässt sich als Kritik an den Entfremdungserscheinungen der beginnenden arbeitsteiligen Industriegesellschaft lesen.

Friedrich Schiller hat mit den 1795 veröffentlichten Briefen „Über die ästhetische Erziehung des Menschen" eines der zentralen Werke zur klassischen deutschen Humanitätsidee vorgelegt und sich darin der hier angesprochenen Thematik mit einer Terminologie zugewandt, die in der Konzeption der Gestalttherapie Ende der vierziger Jahre in New York wieder auftauchte. Dies hat damit zu tun, dass die Gestalttherapie auf der unter anderem von Schiller repräsentierten Traditionslinie der selbstkritischen Aufklärung liegt.[26] Schiller beklagt in seiner Schrift die Aufspaltung des Menschen in Vernunft und Sinnlichkeit und ist auf der Suche nach der Möglichkeit einer „sinnlich-vernünftigen Natur“ (Schiller 1965, 45). Für den ordnenden Verstand, die „Denkkräfte“, steht ihm auch der „Formtrieb“ oder die „Gestalt“ und für die Sinnlichkeit steht ihm der „Stofftrieb“ oder das „Leben“. Eine Synthese beider Pole sieht er auf sehr abstrakter Ebene im „Spieltrieb“, einem „mittleren Zustand“ (ebd., 147), den er auch den „ästhetischen“ nennt. Dieser im Erlebnis des Schönen erfahrbare mittlere Zustand, wird von Schiller auch als „lebende Gestalt“ (ebd., 59) bezeichnet.

Um Vergleichbares geht es beim vom Ehepaar Perls gemeinsam mit Paul Goodman entwickelten Konzept des Selbst, das im „mittleren Modus“ (Perls et. al. 1991, 170), also weder passiv-müßig, noch aktiv-absichtsvoll, sondern schöpferisch-kreativ wie ein Künstler oder ein Kind, in seinem Werk aufgeht. In diesem Konzept, das auch die Freudsche Dualität von Primärvorgang und Sekundärvorgang aufzuheben versucht (vgl. Bocian 2000, 38f) geht es nicht nur, wie bei Schiller, um den ästhetischen Zustand beim Anschauen des Schönen, sondern um Momente, in denen Erleben und Tun zusammenfallen. Um Momente, in denen der Mensch sich im Tanz mit den Gegebenheiten befindet, im Spiel, beim künstlerischen Schaffen, beim Liebe machen oder in einer sich spontan ereignenden Situation intensiver menschlicher Begegnung. Es geht um „die wunderbare Erfahrung ästhetisch-erotischer Versunkenheit, wo das spontane Gewahrsein und die Muskulatur die Umwelt in sich aufnehmen und in ihr wie selbstvergessen tanzend aufgehen, in Wahrheit aber voller Gefühl für die tieferen Anteile des Selbst sind (...)“ (Perls et. al. 1991, 45).

3.
FRÜHE EINFLÜSSE

3.1. Eine Familie aus dem Osten des Deutschen Reiches

Am 8. 7. 1893 wurde Friedrich Salomon Perls in Berlin als zweites Kind und erster Sohn von Amalie und Nathan Perls geboren. Der soziale Entwicklungsweg seiner Herkunftsfamilie war typisch für die nach Berlin gekommenen jüdischen Familien. Die große Mehrzahl zog aus den Ostprovinzen Preußens und aus den Ländern Osteuropas in die Metropole Berlin, die sich zur Stadt mit dem größten Judenanteil im deutschen Reich entwickelte. Man fing klein an, das heißt, man zog zuerst in das Viertel der armen Leute im östlichen Stadtzentrum, in das sogenannte Scheunenviertel, das den Juden aus dem Osten schon lange als erste Anlaufstelle galt. Dies war zu keinem Zeitpunkt ein rein jüdisches Viertel oder gar ein Ghetto, wie die meisten gestalttherapeutischen Autoren[27] den Geburtsort von Perls nennen (vgl. Geisel 1981).

Der Anteil der hier lebenden Ostjuden war Ende des neunzehnten Jahrhunderts nicht so hoch, wie während und speziell nach dem ersten Weltkrieg, wo Massen von Ostjuden aus dem russischen und polnischen Raum nach Berlin und insbesondere ins Scheunenviertel kamen. Diese Ostjuden waren als Arbeiter geworben worden oder vor den Pogromen und Bürgerkriegswirren auf dem Gebiet des ehemaligen Russischen Reiches geflohen und jetzt staatenlos. Viele waren lediglich auf der Durchreise, immer wieder blieben einige in Berlin oder hatten es von Anfang an als Zielpunkt gewählt. Erst nach 1918 erhielt das Scheunenviertel seine überlieferte Charakteristik durch die ostjüdische Überbelegung, durch die kleinen Läden und Restaurants, die Vereinslokale orthodox jüdischer Gruppen und die offiziellen Einrichtungen der jüdischen reformierten Gemeinde. All das mischte sich mit der dort ebenfalls ansässigen Halb- und Unterwelt, mit Kleinkriminellen und Prostituierten und wurde zu einer exotischen, je nach dem anziehenden oder auch abstoßenden Mischung. Diese innerhalb des Berliner Zentrums besondere Gegend, gibt auch den örtlichen Rahmen für die Geschichte des entlassenen Sträflings Bieberkopf in Döblins Roman „Berlin Alexanderplatz" ab.

Perls selber nannte diese Gegend in seinen späten biographischen Erinnerungen „Jewish neighborhood" (Perls 1977, 61) und schrieb gleichzeitig, dass er sich an diese frühe Zeit eigentlich nicht mehr erinnere. Seine oder die Vorstellungen seiner Frau waren wahrscheinlich vom angesprochenen bekannten Bild des Scheunenviertels in den Jahren nach dem ersten Weltkrieg geprägt. Nach der ersten russischen Revolution (1905-1907) kamen allerdings vermehrt Ostjuden in diese Straßenzüge und wahrscheinlich waren sie es, die Perls in seiner Jugend fremd waren, wenn er ihnen in der Innenstadt begegnete: „Die osteuropäischen Juden mit den Kaftans und Payes (lange lockige Backenbärte), die ich in meiner Jugend sah, waren unheimlich, furchterregend, wie Mönche und gehörten nicht zu meiner Welt" (Perls 1981, 131). Eine typische Reaktion, wie eine Anekdote des Berliners Ernst Lissauer zeigt. Als Lissauer mit einigen Mitschülern aus ebenfalls jüdischen Familien vor seinem Berliner Gymnasium stand, kam ein Mann im Kaftan mit Peijeslocken auf sie zu, und fragte aufgeregt: „Gibt es denn gar keine Juden in Berlin?" Lissauer hat spontan geantwortet „nein", „denn der Mann meinte mit dem Wort anderes als wir" (Lissauer in Kampmann 1994, 431). Den assimilierten Berliner Juden, die oft schon seit Generationen in Deutschland lebten, waren die Ostjuden genau so fremd wie den übrigen Berlinern. Zudem erinnerten sie verunsichernd und von daher unangenehm an die eigene Herkunft. Das Verhältnis der deutschen Juden zu den Ostjuden war sowohl durch Mitleid und Hilfsbereitschaft, als auch durch Überlegenheitsgefühl und Distanz gekennzeichnet.

Um 1895 lebten in Berlin, ohne die Umlandsgebiete die Groß-Berlin ausmachten, insgesamt 86 152 Juden. Das waren 5,1 % der Berliner Bevölkerung (vgl. Rürup Hg. 1995, 192f). Wie oben erwähnt, war der Anteil der nach Berlin geflohenen und meist illegal eingereisten ausländischen osteuropäischen Juden zur Geburtszeit von Perls noch gering. Bedeutender war sicher die Zahl der aus den ehemals polnischen Gebieten kommenden Juden, die jetzt als Reichsdeutsche galten. Nach den Teilungen Polens Ende des achtzehnten Jahrhunderts, bei denen sich Russland, Preußen und Österreich Teile einverleibten, gehörten die Gebiete Posen und Schlesien zu Preußen. Aus diesen Ostprovinzen des Deutschen Reiches kamen die Eltern von Perls. Nathan Perls wurde am 6. 2. 1857 in Kattowitz und Amalie Perls, geb. Rund, am 29. 11. 1858 in Laurahütte / Schlesien[28] geboren. Es bleibt unklar, wann die Perls nach Berlin kamen. In Perls' frühen Jahren lebten noch die Großeltern, von denen zumindest der Großvater aktiv am Gemeindeleben teilnahm und die Synagoge regelmäßig besuchte, wie Perls berichtete.

Die Berliner jüdische Gemeinde war wohlhabend und in ihrer Mehrheit modern reformiert, d. h. dem protestantischen Ritus mit Orgelspiel sowie Gesang und Gebet in deutscher Sprache angeglichen. Es gab zahlreiche religiöse und soziale Einrichtungen über die Stadt verteilt und eine große zentrale Synagoge auf der Oranienburger Straße mit 3 000 Plätzen, die 1866 eingeweiht wurde. Die religiösen bzw. weltanschaulichen Pole der Gemeinde bildeten einerseits die orthodoxe Religionsgemeinschaft Adass Jisroel mit neu-orthodoxem Ritus und eigener Rabbinerschule, die eine Minderheit im Berliner Gemeindeleben repräsentierte und andererseits die 1872 gegründete Hochschule für die Wissenschaft des Judentums. In Berlin entstand sowohl das modernisierte orthodoxe Rabbinertum, als auch die wissenschaftliche Erforschung des Judentums als geschichtliches und kulturelles Phänomen. Das Judentum der modernen Welt hat hier ihren deutschen Pionieren viel zu verdanken (vgl. Meyer 1992, 114f). Das neu-orthodoxe Rabbinerseminar und die Wissenschaftliche Hochschule befanden sich beide in der Artilleriestraße (heute Tucholskystraße) im Scheunenviertel.

3.2. Familie Perls klettert die Mittelstandsleiter hinauf

Amalie Perls bekam ihre drei Kinder in jährlicher Folge. Da ihre erste Tochter Elisabeth, Zeit ihres Lebens sehbehindert, 1891 bereits in Berlin geboren worden war, ist anzunehmen, dass die Eltern relativ kurz vorher aus dem preußisch besetzten Teil Polens in die Reichshauptstadt gekommen waren. Nathan Perls war wahrscheinlich schon im Osten durch die Aufklärung beeinflusst worden und hatte sich kulturell assimiliert. Er gehörte bereits zur zweiten Generation des Emanzipationszeitalters. Die Mutter Amalie Perls war hingegen religiös, beging die jüdischen Feste und ernährte sich den Vorschriften gemäß koscher. Da ihr Mann die für religiöse Juden verbotenen Speisen aß, wurde getrennt gegessen, was die Distanz und die Spannungen zwischen den Eheleuten noch verstärkte (vgl. Gaines 1979, 2). Die Wohnverhältnisse im Scheunenviertel, mit den kleinen engen Straßen, waren schlecht. Speziell die hygienischen Verhältnisse waren bedenklich. Berlin litt sowieso an Wohnungsnot und war für sein Wohnelend in den Mietskasernen berühmt und berüchtigt.

Nathan Perls gelang es 1896, also 3 Jahre nach der Geburt seines Sohnes Friedrich Salomon, mit seiner Familie in eine bessere Gegend, „a more fashionable part" (Perls 1977, 61) im Zentrum weiter westlich zu ziehen. Die typischen Aufstiegsgegenden für die jüdischen Familien waren Wilmersdorf und Charlottenburg. Nathan zog mit seiner Familie in die Nähe des Kurfürstendammes, wo Charlottenburg und Wilmersdorf aneinander grenzten. Die Ansbacher Straße Nr. 53,[29] in der die Perls etwa 12 Jahre blieben, gehörte zum sogenannten Bayrischen Viertel. Dies war eine bürgerliche Gegend, in der entsprechend viele Juden gewohnt haben, wie etwa Albert Einstein, Wilhelm Reich, Erich Fromm oder Otto Fenichel, um nur vier Beispiele aus den Jahren nach dem ersten Weltkrieg zu nennen. Die Mitglieder der Familie Perls wohnten zwischen 1897 und 1942, dem Jahr, in dem der 58. Alterstransport Amalie Perls und ihre älteste Tochter in das Konzentrationslager Theresienstadt, also „zurück" in den Osten des deutschen Reiches brachte, im und um das sogenannte Bayerische Viertel herum. Die Anschriften gehörten jeweils entweder zu Charlottenburg oder Wilmersdorf und die Wohnungen der Familienmitglieder lagen alle relativ nahe beieinander. Auch entferntere Verwandte der Familie, etwa die großbürgerlichen Straubs aus der Linie der Mutter, lebten auf der Ansbacher Straße.

Auf Grund der Wohnungsnot gehörte zur stadtarchitektonischen Charakteristik Berlins, dass jeder Quadratmeter Bauland von den Spekulanten genutzt wurde. Es waren sogenannte Hinterhausschluchten entstanden, in deren Wohnungen keinerlei Licht fiel und wo mehrköpfige Familien in einem einzigen, oft feuchten Raum lebten oder besser vegetierten. Aus dieser Zeit, in der Berlin als die größte Mietskasernenstadt der Welt bezeichnet wurde (Ribbe et. al. ebd., 109), kommt der Spruch: „Man kann einen Menschen genauso mit einer Wohnung erschlagen, wie mit einer Axt" (vgl. ebd.).

Die erste Wohnung der Familie Perls in der Ansbacher Straße lag im

Hinterhaus und hatte vier Zimmer (vgl. F. Perls 1981, 313), später zog man anscheinend ins Vorderhaus und hatte ein Dienstmädchen (vgl. ebd., 277). Vier Zimmer für den Anfang bedeutete wohl, dass es später mehr waren und ich will hier daran erinnern, dass Lore Perls aus einer reichen, großbürgerlich-assimilierten jüdischen Familie kam, die im eigenen Haus mit mehreren Bediensteten lebte. Fritz Perls scheint mir mit seiner Selbstzuordnung zur „unteren Mittelschicht" zu untertreiben. Seine Lebenssituation war, vor dem Hintergrund der gesamtgesellschaftlichen Lage und insbesondere der sozialen Lage der Arbeiterklasse, eine gute bürgerliche Ausgangsposition.

Nathan Perls scheint seinen Aufstieg der Kooperation mit dem Hause Rothschild verdankt zu haben. Baron Edmond de Rothschild, der aus der Frankfurter Rothschildfamilie stammte, war Leiter des Pariser Bankhauses Rothschild und verfügte über ein großes Vermögen, mit dem er unter anderem auch jüdische Siedlungsprojekte in Palästina unterstützte. Rothschild hatte mit seinen Unternehmungen keineswegs die Absicht, auf palästinensischem Boden ein nationales jüdisches Staatsgebilde entstehen zu lassen. Diese Staatsidee entstand mit der Zionistischen Bewegung, die, vor dem Hintergrund des in ganz Europa von den siebziger bis in die neunziger Jahre hinein aufflammenden Nationalismus, die Idee der Assimilation aufzugeben begann und die Judenfrage zu einer nationalen Frage erklärte mit dem Ziel, einen „Judenstaat" zu gründen.

Im Jahre 1897 fand auch der erste internationale Zionistenkongress in Basel statt. Der in Deutschland geborene Moses Hess und der aus Budapest stammende Theodor Herzl, waren die Pioniere dieser Idee. Herzls Abwendung von der Assimilationsidee wurde durch die antisemitische Stimmung in Frankreich in der Zeit des Dreyfus-Prozesses 1896, wo er sich als Korrespondent einer Wiener Zeitung aufhielt, ausgelöst. Im Jahre 1899 schrieb er rückblickend in der in Deutschland erscheinenden zionistischen Wochenschrift „Die Welt": „Der Fall Dreyfuß enthält mehr als einen Justizirrtum, er enthält den Wunsch der ungeheuren Mehrheit in Frankreich, einen Juden und in diesem einen alle Juden zu verdammen. Tod den Juden! heulte die Menge, als man dem Hauptmann seine Tressen vom Waffenrock riss. ... Wo? In Frankreich. Im republikanischen, modernen, zivilisierten Frankreich, hundert Jahre nach der Erklärung der Menschenrechte" (in Battenberg 1990b, 216).

Es gab also unterschiedliche Motive und Strategien in Bezug auf die Besiedlung Palästinas. Rothschild half bedrängten Siedlungsprojekten finanziell und übernahm das Protektorat, nicht im Sinne der Leitung eines politischen Projektes, sondern um die praktische Arbeit zu reorganisieren. Er ließ neue Anbaumethoden einführen und versumpfte Gebiete trockenlegen, organisierte die Einrichtung von Weinkellereien und den Absatz der Produkte. Die Kolonialisten verloren zunehmend ihre Eigenständigkeit und wurden zu „Angestellten in einem großen Wohltätigkeitsunternehmen" (Battenberg ebd., 213). Nathan Perls scheint ein selbständiger Vertreter von palästinensischen Weinen aus den Rothschild Kolonien gewesen zu sein. In Unterlagen[30] der Colonie Richon-Le-Zion in Jaffa, wird als deutsche Vertretung in den Jahren 1902 / 1903 die „Gsll. Palästina", die „Import Gesellschaft Palästina G.m.b.H." mit Sitz in „Berlin C., St. Wolfgang Str." genannt, worüber auch die Aufdrucke auf den Weinetiketten Auskunft geben.[31] Die „St. Wolfgangstraße", wie sie in alten Stadtplänen bezeichnet wird, lag mitten im Zentrum, in der Nähe des Schlosses.

3.3. Kindheit: Vaterkonflikt und Rebellentum

„Ich wurde in eine Familie geworfen, wo Kinder nicht die Erfüllung des tiefsten Herzenswunsches von zwei Menschen, die sich liebten, darstellten" (Perls 1981, 275).

Perls erinnerte sich, bis zu seinem neunten Lebensjahr viel Zuneigung erfahren zu haben. Er zitierte den Satz seiner Großeltern: „Er ist aus dem Stoff gemacht, den Gott und die Menschen lieben" (Perls 1981, 276). Auch im hohen Alter existierte noch dieses innere Bild vom fernen goldenen Zeitalter: „Ich muss wirklich ein liebenswertes Kind gewesen sein. Zärtlich darauf bedacht zu gefallen und lernbegierig" (ebd.). Der lernbegierige kleine Fritz konnte schon lesen und rechnen, bevor er in die Schule kam. Die vielen Bücher der Großeltern waren zugänglich (z. B. Mark Twain), ebenso die Kriminalromane des Dienstmädchens. Der Vater bewahrte seine Bücher in einem verschlossenen Raum auf. Ein zentrales Kindheitserlebnis war das Eindringen in den verbotenen Raum des väterlichen Patriarchen, in die „geheimen Gemächer" (ebd., 279) die aber nur Bücher zum Thema Freimaurerei enthielten. Dieser Persönlichkeitszug scheint mir typisch für Perls. Er wollte Geheimnisse lüften und verbotene Räume betreten, hinter denen möglicherweise Erfahrung und Wissen verborgen lag. Bei dieser Gelegenheit fand auch der Raub eines Goldstückes statt, das für die Aussteuer einer der Schwestern gedacht war. Als der Diebstahl entdeckt wurde, rannte er in Panik davon und verbrachte einige Tage auf der Straße und bei Freunden. Bei der Rückkehr musste er sich einer um die repräsentativen Männer der Mutterlinie erweiterten Familienversammlung stellen. Das zum Ende ausgesprochene Verzeihen des Vaters empfand er als nicht echt, er fand, dass dies keine wirkliche Vergebung war, sondern eine unechte, quasi theatralische Geste im Sinne einer aufgesetzten Freimaurerhumanität. Dieses Ereignis fällt in eine Zeit, die für seine Selbsteinschätzung irritierend und traumatisierend war. Er drückt das mit den Worten aus: „Ich war viele Jahre lang ‚gut', bis ich allmählich ‚schlecht' wurde" (ebd.). Der parallel stattfindende Wechsel von der Grundschule zum Gymnasium gestaltete sich problematisch. Gewohnt, nur die besten Noten zu haben, waren die Schwierigkeiten bei der Aufnahmeprüfung ein Schock für Fritz. Die Grundschulatmosphäre hatte er als „warm" erlebt, das Gymnasium empfand er „rigide und fremd" (ebd., 276).

Das Versagen in der höheren Schule kann man sicherlich als einen massiven Einbruch in das kindliche Selbstbewusstsein ansehen, dessen Stärke durch die Veränderung der häuslichen Atmosphäre mitbestimmt wurde. Die Mutter hatte traditionellerweise die Erziehung übernommen und „die große Hoffnung ihres Lebens schwand dahin" (ebd., 281), als die Schulleistungen ihres Sohnes sanken. Es entwickelte sich so etwas wie eine Kampfbeziehung zwischen Mutter und Sohn. Aus Angst vor den Eltern begann Fritz zu lügen und zu betrügen. Er fing blaue Briefe von der Schule ab und fälschte die elterliche Unterschrift unter Arbeiten mit schlechten Noten. Die Mutter reagierte anscheinend enttäuscht, hilflos und wie es zu dieser Zeit üblich war, mit Prügel. Fritz wurde „unbezähmbar" (ebd., 281) und schnitt die Riemen der siebenschwänzigen Katze ab, einer Art Peitsche, mit der sie ihn schlug. Anderen Schlaginstrumenten erging es nicht anderes. „Meine Mutter schlug mich mit den Teppichklopfern. Sie konnte mich nicht brechen, ich zerbrach die Teppichklopfer" (ebd., 313). Bei einer anderen Gelegenheit entwand er sich ihrem

Griff, schlug eine Tür hinter sich zu, zerschlug deren Glasscheibe und schnitt ihr Grimassen. Wie viel in der Rebellion und dem späten und krummen Weg zum Erfolg noch von der Sehnsucht steckt, die elterlichen, speziell die mütterlichen Erwartungen zu erfüllen, darauf verweisen einige Passagen in der Biographie des alten Mannes. Seine Lieblingsschwester Grete nimmt quasi die Position der Mutter ein, wenn sie stolz darauf ist, „dass ihr Bruder, das schwarze Schaf, berühmt wird" (ebd.,197). Perls vergaß auch nicht, seine Schwester mit dem Satz zu zitieren: „Wenn Mama das doch noch hätte erleben können" (ebd.). Ich nehme auch den folgenden Satz nicht ironisch, sondern als Ausdruck eines tiefen Gefühls von Ungerechtigkeit und Sehnsucht aus Kindheitstagen: „Damals fiel es in Deutschland niemandem ein, dass das Versagen eines klugen und warmherzigen Kindes nicht allein seine Schuld sein könnte" (ebd., 281).

In seiner Arbeit über Autobiographien der zwanziger Jahre hat Peter Sloterdijk an diversen Beispielen auf die dort immer wieder auftauchenden Erinnerungen an kindliche Erfahrungen mit gesellschaftlichen Konflikten, Widersprüchen und Machtstrukturen aufmerksam gemacht. Er spricht hier von „protopolitischen Erfahrungen" die er als das Erfahrungsfundament bezeichnet, „das für den Aufbau einer politischen Identität notwendig ist, wenn diese nicht nur von außen aufgedrungen oder per Identifikation übernommen werden soll, sondern aus der Selbstartikulation politisch-gesellschaftlicher Erfahrenheit hervorwächst" (Sloterdijk 1978, 140).

Perls' Nonkonformismus, sein Rebellentum und seine massive Ichbehauptung will ich in diesem Sinne durchaus als eine authentische „politische" Haltung zur Gesellschaft deuten, die sich zu einem Teil aus den hier referierten frühen Erfahrungen speist. In Perls' sprunghaft-assoziativer biographischer Arbeit finden sich die von Sloterdijk analysierten „kleinen Szenen, in deren Detail Kindheitsatmosphäre gefangen ist" (ebd., 142) und die gleichzeitig frühe sinnliche Erfahrungen von letztlich gesellschaftlichen Herrschaftsverhältnissen widerspiegeln. Gott, der Kaiser, der Staat, der Lehrer, der Vater oder die Eltern bildeten in Zeiten der autoritären Familie und des autoritären Charakters die Kette derer, die herrschen, deren Wort unanfechtbar und Gesetz ist und die dieses Gesetz mit Einschüchterung, Strafe und Gewalt durchsetzen und durchsetzen dürfen.

In der konfliktreichen schulischen Umbruchzeit scheint er zu Hause erlebt zu haben, dass er nicht um seiner selbst willen geliebt wurde, sondern in Abhängigkeit von seiner Leistung, von etwas Äußerlichem. Hier begann die narzisstische Kränkung und Rebellion eines „liebenswerten Kindes", das den Kampf gegen die elterlichen Introjekte, gegen das „als-schlecht-definiert- werden" aufnahm. Es zeichnete sich ein Lebensthema ab, das entsprechend in der Gestalttherapie wiederzufinden ist: Selbst- gegen Fremdbestimmung oder: Eigenes gegen Fremdes. Er wehrte sich vehement dagegen, dass seine Eltern ihn beurteilten und beschuldigten. Dass sie ihm vermittelten „du bist schlecht", dass sie ihre eigenen Enttäuschungen und negativen Gefühle auf ihn projizierten, ihm dafür die Verantwortung gaben. Er wollte sich nicht zum Symptomträger der familiären Probleme machen lassen. Zudem war die Beziehung der Eltern schlecht, es wurde viel gestritten, körperliche Auseinandersetzungen und härteste Beleidigungen gehörten zum Alltag. Nie vergaß er, dass sein Vater ihn des öfteren „ein Stück Scheiße" nannte. Die Reaktionen der Eltern[32] (und er fügte hinzu, der „Gesellschaft, Gatten") erlebte er als existentiell vernichtend: „Ich will dich auslöschen, du sollst nicht leben. An deiner Stelle soll ‚nichts' sein. (...) Wir erziehen dich. Bis du so wirst wie Wir, Wir, Wir, Wir dich haben wollen" (Perls 1981, 290f). An anderer Stelle gibt Perls ein Beispiel, von dem ich vermute, dass es zumindest mit eigenem Erleben vermischt ist. Eine traumatische Neurose definierte er an einer Stelle als Verteidigungsstruktur, um sich gegen „Überfälle der Gesellschaft" (Perls 1979, 49) zu schützen: „Das zweijährige Kind z. B., das von seinen Eltern in einer dunklen Kammer eingeschlossen wurde, ist einer fast unerträglichen Anspannung unterworfen. Es wird durch ihr Verhalten auf ein Nichts reduziert – ja auf weniger als ein Nichts; es wird zu einem Objekt ihrer Manipulation ohne eigenes Recht und eigene Macht. Es gibt kein ‚Ich' mehr, es gibt nur ‚sie' und was ‚sie' tun können" (ebd.).

Die Antwort auf diese familiären Erlebnisse, war ein rebellisches und risikobereites „Ich, Ich, Ich". Von hier geht eine Linie zum sogenannten Gestalt-Gebet, das ich in diesem frühen Kontext einmal zitieren möchte:

„Ich tu, was ich tu; und du tust, was du tust.
Ich bin nicht auf dieser Welt, um nach deinen Erwartungen zu leben,

Und du bist nicht auf dieser Welt, um nach den meinen zu leben.
Du bist du, und ich bin ich,
Und wenn wir uns zufällig finden, – wunderbar.
Wenn nicht, kann man auch nichts machen" (Perls 1986, 13).

Diese als Selbstverteidigung dienende Behauptung des Ich wurde begleitet von der Suche nach dem wärmenden Wir. Dies hatte auch eine soziale oder genauer, eine kulturkritische Dimension. Perls teilte hier Erfahrungen mit vielen Leidensgenossen seiner Generation. Der selbstbehauptende Kampf gegen den übermächtigen, fernen und den Sohn nicht oder kaum anerkennenden Vater, verknüpfte sich mit dem Kampf gegen die kalten materialistischen Werte des Wilhelmismus, die auch der eigene Vater repräsentierte. Der Kampf gegen das verlogene Bürgertum mit seiner Doppelmoral, letztlich die ganze hierarchische Gesellschaftsordnung, entwickelte sich zu einem großen, auch literarischen Thema. Berühmt geworden sind Franz Kafkas „Briefe an den Vater", typisch Hermann Hesses kleine Arbeit über die Tugend des Eigensinns (Hesse 1988) und Kaisers expressionistisches Drama „Vatermord". Fast alle bürgerlichen Biographien dieser Zeit berichten von diesen Schmerzen und Kämpfen. Otto Ranks Betonung des Eigenwillens in der Therapie hat viel mit diesem Thema zu tun, das sich auch in seinem Autoritätskonflikt mit Freud spiegelte, ebenso wie die radikale, antiautoritäre Anti-Introjektionstheorie des anarchistischen „Psychoanalytikers" Otto Gross, der durch seinen Vater zeitweilig in eine psychiatrische Anstalt zwangseingewiesen wurde. In all diesen Fällen wird das Ich gegen das als autoritär erlebte Ihr gesetzt, Eigenes gegen Fremdes. Auf dieses Thema werde ich im Kapitel über die Weltanschauung der Berliner Bohème zurückkommen.

Perls ist meiner Ansicht nach, aus Mangel an genaueren Kenntnissen über seine Lebenserfahrungen in Deutschland bis 1933, oftmals vorgeworfen worden, dass er kaum über das eigene Ich hinausgehende Interessen gehabt habe. Biographische Realität ist aber, dass er, genau wie viele seiner Alters- und Zeitgenossen, jahrelang die Hoffnung auf eine sozialistische Brüdergesellschaft hatte. Er hat sich für diese Form des Wir aktiv eingesetzt, bis diese Utopie brutal von den Nazis zerschlagen wurde. Auf Grund seiner frühen Erfahrung mit dem Rückzug auf das eigene Ich und die eigenen Kräfte, und auf Grund von günstiger Außenunterstützung, die er auf Grund seiner Risikobereitschaft zu sehen und zu nutzen in der Lage war, hat er letztlich recht gut überlebt und seine Lehren gezogen. Andere „Brüder“ in Hoffnung und Leid, haben in der Emigration die Zerschlagung ihrer Träume und ihrer Bemühungen um eine gerechtere Gesellschaftsordnung und ein sinnvolles Leben nach eigenem Maß und eigenen Vorstellungen, mit Selbstmord beantwortet. So etwa Ernst Toller und Walter Benjamin, die wie Perls 1893 geboren worden sind.

3.3.1. „Der Kaiser ist nackt“

Einen Einfluss auf sein Rebellentum hatte sicherlich die frühe Entlarvung des Geheimnisvollen und Imposanten als Farce und bloßer Schein. Perls hat anscheinend früh seinen Respekt vor der Aura der Macht und der Mächtigen verloren. Die kultischen Vorgänge in der jüdischen Synagoge weckten „keine Ehrfurcht“ (Perls 1981, 277) in ihm und als sein Vater ihn mit ca. 18 Jahren für würdig befand, ihn in seine Freimaurerloge aufzunehmen, empfand Perls diesen Vorgang als lächerlich. Schon das Eindringen in das „geheimnisvolle Zimmer“ (ebd., 278) des Vaters hatte sich ja als Enttäuschung erwiesen. Nun geschah ähnliches: „Ich war gespannt darauf, den Schleier des Geheimnisses zu durchdringen und bereit, die Probe zu bestehen. Welch eine Beschämung und Enttäuschung“ (ebd., 279). Die Enttäuschung war vielleicht auch eine endgültige Entidealisierung des Vaters, „mit seinem breiten blauen Band über der Brust, seinem langen eindrucksvollen Bart und seiner mächtigen Gestalt“ (ebd., 278).

Wie im Märchen von des Kaisers neuen Kleidern ist die Autorität „nackt“ und das Kind lässt sich nicht beeindrucken, einschüchtern, hypnotisieren oder täuschen. Es vertraut seinen eigenen Sinnen und schaut hin. Perls identifizierte sich mit der Botschaft dieses Märchens von Anderson und ließ das Kind, dem ausgeredet werden soll, was es sieht, sagen: „Wie trau ich meinen Sinnen? Man liebt mich nicht, wenn ich nicht sehe, was sie sehen. Und Liebe brauche ich mehr als Wahrheit. Es ist zwar hart, doch schlucke ich meine Lektion in Anpassung“ (ebd., 26).[33]

Perls hat seine Lektion als Kind nicht geschluckt und hat das bis an sein Lebensende nicht getan. Er hat sich im Laufe seines Lebens selber „nackt“ gezeigt und andere „entblößt“, was ihm Ablehnung und Ruhm eingebracht hat. Er war auf eine gewisse Art respektlos, nicht am Schein, sondern am Sein interessiert und demaskierte dementsprechend. Das half denen, die stark genug waren, sich selber zu finden und das traf und verletzte wiederum andere sehr tief. In der Therapie ging es ihm oft um das, was er echte Gefühle und Kontakt nannte, dann wurde er weich, berührt und war dem anderen Menschen sehr nahe.

Der für die Gestalttherapie zentrale Kontaktbegriff hat hier eine seiner Quellen. Im Kontext mit den oben angeschnittenen Kindheitserinnerungen definierte Perls eine Beziehungsstruktur als Konfluenz, bei der das Kind auf eine dem Willen der Eltern entsprechende Art „gut" ist, im Gegensatz zur Isolation des Kindes, wenn dessen Verhalten nicht den elterlichen Vorstellungen entspricht und dann von diesen als „böse" erlebt und definiert wird. Sowohl bei Konfluenz als auch bei Isolation bestand für Perls kein Kontakt zwischen den betroffenen Menschen: „Denn Kontakt ist die Anerkennung von Unterschieden" (ebd., 291).

Den schmerzhaft prägenden Vaterkonflikt teilte Perls auch mit Karen Horney, einer anderen psychoanalytischen Dissidentin. Horney wurde seine erste Lehranalytikerin, später seine Kontrollanalytikerin. Beide hatten persönlich ein gutes Verhältnis zueinander und Horneys Freudrevisionen regten Perls später an und weisen viele Parallelen zu seinen eigenen auf (vgl. Bocian 1992). Horney plagte sich mit ihrem streng christlichen Vater und schrieb mit 14 Jahren in ihr Tagebuch: „Es muss großartig sein, einen Vater zu haben, den man lieben und achten kann. Das vierte Gebot mit seinem ‚Du sollst' steht wie ein Gespenst vor mir. Ich kann eine Person nicht ehren, die uns alle unglücklich macht mit ihrer Heuchelei, ihrer Ichbezogenheit, ihrer Grobheit und schlechten Kinderstube" (in Stephan 1992, 236).

Die frühe Erfahrung eines repressiven „Du sollst", die im Freudschen System als „Über-Ich" seine theoretische Einordnung fand, das Fritz Perls dann folgerichtig als ein unakzeptables Introjekt bezeichnete,[34] war für die Theoriebildung quasi aller Berliner Charakteranalytiker von Bedeutung.

3.4. Schulerfahrungen: Untertanenmentalität und missglückte Triangulierung

3.4.1. Modernisierungsgewinner: Vom Niveau der jüdischen Bildung

Die Enttäuschung von Perls' Eltern wegen seines Schulversagens ist nachvollziehbar. Für die deutschen Juden verlief die Assimilation in die deutsche Gesellschaft über den Erwerb von Vermögen und vor allem über Bildung. Das Tempo mit dem der Aufstieg „der emanzipierten Judenheit stattfand, war auch eine Folge jüdischer Familientradition. Keine jüdische Mamme gestattete es ihren Kindern, vor allem ihren Söhnen, unter den Möglichkeiten ihrer Talente zu bleiben" (Amery in Engelmann 1998, 349). Perls wurde also (ich vermute als einziges der drei Kinder), aufs Gymnasium geschickt und die spätere Orientierung auf Jura oder Medizin entsprach in gewisser Weise dem damaligen Standard und der Bildungsorientierung der deutsch-jüdischen Familien.

Im Rahmen der Modernisierung des deutschen Reiches hatten sich die Voraussetzungen für einen gesellschaftlichen Aufstieg geändert, die feudalen Beschränkungen waren fast beseitigt und die alten Zugangsprivilegien zum gesellschaftlichen Aufstieg waren abgelöst worden durch die Individualisierung der Aufstiegschancen. Diese neuen und individuellen Chancen waren insbesondere für die sozialen Schichten günstig, denen bisher der Zugang zu den höheren Berufen nicht möglich war. Hierzu zählten auch die sich emanzipierenden Juden. Eine Diskriminierung bestand weiterhin in Bezug auf den Staatsdienst. Eine Militärlaufbahn war für Juden in der Regel ausgeschlossen und im Bereich Staatsverwaltung, Justiz und Universität gab es große Einschränkungen, die auch existierten, wenn der Betreffende zum christlichen Glauben übergewechselt war. In den anderen gesellschaftlichen Bereichen kam es vorrangig auf die erworbene Kompetenz, auf schulische Abschlüsse, Unternehmergeist und ähnliches an.

Karady schreibt in seinem Buch über die jüdische Sozialgeschichte in Europa, dass die Juden auf Grund ihres Ausschlusses aus der Feudalwirtschaft quasi eine „protobürgerliche Klasse" (Karady 1999, 16) bildeten.

Die Einschränkung des Ausschlusses verwandelte sich bei der Auflösung des feudalen Wirtschaftssystems in eine Voraussetzung für ihren erfolgreichen Aufstieg. Es gab auf Grund der gesellschaftlich erzwungenen beruflichen Orientierungen eine lange Erfahrung im Bereich Handel und Geldgeschäft. Außerhalb der Ständegesellschaft hatten sich gewisse Kompetenzen und Tugenden herausgebildet, die nun ins Gewicht fielen, weil es auf einen selber ankam. Für Karady zählen dazu: Ausdauer, Disziplin, körperliche Askese, Arbeitsmoral, die Bereitschaft, die Gelegenheit zu nutzen, sowie Kenntnis der Märkte und internationale Verbindungen. Hinzu kam eine Bereitschaft, in Berufe zu investieren, die Mitglieder der Ständeordnung als nicht standesgemäß ansahen, etwa der Medizin oder der Pharmazie. Dies wurde ergänzt durch einen gewissen Intellektualismus, da auf Grund des traditionell hohen Stellenwertes des Buchstudiums und der Auslegung und Diskussion der heiligen Schriften „die Juden im vormodernen Europa die einzige religiöse Gruppe bildeten, deren erwachsene männliche Mitglieder gewissermaßen zugleich alphabetisiert und zwei- oder mehrsprachig waren“ (ebd., 120). Sie studierten die religiösen Schriften und Kommentare in Hebräisch und Jiddisch und lernten zumeist auch die Sprache der Aufenthaltsländer. Auf Grund des Waffenverbotes für die jüdischen Gemeinden und auf Grund der sicherlich auch damit zusammenhängenden Hochachtung für Gelehrsamkeit und Bildung, war der traditionelle Held nicht der Krieger, sondern der Schriftgelehrte.[35] Über Jahrhunderte hatte das sogenannte alte Testament, also ein Buch, die in der Diaspora verstreuten Juden als spezifische Gemeinschaft zusammengehalten. Es gab entsprechend Unterschiede zu den männlichen Idealen der christlichen Umgebung. Gewaltausübung hatte keinen hohen Stellenwert und der Alkoholismus innerhalb der jüdischen Gemeinden war in einem Europa, wo Saufen als Vergewisserung der Männlichkeit galt, äußerst gering. Noch die Studenten aus den assimilierten jüdischen Familien hatten während der neunziger Jahre des neunzehnten Jahrhunderts in den Studentenvereinigungen (meist ihren eigenen) ihre Probleme mit dem von den christlichen Burschenschaftlern traditionell vorgegebenen Trinkmengen.

Der Intellektualismus auf Grund des Studiums der religiösen Schriften und die Auslegungs- und Diskussionskultur, war eine Art kulturelles Kapital, das sowohl innerhalb der Gemeinden als auch in säkularisierter

Form in den einzelnen Familien tradiert wurde, und sich dann im Zuge der jüdischen Emanzipation und der gesellschaftlichen Modernisierung rasch verwertete. Es handelte sich also nicht um einen genetischen Vorteil, etwa, dass Juden eben von Natur aus klüger sind, sondern um Effekte einer spezifischen kulturellen Sozialisation und der Stimulierung von Fähigkeiten, die für die moderne nachfeudale Zeit wichtig waren.

Neben der Konzentration auf kaufmännische Berufe, war der Anteil der Juden an den freien Berufen, gemessen an ihrem Anteil an der Gesamtbevölkerung, hoch. Dies betraf in West- wie Osteuropa die Berufe Arzt, Rechtsanwalt, Ingenieur, Architekt, Musiker, Schauspieler, Schriftsteller, Journalist, Wissenschaftler und Privatgelehrter. Karady referiert, dass beispielsweise 1936 in Wien 75 % der Ärzte jüdischer Abstammung waren und 62 % der Rechtsanwälte, bei einem Bevölkerungsanteil von 8 % (vgl. Karady 1999, 135).

Eine wesentliche Voraussetzung der außerordentlichen Leistungen von deutschen Juden, zu Zeit des Kaiserreiches und zur Zeit der Weimarer Republik, war ihr überdurchschnittliches Ausbildungsniveau. Karady bezeichnet dieses Niveau „als die technische Voraussetzung der großen intellektuellen Energien, deren soziologischer Rahmen die Assimilation darstellte. Hätte es keine überdurchschnittliche Ausbildung gegeben, hätte sich das kulturelle Kapital nicht akkumulieren können, aus der die außerordentlichen Leistungen hervorgingen. Hätte es keine Assimilation gegeben, wären die kulturellen Aktivitäten der Juden im traditionellen jüdischen Rahmen geblieben“ (ebd., 140).

Das hohe Ausbildungsniveau ließ sich auch an der statistischen Überrepräsentation an den Gymnasien und den Universitäten ablesen. Amery gibt eine deutsche Statistik kurz vor 1914 an, die den Besuch der höheren Bildungsanstalten nach der Konfession aufschlüsselt. „Dabei wurde ein Soll nach dem tatsächlichen Prozentanteil an der Gesamtbevölkerung festgelegt“ (in Engelmann 1998, 350). Die Evangelischen erfüllten ihr Soll fast genau, die Katholiken blieben 15 % darunter und die Mosaischen überschritten es um 600 % (vgl. ebd.). Im Geburtsjahr von Perls waren in Berlin, bei einem Bevölkerungsanteil von 5 %, nahezu 25 % der Gymnasiasten und Oberrealschüler mosaischen Glaubens. Der Prozentanteil lag in den höheren Mädchenschulen bei ca. einem Drittel (vgl. Rürup Hg. 1995, 157). Auch die Abschlussleistungen am Gymnasium und an der Hochschule lagen über dem Durchschnitt. Die Kosten für die Schul- und Universitätsbesuche stellten in Berlin, wo die Mehrzahl der jüdischen Familien sich ins Bürgertum assimiliert hatte, in der Regel keinen Hinderungsgrund dar. Das soll nicht heißen, dass alle jüdischen Familien reich waren. Es gab aber fast keine Armen mehr unter den deutschen Juden, deren Verbürgerlichungsprozess so gut wie abgeschlossen war. Beispielsweise ging der Anteil der Hausierer an den jüdischen Erwerbstätigen in Preußen im Jahre 1895 auf 2 % zurück und 57 % waren in selbständigen, vorwiegend kaufmännischen Berufen tätig. In denjenigen mittelständisch-kleinbürgerlichen Familien, in denen das regelmäßige Einkommen zur Finanzierung nicht reichte, wurde für die Bildung der Kinder gespart. Ein sozialer Vorteil war auch, dass die Verringerung der Kinderzahl in den jüdischen Familien wesentlich früher eingesetzt hatte als in den christlichen. Die Zahl der Kinder in den jüdischen Familien in Berlin lag 1910 bei einem bis zwei und entsprach dem Konzept der bürgerlichen Kleinfamilie, die in der Regel allen Kindern eine gute Bildung und Ausbildung ermöglichte. Mit drei Kindern lag die Familie Perls beim Niveau der christlichen Familien. Reichten innerfamiliäre Spar- oder Geldbeschaffungsmaßnamen zur Finanzierung der Ausbildung nicht aus, halfen oft reiche private Wohltäter oder die Hilfsvereine der Jüdischen Gemeinde, die insbesondere vielen bedürftigen jüdischen Studenten das Studium ermöglichten (vgl. Rürup Hg. 1995, 161).

Um auch hier den sozialen Kontext zu begreifen, darf nicht vergessen werden, dass das höhere Schulwesen letztlich Standes- oder Klassencharakter trug. „In Preußen gelangten vor dem ersten Weltkrieg nur 5 Prozent aller Schüler zu einer über die Volksschule hinausgehenden Schulbildung" (Günther et. al. 1973, 416). In den höheren Lehranstalten waren so gut wie keine Arbeiterkinder anzutreffen. Die häuslichen Verhältnisse erlaubten es nicht und Geld für den Schulbesuch war in der Regel auch nicht da. Die Löhne der arbeitenden Frauen waren noch niedriger als die der Männer und die schulpflichtigen Kinder mussten oftmals ebenfalls arbeiten und mitverdienen.

Für den Nachwuchs der deutsch-jüdischen Familien, der im Gegensatz hierzu, wie alle Nachkommen aus dem deutschen Mittelstand, die Chance zum Erwerb des kulturellen Kapitals Bildung in der Regel hatte, war die Investition der Lernenergien in universell gültige Wissensgebiete

(Medizin, Technik etc.) attraktiv, weil sie als „übertragbar“ galten. Dies vor dem Hintergrund, dass in vielen Familien aus Osteuropa die Erinnerung an Vertreibung oder die Flucht vor Pogromen in ein anderes Land lebendig geblieben war. Natürlich spielte auch das bürgerlich-humanistische Bildungsideal eine Rolle: „Der Sohn in einem intellektuellen, allgemein akzeptierten und moralisch über jede Kritik stehenden, da der Gesundheit der Menschen, dem Recht oder der Mehrung des Wissens zugeeigneten Beruf – das war das Idealbild, das die Eltern, vor allem die Väter, im deutsch-jüdischen Bürgertum vom Beruf ihrer männlichen Nachkommen hatten“ (Riecker in Heer 1997, 25).

Die gut ausgebildeten jungen Männer (und zunehmend auch Frauen) aus den jüdischen Familien „schossen nun in eine Gesellschaft ein oder vielmehr in ihr hoch“ (Amery in Engelmann 1998, 348). So mancher deutsche Student mosaischer Religion zog mit viel Studieneifer an seinem in den Burschenschaften saufenden, Lieder grölenden und Mensuren schlagenden christlichen Kommilitonen vorbei und machte Karriere. Auch das waren Gründe für einen „handfesten Antisemitismus“ (ebd.) gerade der deutschen Studentenschaft, die später tatkräftig die nationale Revolution unterstützte und sich damit 1933 auch von dem „quälenden jüdischen Talentdruck“ (ebd., 349) befreite. Es ist sicher ein Faktor der zählt, wenn Amery bezüglich des „arischen Antisemitismus“ davon spricht, dass Hitlers nationalsozialistischer Rassismus nicht nur ein Sozialismus für die Dummen war, sondern auch attraktiv für das Selbstbewusstsein vieler junger bürgerlichen „Modernisierungsverlierer“ (ebd., 350).

3.4.2. Grausame Lehrer und der fehlende Vater

Fritz Perls ging standesgemäß nach der Grundschule auf das altsprachliche Mommsen-Gymnasium in Berlin Charlottenburg. Diese Einrichtung besuchte einige Jahre später auch Herbert Marcuse. Der Schwerpunkt des Unterrichtes lag auf den alten Sprachen, dem Studium der antiken Klassiker und der Geschichte der alten Griechen und Römer. Sprachlich dominierten Latein und Griechisch und die antike Literatur wurde im Original gelesen. Perls selbst erinnerte sich an die Lektüre von Sophokles und Platon im griechischen Originaltext (vgl. Perls 1981, 80). Hinzu kam

Französisch und natürlich Deutsch, Religion, Mathematik, Naturkunde, Geschichte, Schreiben, Zeichnen, Geographie, Turnen und Singen.

Auf Grund seiner Lage in einem der besseren bürgerlichen Stadtteile Berlins war der Anteil der Schüler mosaischen Glaubens im Mommsen-Gymnasium recht hoch, so dass es von den Nationalsozialisten später geschlossen wurde.[36] Dies änderte aber nichts an der Tatsache, dass die ursprünglich humanistische Erziehungsidee dieses Schultyps schon längst durch die Vermittlung deutschnationaler Werte ersetzt worden war. Die Klassiker der deutschen Literatur (Goethe, Schiller, Kleist, Hölderlin etc.) waren weitgehend ihres Weltbürgertums und Humanismus entledigt worden. Man hatte sie einer nationalistisch-chauvinistischen Deutung unterzogen und entsprechend wurden sie vor allem als große Deutsche vorgestellt.

Auf weniger grobe Art und Weise als in den Volksschulen, wurde hier Jugend auf Kaiserverehrung, Gehorsam, Unterordnung und Konfluenz mit dem Staat bei gleichzeitiger Vermittlung von Überheblichkeit gegenüber andern Staaten und Völkern vorbereitet. Albert Einstein hat es in Bezug auf das Wilhelminische Schulsystem als das schlimmste bezeichnet, „wenn eine Schule prinzipiell mit den Methoden der Angst, der Gewalt und der künstlichen Autorität arbeitet. Solche Behandlungsmethoden zerstören die gesunden Gefühle, die Aufrichtigkeit und das Selbstvertrauen der Schüler. Damit produziert man den unterwürfigen Untertan" (in Friedrich 1973, 202).

Diese Mentalität, die sich mit der Staatsmacht identifiziert, die nach oben buckelt und nach unten tritt, hat Heinrich Mann in seinem Roman „Der Untertan" beschrieben. Eine solche Art des Menschenumgangs, bei der „grausame Lehrer" (Perls 1981, 3) mit Prügel, Platzwechsel und Arrest als Strafmittel arbeiteten, stimulierte neben Anpassungsbereitschaft und Duckmäusertum auch die potentiellen Rebellen, wovon viele der Autobiographien aus dieser Zeit zeugen. Georg Grosz schlug in der Obertertia zurück und flog von der Schule, John Heartfield beteiligte sich an einer Schülerrevolte und wurde ins Erziehungsheim gesteckt, Berthold Brecht verursachte durch seine aufsässige Respektlosigkeit einen Schulskandal. Kurt Tucholsky schrieb später rückblickend von „Seelenmord und Seelenraub" (in Hepp 1999, 47f) und der charakterlichen Stärke, die ein klares und lautes „Nein" in so einer Atmosphäre benötigte. Hier sei auf die Ichgrenzen schaffende und stabilisierende Bedeutung verwiesen, die Perls später in der Gestalttherapie dem klaren „Nein" zukommen ließ. Hermann Hesse hat diese andere Art von Charakterfestigkeit 1919 in seiner kurzen Abhandlung von der Tugend des Eigensinns beschrieben (vgl. Hesse 1988). In keinem Land wurden so viele Erziehungs- und Schulromane geschrieben wie in Deutschland. „Oft waren es Tragödien über Verzweiflung und Schülerselbstmord, immer aber Anklagen gegen ein Schulsystem, das zwar den Ungehorsam des Heroen und den Kämpfer in der Geschichte lobte, die jungen Schulrebellen aber meist gnadenlos bestrafte" (Hepp 1999, 47).

In dieser Atmosphäre ließen die Leistungen des ehemals Klassenbesten an der Grundschule, an der er anscheinend Glück mit seinen Lehrern hatte, fast selbstverständlich nach. Die Schule verwandelt sich in einen „Alptraum" (Perls 1981, 193) die oben beschriebenen häuslichen Konflikte und Kämpfe brachen parallel aus und die Einweisung in ein Erziehungsheim wurde als Drohung benutzt. Der Direktor des Mommsen-Gymnasiums hieß Dr. Alfred Przygode[37] und Perls erinnerte sich: „Der Direktor hatte einen polnischen Namen und war (möglicherweise um seine arische Abstammung zu beweisen) sehr, sehr deutschnational. Die Schule war neu und das Kollegium, das er um sich versammelte, lässt sich am besten durch die freie Abwandlung eines Churchill-Zitates beschreiben: Selten haben so wenige Lehrer über so lange Zeit so viele Kinder gequält" (ebd., 280).

Eine weitere, sicherlich tiefgehende Erfahrung aus seiner Schulzeit erwähnt er lediglich mit einem Satz: „Das Grundprinzip war Disziplin und Antisemitismus" (ebd.). Schon die deutschnationalen Werte definierten die jüdische Minderheit als nicht dazugehörig, implizit als fremd und minderwertig. Dies musste auf junge Geister, die aus assimiliert-liberalem Elternhaus kommend, ihre deutsche Identität für selbstverständlich hielten, verunsichernd und irritierend wirken. Perls' Schwester Grete sagte in Bezug auf die Erfahrung ihres Bruders mit dem offenen und verdeckten Antisemitismus am Mommsen-Gymnasium: „And, being a sensitive boy, he felt it and he was infuriated by it" (in Gaines 1979, 3).

Perls hat sich auch noch im Alter ganz genau daran erinnert, wer in seiner Klasse jüdischer Abstammung war: „Wir waren vier Juden in meiner Klasse. Krafft wurde Psychoanalytiker. Schildkraut machte sich einen

Namen beim Film, und Holländer komponierte viele bezaubernde Lieder für Marlene Dietrich" (Perls 1981, 280).[38] Hier hat Perls Erfahrungen gemacht, die meiner Ansicht nach Einfluss auf sein lebenslanges Gefühl hatten, nirgendwo hinzugehören. Der Berliner Moritz Goldstein erinnerte sich an seine christlichen Klassenkameraden, mit denen er in der Schule befreundet war: „Mit den neuen, von mir bewunderten Mitschülern, hoffte ich in ein Verhältnis des gegenseitigen Besuches zu kommen, aber das geschah nicht. (...) Sie wollten einfach nicht, oder es war ihnen von ihren Eltern eingeschärft worden, sie sollten nicht den Juden mit ins Haus bringen. In unserem täglichen Umgang wurde keine judenfeindliche Haltung jemals spürbar" (in Rürup Hg. 1995, 159). Diese Erfahrung machte im Prinzip jedes jüdische Kind im Rahmen seiner Schulzeit. Ähnliches traf auf die gesamte Familie zu, da beispielsweise innerhalb der Geschäftswelt der Umgang zwischen den christlichen und mosaischen Deutschen durchaus freundschaftlich war, die deutsch-jüdischen Familien aber privat fast ausschließlich Umgang mit Familien jüdischer Herkunft hatten. In ihren Erinnerungen bestätigt Lore Perls dies explizit und verweist darauf, dass der häusliche Umgang bei den Posners auf „Juden der gehobenen Schicht" beschränkt blieb (vgl. L. Perls 1997, 28). So gab es in dieser kindlichen Welt wiederum eine sinnliche Erfahrung, die ein Stimulieren von sich entweder anbiedernden und zur Konfluenz neigenden oder, wie bei Perls, rebellischen und ichzentrierten Tendenzen bedeuten konnte.

Walter Rathenau, der erfolgreiche Industrielle und Außenminister der Weimarer Republik, der von einem deutschnationalen Studenten erschossen wurde, fasste diese kollektive Wunde mit den Worten zusammen: „In den Jugendjahren eines jeden deutschen Juden gibt es einen schmerzlichen Augenblick, an den er sich zeitlebens erinnert: wenn ihm zum ersten Male voll bewusst wird, dass er als Bürger zweiter Klasse in die Welt getreten ist, und dass keine Tüchtigkeit und kein Verdienst ihn aus dieser Lage befreien kann" (in Rürup Hg. 1995, 133).

Dies ist zu berücksichtigen, wenn über Perls nachgedacht und geurteilt wird. Die von ihm freimütig offengelegten persönlichen Schwächen und eigenen psychischen Störungen, etwa sein Schwanken zwischen Wertlosigkeit und Größengefühl, sind nicht ausschließlich auf frühe Kindheitserlebnisse im familiären Umfeld rückführbar. Solche Reaktionen sind Feldphänomene und überdeterminiert. Hier wirken familiäre, kulturelle und gesellschaftliche Zustände gleichzeitig auf die Person ein.

Die Schulkarriere von Perls wurde unterbrochen, weil er eine Klasse dreimal wiederholen musste und aus der Schule genommen wurde. Ähnlich wie Victor Klemperer und Max Horkheimer wurde er erst einmal bei einem Tuchhändler in eine kaufmännische Lehre gesteckt. Er benahm sich schlecht, spielte dem Chef Streiche und wurde entlassen (vgl. Perls 1981, 282).

Ferdinand Knopf, ein anderer „Schulversager" und Freund von Perls, der von diesem als eine Art Anführer akzeptiert wurde, fand für beide eine neue Schule. Es handelte sich um das Askanische Gymnasium, an dem anscheinend einige reformpädagogische Lehrer am Kindeswohl interessiert waren (vgl. ebd. 281f). Seine schulische Intelligenz entfaltete sich wieder und seine schriftlichen Abiturprüfungen waren derart gut, dass ihm die mündlichen Prüfungen erlassen wurden (vgl. L. Perls 1997, 46). Im Schuljahr 1913/14, das Ostern 1914 endete, absolvierte er sein Abitur mit zwanzig Jahren, nachdem er vier Jahre auf dieser Schule war. Das Eintrittsschuljahr war demzufolge das Schuljahr 1910/11.[39]

Wenn Perls erwähnt, dass er einige Lehrer mochte, so heißt das wohl auch, dass er sich von ihnen gemocht fühlte. Hier taucht das zur Rebellion polare Thema der Sehnsucht nach Zugehörigkeit auf, das bei Perls in den frühen Freundschaften auch eine Tendenz zur Unterordnung annehmen konnte. Unterordnung ermöglicht auch die Erfahrung dazuzugehören und aufgehoben zu sein und ist eine Form von Ganzheitserlebnis, dem sich nach 1933 in Deutschland Einzelindividuen massenhaft hingaben. Beim Schüler Perls vermischte sich das mit dem Versuch, sich an der Schule die Zuneigung der „schönen" arischen Schüler zu vergewissern, um seinen „hässlichen" jüdischen Selbstanteil auszubalancieren. Das aus dem verschlossenen Zimmer des Vaters gestohlene Goldstück, benutzte Perls in diesem Sinne: „Ich holte das Goldstück heraus und kaufte damit Briefmarken für meinen schönen blonden christlichen Freund, in der Hoffnung, mir damit seine Freundschaft zu erkaufen oder als einen Beweis meiner Freundschaft" (Perls 1981, 279). Verallgemeinert erwähnt er: „Die Freunde meiner frühen und späteren Jugend waren immer Jungen, denen ich mich unterordnen konnte" (ebd., 264).

Familiengeschichtlich geht es hier auch um die fehlende Triangulierung, die Ergänzung der auf die Mutter orientierten Zweierbeziehung um die dritte männliche Person, die eine andere Orientierung und so auch weniger ambivalente Ablösung des Sohnes von der Mutter unterstützt. Die fehlende positive Bestätigung durch den Mann, den Vater, äußerte sich bei Perls in einer lebenslangen und nie erlösten Sehnsucht nach der Annahme durch eine männliche Vaterfigur. Die von Perls als Ablehnung erlebte knappe Reaktion bei seinem Besuch von Freud in Wien 1936, machte den alten Ablehnungsschmerz noch einmal massiv erlebbar und hat wohl seine Entscheidung beschleunigt, sich von der psychoanalytischen Organisation unabhängig zu machen. Die Familientherapeutin Verginia Satir, die mit dem alten Fritz Perls in Esalen zusammengearbeitet hat, gab, nachdem Perls ihr von seiner schmerzhaften Erfahrung mit Freud erzählt hatte, eine wertvollen Eindruck wieder: „I got so much the feeling that Fritz couldn't do good fathering, because he himself didn't have a good fathering. (...) I often thought that he was a great man who really never felt loved by another man. (...) The thing that kept coming through was an expectation that he wouldn't be understood" (in Gaines 1979, 269).

Als über siebzig jähriger Mann schrieb Perls über Selig, den Bildhauer und Architekten des Esalen Institutes: „Ihn und seinen Umgang und sein Verständnis für Menschen, Tiere und Pflanzen zu Beobachten, seine Unaufdringlichkeit und Sicherheit mit meiner Erregbarkeit und meinen Primadonna-Allüren zu vergleichen, endlich die Gegenwart eines Mannes zu spüren, dem ich mich unterlegen fühle, und schließlich das Gefühl von gegenseitigem Respekt und Freundschaft, das sich entwickelte – all das hat mir geholfen, viel von meiner Wichtigtuerei und Unechtheit zu überwinden" (Perls 1981, 74).

3.5. Der Vater: Ein irregulärer Freimaurer

Zwischen Fritz Perls und seinem Vater gab es deutliche Parallelen: „Sein Vater war exzentrisch, so ähnlich wie Fritz, kein Familienmensch" (L. Perls 1997, 57). Vater und Sohn hatten Schwierigkeiten mit einem geregelten Familienleben, beide waren für einen großen Teil ihres Lebens umherziehende Nomaden, hatten als Ehemänner viele Liebschaften mit anderen Frauen und ein Talent, für ihre Person und ihre Idee Menschen zu gewinnen und in gewissem Maße zu begeistern. Der Vaterkonflikt war, wie ich schon bemerkt habe, eine Erfahrung, die eine Generation verband und findet sich etwa in den Lebensbildern von Kafka, Benjamin, Hesse und Horkheimer. Bei all den genannten, inklusive Perls, findet sich auch die Orientierung an der Mutter, in Bezug auf die gemeinsame negative Einschätzung des Vaters. So sah sich beispielsweise auch Erich Fromm, dessen Vater ebenfalls Weinhändler war, als Verteidiger der oft depressiven Mutter gegenüber dem Vater, im Geflecht ihres beiderseitigen „unbewussten Hasses" (Funk 1990, 21).

Im Hause Perls war der Hass nicht unbewusst und wurde anscheinend auch nicht still gelitten, sondern brachen die Emotionen ab und an aus und dann wurde offen und auch physisch gekämpft. Im Alter war Perls zu einer kritischen und differenzierten Sichtweise fähig, in der auch das sympathische dionysische Element im Charakter seines Vaters seinen Platz hatte. Wohl auch, weil er erlebt hatte, dass er selber als Ehemann und Familienvater gescheitert war und dass ihm das Scheitern alleine zur Last gelegt wurde: „An Festtagen wie Weihnachten, jedoch, wurde mein Vater zu seinem Rabelais'schen Ebenbild. Voller Begeisterung tanzte er die Krapolka und küsste. (...) Er konnte auch liebevoll und warm sein. Ich kann nicht abschätzen, sie sehr meine Einstellung zu ihm durch den Hass meiner Mutter beeinflusst wurde und wie sehr sie uns Kinder damit vergiftete" (Perls 1981, 279).

Der Freimaurer Nathan Perls war anscheinend zuerst Mitglied einer sogenannten Odd Fellow Loge. Dieser „Orden der seltsamen Gesellen" war um 1780 in England entstanden, arbeitete auf christlicher Grundlage und verstand sich als eine Art Genossenschaft, in der sich die Brüder gegenseitig sozial unterstützten und auch karitativ wohltätig waren. Die offizielle deutsche Freimaurerei hat diese Loge, wie viele andere, nicht als Freimaurerloge akzeptiert und spricht hier von irregulären Gründungen und logenähnlichen Formen, die keinen Zusammenhang mit der offiziellen Freimaurerei haben (vgl. Kischke 1999, 66). Peters nennt sie die „nicht angenommen Brüder" (Peters o. J., 145) und spricht hiermit eine Gemeinsamkeit von Vater und Sohn Perls an.

Waren es bei Nathan die offiziellen preußischen Freimaurerlogen mit ihrem gesetzlich verankerten Gründungsmonopol, so war es bei Fritz die orthodoxe Psychoanalyse und ihr bürokratischer Apparat, der ihm einen sichern Platz verweigerte. Vater wie Sohn reagierten darauf mit Eigengründungen.

3.5.1. Vom „Orden der Humanisten" und von den Eigenartigkeiten im Perlsschen Logenleben

In dem 1914 von Eberhard veröffentlichten Buch „Von den Winkellogen Deutschlands" findet sich das Kapitel „Gründungen des Nathan Perls in Berlin 1892-1913". Nathan Perls war nicht Mitglied der ab 1882 auch in Deutschland existierenden rein jüdischen B'nai-B'rith-Logen, in denen Freud Mitglied war, was darauf hinweist, dass er sich nicht in erster Linie als Jude sondern im Sinne der Aufklärung als Humanist verstand. Ich vermute, dass zu Beginn sein Ehrgeiz darauf ging, Mitglied einer der großen legalen Freimaurerlogen Preußens zu werden, statt in einer der typischen bürgerlich-jüdischen Parallelorganisationen (wie B'nai B'rith), die es für alle deutschen Vereinstypen und Organisationen gab. Historisch wichtig war hier Hermann Settegast, der die Freimaureridee humanitär-liberal auslegte und sich gegen das Gründungsmonopol der existierenden preußischen Großlogen, sowie gegen die Nichtzulassung der „jüdischen Suchenden" (Peters ebd., 138) empörte. Im Jahre 1892 gründete er, ohne Erlaubnis der offiziellen Großlogen, eine eigene Loge und erstritt sich dieses Recht durch einen Prozess. In der Gründungsliste der Settegastloge ist auch Nathan Perls verzeichnet (vgl. Peters ebd., 147). Allerdings verlangte die Satzung der neuen Loge, dass die Mitglieder bereits einer der anerkannten Logen angehört haben. Bei Nathan Perls als Odd Fellow Mitglied traf dies nicht zu und so „ließ man ihn an weiteren Beratungen nicht teilnehmen" (Eberhardt 1914, 109). Daraufhin gründete Nathan, nachdem der gewonnene Settegast Prozess die Möglichkeit eröffnet hatte, seine erste eigene unabhängige Freimaurerloge, den „Unabhängigen Freimaurerorden – Orden der Humanisten" (ebd.). Viele andere Gründungen sollten folgen. Eberhard berichtete: „Perls, ein Mann von gutem Herkommen, besitzt einen ausgedehnten Bekannten- und Kundenkreis, und so fällt es ihm nicht schwer, in den verschiedensten deutschen Städten innerhalb weniger Monate mehrere Logen ins Leben zu rufen, ist er ja doch ca. neun Monate im Jahr unterwegs" (ebd.).

In kürzester Zeit vereinigte die Perlssche Loge 200, dann 300 Mitglieder. Im Laufe der turbulenten Logengeschichte gab es Gründungen in den Städten Berlin, Charlottenburg, Breslau, Stettin, Leipzig, Dresden, Halle, Elberfeld, Düsseldorf, Köln, Dortmund, Essen, Bremen, Hamburg und München, woran sich ablesen lässt, dass sich der Perlssche Weinverkauf über ganz Deutschland ausgedehnt hat.

Die Perlsschen Logen hatten sowohl christliche als auch jüdische Mitglieder und in Berlin wurde auch eine Loge für Frauen (Schwestern) gegründet. Auf Drängen der Männerlogen wurde diese jedoch schon bald wieder aufgelöst. Es gab eine Sterbekasse für die Witwen und einen Hilfsfond, aus dem Brüder ein Darlehen erhalten konnten, sowie zweimal eine Zeitschrift. Die letzte, die „Freie Bauhütte", war das offizielle Organ der Perlsschen „Großen Freimaurerloge Kaiser Friedrich zur Duldsamkeit. Großorient Berlin" (ebd., 17).

In der Regel kam es in den Logen von Großmeister Perls nach einiger Zeit zu Problemen. Zweimal wurde der Großmeister aus seinen eigenen Logengründungen ausgeschlossen, einmal kam es zur Spaltung, da Nathan ein Konkurrent erwachsen war. Bereits gegen Ende 1896 soll es zu einem merkwürdigen Logenbesuch gekommen sein. Nathan Perls, so eine eidliche Zeugenaussage, „führte vor Jahren in die von ihm geleitete Loge einen fein gekleideten älteren Herrn als angeblichen hohen Würdenträger der englischen Loge unter der Bedingung ein, dass man denselben nicht anspräche, weil er kein Deutsch verstünde und von der Reise noch sehr abgespannt wäre. In hohen Tönen feierte er diesen Würdenträger in einer Festarbeit und ließ ihn dann schweigend sich wieder entfernen. Es stellte sich heraus, dass der hohe Würdenträger Perls Schwiegervater war. Perls ward aus der Loge verwiesen" (ebd., 14).

Ein anderes Ereignis erinnert an das spätere Verhältnis von Fritz Perls und Paul Goodman. In einer der Logen war der Schriftsteller Dr. Hans Spatzier Mitglied, der „infolge seiner geistigen Überlegenheit und seiner vorzüglichen Rednergabe für den ‚hochwürdigen' Großmeister Perls nur zu bald der gefährlichste Rivale wurde" (ebd., 13). Wegen der leichten und schnellen Aufnahme in die Logen fehlte es anscheinend an Disziplin und es kam zu Differenzen unter den Mitgliedern. Der größte Teil der Logenmitglieder trat mit Dr. Spatzier aus. Perls stockte nach relativ kurzer Zeit den Bestand der Großloge wieder auf, indem er auf seinen Verkaufsreisen neue Logen gründete. Die neuen Logenbrüder wählten nach einiger Zeit, weil ihnen Perls zu viel auf Reisen war, den Stadtrat R. Issac aus Charlottenburg zum Großmeister und ernannten Perls, „um nicht allzusehr seinen Zorn zu erregen“ (ebd.,15) zum Provinzialgroßmeister. „Doch bald musste der Großmeister den Provinzialgroßmeister wegen unmaurerischem Verhalten ausweisen; der Provinzialgroßmeister aber ging, wie er 1903 in einer Pressfehde schreibt, freiwillig aus seiner eigenen Gründung heraus“ (ebd., 15).

Zu den Eigenartigkeiten im Leben der Perlsschen Logen gehörte laut Eberhardt, dass seit 1911 in Berlin wieder ein Schwesternbund existierte und dass bei den „Logenfesten die Schwestern an Tempelweihen teilnehmen“ (ebd., 18) konnten und dann „der Abend mit Tanz ausklingen darf“ (ebd.). Aus all dem, was Eberhardt berichtet, gewinne ich den Eindruck, das Nathan Perls, nicht viel anders als später sein Sohn, schlicht das gemacht hat, was er wollte. So wird ungläubig bis empört berichtet, dass Nathan etwa „in Gegenwart von Gästen seine Brüder in maurischer Bekleidung speisen ließ und an einem Sonntage in einem profanen Café beim Glase Bier Brüdern Logenband mit Bijou überreichte“ (ebd., 16). Die Anzahl der Gründungen, die in einzelnen Städten mehrfach vorkamen, ist kaum nachzuvollziehen, ebenso wenig „wie viele Verwünschungen Perls ... schon auf sein Haupt versammelt hat“ (ebd., 18). Einer der enttäuschten Brüder schrieb: „Jeder Mensch schafft sich das Los, das er verdient; manche Menschen verdienen unbedingt den Perls als hochwürdigen Großmeister!“ (ebd., 19).

Eberhardt berichtet auch von einer andere Seite von Nathan Perls. Ihm sei wiederholt mitgeteilt worden, „Perls sei ein vorzüglicher Meister in der Ausstattung der Logen-Weinkeller, darum den Brüdern bei jeder passenden Gelegenheit der richtige Tropfen im Glase perlt. (...) Perls sieht sich gern als der Mittelpunkt, um den sich alles dreht, und wenn er bei dieser Gelegenheit auch von seinen Weinen etwas verkaufen kann, dann dürfte ihm dies natürlich sehr willkommen sein. (...) Die Brüder freuen sich und drängen sich direkt dazu, wenn sie ihm als ihrem Großmeister etwas abkaufen können. Gesagt muss allerdings dabei werden, dass Perls diesen Umstand insofern nicht missbraucht hat, als er, soviel mir bekannt, stets preiswerte und qualitativ gute Ware geliefert hat. Auch erfährt man zuweilen, dass Perls infolge ‚seines guten Herzens‘, bei der ausgleichenden Macht des allgemeinsamen Gerstensaftes im

Stimmungszauber schon manchen Bruder zum Meister geschlagen hat" (ebd., 22).

3.5.2. Großmeister Nathan Perls: Revisionist und Nonkonformist

Es lässt sich über Vater Perls auch sagen, dass seine Logen wirklich humanistische Logen waren, von keiner größeren Organisation abhängig, undogmatisch, anscheinend eher großzügig-gesellig, denn hierarchisch-autoritär geführt, organisatorisch im Fluss und wandelbar. Mag sein, dass sich hier ein deutscher Jude einen Mikrokosmos geschaffen hatte, in dem er den aufklärerisch humanistischen Traum einer Heimat, einer Gemeinschaft, einer Identität unabhängig von Religion, Rasse und Geschlecht für sich und manchen Bruder oder manche Schwester immer wieder zu realisieren versuchte. Und es waren anscheinend keine dogmatisch befolgten Riten, die die Logengemeinschaften zusammenhielten, sondern die funktionierenden oder eben auch nicht funktionierenden Sozialbeziehungen der Mitglieder untereinander.

Als weltanschauliche Grundlage orientierte Nathan Perls sich an den Grundsätzen des Deutschen Großlogenbundes. Die ersten drei Paragraphen seines Unabhängigen Freimaurer-Ordens sagen im wesentlichen folgendes aus: Es handelt sich um einen „menschlich brüderlichen Verein zur Pflege edler Humanität" (ebd. 12f). Der oberste Maßstab für das Verhalten „ist das rein-menschliche Sittengesetz. (...) Die Freimaurer verehren Gott, das höchste Ideal und den Mittelpunkt des geistigen Lebens" (ebd). In einer späteren Verlautbarung wird die jeweilige Form der Religion, anders als in der offiziell anerkannten christlichen Freimaurerei, zur Privatsache des Mitglieds erklärt: „Die Große Freimaurerloge Kaiser Friedrich zur Duldsamkeit steht durchaus auf dem Boden des humanistischen Prinzips und achtet jede religiöse Überzeugung, sofern sie in der Anerkennung eines höheren Wesens ihren natürlichen Ausdruck findet. Sie erblickt in der Religionsausübung aber nicht etwa die natürliche Grundlage der Freimaurerei, sondern sie betrachtet das religiöse Prinzip als Voraussetzung maurerischen Wirkens, ohne indessen von der Form der Religionsausübungen die Möglichkeit der Mitarbeit im Freimaurerbund abhängig zu machen" (ebd., 16).

Schon Nathan Perls war also ein Reformer, ein Revisionist, dem die menschliche Beziehung über ein Bekenntnis zu einem Dogma ging. Sein Sohn, wie so mancher Rebell aus gutem Hause, suchte eine neue Heimat und Identität in anderen Kontexten. Immer ging es ihnen um die Idee einer Gemeinschaft, die von Nation, Rasse und Religion unabhängig war. Zahlreiche junge bürgerliche Rebellen haben diese Heimat im Sozialismus gesucht oder wie Fritz Perls in seinen mittleren Jahren, in der Mischung aus Sozialismus und Psychoanalyse. Nach dem Abschied von der organisierten Freudianischen Psychoanalyse, hat er mit einer kleinen Gründergruppe seine eigene unabhängige „Gestalt-Loge" in New York organisiert, ist dann umhergezogen und hat in unterschiedlichen Städten und Orten eifrig Ableger gegründet, ohne in autoritärer Art und Weise deren Entwicklung zu bestimmen. Ganz am Ende gründete Fritz Perls seinen „unabhängigen Humanistenorden" mit sich selbst als Großmeister, in Form eines Gestalt-Kibbuz in Kanada. Es bleibt noch anzumerken, dass sein deutscher Vorname, als erster und einziger Sohn von Nathan Perls, wahrscheinlich auf den von den Freimaurern verehrten Kronprinzen Friedrich zurückgeht, der selber Freimaurer war und dem darüber hinaus auch eine liberale Haltung dem Judentum gegenüber nachgesagt wurde.

Die vielen Vorwürfe gegen Nathan Perls, auch der, dass er seinen Schwiegervater als englischen Würdenträger vorgeführt habe, mussten übrigens in einem Prozess im Jahre 1912, den er selbst gegen den Hauptbeschuldiger führte, zurückgenommen werden. Ohne Angst vor den vielen angekündigten Zeugenaussagen gegen ihn, verlangte er, dass diese Personen ihm vor Gericht gegenübergestellt werden oder zumindest noch einmal gerichtlich vernommen würden. Bei dem neuen Gerichtstermin fielen die Zeugenvernehmungen zugunsten von Nathan Perls aus und der Nachweis des Wahrheitsgehaltes der Anschuldigungen gegen ihn musste „in allen Fällen als gescheitert bezeichnet werde" (ebd., 21).

Das offizielle deutsche Freimaurertum war, wie der überwiegende Teil des deutschen Bürgertums im Wilhelmismus, im Unterschied zu freimaurerisch-jacobinischen Traditionen in Frankreich, politisch konservativ und demonstrierte eine preußisch-deutsche Staatsgesinnung (vgl. Kischke 1999, 59; Peters o. J., 178 u. 181). Wie fast alle bürgerlichen Organisationen versuchten auch die meisten Logen sich später an die Naziherrschaft anzupassen, so dass etwa bereits 1930 die erste reguläre Loge präventiv den „Arierparagraphen“ einführte, der es entsprechend auch zum Christentum konvertierten Juden unmöglich machte, Mitglied zu werden (vgl. Melzer 1999). Dass die deutschen Freimaurerlogen, als Teil eines internationalen Freimaurertums, mit den Juden und dem Bolschwismus gemeinsam, den Kern einer Weltverschwörung bildeten, war eine reine Naziphantasie.

3.6. Theatererfahrungen: Die Suche nach Gefühlswahrheit

„Whenever something real happens I am deeply moved,
and whenever I get deeply involved in an encounter with a patient,
I forget my audience and their possible admiration completely
and then I am all there“ (Perls 1977, 2).

3.6.1. Die kunstliebende Mutter

Amalie Perls, die Mutter von Fritz, hatte als Tochter eines Schneiders keine höhere Schulbildung genossen, suchte aber, als typische Bürgerfrau, ihre Heimat im Schönen, in der Kunst. Diese Liebe gab sie als Geschenk an ihren Sohn weiter, der sein Leben lang mit klassischer Musik, der Oper, Malerei und dem Theater in Berührung blieb. Perls erinnerte sich, dass er mit etwa acht Jahren zum ersten Mal in die Berliner Nationalgalerie ging, wo ihn besonders die Bilder nackter Frauen faszinierten, was seiner Mutter peinlich war und wo er die religiösen Bilder als „Propaganda für Jesus Christus“ (vgl. Perls 1981, 140) wahrnahm.[40] Mutter und Sohn besuchten gemeinsam in Berlin Theater- und Opernaufführungen und Amalie sparte Geld, um die Eintrittskarten bezahlen zu können. In Berlin nahm Perls Schauspielunterricht, sang Bachkantaten, schrieb Gedichte, begann später in den USA zu malen, nahm auf einer seiner Weltreisen in Israel Malunterricht und kehrte nach 1945 regelmäßig zu Museums- und Opernbesuchen nach Europa (etwa Wien und Verona)[41] zurück. Im Unterschied zu Freud war er ein großer Musikliebhaber. Während der Gedenkzeremonie, die in San Francisco nach seinem Tod im März 1970 organisiert wurde, improvisierte die Tänzerin Anna Halprin zur Musik von Gustav Mahler, der laut Stoehr der bevorzugte Komponist von Perls war (vgl. Stoehr 1994, 282). Die Liebe für die Musik von Mahler existierte bei Perls schon vor der Mahlerrenaissance auf dem Schallplattenmarkt. Mahler hat sich als Jude im deutschen Kulturraum als heimatlos und innerlich zerrissen erlebt und in seine Musik, deren Ausdruck oft als „gebrochen“ beschrieben wird, sind unterschiedliche und scheinbar gegensätzliche musikalische Elemente eingewoben (vgl. Adorno 1960; Hermand 1996, 71f). Zur Charakteristik von Mahlers Musik gehören Paradoxien und Mahler selbst hat betont, dass seine Sinfonien sich nicht „mit Eleganz ... behandeln“ lassen (vgl. Müller 1988, 609). Der Dirigent Eliahu Inbal betont in Bezug auf diese Musik, dass wenn „das Schöne da ist, auch das Hässliche da ist“ (Inbal in Müller 1988, 604) und dass die eine musikalische Passage durch die andere verstanden werden muss. Inbal sieht die scheinbar widersprüchlichen Klänge als Teile einer großen sinfonischen Gestalt, die eben auch nur im Zusammenhang verstanden werden kann: „Zerissenheit ist sowohl Bruch wie Zusammenhang!“ (Inbal in ebd., 614). Wie ich weiter unten noch zeigen werde, finden sich in Perls' Leben und Werk ähnliche Themen.

3.6.2. Max Reinhardt

Eine frühe und nachhaltige Wirkung übten die Berliner Theatererfahrungen auf Perls aus. Schon als Kind war er fasziniert von der Bühnenwelt, eine Faszination, die dadurch ausgelöst wurde, dass er sich im Alter von vier Jahren in eine Zirkusreiterin, seine „erste Göttin“ (Perls 1981, 313) verliebte und davon träumte, einmal Teil ihrer ihm so wunderbar erscheinenden Welt zu werden. Seine ersten Theatererfahrungen im engeren Sinne machte er im häuslichen Wohnzimmer. Es gehörte zur bürgerlichen Kultur, dass Kunst nicht nur konsumiert sondern auch produziert wurde (vgl. Ottersbach 1992, 7). Hierzu gehörte die häusliche Kammermusik, die etwa im Hause der späteren Frau von Perls, Lore Posner, die eine talentierte Pianistin war, zum Alltag gehörte, oder eben auch eine Theateraufführung. Theo Freiberger, Sohn einer Nachbarin, durfte das geräumige Wohnzimmer der Familie Perls für seine Aufführungen nutzen. Der kleine Fritz sah bei den Proben zu und durfte hier und da ein wenig helfen. Mit Hilfe von Perls' Hebräisch-Lehrer inszenierte Theo Freiberger eine Opernaufführung, „Il Trovatore“ von Verdi, die allerdings für den kleinen Fritz enttäuschend war, so dass er sich darüber lächerlich machte.

Wie viele Schüler war er später an einem der Berliner Theater unbezahlter Statist: „Wir liebten die Kostüme und dabei zu sein und auf lebendige Art mit Literatur vertraut zu werden“ (Perls 1981, 314). Er brachte seine Lieblingsschwester Grete und die Hausangestellte seiner Großeltern bei Familienzusammenkünften regelmäßig zum Lachen, wenn er ihnen die großen Gedichte und Balladen von Schiller und Goethe theatralisch und parodistisch vortrug (vgl. Gaines 1979, 2).

Ungefähr zur gleichen Zeit, in der sein Vater versuchte, ihn in eine seiner Freimaurerlogen einzuführen, und Perls die dort für ihn inszenierte „Aufführung“ lächerlich empfand, nahm er Kontakt mit dem Theater von Max Reinhardt auf. Das war um sein achtzehntes Lebensjahr herum, etwa 1910 oder 1911. Nach seinen unbezahlten Statistenrollen im konventionellen Theater, in dem gelegentlich auch der Kaiser zu Gast war, wurde Perls bezahlter Statist am Deutschen Theater, das seit 1905 von Reinhard geleitet wurde. Reinhard, der aus Wien stammte und dessen eigentlicher jüdischer Name Goldmann war, wird von Perls als der „erste kreative Genius“ (Perls 1981, 315) bezeichnet, dem er begegnete. Worum es Reinhard ging und was Perls aufnahm und in sein Leben wie in die Gestalttherapie auf radikalste Art und Weise integrierte, war die Forderung nach Wahrheit und Echtheit, angesichts einer naturalistischen Theatertradition, in der die Schauspieler sich verkleideten und „die Worte des Dichters zu Gehör brachten“ (Ottersbach 1992, 9), aber nicht den Charakter zum Leben erweckten. Verbunden war damit bei Reinhardt eine Kritik an der bürgerlichen Erziehung zur Konvention, zum Verbergen der Gefühle: „So entstehen die sattsam bekannten Verdrängungen, die Zeitkrankheit der Hysterie und am Ende jene leere Schauspielerei von der das Leben voll ist“ (Reinhardt 1993, 52). Das erinnert natürlich an den frühen kulturkritischen Freud und Reinhardt hat entsprechend durchaus mit therapeutischen Mitteln gearbeitet, ohne das so zu nennen (vgl. Ottersbach 1992, 6). Perls war als Statist bei den Proben von wichtigen Aufführungen Reinhards anwesend und hatte so Gelegenheit, ausführlich seinen Stil des Inszenierens und seinen Umgang mit den Schauspielern zu studieren. Zudem scheint er, nach Erinnerungen von Lore Perls, an den „berühmten Schauspielklassen Max Reinhardts“ (Sreckovic 1999, 20) teilgenommen zu haben. Seine Schwester Grete Gutfreund bestätigte dies: „When he was a teenager, enrolled in the Gymnasium, he saw that

Reinhardt was giving classes. He signed up, and had small parts in plays. Once he played Mephisto for Reinhardt“ (Gaines 1979, 3).

Seinen eigenen Erinnerungen zufolge, nahm er als Gymnasiast an Aufführungen von „König Oedipus“ (Hofmannsthal / Sophokles) und Hugo von Hofmannsthals „Jedermann; Ein Stück vom Sterben des reichen Mannes“ teil. Die Uraufführungen fanden 1910 bzw. 1911 statt und der Inszenierungsort war der Berliner Zirkus Schumann, den Reinhardt für diesen Zweck umbauen ließ und der 5 125 Zuschauern Platz bot. Theateraufführungen in einem Zirkus waren eine Revolution des konventionellen Theaters und gehörten zu Reinhardts Idee, dem Theater seine Lebendigkeit zurückzugeben. Reinhardt betrachtete das Theater als ein Totalkunstwerk, arbeitete mit Schriftstellern und Komponisten zusammen, führte dreidimensionale Bühnenbauten und die Drehbühne ein, experimentierte mit Licht, Musik, Massenszenen und der Einbeziehung der Zuschauer. Kurzum, er legte den Grundstein für das moderne Regietheater. Im Zentrum stand für ihn aber immer die kreative Schauspielerpersönlichkeit und die Aktualisierung der klassischen Werke. Er stellte moderne Menschen auf die Bühne, deren Konflikte für die Zuschauer nachvollziehbar waren. Seine mit Hugo von Hofmannsthal erarbeitete Version des antiken Ödipus-Stoffes, hat den Zeitgenossen Freud beeindruckt und möglicherweise auch beeinflusst (Lorenz 2000).

Perls erwähnt weiterhin seine Beteiligung an Goethes Faust Teil 2, der am 15. 3. 1911 im Deutschen Theater uraufgeführt wurde und an „Ein Mittsommernachtstraum“, der am 14. 11. 1913 Reinhardts berühmten Shakespeare-Zyklus eröffnete.

Die Liebe zum Theater war so stark, dass er ernsthaft daran dachte, Schauspieler zu werden. Er spielte an einem Freilichttheater unter Vertrag, wodurch er wiederum genug Geld hatte, um seinen Schauspielunterricht zu finanzieren und sich auch noch ein Motorrad zu kaufen. Bis dahin hatte er sich das Geld durch Nachhilfeunterricht und stehlen aus dem Portemonnaie der Mutter besorgt, da es kein Taschengeld für ihn gab. Sein Tagesablauf im Sommer, wenn das Freilichttheater aufhatte, sah folgendermaßen aus: Am Morgen machte er im Stadtzug, auf dem Weg zur Schule, seine Hausaufgaben, nach der Schule fuhr er zum Essen nach Hause und dann mit dem Fahrrad zur Aufführung ins Freilichttheater. Danach wieder mit dem Fahrrad zurück, entweder um kurz zu Hause etwas zu essen oder um direkt in die Vorstellung ins Deutsche Theater zu fahren, die meist bis in die Nacht dauerte (vgl. Perls 1981, 315f). Seine Schwester Grete erinnerte sich daran, dass das späte Heimkommen oft zu Konflikten mit dem Vater führte, der ihn manchmal einfach ausschloss, so dass er die Nacht hätte draußen verbringen müssen, wenn seine Mutter ihn nicht heimlich hineingelassen hätte (vgl. Gaines 1979, 3).

Mit dem Nachbarjungen Theo Freiberger, der mittlerweile anscheinend eine eigene Theatergruppe hatte, zu der auch Perls gehörte, fuhr er in kleine Städte, in denen sie auftraten (vgl. Perls 1981, 314). Er bezeichnete sich im Nachhinein selbst als keinen guten Schauspieler, allerdings konnte er die Stimmen vieler berühmter Schauspieler sehr gut imitieren.

Max Reinhardt beeinflusste ihn tief: „Charaktere, die keinen Kontakt zu ihren Mitspielern hatten, mussten verschwinden. Nichts blieb unangetastet, bis das Stück in eine reale Welt transzendierte und doch genug Raum für die Phantasie des Publikums ließ“ (Perls ebd., 315). Seine spät niedergeschriebenen Erinnerungen[42] an die genannten Inszenierungen zeugen von ungebrochener Wertschätzung und anhaltender Begeisterung für das Erlebte (vgl. ebd., 315).

3.6.3. Der Schauspieler Perls: Enthüllung der falschen Pose

Das Verständnis Max Reinhardts von Schauspielerei und Theater hat in Perls etwas wachgerufen, das in ihm bis an sein Ende lebendig geblieben ist. Im Sinne Reinhardts war Perls ein Schauspieler, ein Komödiant und er wollte es auch sein: „Nirgends offenbart der Mensch sich reiner, wahrer, kindlicher als im Spiel. Das bürgerliche Leben ist voll von konventionellen Lügen. Das Ziel des Schauspielers ist die letzte, die innerste Wahrheit. Denn nicht Verstellung ist sein Beruf, sondern Enthüllung. In allen Verwandlungen die Enthüllung seiner ihm eingeborenen Persönlichkeit“ (Reinhardt 1993, 82).

Immer wieder empörte Reinhardt sich gegen die Eindämmung und Verflachung des Gefühlslebens durch die bürgerlichen Konventionen. Ihm lag daran, dass auch die „seelischen Organe“ in Tätigkeit waren: „Wir spüren unverkennbar, wie ein herzliches Gelächter uns befreien, ein tiefes Schluchzen uns erleichtern, ein Zornesausbruch uns erlösen kann. Ja, wir suchen oft mit unbewusster Begierde solche Ausbrüche“ (ebd., 52).

Gerade das gefühlserlösende Element,[43] das im Rahmen der Psychoanalyse als kathartische Therapie von Breuer und Freud am Anfang stand, von Ferenczi in der neokathartischen Technik noch einmal aufgegriffen wurde und von Wilhelm Reich in seiner Charakteranalyse einen festen Platz bekam, um dann zusammen mit Reich abgespalten zu werden, ist in der Gestalttherapie immer wichtiger Bestandteil geblieben. Die „schauspielerische" Fähigkeit seines psychoanalytischen Lehrers Reich, seine Patienten nachzuahmen, hat Perls Anfang der dreißiger Jahre beeindruckt (vgl. Ottersbach ebd., 6) und immer wieder trat er mit der Theaterwelt in Kontakt. So leitete er in der Emigration in Südafrika einen Theaterkreis und zu seinen Kontakten in New York, in der Zeit der Zusammenarbeit mit Paul Goodmann, gehörten auch Julian Beck und seine Frau Judith, die Gründer des experimentellen Living Theatre. Beide waren ebenfalls jüdischer Herkunft. Judith Malina war eine Rabbinertochter, die 1926 in Kiel geboren wurde und hatte zusammen mit Julian Beck am New Yorker Dramatic Workshop studiert, der vom Berliner Emigranten Erwin Piscator geleitet wurde (vgl. Bundeszentrale o. J., 125).

Die frühen Erfahrungen am Theater Max Reinhardts, die Techniken aus dem Psychodrama Morenos, die Perls in modifizierter Form speziell in seinen letzten Jahren einsetzte, und die Impulse aus der Zusammenarbeit mit dem Living Theater, lebten in seinen berühmt berüchtigten Demonstrationssitzungen im kalifornischen Esalen Institut weiter, die er selber seinen „Zirkus" nannte. Hier kommunizierte er sanft oder konfrontierend und oft anleitend wie ein Regisseur mit einer Person, die sich auf einen Stuhl in die Mitte der Gruppe gesetzt hatte, und ließ die Person ihre Persönlichkeits- oder Traumpolaritäten durchspielen und durchleben. In dieser Zeit hielt Perls sich selbst für einen „guten Schauspieler und Darsteller, der sich leicht wie ein Chamäleon verwandelt" (Perls 1981, 317).

Im Sinne Reinhardts unterschied Perls zwischen Darstellung und Vorstellung. Er schrieb, bei der Darstellung „benutzt du die Rolle als Vehikel, um dein Wesen zu vermitteln. Dabei unterstützen dich deine persönlichen Fähigkeiten, echte Gefühle und Feinfühligkeit. (...) Bei der Vorstellung bringst du dich selbst nicht ein. Du täuschst ein Gefühl vor, das nicht vorhanden ist und hast kein Vertrauen in deine Fähigkeiten. Kurz gesagt, du bist ein Schwindler" (ebd., 148).

Perls war in seinen letzten populären Jahren sicherlich in diesem Sinne einer, der sich selber zur Darstellung brachte. Die Kritiken, die ihn dabei eher als Theaterdirektor denn als Gestalttherapeuten sehen, scheinen mir an der Oberfläche haften zu bleiben. Zum einen war dem erfahrenen psychiatrischen und psychoanalytischen Kliniker Perls der Unterschied zwischen einer Therapie mit einem Klienten und einer Demonstrationssitzung, inmitten eines überwiegend professionellen Publikums, durchaus klar (vgl. Perls 1981, 238, 254, 292), was auch durch seine in diesem Punkte äußerst kritische Frau bestätigt wird (vgl. L. Perls 1992, 14). Zum anderen handelte es sich hier um seinen ganz speziellen Stil der Gestalttherapie, den er erst in seinen letzen Lebensjahren publikumswirksam demonstrierte, eine „Synthese aus Drama und Therapie" (Clarkson et. al. 1995, 36), die durchaus in der kathartisch-psychoanalytischen Tradition stand.

Neben seiner langjährigen Erfahrung mit schweren Störungen im therapeutischen Sinne kombinierte sich hier sein „starker eigensinniger Intellekt" (Perls 1981, 277) mit einer großen Intuition und der Bereitschaft, in Therapiesituationen im wahrsten Sinne des Wortes sein „Leben und seinen Ruf aufs Spiel zu setzen" (Perls ebd., 102). Perls hat sich durchaus mit der Autorität des Theaterdramaturgen das Recht auf Echt und Unecht in Bezug auf die dargebotene „Szene" angemaßt. Zeugnisse seiner harten konfrontierenden Art, die manchen Klienten Neues eröffnete und andere tief verletzte, sowie seiner sanften und einfühlsamen Arbeitsweise gibt es genug (vgl. Gaines 1979; Clarkson et. al. 1995; Cohn et. al. 1991, 299f). Dass im Anschluss an die populär gewordenen späten Demonstrationen immer mehr Therapeuten diese Techniken als das Wesen der Gestalttherapie verstanden und das Gewicht einseitig auf das schnelle Auslösen von Gefühlsausbrüchen verlagert wurde, beunruhigte Perls noch selber. Für ihn war Gestalttherapie ein Wachstumsweg, der seine Zeit braucht und vor allem auch dem Schmerz und dem Durcharbeiten der Trauer nicht ausweicht, weshalb er immer wieder auf die Wichtigkeit von Freuds Begriff der Trauerarbeit verwies (vgl. Perls 1981, 309). Entsprechend wandte er sich gegen die Verwechselung der Gestalttherapie mit einer Technik und gegen die „Pseudo-Spontaneität der Aufputscher" (Perls 1986, 12).

Die folgenden Worte von Reinhardt scheinen mir in Perls nachgehallt zu haben und wurden durch ihn, mit all ihren positiven und negativen Implikationen, weitertradiert: „Die stärkste Macht des Komödianten ist die Wahrheit, die letzte, die innerlichste, brennende Wahrheit. Zeigen Sie den Geschminkten mutig ihr ungeschminktes Antlitz und überlassen sie ihnen (...) die falschen Posen, die konventionellen Lügen, das unechte Pathos und die Fabrikware gebrauchsfertiger Gefühle. Kaufen Sie nichts, übernehmen sie nichts, erzeugen Sie alles selbst. (...) Werden Sie wesentlich. Es ist nicht die Welt des Scheins die Sie heute betreten, es ist die Welt des Seins. Nicht wer etwas macht, kann sich auf die Dauer in ihr behaupten, nur der etwas ist" (Reinhardt 1993, 33).

Dass die kontinuierliche therapeutische Alltagsarbeit sich längst über diese risikoreiche Intensität hinweg, in ein klinisch abgesicherteres und weniger spektakuläres Fahrwasser entwickelt hat, mit allen Vor- und Nachteilen, negiert meiner Ansicht nach nicht, dass diese Botschaft immer noch im Kern des Gestaltansatzes aufzufinden ist und auch nach wie vor etwas von seiner Attraktivität ausmacht

3.7. Sexualität: Freud und Kohut

3.7.1. Lebensgier und sexuelle Not

In der Zeit, in der Perls an Reinhardts Theater war und das Askanische Gymnasium frequentierte, formierte sich in Deutschland eine neue Künstlergeneration. Das aus dem Französischen übernommene Wort Expressionismus, das etwa ab 1910 benutzt wurde, entwickelte sich zum Begriff für den gesamten deutschen künstlerischen Modernismus im Bereich Malerei, Theater und Literatur. Die neuen Kräfte kamen oftmals aus der Provinz, aus der sie quasi ausbrachen, und sammelten sich in Berlin. Korte benennt ein wesentliches Aufbruchsmotiv: „Die Erfahrung einer kalten, unbeweglich-autoritären sozialen Ordnung, die in der patriarchalischen Familie ihren Ausgangspunkt hatte und sich in der spießigen Großmannssucht des Wilhelmismus spiegelte, beförderte die allgemeine Empfindung von Stagnation, Unlust, Langeweile und Erstarrung" (Korte 1994, 11).

Was die jungen Menschen einte, war ein nun expressionistisch genanntes Verlangen nach Destruktion und Demaskierung der bürgerlichen Werte, Lust auf neue Erfahrungen, „das Bedürfnis nach Dynamik, Aufbruch, Aktivität, nach Überwindung von Stagnation und Zwang, der Wunsch nach einem Leben jenseits des bourgeoisen Materialismus und nüchternen Rationalismus" (ebd., 12). Für das Jahr 1911 notierte Perls: „Finding my world. Fall in love. Poetry, philosophy, and mostly the theater" (Perls 1993, 5).

In den ersten Jahren des Expressionismus spielte Nietzsche für die jungen Neuerer eine wichtige Rolle. Ich nehme an, dass Perls in den letzten Jahren auf dem Gymnasium, wo Nietzsche kein Schulstoff war, mit seinen Büchern in Kontakt gekommen ist. Ich stelle mir vor, dass auch Perls von der für die junge Großstadtgeneration typischen Lebensgier getrieben wurde, die sich im Gedicht „Lied" von Georg Grosz spiegelt:

„In uns sind alle Leidenschaften
und alle Laster
und alle Sonnen und Sterne,
Abgründe und Höhen,
Bäume, Tiere, Wälder, Ströme.
Das sind wir.
Wir erleben
In unseren Adern,
in unseren Nerven.
Wir taumeln.
Brennend
zwischen grauen Blöcken Häuser.
Auf Brücken aus Stahl.
Licht aus tausend Röhren
umfließt uns,
und tausend violette Nächte
ätzen scharfe Falten
in unsere Gesichter" (Grosz in Fischer 1993, 38).

Perls war verwirrt durch die Fassade der Anständigkeit, die bürgerlich-männliche Doppelmoral, die er bei seinem Vater und anderen männlichen Familienmitgliedern nun wahrnahm. Die Rebellion gegen diese Bürgermoral drückte sich bei Künstlern wie Grosz in den Sexualität und

Mordlust verbindenden Zeichnungen oder bei Brecht, der bereits als Gymnasiast ein exzessiv-chauvinistisches Sexleben führte, in seinen frühen Theaterstücken aus, die seinen egoistischen und unmoralischen „baalschen" Lebenswillen ungeschminkt zeigen. In Bezug auf Grosz deutet Schneede: „Den kollektiven Zwängen des Preußentums und des Wilhelmismus begegnete Grosz in dieser Zeit mit der Flucht ins Abnorme, wozu in jener Gesellschaft das Verbrechen ebenso gehört wie die freizügige Erotik. Insofern sind die Zeichnungen sowohl Signal für den Untergang einer wilhelminisch geprägten Moral als auch Zeichen einer persönlichen Befreiung von auferlegten Zwängen" (Schneede 1989, 19).

Fritz Perls erinnerte sich, dass in seiner Familie Sexualität und Lust nichts mit der Zeugung von Kindern zu tun hatte, sondern „mit verbotenem Spaß, Krankheit und Manipulation zusammenhing" (Perls 1981, 275). Die eigentlich typischerweise im Rahmen der katholischen Sexualerziehung dieser Zeit verbreitete Angst, dass man letztlich stirbt, wenn man viel masturbiert, bedrängte den jungen Perls (vgl. ebd., 221). An einem bestimmten Punkt, wahrscheinlich als er auf dem Mommsen Gymnasium schlechte Leistungen brachte, glaubte er, sein Erinnerungsvermögen durch Masturbation zerstört zu haben. (ebd., 151) In diesem Angstzustand erschien ihm Siegmund Freud als „Erlöser" (ebd., 151), da Freuds Theorie sowohl um Sex als um Erinnerung kreiste (vgl. ebd.).

Durch seinen Freund Ferdinand Knopf wurde er mit dreizehn Jahren „ins Ficken eingeweiht" (ebd., 281). Dieses erste Erlebnis mit einer Frau, einer bezahlten Prostituierten, war traumatisch und beschämend. Die Prostituierte war anscheinend ungeduldig, weil Perls keinen Orgasmus bekam und stieß ihn zurück. Perls sah, als er sich umdrehte, dass sein Freund die ganze Zeit zugeschaut hatte, und fühlte sich betrogen (vgl. ebd.). Vielleicht liegt hier eine Quelle für seine Schamlosigkeit: „Ich weiß, dass ich in dieser Beziehung Wilhelm Reich gleiche – ich bin schamlos, indem ich sehr viel Scham unterdrücke" (ebd., 226).

In den Jahren der Pubertät war Perls verwirrt und wusste nicht, wann seine sexuellen Bedürfnisse und er selber gut oder schlecht waren und suchte wegen seiner sexuellen Nöte einen Psychiater auf, der aber lediglich Pillen verschrieb. Er hatte wahrgenommen, dass hinter der „Fassade der Anständigkeit" (Perls 1981, 223) sein Vater „ziemlich geil war" (ebd.) und sein ehrenwerter Onkel Straub, ein bedeutender Rechtsgelehrter,

„sich das Verbrechen der Verführung einer Minderjährigen zuschulden kommen ließ" (ebd.). Er selbst spürte seine drängende Gier (Perls 1981, 221) und las Freud, der „Sex offensichtlich bejahte" (ebd.). Freud war also der erste, der Perls einen unmoralischen, akzeptierenden Blick auf die Sexualität erlaubte. Hier liegt ein Grund für seine lebenslange Bewunderung für den Begründer der Psychoanalyse. In einem fiktiven Gespräch mit ihm formulierte Perls: „Ich bewundere ganz bestimmt die Zähigkeit, mit der Sie den Sex vom Makel der Sünde, mit dem er im westlichen Kulturbereich behaftet war, befreit haben" (ebd., 327). Bei Perls war das Geheimnis Sexualität, durchaus im Sinne Freuds, ein Ursprung seines Impulses, Geheimnisse zu lüften und in verbotene „Kammern" einzudringen. Er tat das in Bezug auf das Privatzimmer seines Vaters und in Bezug auf viele Frauen, die er sein Leben lang zwanghaft zu erobern versuchte.

In den experimentierfreudigen und libertären Jahren der Weimarer Republik hat er, wie viele aus der Kultur-Avantgarde, den in diesen Kreisen entstandenen Raum für sexuelle Freiheiten genutzt und wechselnde Beziehungen sowie Sex zu dritt und zu viert ausprobiert (vgl. Perls ebd., 225f). Die in diesen Jahren entstandene Form freier und unverbindlicher sexueller Beziehung hat er sein Leben lang praktiziert. Auf der Höhe seiner Popularität, Ende der sechziger Jahre an der amerikanischen Westküste, im Kontext der kulturrevolutionären Bewegung, passte das wieder zum Zeitgeist. Shepard nannte den alten Perls in diesen letzten Jahren „patriarchal, yes. But very sexy" (Shepard 1975, xv).

3.7.2. Perls' „Sexualproblem" und die Selbstpsychologie

Liest man Perls' autobiographische Selbstauskünfte oder die Erinnerungen an Perls im Buch von Gaines (1979), so finden sich genug Beispiele, auf Grund derer man ihn in Bezug auf sein sexuelles Verhalten moralisch unakzeptabel finden kann. Hier eröffnet der selbstpsychologische Blick auf die Sexualität, und die umschließt sowohl das Verhältnis zu sich selbst, als auch dasjenige zum anderen Menschen, ein Verständnis, das über die offensive und provokante Selbstbeurteilung von Perls als ein „dirty old Man" hinausgeht. Es wäre auch möglich, Perls im Rahmen der objektbeziehungstheoretischen Typenlehre von Balint als eine Art „philobatischer Held"[44] zu präsentieren, ich ziehe aber die Kohutsche Sichtweise vor, da sie den Blick frei macht, für einen um sein Selbstwertgefühl und seine zerbrechliche und ständig bedrohte innere Kohärenz ringenden Menschen.

Perls schrieb, dass seiner Ansicht nach sowohl Freud als auch Sullivan den Zusammenhang zwischen Libidotheorie und Selbstwertsystem übersehen haben: „Für mich ist die Parallelität zwischen diesem System und der Erektion und Entspannung der Genitalien offensichtlich. Die aufgerichtete Haltung der ganzen Person, die vor Stolz strahlt, steht im Gegensatz zu der zusammengesunkenen Haltung dessen, der sich minderwertig fühlt" (Perls 1981, 4). Diese ganzheitliche Wahrnehmung von Sexualität fand er in Wilhelm Reichs Beschreibung des „genitalen Charakters" wieder, der für ihn lange eine Art Persönlichkeitsideal darstellte. An einer anderen Stelle hat Perls geschrieben:

> *„Ein Wunsch, eine Aufgabe, eine Wunde*
> *Nicht verheilt, vom Sex übertönt,*
> *Will Aufmerksamkeit, verlangt Gehör"* (ebd., 12).

Setzte ich diese Selbstauskunft noch in Verbindung mit seinem lebenslangen Interesse am Phänomen der Leere (als Bedrohung wie als auszuhaltender Zustand), so kann ich in diesem Kontext bei Perls im selbstpsychologischen Sinne von einer „narzisstischen Lüsternheit" sprechen.[45]

Der selbstpsychologische Psychoanalytiker Wolf meint, dass orgasmische Sexualität für einige Menschen eine Stärkung des Selbst und des Selbstwertgefühles bedeutet und bei anderen die Angst vor Fragmentierung stimuliert. Bei Perls stand Sexualität anscheinend, nachdem er die Krisen der Pubertät überwunden hatte, im „Dienst der Stärkung des Selbst" (Wolf 1992, 103) und stellte keine Bedrohung durch Fragmentierung dar, sondern ein Moment im ständigen Fluss der Gestaltbildungen, der ihn ein Gefühl der Ganzheit erleben ließ. Perls formulierte an der weiter oben schon zitierten „lyrischen" Stelle:

> *„Hingabe an einen Einklang,*
> *Ein tiefer Rückzug von der Welt und*
> *Das Schließen einer starken Gestalt"* (Perls 1981, 11).

Später heißt es, ganz im Sinne von Wilhelm Reich:

> *„Einssein mit der Kraft, die sich entlädt.*
> *Vollendung die das Tier anstrebt"* (ebd., 12).

Ich vermute, dass auch für Perls' Berliner Lehrer Reich orgastische Sexualität diese stärkende Funktion hatte und dass beide an diesem Punkt konträr zu den Erfahrungen Freuds standen. Freud hatte wahrscheinlich im Sinne Wolfs große Angst vor Fragmentierung in der „animalischen" Sexualität, worauf seine ablehnende Haltung gegenüber jedwedem Aufgehen in einem „ozeanischen Gefühl" und in Bezug auf Reichs Bücher und Konzepte zur „Funktion des Orgasmus" und zum „genitalen Charakter" hinweist. Dass gerade die positive Bewertung von gelebter Sexualität, neben anderen wichtigen Innovationen des Psychoanalytikers Reich, für Perls eine Attraktion darstellte, scheint mir einleuchtend. Die Parallelen zwischen dem „vollen Kontakt" (Perls / Goodman) bei sexuellen, die Ratio transzendierenden Ganzheitserlebnissen, und spirituellen Erfahrungen oder Phasen künstlerischer Kreativität, werden auch von Wolf gesehen (ebd., 103f).

Perls selbst schrieb von seiner „leeren zwanghaften Gier" (Perls 1981, 307), seiner Lüsternheit und seinem zwanghaften Masturbieren (vgl. ebd., 267). Dabei bezieht er seine Gier immer wieder sowohl auf Sexualität als auch auf die Gier nach Anerkennung. Durch Kohuts Brille gesehen, handelt es sich hier lebensgeschichtlich um das Fehlen einer ausreichend positiven Spiegelung der selbstbehauptenden Präsenz eines Kindes. Als Folge kann dessen ursprünglich durchaus angemessener Exhibitionismus in eine lüsterne Sexualisierung eigener Körperteile[46] und die Sexualisierung von Beziehungen umschlagen. Die folgende Ansicht Kohuts scheint mir etwas von Perls' Persönlichkeitsstruktur zu erfassen: „Auch sexuelle Betätigung auf der Scala von gewissen masturbatorischen Handlungen von Kindern, die an einer chronischen narzisstischen Leere leiden, bis zum Bedürfnis nach endlosen selbstbestätigenden sexuellen Erfolgen gewisser Don-Juan-Typen kann das Ziel haben, einem Gefühl der Selbstentleerung entgegenzuwirken oder der Gefahr der Selbstfragmentierung zu entgehen" (Kohut 1995, 144).

Perls ist in seiner Selbstbeschreibung der selbstpsychologischen Sichtweise auch da nahe, wo er die hinter der Gier lauernde Fragmentierung des Selbst, mit traditionellen diagnostischen Begriffen, als seine „schizophrenen Anteile" (Perls 1981, 267) bezeichnet. Er hat den Mut aufgebracht, als bekannter und charismatischer Lehrer im Alter von 76 Jahren zu erwähnen, dass die Arbeit an seinen eigenen Störungen gut vorangeht (vgl. ebd., 317). Wie Perls schrieb, nahm seine Lüsternheit ab und er konnte sein zwanghaftes Masturbieren aufgeben, nachdem er „Kontakt zu einer Schicht von zersplitterten und zerstreuten Bruchstücken von winzigen Introjektionen und fremdem Material" (ebd., 267) bekommen hatte.

Es darf nicht vergessen werden, dass Sexualität, die das Begehren einer anderen Person umfasst, im Kohutschen Sinne auch bedeutet, dass der Kontakt mit der (Selbstobjekt-) Umgebung aufrechterhalten wird, und dass die sexuell begehrten Personen Abbilder der benötigten bestätigenden und spiegelnden Selbstobjekte bzw. Menschen darstellen (vgl. Wolf ebd., 114). Sein Leben lang hat Perls positiv auf Menschen reagiert, die er als sanft und warm beschrieb, die ihm gaben, was er entbehrte und die er respektierte, da sie ihn respektierten. Von seinen direkten psychoanalytischen Ausbildern traf das auf Karen Horney und Karl Landauer zu. Über Ernest Jones schrieb er: „Er war sanft und mochte mich" (Perls 1981, 2), des weiteren erwähnt er Clara Thompson, den Onkel Julius Rund in Frankfurt, diverse „warme und menschliche" (ebd., 179) Ärzte die ihn behandelten, sowie „sanfte Menschen, die aufeinander Rücksicht nehmen, mit offenem Blick, mit Respekt" (ebd., 116) in der japanischen Stadt Kyoto. Bis ins hohe Alter hat er eine Verwandte nicht vergessen: „Tante Schindler. Eine gewaltige dicke Frau mit dem wärmsten, liebevollsten Herzen ..." (ebd., 260). In Tokio hatte er ein bezeichnendes Erlebnis mit einer alten Frau, die ihm auf der Straße die Schuhe geputzt hatte und der er seine Zigaretten schenkte: „Sie wandte mir ihr Gesicht zu. Dunkle Augen schmolzen und leuchteten in einer Liebe, die meine Knie weich werden ließ. Ich sehe diese Augen noch manchmal" (ebd., 112). Ich denke, dass es diese existenzielle, nährende, sich aber auf den Augenblick beschränkende Begegnungsqualität war, die Perls auch in sexuellen Momenten mit Frauen, zu beiderseitigem Gewinn, zu erzeugen in der Lage war. Im direkten sexuellen Akt scheint es so gewesen zu sein, dass für Perls die Zufriedenheit der Frau eine wichtige Bedingung für seine Selbstzufriedenheit war. Die Erinnerung von Natalie Mann ist für die von Gaines gesammelten Eindrücke in diesem Bereich typisch: „He made love like a virtuoso, like someone playing volin. It was a beautiful experience“ (in Gaines 1979, 225).

3.8. Studium der Medizin

Nach dem glänzend bestandenen Abitur, studierte Perls von 1913 bis 1919 Medizin.[47] Gegen den familiären Wunsch, wie der in Fachkreisen bekannte Onkel Julius Straub Jurist zu werden, hat er rebelliert und ist über den enttäuschenden Weg der Medizin bei den Geisteswissenschaften angelangt (vgl. Perls 1981, 222). Das entsprach Freuds Einstellung zu seinem eigenen Medizinstudium und Freud spielte für Perls' Studienwahl eine Rolle: „And there is Freud. Makes much sense; sees sex problems. Rather study medicine (without interest) – this opens the door to philosophy, physiology“ (Perls 1993, 6). Freuds Buch „Traumdeutung“ hatte schon als Student auf ihn die gleiche faszinierende Wirkung, wie auf die beiden späteren Mitbegründer der Gestalttherapie, Lore Posner und den amerikanischen Schriftsteller und Sozialkritiker Paul Goodman (vgl. Sreckovic 1999, 20). Der in diesem Sinne gefällte Entschluss, Medizin zu studieren, gab ihm eine Orientierung und anscheinend Hoffnung: „Life less confusing; see possibilities“ (Perls 1993, ebd).

Perls hat sich am 11. 4. 1913 an der Medizinischen Fakultät der Friedrich-Wilhelm-Universität zu Berlin unter der Matrikel-Nr. 6170 des 103. Rektorats eingeschrieben. Sein letztes Semester absolvierte er an der Universität Freiburg, sein Berliner Abgangszeugnis, nach dem bestandenen Staatsexamen, ist vom 16. 9. 1919. Am 3. 4. 1920 wurde er als Arzt approbiert. Sein daran anschließendes praktisches Jahr absolvierte er in der ambulanten Praxis des Neurologen Toby Cohn (1866-1929), der als Schüler von Emanuel Mendel, einem liberalen Reichstagsabgeordneten, zum liberalen Flügel der Neurologie gehörte.[48] Die Ärzte in Berlin und Frankfurt waren innerhalb der Standesvertretung eher eine Opposition, da sie nicht mehrheitlich national eingestellt waren, was wohl auch mit dem großen Anteil der Juden unter ihnen zusammenhing. Am 22. 1. 1921 verfasste Perls die Erklärung, dass er die Dissertation „Zur Kenntnis der Lipodystrophie“ in der „Poliklinik des Herrn Prof. Dr. Toby Cohn selbständig angefertigt hat“ (Bl. 189). Die Dissertation, die am Ende des praktischen Jahres erstellt wurde und sich wie üblich recht kurz mit einer klinischen Fallstudie befasst, wurde von Bonhoeffer als Doktorvater betreut. Karl Bonhoeffer war Professor an der medizinischen Fakultät und Leiter der psychiatrischen Abteilung der Universitäts-Nervenklinik der Königlichen Charitè. Die medizinische Fakultät war zu dieser Zeit ein bedeutendes Zentrum der europäischen Medizin. Die Fakultätsliste enthielt einige der damals berühmtesten Namen, wie etwa Rudolf Virchow, Friedrich Kopsche, Gustav von Bergman, Ferdinand Sauerbruch, Hermann Oppenheim und Karl Bonhoeffer. Auch für amerikanische Studenten galt es als bedeutsam, nach dem Examen nach Berlin zu gehen und einige Zeit in einem der zahlreichen Krankenhäuser zu arbeiten und zu lernen (vgl. Rubin 1983, 48f). Bonhoeffers Einschätzung der wie üblich quantitativ kurzen Doktorarbeit vom 20. 1. 1921 lautet: „Die Arbeit des Herrn Dr. Perls zur Kenntnis der Lipodystrophie bespricht an der Hand eines Falles von Abmagerung des Oberkörpers und Fettwerden des Unterkörpers die bisherigen veröffentlichten Fälle von Lipodystrophie. (...) Die Arbeit bringt in Kürze das Wesentliche der Literatur und zeigt gute Kritik. Zur Annahme als medizinische Doktorarbeit geeignet. Es wird die Note „gut" in Vorschlag gebracht" (Universitätsarchiv Humboldt Universität, Archiv Nr. 868, Bl. 187).[49]

Am 27. 1. 1921 erfolgte die mündliche Prüfung in drei Fächern. Das Protokoll verzeichnet für das Prüfungsfach Neurologie wieder Bonhoeffer, sowie die Professoren Hertwig und Franz. Perls bestand alle drei Prüfungen, die Gesamtzensur für das medizinische Diplom ergab die Note „gut" (ebd., Bl. 188). Am 1. 2. 1921 wurde in lateinischer Sprache die Promotionsurkunde für „Frederico Perls" (ebd., Bl. 191) ausgestellt, von nun an war er Dr. med. Perls. Was seine medizinische Laufbahn angeht, folgten in den nächsten Jahren wechselnde Tätigkeiten in Berlin, sowie in den Jahren 1926 bis 1928 für seine Facharztausbildung wichtige Assistenzarztstellen in Frankfurt am Neurologischen Institut bei Kurt Goldstein und an der Wiener Nervenklinik, wo er unter Julius Wagner-Jauregg und Paul Schilder arbeitete. Im Deutschen Reich wurde die Facharztzulassung erst 1926 geregelt. Im Reichsmedizinalkalender wird Perls ab der Ausgabe von 1928, die ab Ende 1927 gilt, als Nervenarzt, mit Anschrift Taranterstr. 5, Berlin Wilmersdorf geführt. Die letzte Eintragung findet sich in der Ausgabe für das Jahr 1933 (Stand Ende 1932) mit der Anschrift Münchenerstr. 49, Berlin W. 30 (Schöneberg).[50]

4. KRIEG, TRAUMA UND REVOLUTION

In den folgenden Kapiteln werde ich ausführlich auf Krieg und Revolution als zeitgeschichtliche Hintergrundphänomene von Perls' Leben eingehen. Ich versuche hiermit der kontextuellen Methode bzw. dem feldtheoretischen Ansatz der Gestalttherapie gerecht zu werden und die sozio-politische Blindheit zu vermeiden, die Heller an Psychohistorikern wie Freud und Erikson kritisierte (vgl. Heller in Bittner 1994, 28). Kritische Ereignisse, Wachstumskrisen und Sozialisationseinbrüche haben Schlüsselfunktionen in der persönlichen Entwicklungsgeschichte. Der erste Weltkrieg und seine Folgen waren ein Wachstumseinbruch in Perls' Leben.

Am 1. August 1914, zirka 16 Monate nach dem Studienbeginn von Perls, erschien Kaiser Wilhelm auf einem Balkon des Königlichen Schlosses in Berlin und verkündete einer jubelnden Menge den Beginn des ersten Weltkrieges. Aus der Menge heraus kam es danach zu Ausschreitungen gegen ausländisch aussehende Personen und ausländische Geschäfte, wonach sich Berliner Restaurantbesitzer beeilten, die Sprache des „Erbfeindes" (z. B. „à la Carte" oder etwa „Menu") aus der Speisekarte zu streichen. Ähnliches geschah in Paris, wo die Fensterscheiben einiger deutsch klingender Geschäfte und das Mobiliar des Restaurants Pschorrbräu demoliert wurden. Bereits im Juli war durch die Zusammenarbeit russischer und französischer nationalistischer Kriegstreiber ein großes Hindernis für den Kriegseintritt Frankreichs aus dem Weg geräumt worden. Der Sozialistenführer Jean Jaurès wurde in einem Restaurant in Paris am 31. Juli 1914 erschossen. In Russland, Frankreich und Deutschland hatten sich die nationalistischen, chauvinistischen und militaristischen Kräfte durchgesetzt. Ihnen ging es um die Ausweitung ökonomischer und militärstrategischer Einflusssphären, die Wiedereroberung abgetretener Gebiete, wobei auch Machtgelüste, Überlegenheitsgefühle und Überlegenheitsbeweise eine Rolle spielten. Alles hatte mit dem „berühmten" Attentat eines serbischen Nationalisten auf ein Mitglied des österreichisch-ungarischen Königshauses in Sarajewo begonnen und dem darauf folgenden Ultimatum Österreich-Ungarns an Serbien. Obwohl Belgrad so gut wie alle Bedingungen des Ultimatums akzeptierte, wollte Wien seine Strafaktion gegen den serbischen Staat durchführen und begann einen Lokalkrieg. Es ging den nationalistisch-militaristischen Kreisen in Österreich-Ungarn um die Isolierung und Verkleinerung Serbiens, nicht um die Erfüllung der Bedingungen. Durch miteinander verknüpfte Beistandspakte traten neben den vier genannten Staaten noch Italien, England, Amerika, Japan, die Türkei und eine Anzahl weiterer Staaten rund um den Erdball in diesen Krieg ein oder wurden hineingezogen.

Dieser erste Weltkrieg war eine Art Primärkatastrophe, die eine Kette von Veränderungen in Europa zur Folge hatte, zu denen das Verschwinden alter monarchischer Herrschaftsformen und Reiche, Revolutionen, Demokratien, Diktaturen und ein zweiter Weltkrieg gehörten. Die Militärtechnologie machte ungeheuerliche Fortschritte in Bezug auf ihr Zerstörungspotential. Das Maschinengewehr, die Luftwaffe, der Panzer und das Giftgas als Kampfmittel sind Produkte des ersten Weltkrieges. Das schwerste Erbe des Ersten Weltkrieges ist sicher „dass in seinem Wüten auch der Wert des Menschen und des Menschenlebens einen Tiefstand erreichte. Ludendorffs Wort vom ‚totalen Krieg' nahm zuerst in den großen Materialschlachten Gestalt an, in denen auch der Begriff ‚Menschenmaterial' geprägt wurde: der Mensch als Sache zur beliebigen Verwendung, Verschwendung und Vernichtung. Diese Ideologie führte in gerader Linie hin zur Ausrottung von Zivilbevölkerung, ob durch Bombenteppiche oder durch eine einzige Bombe, ob durch Gas, Bakterien oder Strahlen: der Mensch als Ungeziefer. Immer hat es Gräuel in der Geschichte gegeben, aber soweit von der zivilisierten Welt gesprochen werden kann, riefen sie stets Abscheu hervor als ein Abfall von der sittlichen Norm, der Ritterlichkeit. 1914/18 war es damit zu Ende. Seither ist unterschiedslose Massenaustilgung ein selbstverständlicher Bestandteil jeder Generalstabsplanung" (Heydecker 1997, 8f).

Im Jahre 1914 erklärte Deutschland als erste Macht den Krieg gegenüber Russland und Frankreich, und marschierte in das neutrale Belgien ein. Wie in den meisten Kriegen üblich, behauptete jede der Seiten, im Verteidigungsfall zu sein und die deutsche Kriegserklärung, die am 3. August in Paris übergeben wurde, enthielt die bis heute üblichen Unwahrheiten, um aktive Kriegshandlungen als Defensivmaßnahmen zu rechtfertigen. Zu den Propagandalügen gehörte, dass Französische Flieger deutsches Reichsgebiet angegriffen und bombardiert hätten und dass ein französischer Arzt versucht habe, zusammen mit verkleideten Offizieren, einen Brunnen im zu dieser Zeit zum Deutschen Reich gehörenden Elsaß Lothringen zu vergiften (vgl. Heydecker 1997, 82f). Der deutsche Nationalismus hatte der Bevölkerung lange genug erfolgreich eingetrichtert, dass das deutsche Volk und seine Kultur höher stehe, als alle anderen Völker und dass es darum ginge, einen großdeutschen Weltstaat zu gründen oder zumindest einen größeren Einfluss im europäischen Raum wahrzunehmen. Großen Erfolg hatten die Nationalisten damit beim Bürgertum, weniger Erfolg in der Arbeiterschaft. Die Sozialdemokratie, als große marxistisch orientierte Arbeiterpartei, hatte jahrzehntelang gegen den Staat der Monarchen, Junker und Kapitalisten gekämpft und hatte schon lange davor gewarnt, dass dieser Staat mit den anderen Ausbeuterstaaten in einen Krieg um Besitz und Macht geraten wird. Die Arbeiterpartei, die wie ihre europäischen Bruderparteien immer wieder beteuert hatte, sie werde sich nicht gegen ihre proletarischen Brüder der anderen Länder aufhetzten lassen, verließ nach dem Kriegsausbruch relativ rasch und mehrheitlich diese Positionen und wurde von der Partei der „vaterlandslosen Gesellen" zur vaterländischen Befürworterin der Kriegskredite. Ein einziger Abgeordneter, Karl Liebknecht, stimmte in einem einsamen, mutigen und moralischen Alleingang am 2. 12. 1914 gegen die Bewilligung des zweiten Kriegskredites. Er wurde zu einer militärischen Einheit eingezogen, in der er mit dem Spaten Gräben ausheben musste und keine Waffe in die Hand bekam. Die SPD schloss ihn 1916 aus und am 1. Mai 1916 sprach er auf einer Friedensdemonstration in Berlin die Worte: „Nieder mit dem Krieg! Nieder mit der Regierung". Danach verschwand er für zweieinhalb Jahre hinter Zuchthausmauern. Auch Rosa Luxemburg, eine andere sozialdemokratische Kriegsgegnerin, verbrachte fast die ganzen Kriegsjahre in „Schutzhaft" im Berliner Frauengefängnis. Beide wurden erst gegen Ende 1918 aus dem Gefängnis entlassen und im Januar 1919 in Berlin ermordet.

Deutschland wurde 1914 von einer Erregung ergriffen, einer Art Mobilmachungspsychose. In Berlin gab es einen neuen Sport, das „Abschreien". Überall sammelten sich Menschen und schrieen vielstimmig Hurra, sobald sich jemand zeigte, der in Uniform und mit Koffer an die Front fuhr. In dieser Erregung, die auch im Spionagefanatismus sichtbar wurde, mischten sich patriotische Begeisterung, Hoffnung auf das ganz große abenteuerliche Erlebnis und Angst. Medizinalrat Walter Fuchs, der den Begriff der Mobilmachungspsychose prägte, berichtete, dass sich in diesen ersten Monaten die Nervenkliniken füllten: „Die beherrschenden Stimmungen der Mobilmachungstage (...) waren Sorge, Furcht, Angst" (in Ulrich et. al. 1994, 31). Andere Ärzte berichteten von zunehmenden Selbstmorden und von „Geistesstörungen" bei Angehörigen von Eingezogenen, die aus Sorge um diese auftraten. Speziell bei den Bauernfamilien gab es oft „schweren Kummer" (ebd., 31), wenn der Vater und die Söhne, samt Pferde und Wagen, kurz vor der Ernte in den Krieg mussten. Insgesamt überwog die Begeisterung, da es anscheinend um einen Verteidigungskampf ging, der dem deutschen Vaterland von seinen Feinden aufgezwungen wurde.

4.1. Krieg und kulturelle Avantgarde

Die deutschen Studenten meldeten sich massenhaft freiwillig aus patriotisch-nationaler Begeisterung und die meisten Hochschulprofessoren, wie eigentlich der größte Teil der Intelligenz, stimmte in die Kriegsbegeisterung und die Hetze gegen die „Gegner" ein. Professor Max Reinhardt, Direktor des Deutschen Theaters Berlin und ein Idol des jungen Fritz Perls, hatte 1915 einen „Aufruf an die Kulturwelt" unterschrieben, der von führenden Vertretern deutscher Wissenschaft und Kunst getragen wurde. Unterzeichnet hatten bedeutende Universitätsprofessoren aller Fakultäten. Zu ihnen gehörten Professoren für katholische wie evangelische Theologie, gehörte Alois Brandl, der Vorsitzende der Shakespeare-Gesellschaft, gehörten Ernst Haeckel, Max Halbe, Gerhard Hauptmann, Engelbert Humperdinck, der Präsident der Akademie der Künste Ludwig Manzel, Siegfried Wagner aus Bayreuth und der Psychologe Wilhelm Wundt. In diesem Aufruf wurden alle Wahrheiten verdreht. Deutschland wurde als friedliebende Kulturnation dargestellt, die von einer schon „lange an der Grenze lauernden Übermacht" (in Hepp 1992, 206) von drei Seiten überfallen worden war. Für die Unterzeichner waren „Deutsches Heer und deutsches Volk ... eins" (ebd.) und es wurden chauvinistische und rassistische Positionen vertreten: „Sich als Verteidiger der europäischen Zivilisation zu gebärden, haben die am wenigsten Recht, die sich mit Russen und Serben verbünden und der Welt das schmachvolle Schauspiel bieten, Mongolen und Neger auf die weiße Rasse zu hetzen" (ebd.).

Auch der größte Teil der deutschen kritischen Intelligenz und der künstlerischen Avantgarde, unter ihnen auch die ganz jungen Rebellen, die teilweise noch im Schüleralter waren und schon ein oder zwei Jahre später ihre Talente gegen den Krieg verwenden sollten, reagierte zu Beginn positiv. Die meisten unter ihnen begriffen den Krieg nicht als politisch-gesellschaftliches Ereignis, sondern als Möglichkeit zu einer elementaren Erfahrung, als Auftakt einer großen sozialen Explosion und Veränderung. Aus Nietzsches Erfolgsbuch Zarathustra wurde von vielen Künstlern und Intellektuellen der Gedanke zitiert, dass der Mensch ein Übergang sei und ein Untergang. Das reale Zerstörungswerk des Krieges sollte aus den Ruinen die neue Kunst und Kultur auferstehen lassen, die als eine Alternative zur verachteten Kultur der wilhelminischen, bürgerlichen Philister erhofft wurde. Döblin schrieb: „Eine Esse, Hammer, Amboss. – Kaputt muss doch alles gehen, es liegt hier in der Luft. Ran wollen wir an den Tod" (in Schröter 1993, 72).

Die folgende unvollständige Aufzählung erwähnt Künstler und Gelehrte, die nicht nationalistisch oder völkisch gesinnt waren und dennoch in den allgemeinen Kriegstaumel gerieten. Der im Jahre 1914 erst sechzehn Jahre alte Berthold Brecht schrieb als Gymnasiast für eine Lokalzeitung „Kriegsbriefe" über die Notwendigkeit blutiger Opfer zur Verteidigung der deutschen Ehre (vgl. Fuegi 1999, 53f). Zwei Jahre später wurde er beinahe wegen eines kriegskritischen Aufsatzes von der Schule verwiesen. Kriegszustimmung zeigten die Dichter Richard Dehmel und Johannes R. Becher und der berühmte Reinhardt-Schauspieler Alexander Moissi, der von Geburt Italiener war. Ihre Zustimmung zum Zerstörungswerk äußerten der expressionistische Maler Franz Marc, genau wie Ernst Barlach, Max Liebermann und Martin Buber, der von seinem Freund Gustav Landauer dafür als „Kriegsbuber" bezeichnet wurde. Auch Freud in Wien konnte sich in den ersten Monaten eine kriegszustimmende Reaktion nicht verkneifen. Für Deutschland, die „überlegene deutsche Kultur“ und den Krieg, schrieben und dichteten Gerhard Hauptmann, Alfred Kerr, Klabund und Thomas Mann.

Einige Maler erhofften vom Krieg eine Bereicherung ihrer ästhetischen Erfahrung, unter ihnen Otto Dix und Max Beckmann, der seiner Frau zu Beginn schrieb: „Meine Kunst kriegt hier zu fressen“ (Beckmann 1955, 38). So verband sich in den ersten Monaten die Reaktion vieler intellektueller Außenseiter des wilhelminischen Systems aufs Beste mit dessen militärisch-nationalen Interessen. In seinen Lebenserinnerungen beschrieb Carl Zuckmayer dies anschaulich: „Ja, wir zogen in den Krieg wie junge Liebende“ (Zuckmayer 1971, 172). Er empfand seine Meldung zum Kriegseintritt als Befreiung von der bürgerlichen Enge, als Chance, sich an etwas zu beteiligen, bei dem es um etwas Wichtiges ging, denn „es war Ernst geworden, blutiger, heiliger Ernst, und zugleich ein gewaltiges, berauschendes Abenteuer, für das man das bisschen Zucht und Kommisskram gern in Kauf nahm. ... Es klingt absurd, aber man war, mit einem Schlag, ein ‚Mann‘ geworden, dem Unbekannten, der Gefahr, dem nackten Leben gegenübergestellt – die Drohung des frühen Todes erschien uns dagegen gering. Ja, es war eine Art von Todeslust, von mystischer Begehr nach Blutopfer, was damals die Welt übermannte, und ich glaubte nicht, dass hier das berühmte Wort Clèmenceaus von der ‚Verliebtheit der Deutschen in den Tod‘ am Platze ist. Ich hörte später von der gleichen Gestimmtheit in Frankreich, in England, dann sogar in Amerika“ (Zuckmayer 1971, 168f).

Die Meisten dieser Intellektuellen und Künstler machten durch das Erleben der brutalen Kriegswirklichkeit eine Wandlung durch. Sie konnten die Erlebnisse nicht mehr verkraften, brachen nervlich und physisch zusammen, versuchten sich zu entziehen und wurden Kriegsgegner. Nur wenige waren von Beginn an dagegen. Zu ihnen gehörte beispielsweise ein Teil der jungen Intellektuellen und Künstler aus dem Café des Westens, unter Ihnen Walter Benjamin, Georg Grosz, die Brüder Wieland und Helmut Herzfelde, Else Lasker-Schüler, Ludwig Meidner und Salomon Friedlaender / Mynona, der nach dem Krieg für Perls zur zentralen Orientierungsfigur wurde. Sie verstanden sich bei Kriegsausbruch als Pazifisten und Internationalisten, nicht als Linke in einem politischen Sinne.

4.2. Einsatz beim Roten Kreuz und erster Kriegsschock

Perls war im August 1914 gerade 21 Jahre geworden und gehörte damit zu den Jahrgängen, die man mit Sicherheit direkt zum Kriegsdienst einziehen würde. Bei der Musterung wurde er wegen seines Senkherzes und Schwierigkeiten mit Ausdauersportarten als „tauglich für den Landsturm" befunden. Keine besonders kriegstaugliche Einstufung, aber auf Grund der raschen und enorm hohen Todesrate an der Front, wurden die Tauglichkeitskriterien schon bald herabgesetzt. Nach seinen Aussagen gehörte er zu denjenigen, die sich nicht in den Begeisterungstaumel hineinziehen ließen. Ich vermute, dass er zu Anfang nicht aus politischen Gründen auf Distanz ging, sondern wegen einer biographisch begründeten instinktiven Abwehr gegen die Versuche des großen nationalen „Wir", ihn in die kollektive Manövriermasse Volk aufzunehmen. In seinen autobiographischen Erinnerungen beschönigt er nichts, legt jede seiner Schwächen, negativen Seiten und Verfehlungen vorbehaltlos offen, sofern sie ihm bewusst sind (und ihm sind viele bewusst). Von daher gibt es für mich keinen Grund, an seinen Aussagen zu zweifeln: „Ich hatte nicht vor, ein Soldat und ein bekloppter Held zu werden. Also meldete ich mich freiwillig als Soldat beim Roten Kreuz für den Einsatz außerhalb der Kampfbereiche" (Perls 1981, 166). Er berichtete, dass er während des Einsatzes für das Rote Kreuz viel Zeit in Berlin verbringen konnte und sein Studium fortsetzte. Nach einem vierwöchigen Einsatz in der grenznahen belgischen Stadt Mons machte er sich davon, aus militärischer Sicht desertierte er. Die Desertion war nicht bewusst gewählt, da seiner Meinung nach „das Rote Kreuz eine halb-private Organisation war" (ebd., 166). Was hatte er in Mons erlebt, das ihn zu diesem Schritt bewog?

Schon die Reise nach Mons war für ihn belastend. Der Zug hielt oft, um Front-Truppen und Munition passieren zu lassen, es gab kein Essen: „Ich war so erschöpft und fiel in einen derart tiefen Schlaf, dass ich mehrere Minuten brauchte, um mich zurechtzufinden, als sie mich weckten. Es war unheimlich. Ich starrte sie an, die Wände des Waggons – ein völliger Verlust der Persönlichkeit, ohne Gefühle und ohne einen Sinn zu erfassen" (ebd., 166).

In Mons selbst hatte er Dienst im Militärbahnhof und musste als Neuling Erfrischungen und Kaffee an Verwundete austeilen, die mit den Zügen von der Front kamen. Entsprechend seiner eher humanen als nationalen Gesinnung, wollte er den „verwundeten und leidenden britischen Tommies" (ebd.), die als Gefangene dort ankamen, ebenfalls Wasser geben. Deutsche Verwundete ließen es nicht zu. „Das war mein erster Schock und erster Eindruck von der Unmenschlichkeit des Krieges" (ebd.).

Nach der Desertion wurde er gefasst, simulierte humpelnd eine Beinverletzung und wurde zu Professor Schleich geschickt. Schleich war ein Berliner Chirurg, der durch einige populäre Bücher bekannt geworden war. Er wendete die in allen kriegsführenden Nationen übliche „Heilmethode" für „Kriegsneurotiker" an. Dem Patienten wurde ein Schmerz zugefügt, sei es durch eine Injektion oder, wie bei der Kaufmann-Methode, durch starke Stromstöße und zugleich wurde „in überraschender Weise psychisch eingewirkt" (Ulrich et. al., 107). Mit dieser auch „Verbalsuggestion" genannten Begleitintervention ist Anschreien gemeint, bzw. der geschriene Befehl, etwa das paralysierte Glied zu bewegen. Diese brutalen Methoden trafen Simulanten wie Perls genauso, wie ernsthaft durch Kriegshandlungen traumatisierte Soldaten. Erst als die Strombehandlung bei der Behandlung von Soldaten, die nicht mehr aufhören konnten zu zittern („Kriegszitterer"), zu Todesopfern geführt hatte, wurde die Dosis reduziert. Schleich hielt Perls' Simulation in seiner Terminologie für eine Hysterie und verfuhr entsprechend. Ironisch reihte Perls ihn in die Reihe der psychosomatischen Pioniere ein und schrieb, dass er Schleich „als einen der wenigen bewunderte, der, noch vor Groddeck, ein Interesse an der psychosomatischen Medizin hatte. Er gab mir eine subperitoneale Injektion, die so schmerzhaft war, dass ich bereit war, dies als Heilung zu akzeptieren" (Perls ebd., 166).

Danach pendelte er wieder zwischen Berlin und dem Dienst beim Roten Kreuz hin und her und wurde ab und an als Dolmetscher eingesetzt, da sein Französisch aus der Schulzeit gut war. Er hatte ein Verhältnis mit einem belgischen Mädchen, das sich in ihn verliebt hatte und der „Verachtung der Nachbarn" (ebd.) standhielt. Der Druck auf dieses Mädchen wird groß gewesen sein, da auch die belgische Zivilbevölkerung passiv und aktiv in die Kriegshandlungen einbezogen war. Entsprechend der

Kriegsplanung (Schliefenplan) war das deutsche Heer in das neutrale Belgien einmarschiert, um so in Frankreich einzudringen und in einer Zangenbewegung das französische Heer zu umfassen. Es gab überall da, wo die belgische Armee zurückwich, erbitterten Widerstand von Teilen der Zivilbevölkerung. Heute würden wir von einem Partisanenkrieg sprechen, an dem Männer wie Frauen, Bauern, Arbeiter, Bürger und Geistliche beteiligt waren. Die deutsche Armee reagierte mit der gleichen Härte und Brutalität, mit der die Bevölkerung sich gegen die unrechtmäßige Invasion wehrte. Für erschossene deutsche Soldaten wurden Menschen aus den Häusern geholt, oftmals hochgestellte Repräsentanten der Bevölkerung, an die Wand gestellt und erschossen. Stadtteile und oder ganze Dörfer wurden in Brand gesteckt.[51]

Der deutsche Kriegsplan scheiterte allerdings bereits im ersten Kriegsjahr, als der Vormarsch auf Paris ins Stocken kam, die deutschen Armeen sich zurückzogen, eingruben und ein fast vierjähriger Graben- und Stellungskrieg auf belgischem und französischem Gebiet begann. In Langenmark wurden noch Kriegsfreiwilligenbataillone, die aus hochmotivierten Studenten gebildet worden waren, ohne Kampferfahrung und lediglich mit Gewehr und Bajonett bewaffnet, in das Maschinengewehrfeuer erfahrener englischer Einheiten geschickt. Sie gingen mit dem Lied „Deutschland Deutschland über alles" massenhaft in den Tod. Aus dieser sinnlosen Opferung junger Männer, die teilweise erst siebzehn oder achtzehn Jahre alt waren, wurde einer der langlebigsten nationaldeutschen Heldenmythen, auf den die Nationalsozialisten später zurückgriffen. Alle deutschen Durchbruchversuche blieben erfolglos, die Westfront verwandelte sich in ein System von Schlammlöchern und Schützengräben. „Von der Nordsee bis zur Schweizer Grenze dehnt sich eine Mondlandschaft aus, die nun jahrelang zur hoffnungslosen, höllischen Welt von Millionen menschlicher Maulwürfe wird" (Heydecker ebd., 151).

Perls berichtete, dass 1916, als die Fronten eingefroren waren, immer mehr Männer eingezogen wurden. Er und sein Freund Ferdinand Knopf beschlossen, sich nun freiwillig zum Dienst im Heer zu melden, um abermals der Einberufung zuvorzukommen und etwas Kontrolle über ihre Kriegsverwendung zu behalten. In Unterlagen des Krankenbuchlagers Berlin[52] wird für den Sanitätsgefreiten Perls ein früherer Diensteintritt angegeben, nämlich der 31. 3. 1915. Perls meldete sich zum Luftschiffer-

Bataillon, „die Leute mit den Zeppelinen, den lenkbaren Luftschiffen, die eine nebensächliche Rolle während des Krieges spielten" (ebd., 167). Er erlebte die militärische Grundausbildung als „große Erleichterung von Verantwortung. Man sagte mir, wie ich einen Offizier zu grüßen hatte, wie ich zu marschieren hatte, wie ich mein Bett zu machen hatte usw. Keine Wahlmöglichkeiten, keine Entscheidungen" (ebd., 193). Sein Vorgesetzter war von seiner Schießkunst im Liegen begeistert und deutete bereits an, dass Perls als Medizinstudent sowieso zum Sanitäts-Corps, also an die Front, versetzt würde (vgl. ebd., 167).

4.3. Die Front, der Gaskrieg, der Tod: Lewins Feldtheorie als Erlebnis

„Einen Tag später hörten wir, übernächtigt und durchgerüttelt, ein sonderbares ohne Unterlass schütterndes Dröhnen, noch von fern. Es ließ die Scheiben unseres Eisenbahnabteils leise klirren. Das war die Front" (Zuckmayer 1971, 181).

Fritz Perls, 23 Jahre alt und Medizinstudent, wurde dem 36. Pionier-Bataillon als Sanitäter zugeteilt und brachte es, seinen Angaben zufolge, bis zum Oberleutnant. Seine Front waren die Schützengräben in Flandern / Belgien, und sein Bataillon „war eine Spezialeinheit, die den Feind mit Giftgas angriff" (Perls 1981, 130). Durch seine Beteiligung an den erstmalig systematisch wissenschaftlich vorbereiteten Angriffen auf menschliche Umweltbedingungen, zum Zecke der Tötung von Menschen, hat Perls den Übergang des klassischen Krieges in eine bestimmte Form von Terrorismus miterlebt: „Der Terror operiert jenseits des naiven Austauschs von bewaffneten Schlägen zwischen regulären Truppen. Ihm ist es um die Ersetzung klassischer Kampfformen durch Attentate auf die umweltlichen Lebensvoraussetzungen des Feindes zu tun" (Sloterdijk 2002, 14).[53] Der Gasangriff verlagerte die Zerstörungsabsicht auf die Umwelt, auf das Luftmilieu des Gegners. Mir scheint, dass Perls in den Schützengräben des Ersten Weltkrieges, im Sinne von Sloterdijk, die Entdeckung der Umwelt und die Bedeutung der Einheit von Organismus und Umwelt auf existenzielle Art und Weise zum Erlebnis wurde. Perls und Goodman schrieben dann gegen 1951 radikal systemisch und kontextualistisch: „Die Definition eines Lebewesens bezieht … seine Umwelt mit ein“ (Perls et. al. 1991, 43). Die erkenntnistheoretische Richtigkeit wie lebenspraktische Nützlichkeit von Kurt Lewins Feldtheorie, die später als eine der wichtigsten theoretischen Einflüsse in den eigenen therapeutischen Ansatz einging, wurde in den Schützengräben für Perls zur sinnlichen Gewissheit.

In seiner Autobiographie berichtet Perls von Angriffen mittels Gasbehältern und Giftgas-Minenwerfern. Die deutsche Armee hatte im April 1915 den ersten Giftgasangriff dieses Weltkrieges geführt und somit gegen die Haager Landkriegsordnung verstoßen. Die Militärführung suchte nach einer Art Wunderwaffe, um den im Stellungskampf erstarrten Krieg in Bewegung zu bringen. Fritz Haber, der Leiter des Kaiser-Wilhelm-Institutes für Physikalische Chemie in Berlin, der 1918 mit dem Nobelpreis ausgezeichnet wurde, entwickelte eine Gaswolke, die als Antriebsmittel den Wind benutzte und sich damit ungehindert in einer bestimmten Höhe auf die feindlichen Gräben zubewegte, in sie eindrang und gegnerische Soldaten in Massen vergiftete.[54] Danach sollte die deutsche Infanterie direkt nachrücken und das grausame Werk vollenden. Der erste Angriff 1915 wurde vom Pionierregiment 35 geführt, das nach seinem Kommandanten Peterson später „Gasregiment Peterson“ genannt wurde. Diese Offensive fand in Flandern bei Ypern statt, wo auch Perls im Einsatz war: „Zerwühlt, aufgerissen und wieder zugeschüttet von Millionen Granaten, getränkt vom Blut Zehntausender, gehört der Boden von Ypern zu den furchtbarsten Stätten des Krieges“ (Heydenreich ebd., 263).

Als am 22. April 1915 die Winde günstig standen, entwichen die Gase aus 5 730 stählernen Gasflaschen und bewegten sich auf einer Breite von sechs Kilometern auf die gegnerischen Gräben zu. Die Wirkung war verheerend, wie französische und englische Beobachter sehen konnten. Vergiftete „verlangten laut schreiend nach Wasser, spuckten Blut, einige wälzten sich sogar am Boden und versuchten vergeblich Luft zu schöpfen. (…) Tausende von Männern fielen in einen schlafähnlichen oder sterbenden Zustand“ (ebd., 278f).[55]

Perls erinnerte sich in diesem Zusammenhang an eine Form des Todes und des Tötens, die er kaum ertragen konnte und die er mehrfach erlebt hatte. Nachdem seine Einheit bei den Angriffen Gas aus den Stahl-Flaschen in Richtung der feindlichen Linien abgelassen hatte, kamen die für ihn unerträglichen „Kommandos nach den Angriffen“ (Perls 1981, 164), auf die hin deutsche Soldaten aus den Gräben kletterten: „Sie waren mit einem langen, biegsamen Hammer bewaffnet, mit dem sie jeden, der noch ein Lebenszeichen von sich gab, erschlugen. Ich habe nie herausgefunden, ob sie dies taten, um Munition zu sparen, oder um keine Aufmerksamkeit zu erregen, oder aber aus reinem sadistischen Vergnügen“ (ebd.).

Die deutschen Giftgasentwicklungen setzten sich fort und brachten einen tödlichen Wettbewerb in Gang. Im Juni 1915 wurde der Gas-Minenwerfer zum Einsatz gebracht und im September reagierten die Engländer mit dem ersten Gasangriff. Als Soldat der österreichischen Armee erblindete Adolf Hitler durch einen der alliierten Gasangriffe in dieser Zeit vorübergehend. Gasmasken wurden zum Schutz relativ schnell von allen Armeen entwickelt. Am 10. Juli 1917 verschossen deutsche Einheiten in Flandern jedoch das sogenannte Blaukreuz als Maskenbrecher. Es enthielt einen Reizstoff, der unerträglichen Husten auslöste, so dass der Soldat sich die Maske vom Gesicht reißen musste und dann das gleichzeitig ausgetretene gefährliche Grünkreuz einatmete. Diese Mischung wurde Buntkreuz genannt. Eine Woche später wurde von deutscher Seite auch noch das ölig-haftende und ätzende Gelbkreuz eingesetzt, von dem allein in Flandern ca. eine Millionen Granaten verschossen wurden.[56] Die britische Armee antwortete im September 1918 ebenfalls mit Gelbkreuzgranaten, die wegen ihres Geruches Senfgasgranaten genannt wurden.

Während des Gaskrieges in Flandern machte Perls noch die Erfahrung einer weiteren Todesgefahr, die er kaum aushalten konnte. Seine Einheit bereitete sich auf einen Gasangriff vor und hatte die eigenen Gasmasken vorher mit Tränengas getestet. In der Nacht entschied der Meteorologe, dass die Windbedingungen für einen Angriff günstig waren. Die Ventile der Gasflaschen wurden geöffnet und die gelbe Wolke kroch in Richtung der gegnerischen Gräben. Plötzlich änderte der Wind seine Richtung.

Perls erinnerte sich an dieses Ereignis in der Gegenwartsform, was auf die bleibende Intensität (flash back) dieser traumatischen Erfahrung hinweist: „Das Gas kann in unsere eigenen Gräben ziehen! Und so war es und bei vielen funktionierten die Gasmasken nicht. Und viele, viele erleiden leichte bis schwere Vergiftungen und ich bin der einzige Mediziner und habe nur vier kleine Sauerstoff-Flaschen und jeder verlangt verzweifelt nach etwas Sauerstoff, klammert sich an mich, und ich muss ihm die Flasche entreißen, um einem anderen Soldaten etwas Linderung zu verschaffen. Mehr als einmal war ich versucht, die Gasmaske von meinem schweißgebadeten Gesicht zu reißen" (Perls 1981, 165).

Perls und Goodman haben im Grundlagenwerk „Gestalt Therapy" in Bezug auf den Atem geschrieben: „Nirgends sonst sehen wir so deutlich, wie sehr das Lebewesen ein ‚Feld', wie sehr die Umwelt ‚in' ihm ist oder es in jedem Augenblick, durchtränkt. Und daher begleitet die Angst, die Störung des Atmens, jede Funktionsstörung des Selbst; der erste Schritt in der Therapie ist daher, mit dem Atem Kontakt aufzunehmen" (Perls et. al. 1991, 197).

Spätestens ab 1916 war der Krieg an der Westfront durch die sogenannten Materialschlachten geprägt, zu denen das Trommelfeuer gehörte. Hiermit ist das stunden- bis tagelange unablässige Beschießen eines begrenzten Frontabschnittes mit Artillerie aller Kaliber gemeint. In einem Feldpostbrief schrieb ein deutscher Soldat: „Der Kanonendonner ist häufig derart lebhaft, dass man keinen einzelnen Kanonenschuss hört, sondern nur ein stundenlanges ununterbrochenes Rollen. (...) Geradezu entsetzlich sehen die Menschen aus, wenn sie soeben aus den Schützengräben zur Erholung zu uns kommen" (in Ulrich et. al. 1994, 89). Ein Infanterist schrieb aus Verdun: „Ein Trommelfeuer ging auf uns los, dass es einen von einem Loch ins andere riss; die Schmerzensrufe und das Gestöhne der Verwundeten die elend zu Grunde gehen müssen; (...) – an ein Zurücktragen ist nicht zu denken. (...) Unser Leutnant hat geweint wie ein Kind; ja wie sie da lagen, ein Fuß weg – Arme weg, ganz zerfetzt. Gott, das war furchtbar. (...) Ihr könnt Euch keine Vorstellung von diesem Schrecken machen und niemand, ders nicht mitgemacht" (in ebd., 92).

Perls hat das mitgemacht und hat von einem dieser Trommelfeuer in Zusammenhang mit einem religiösen Erlebnis berichtet. Immer noch an der Front, in Flandern im Jahre 1916, wurde er aus dem dritten Graben in den gefährlichen ersten Frontgraben abkommandiert. Mit Unterstützung von zwei Kompanien, die Giftgas-Minen warfen, fand nachmittags um drei der erste Gasangriff statt. Sofort reagierten die britischen Einheiten mit einem Trommelfeuer: „Zwei Stunden der Hölle und trotzdem hatte ich nicht viele Verwundete zu betreuen. Ich selbst erlitt eine leichte Verletzung an der Stirn, die immer noch zu sehen ist ..." (Perls 1981, 130). Später erfuhr er, dass der Sanitäts-Unterstand im dritten Graben, den er zwei Stunden zuvor verlassen musste, durch einen Volltreffer zerstört worden war und der Dienst habende Arzt und seine beiden Sanitäter umgekommen waren: „Auf unserem Rückmarsch ein erstaunlich schöner Sonnenaufgang. Ich fühlte die Gegenwart Gottes. Oder war es Dankbarkeit oder der Kontrast zwischen dem Geschützfeuer[57] und der heiteren Stille? Wer weiß" (ebd.).

Nach neun Monaten Einsatz in den Schützengräben der Westfront erhielt Perls seinen ersten Heimaturlaub. Das weiche Bett war so ungewohnt, dass er Angst bekam, hindurchzufallen. „Im Vergleich zu dem bisschen Stroh, an dass wir in den von Ratten verseuchten Gräben gewöhnt waren, war es wirklich weich" (ebd., 179). Carl Zuckmayer versuchte in seinen Lebenserinnerungen die sinnlichen Eindrücke zu beschreiben, die auf die Frontkämpfer einstürzten: „Das diabolische Feuerwerk der nächtlichen Leuchtkugeln und Alarmraketen. Das Läuten der Grabenglöckchen, zur Warnung bei den ersten Gasangriffen. (...) Das Meckern der Maschinengewehre, das Winseln und langsame Herankeuchen der schweren Flatterminen; das hohle ‚Popp' krepierender Gasgranaten – auch die Männer (wir selbst!), in ihren rüsselartigen Gespenstermasken, die dumpfen unkenntlichen Stimmen darunter vor, das hektische Gewehrgeknatter von verlorenen Posten ... mir schien es nicht mehr, dass diese Laute und Geräusche von Menschen stammten. Ratten pfiffen durch die Grabenlöcher und rammelten auf den Toten" (Zuckmayer 1971, 200).

Für einen jungen Medizinstudenten, der bei Max Reinhardt gelernt hatte „listen, listen, listen!" (Perls 1993, 5), ein ungeheures und vielleicht unerträgliches Ausmaß an Sinneseindrücken. Zuckmayer erinnerte sich auch an das jämmerliche Quäken, wie von einem hungrigen Säugling, das er oft bei Verwundeten gehört hat, „besonders bei Verletzungen am Unterleib und in den Eingeweiden" (Zuckmayer ebd., 182), und er erinnerte sich, dass einem Mann neben ihm „eine Schrapnell-Ladung durchs Gesicht klatschte" (ebd., 188), und wie sich das Gesicht in einen blutigen Brei verwandelte, „aus dem es ohne Unterlass schrie" (ebd.). Der Medizinstudent Perls hatte sich ja um die Verletzten und Sterbenden zu kümmern und wird so etwas oft gehört und gesehen haben.

Während eines anderen Heimaturlaubes besuchte Perls eine Opernaufführung von Mozarts Figaro und war „so bewegt von der Schönheit im Gegensatz zu dem Dreck und dem Leiden in den Gräben“ (Perls 1981, 179), dass er das Theater verlassen musste und sich das Herz aus dem Leibe weinte.[58]

In seiner Autobiographie, in der er quasi ständig frei assoziiert, gibt es eine Passage in der es heißt: „Ich möchte über mein Herz schreiben“ (ebd., 164). Von da gelangt er rasch in das Kriegsjahr 1916 und zu den Themen Krankheit und Todeswunsch. Er erinnert seinen Aufenthalt in einem Kriegslazarett,[59] in das er wegen einer Grippe mit hohem Fieber durch einen Arzt geschickt wurde, mit dem er ein gutes Verhältnis hatte.[60] Als der Arzt nach zwei Tagen bei der Visite fragte, ob er gesund genug sei, um wieder mit an die Front zu kommen, stieg das Fieber wieder an: „Am nächsten Tag erwache ich aus einem Traum: meine Familie, im Vordergrund Grete, die Schwester, die ich liebe, steht um mein Grab herum und bittet mich, ins Leben zurückzukehren. Ich bemühe mich, strenge mich an, biete alle Kräfte auf und schaffe es. Langsam, ganz langsam, kehre ich zurück ins Leben, bereit, wenn auch nicht allzu bereit, den Tod loszulassen, den Tod, der so viel erträglicher war als die Schrecken des Krieges“ (ebd., 164).

4.4. Die „Judenzählung“ und die deutsch-jüdischen Patrioten

„Überall grinst sein Gesicht, / nur im Schützengraben nicht.“[61]

Dort, wo Perls sich in seinen biographischen Assoziationen mit seinem kranken Herzen beschäftigt, taucht auch das Thema des Antisemitismus während der Kriegsjahre auf. Die deutschen Juden hatten sich in ihrer großen Mehrheit, wie das übrige Bürgertum auch, von der Kriegsbegeisterung mitreißen lassen. Eine zusätzliche Motivation war für sie die Hoffnung, durch die Demonstration der patriotischen Gesinnung die letzten Hindernisse für die vollständige Eingliederung in die deutsche Gesellschaft des Kaiserreiches zu beseitigen. Der Centralverein deutscher Staatsbürger jüdischen Glaubens rief die deutschen Juden auf, in dieser Schicksalsstunde für das Vaterland zum „Opfer von Gut und Blut“ (Bildarchiv 1983, 337) bereit zu sein und in den Synagogen wurde für den

„Sieg der deutschen Waffen" (ebd.) gebetet. Erklärte Zionisten waren bereit, gegen Deutschlands Feinde die Waffen in dem Bewusstsein zu führen, dass sie in diesem Krieg „zugleich für die eigene Persönlichkeit, die unlöslich im deutschen Wesen Wurzeln geschlagen hat" (Adler 1988, 133) kämpften.

Als ein Extremfall sei hier Hermann Cohen genannt, einer der prominenten Neokantianer seiner Zeit und ehemaliger Lehrstuhlinhaber an der Universität Marburg. Cohen schrieb 1916, dass es darum ginge, dass die deutschen Juden die Juden der ganzen Welt „von der religiösen Bedeutung des Deutschtums, ... von seinem Rechtsanspruch auf die Juden aller Völker" (in Adler, 134) überzeugen. Zudem lag ihm an der „Anerkennung der deutschen Vormacht in allen Grundlagen des Geistes und Seelenlebens" (ebd.). Ein durchaus nicht nationalistisch gesinnter deutsch-jüdischer Gelehrter, vertrat hier letztlich die damals verbreitete Ansicht: „Am deutschen Wesen soll die Welt genesen." Auch bei den Juden in Russland waren die Sympathien für Deutschland groß,[62] was zu Repressalien und Pogromen führte, die wiederum viele der orthodoxen Ostjuden nach Deutschland und insbesondere Berlin flüchten ließ. In Amerika gab es große publizistische Unterstützung für Deutschland, die in den meisten Fällen von Juden ausging, die aus Osteuropa eingewandert waren (vgl. Adler ebd., 135f).

Umso härter traf die deutschen Juden die gegen Ende 1916 im Heer durchgeführte „Judenzählung". In der ersten Phase des Krieges wurden antisemitische Äußerungen von staatlicher Seite unterdrückt und zensiert. Als der erhoffte schnelle Sieg ausblieb, wurden Schuldige gesucht. Juden wurden sowohl für den militärischen Misserfolg, als auch für die auf Grund der Kriegslage in Deutschland eingetretene Material- und Lebensmittelnot verantwortlich gemacht. Sie wurden als Drückeberger, Pazifisten und Profiteure durch Preistreiberei und Lebensmittelwucher beschimpft. Ein besonders heftiger Angriff richtete sich gegen Walter Rathenau, der die Rohstoffabteilung im Kriegsministerium leitete. Als Außenminister der Weimarer Republik wurde er später von einem deutschnationalen Studenten erschossen.

Die Judenzählung im Heer ging vom preußischen Kriegsministerium aus und sollte die Beteiligung jüdischer Soldaten am Krieg überprüfen. Die Zählung fiel in Bezug auf die prozentuale Gesamtbeteiligung und den Fronteinsatz zu Gunsten der Juden aus. Dass vor der Zählung bewusst jüdische Soldaten von der Front in die Etappe zurückverlegt worden waren und dass das positive Ergebnis der Zählung nicht veröffentlicht wurde, legt die Vermutung nahe, dass ihr antisemitische Motive zugrunde lagen. In der Öffentlichkeit blieb die Wahrnehmung bestehen, dass man die Juden gezählt hatte und dass das wohl seinen Grund gehabt haben muss. Diese Zählung, mit der der antisemitischen Agitation der erste Durchbruch im großen Maße gelang, „hatte auf die jüdische Bevölkerung eine verheerende Wirkung: Allgemein herrschte der Eindruck vor, gezeichnet und degradiert worden zu sein" (Bildarchiv 1983, 338). So manchen riss diese Zählung aus seinem Traum von der Zugehörigkeit. Der damals siebzehnjährige Kriegsfreiwillige Ernst Simon, später ein bekannter deutsch-jüdischer Pädagoge, nahm dies als letzten Beweis dafür, „dass wir fremd waren, dass wir daneben standen, besonders rubriziert und gezählt" (in Volkov 1994, 69). Auch Perls berichtet aus den Tagen im Lazarett 1916: „Ich habe einen guten Menschen, unseren neuen Arzt getroffen. Wir reden; er fragt mich nach dem Anti-Semitismus. Ja, es gibt eine Menge, sogar in den Gräben. Aber meist von Seiten der Offiziere" (Perls 1981, 164). Bereits auf der zweiten Seite seiner autobiographischen Assoziationen berichtet er von einem Vorfall im Jahre 1917. Eine Bahnstation wurde bombardiert und zwei Munitionszüge wurden getroffen: „Ich ging ohne Angst und ohne einen Gedanken an meine eigene Sicherheit hinein und versorgte inmitten der explodierenden Munition die Verwundeten. (...) Mein Bataillonsführer war Anti-Semit. Er hatte mir das Eiserne Kreuz schon einmal vorenthalten, doch dieses Mal musste er mich vorgeschlagen und ich bekam mein Kreuz" (ebd., 2).

Wie alle Soldaten, jüdischer Herkunft oder nicht, hatte auch Perls unter der Behandlung der Offiziere zu leiden, deren „monokelverkleidete Arroganz" (ebd., 168) ohnegleichen war. Die arrogante, brutale bis sadistische Behandlung der einfachen Soldaten und der niedrigeren Ränge durch die Offizierskaste, war ein nicht zu unterschätzendes Motiv für die Militärrevolte, die Ende 1918 im deutschen Heer ausbrach und zur Novemberrevolution und zum Ende des Kaiserreiches führte.

In den letzten Kriegsmonaten wurden noch einmal Durchbruchsversuche unternommen, um die erstarrten Fronten aufzubrechen. Wieder wurden zehntausende von Männern in der „Blutmühle" der Westfront sinnlos geopfert. Perls selbst war in dieser Zeit zum Sanitäts-Oberleutnant aufgestiegen. Wie er schrieb, hatten die höheren Grade genug und gutes Essen, auf Kosten der restlichen Kompanie: „Mein Hauptmann, dieses Schwein, war Alkoholiker. Wir hatten daheim einen ordentlichen Vorrat an Weinen aus Palästina. Ich wurde jeden Monat nach Berlin geschickt, um ein paar Flaschen zu besorgen" (Perls 1981, 178). Perls nahm diese Chance, von der Front wegzukommen, jedes Mal wahr und machte daraus meist einen einwöchigen Aufenthalt in Berlin. Zudem hatte er so Gelegenheit, seiner „hungernden Familie ein paar Lebensmittel mitzubringen" (ebd.). Die Ernährungslage war schon seit langem katastrophal, woran die Lebensmittelblockade der Alliierten zur See einen großen Anteil hatte. Nicht nur die Soldaten waren schlecht ernährt und hungerten oft, auch in der Zivilbevölkerung kostete die Lebensmittelknappheit tausenden von Zivilisten das Leben, wobei in den Hungerwintern besonders viele Kinder starben.

4.5. Berliner Bohème: Verletzung und Opposition

Da Perls sich bereits als Gymnasiast und Student in avantgardistischen Theaterkreisen bewegt hatte, ist davon auszugehen, dass er bereits in den Kriegsjahren die Treffpunkte der Berliner Bohème frequentierte, auch wenn er in seiner spät erschienenen Life Chronologie das Jahr 1922 für seinen „Eintritt" in die Bohème angibt. Anscheinend war er ein Teilnehmer „am Rande" (L. Perls).[63] Dieses „am Rande" unterschied ihn von zahlreichen Gleichaltrigen, die schon in den Kriegsjahren als Künstler aktiv waren und Eindruck machten. Dies traf etwa auf Grosz und Heartfield zu. Perls blieb den größten Teil seines Lebens „am Rande" diverser kultureller, beruflicher und politischer Organisationen und versuchte seinen eigenen Weg zu finden und zu gehen. Erst in seinen letzten Lebensjahren, an der amerikanischen Westküste, gehörte er zum Zentrum des sogenannten Esalen-Institutes und ganz zuletzt, in Kanada, war er der alleinige Mittelpunkt der von ihm dort initiierten Lebens- und Therapiegemeinschaft.

Auch die Erwähnung von Perls, dass die Berliner Bohème, zu der er sich selbst zählte, sich zuerst im Café des Westens und nach dessen Schließung im Romanischen Café traf (vgl. Perls 1981, 79), ist für mich ein

Hinweis darauf, dass er sich schon früh in diesen Kreisen bewegt hat. Vor und während des Krieges war es das Café des Westens, in dem sich die künstlerische und geistige Avantgarde traf und hier fand ihre gegenseitige Erziehung und gemeinsame Radikalisierung statt, die auch die Spaltung in Kriegsgegner und anfängliche Kriegsbefürworter wieder aufhob. Ernst Blass schrieb über die Bedeutung des Cafés für die Bohème: „Es war ein Zufluchtsort und ein unparlamentarisches Parlament. Auch der Furchtsamste, Schweigsamste lernte das Reden und den Ausdruck. Man lernte sich auf das zu besinnen, was einem wirklich am Herzen lag. Es war eine Erziehung zur Gefühlswelt. (...) Was lag in der Luft? In der Luft lag vor allem van Gogh, Nietzsche, auch Freud, Wedekind. Gesucht wurde ein postrationaler Dionysos. Van Gogh: Das war der Ausdruck und das Erlebnis ... als flammende Konzentration. (...) Nietzsche: Der Mut zum eigenen Selbst und eigenen Erlebnis; Freud: Die Tiefe und Problematik des eigenen Selbst" (Blass in Siepmann 1977, 24).

In den Kriegsjahren wurden die antibürgerlichen Tendenzen durch die Realität des Krieges radikalisiert und zunehmend politisiert. Während in diesen Jahren die Kriegsgegner der Münchener Bohème, Gustav Landauer und Erich Mühsam, politisch an einem nietzscheanisch-messianischen Anarchismus orientiert waren, bildete ab 1918 die Berliner Gruppe um die Brüder Herzfelde, Georg Grosz und Franz Jung den linken Flügel der Dada-Bewegung und sympathisierte mit der gerade entstandenen Kommunistischen Partei. Von den später als Expressionisten bezeichneten Künstlern und Schriftstellern aus dem Berliner Café des Westens gehörten Else Lasker-Schüler, Ludwig Meidner, Theodor Däubler und Samuel Friedlaender / Mynona, zu ihren Freunden (vgl. Siepmann ebd., 18).

Wieland Herzfelde beschrieb die der politischen Radikalisierung zugrunde liegende persönliche Betroffenheit: „Nicht nur Menschenleben vernichtete der Krieg, sondern auch einmalige und große Begabungen; und das erschien uns als das Furchtbarste. Franz Marc, der ‚blaue Reiter', die jungen Lyriker Georg Trakl, Ernst Stadler, Alfred Lichtenstein, die Münchner Maler Weisgerber und Macke – sie waren gefallen, zerfetzt. Und den meisten von uns drohte das gleiche. Wir nannten es nicht Schicksal, sondern Mord, Verbrechen" (in ebd., 25).

Paul Scheerbart, ein Freund Mynonas, trat in einen Hungerstreik und starb an dessen Folgen im Oktober 1915. Max Beckmann, der anscheinend unter ähnlichen Bedingungen wie Perls im Sanitätsdienst tätig war, verfiel „unter dem Eindruck der grauenhaft zugerichteten Giftgasopfer und der verstümmelten Verwundeten und Leichen ... in tiefe Depression und erlitt einen Nervenzusammenbruch“ (Rochard Hg. 1989, 60). Ernst Toller, Alfred Kubin, Oskar Maria Graf, Ernst Ludwig Kirchner, Otto Pankok, Heinrich Vogeler, Walter Hasenclever, Franz Jung, Johannes Baader, Georg Grosz und John Heartfield erlitten Nervenzusammenbrüche und wurden zum Teil in Nervenheilanstalten eingeliefert. Grosz schrieb im Januar 1917: „Mein Menschenhass ist ins ungeheure gewachsen ... ich durchschreite die blanke Hölle“ (in Schneede 1989, 28). Hier entstand Kunst aus Verletzung, aus Abscheu und aus Hass, Kunst die schneiden wollte, um das Abscheuliche in der Gesellschaft und im Menschen sichtbar zu machen. Und hier ballten sich Kräfte gegen die konkreten gesellschaftlichen Repräsentanten der für das Kriegselend verantwortlichen Macht und gegen diejenigen zusammen, die mit ihr kollaborierten und sie weiter am Leben erhielten.

Doch erst einmal dominierte gegen Kriegsende in den Avantgardekreisen der ekstatische, der messianische Expressionismus. Die Erfahrung des Kriegsgrauens mischten sich mit einer tiefen Menschenliebe und dem Willen zur Erneuerung des menschlichen Zusammenlebens und wurden zu einer kreativen, politischen wie künstlerischen Energie, die sich noch parteienabhängig als sozialistisch in einem gemeinschaftlich-brüderlichen Sinne verstand. Der Schriftsteller Ernst Toller, später einer der politisch-militärischen Führer in den Kämpfen um die Münchener Räterepublik, erinnert genau seinen Erweckungsmoment, als er wieder einmal an der Front auf eine Menschenleiche traf: „Ein toter Mensch ist hier begraben. Ein – toter – Mensch. (...) Und plötzlich, als teile sich die Finsternis vom Licht, das Wort vom Sinn, erfasse ich die einfache Wahrheit Mensch, die ich vergessen hatte, die vergraben und verschüttet lag, die Gemeinsamkeit, das Eine und Einende.

Ein toter Mensch.
Nicht: ein toter Franzose.
Nicht: ein toter Deutscher.
Ein toter Mensch“ (Toller 1994, 52).

Hier liegen die Ursprünge des später oft kritisierten oder sogar verlachten „Oh-Mensch"-Pathos vieler Expressionisten. Der Maler Conrad Felixmüller beschrieb in flammenden Worten den inneren Aufruhr:

„In uns war Ungeduld fürs Leben – nicht zum Sterben. Kampf dem KRIEG – nicht dem FEIND! Widerstand, Aufstand, Revolution, Frieden. Nicht mit Gott für Kaiser und Reich, ... nicht Heldentod für Vaterländer, Erzgruben, Kornkammern. Seid umschlungen Millionen! MENSCHHEIT – FRIEDEN! Nicht Traum, sondern das Heute – sofort!" (in Rochard Hg. 1989, 138).

Diese existenziell menschlichen Erfahrungen und diese Ungeduld fürs Leben, ließ die künstlerische Intelligenz Berlins bei Kriegsende für eine radikale gesellschaftliche Umgestaltung eintreten. Mit dieser Vorerfahrung erlebten sie die Ereignisse und Enttäuschungen im Rahmen der deutschen Novemberrevolution abermals als Trauma, das ihr „inneres Brennen" nicht zur Ruhe kommen ließ.

4.6. Kriegstrauma

„1914 – The world explodes. Life in trenches agony. Desensitized. Horror of living and horror of dying" (Perls 1993, 6).

„Meine Zeitrechnung beginnt am 4. August 1914. Von da ab stieg das Barometer: 13 Millionen Tote, 11 Millionen Krüppel, 50 Millionen Soldaten, 6 Milliarden Geschosse, 50 Milliarden Kubikmeter Gas. Was ist da persönliche Entwicklung? Niemand entwickelt sich da ‚persönlich'. Da entwickelt etwas ihn" (Erwin Piscator in Hepp 1992, 148).

Perls' Altersgenossen Otto Dix und Georg Grosz führten in ihrer Kunst das Hässliche des Krieges und der Menschen, die diesen Krieg gegeneinander führten, drastisch vor. Kunst war für beide sicherlich auch eine Art, mit dem Erlebten, mit dem Trauma umzugehen. Alle drei jungen Männer gehörten zur „Generation der seelisch Kriegsverletzten" (Roters in Rochard 1989, 32): „Das Trauma, das sie erlitten haben, die Narbe, die als Zeichen der Verwundung ihres Selbstbewusstseins sichtbar übrigbleibt, prägt den Beginn ihrer Entwicklung. Das Trauma ist nicht nur

Ausgangspunkt, sondern auch Antriebskraft für die Eigenart ihrer Mitteilung und der Form, die sie dafür finden" (ebd., 33).

Was Perls in den Kriegsjahren an der Front erlebt hat, verbitterte ihn sein ganzes Leben lang zutiefst.[64] Zudem verlor er durch den Krieg seinen besten Freund und seine „Freundschaften nach dem ersten Weltkrieg und in Südafrika waren nie tief genug, um zu gegenseitigem Vertrauen zu führen" (Perls 1981, 264). Seine Herzkrankheit wurden durch eine Lungenentzündung, die er sich in den Frontgräben zugezogen hatte und das im Krieg begonnene Rauchen verschlimmert. Diese Herzprobleme waren möglicherweise auch durch seine Lebenserfahrungen mitbedingt. Lore Perls hat davon gesprochen, dass er nach der Rückkehr aus dem Krieg „verzweifelt und zynisch und ziemlich desillusioniert" (L. Perls 1997, 123) war, und wenn sie in Bezug auf die Mitte der zwanziger Jahre von seiner Hoffnungslosigkeit und seinem Zynismus sprach, so lässt sich dies sicherlich nicht losgelöst von den Kriegserfahrungen betrachten.[65] Auf den Krieg bezogen schrieb Perls selbst: „1914 – The world explodes. Life in trenches agony. Desensitized. Horror of living and horror of dying. Confusing" (Perls 1993, 6).

Fritz Faiss, ein Bauhausschüler und später in den USA Universitätsprofessor, glaubte ebenfalls an ein starkes Kriegstrauma bei Perls. Er ging davon aus, dass Perls, solange er im Sanitätsdienst aktiv war, sein inneres Gleichgewicht halten konnte: „But when it was over – this extreme waste and the injuries to his own inner self – it was a shock he had to overcome. He was not able to do it on his own. He needed an analyst and he couldn't find one. Later he met a man he trusted – I think it was Wilhelm Reich – and he said that that was the first time that he trusted a man" (Faiss in Gaines 1979, 5).

Die Forschung in Bezug auf die Traumaverarbeitung (Fischer et. al. 2003)[66] geht davon aus, dass die psychische Belastung geringer ist, wenn der betroffene Mensch in irgend einer Form in der extrem belastenden Situation aktiv sein kann. Da Perls Sanitäter war, hatte er während und nach den Kämpfen wohl in der Regel einiges zu tun und auch die Möglichkeit in der letzen Kriegsphase, so oft wie möglich zwischen der Front und Berlin zu wechseln, wird Entlastung geschaffen haben. Extrem belastend für die Frontsoldaten waren anscheinend die Wartezeiten mit oder auch ohne Beschuss in den Gräben, die in den schlechten Jahreszeiten knietief voll Wasser standen. Die Soldaten versanken zu Tausenden in diesem Morast, mussten manchmal mit Seilen wieder herausgezogen werden und viele fanden verletzt in Wasserlöchern den Tod. Die Folge von nur drei bis vier passiven Tagen im Graben, zumeist unter gelegentlichem Trommelfeuer, war in der Regel totale Erschöpfung. Die Soldaten machten in diesen Fällen auf die Beobachter einen „gebrochenen Eindruck" (Schmidbauer 1998, 54). Die Frontsoldaten waren in Kampfphasen wechselnd aktiv und passiv, sowohl Täter als auch Opfer und entsprechend gab es immer wieder Möglichkeiten zu Handeln, zu töten, zu überleben, jemanden zu retten. Dass Perls bereits auf der zweiten Seite seiner autobiographischen Assoziationen von dem Eisernen Kreuz berichtet, das ihm wegen seines mutigen Einsatzes während eines gefährlichen Trommelfeuers verliehen wurde, verweist auf die mit dieser Auszeichnung verbundene Aufwertung und seinen Stolz darauf.

In zahlreichen Kriegserinnerungen ist nachzulesen, dass die Männer noch bis zu zehn Jahren „Flash Backs" bzw. unkontrollierbare und belastende innere Visionen von den Kämpfen hatten und unter diversen nervösen und depressiven Alltagsstörungen litten, die heute unter dem Symptombild „Posttraumatic Stress Disorder" zusammengefasst werden (vgl. Fischer et. al. 2003).

Otto Dix sagte in einem Gespräch: „Nun ist es so – man merkt ja nicht, als junger Mensch merkt man das ja gar nicht, dass man im Inneren noch belastet war. Denn ich hab jahrelang, mindestens zehn Jahre lang immer diese Träume gehabt, in denen ich durch zertrümmerte Häuser kriechen musste, durch Gänge, durch die ich kaum durchkam. Diese Trümmer waren fortwährend in meinen Träumen" (in Karcher 1992, 37).

Wer einen so langen Zeitraum wie Perls an der Front verbracht hat, wird chronisch traumatisiert nach Hause gekommen sein. Zu den typischen Symptomen einer Kriegstraumatisierung zählt auch die Vermeidung, das „numbing", das von leichten Formen einer emotionalen Anästhesie bis zu „frozen states" (M. Horowitz) und apathisch-depressiven Erstarrungszuständen reichen kann. Schmidbauer (1998) benutzt in diesem Zusammenhang den Begriff „psychische Zentralisierung". Hiermit meint er eine Reduktion der emotionalen Schwingungsfähigkeit und eine Reduktion der Phantasietätigkeit, das Abnehmen sozialer Hemmungen und Schamgrenzen, sowie ein abnehmendes Interesse an der Umwelt und Schwierigkeiten in engen emotionalen Beziehungen zu leben (vgl. Schmidbauer ebd., 70f). Natürlich hängt der Verarbeitungsprozess von den privaten wie gesellschaftlichen Zuständen ab, die nach der Heimkehr angetroffen werden.

Perls schrieb in Bezug auf sich selbst von Desensitivierungen und von dem „dicken Fell“ (Perls 1981, 257), das er sich an der Front zugezogen habe. Wie bei den meisten Traumatisierten, kam es möglicherweise auch bei Perls zu seelischen Verhärtungen und Panzerungen, zum Aufbau von Abwehrstrukturen, die verhindern sollten, dass die nicht verarbeiteten oder unerträglichen Bilder und Gefühle das Ich überfluteten. Perls hat im Laufe seiner langjährigen psychoanalytischen Ausbildung versucht, Erlösung für diese Probleme zu finden. Als Lehranalysand suchte er nach einer Möglichkeit, die Desensitivierungen bzw. Zentralisation rückgängig zu machen und seine Lebendigkeit und Erlebnisfähigkeit wiederzugewinnen. Wir stoßen hier auf Themen, die für die Entwicklung der Gestalttherapie von zentraler Bedeutung waren. Perls hatte mit Depressionen zu kämpfen und er hat sein ganzes Leben lang, privat und als Therapeut, Weinen und das Schmelzen von emotional-körperlichen Panzerungen zugelassen und gefördert (vgl. Perls 1981, 256). Freuds Begriff der Trauerarbeit schätzte er sehr, weil Freud in seiner „großartigen Arbeit über Trauer“ (ebd., 309) von einem für das Überleben wichtigen Prozess und nicht lediglich einem Entladungsmoment ausging. Noch im hohen Alter hat er am Esalen-Institut in Kalifornien auf Kollegen und Methoden negativ reagiert, die schnelle Heilung unter Umgehung von Schmerz und Trauerverarbeitung versprachen.

Die Lehranalysen bei Happel und Harnik in den zwanziger Jahren waren für einen Mann, der auf der analytischen Couch auch auf der Suche nach Erlösung von seinen Kriegstraumatisierungen war, zu abstinent, zu neutral; sie erreichten ihn nicht. Es ist nicht verwunderlich, dass Perls erst in Wilhelm Reich einen Analytiker fand, der „zu ihm durchdrang“ (Perls 1981, 50). Reich, selbst Kriegsteilnehmer im österreichischen Heer, war um 1930 mit der Weiterentwicklung seiner Charakteranalyse beschäftigt, bei der mit einem viel direkteren Kontakt zwischen Analytiker und Analysand gearbeitet wurde, als es zu dieser Zeit und oftmals heute noch in freudianischen Analysen üblich ist. Reich ging es um das Auflösen von Panzerungen und Widerständen, um ein wieder in Kontakt kommen mit

Erinnerungen, Empfindungen und weggesperrten Gefühlen. Vielleicht kann die Entwicklung der charakteranalytischen Technik ab Mitte der zwanziger Jahre auch als Selbstheilungsversuch des durch den Krieg seelisch verletzten Frontsoldaten Reich betrachtet werden, worauf ich an späterer Stelle näher eingehen werde.

4.7. Revolution und das Morden geht weiter

„1918 Survived. Rebelliously involved in politics“ (F. Perls).

Die deutsche oberste Heeresleitung benötigte am 29. September 1918 einen Waffenstillstand. Es gab nur noch für zwei Monate Benzin und die nach wie vor in Massen sterbenden Soldaten konnten nicht mehr, wie in den vergangenen Jahren und Monaten, durch das Einziehen neuer Jahrgänge ersetzt werden. Diese schlechte „Ersatzlage“ und der Eintritt Amerikas in den Krieg, mit seinen neuen unverbrauchten militärischen Kräften, zwangen zu dieser Einsicht. Die Gründe für den Waffenstillstand waren rein militärischer Natur und die später durch die reaktionären Kräfte verbreitete und äußerst wirksame Dolchstoßlegende, dass das deutsche Heer durch die Revolution in der Heimat und nicht durch den Feind besiegt worden sei, war eine Erfindung aus politischem Kalkül. Am 4. 10. 1918 ging ein Gesuch um Friedensverhandlungen an den amerikanischen Präsident Wilson und der Prozess des Kriegsabschlusses kam in Gang.

Anfang November kam es zu einem Aufstand der Matrosen der Kaiserlichen Flotte. Die Admirale hatten eigenmächtig und gegen den offiziellen Kurs der Reichsregierung beschlossen, noch einmal gegen England auszulaufen, um die Flotte im aussichtslosen Kampf, aber aus ihrer Sicht in Ehre, untergehen zu lassen. Die ausgehungerten und brutaler Behandlung unterliegenden Matrosen machten dies nicht mit und begannen eine bewaffnete Revolte. Dies war das Aufbruchsignal für eine Rebellion, die sich über ganz Deutschland ausbreitete und so gut wie jede Stadt erfasste. Überall bildeten sich aus Arbeitern und Soldaten bestehende sogenannte „A und S Räte“, die die Macht mehr oder weniger, je nach lokaler Lage und politischer Radikalität der beteiligten Individuen, übernahmen. Keine Organisation, keine Partei stand dahinter, lediglich der Wille, Schluss mit diesem Krieg zu machen und die militärische Hierarchie samt der Monarchie zu beseitigen. Den bürgerlichen wie militärischen Kräften im Reich wurde zunehmend klar, dass der Kaiser abdanken musste, damit eine Radikalisierung der Situation nach links verhindert würde. Die Regierungsmacht wurde dem Sozialdemokraten Friedrich Ebert übergeben, der Ruhe und Ordnung herstellen sollte, damit eine Nationalversammlung über die Zukunft Deutschlands entscheiden konnte. General Groener, nun Chef der Heeresleitung, leitete eine taktische Maßnahme ein, die die Verantwortung für die Kapitulation vom Heer auf die Vertreter der zivilen Regierung abwälzte. Verantwortung übernahm nun die neue sozialdemokratisch dominierte Übergangsregierung, in der Person des Zentrumsabgeordneten und Staatssekretärs Matthias Erzberger, der den deutschen Wunsch nach Waffenstillstand offiziell aussprach. Die Friedensbedingungen der Alliierten im später präsentierten Versailler Vertrag waren hart und demütigend, genau wie die Friedensbedingungen, die einige Zeit vorher die deutsche Heeresführung der neuen revolutionären bolschewistischen Regierung Russlands in den Verhandlungen von Brest-Litowsk vorgelegt hatte. Die Reparationszahlungen, die das ökonomisch völlig am Boden liegende Deutschland aufzubringen hatte, waren enorm hoch. Es gab keine Alternative, auch die Oberste Heeresleitung riet zur Unterschrift. Die Verantwortung für die Kapitulation trug in der deutschen Öffentlichkeit alleine die neue Regierung, kein General setzte seine Unterschrift unter den Friedensvertrag. Im August 1921 wurde Erzberger, nun ein Symbol des „Schandfriedens", von zwei ehemaligen Offizieren und Nationalisten ermordet. Am 11. November 1918 schwiegen die Waffen. Perls erinnerte sich, dass er froh über das Kriegsende war und gleichzeitig in eine große Verwirrung geriet (vgl. Perls 1981, 178).

Friedrich Ebert, Reichspräsident und gleichzeitig Vertreter der SPD Führung, hatte ohne Absprache mit der Gesamtpartei einen Pakt mit General Groener geschlossen, dem Vertreter der alten, für den Krieg verantwortlichen Macht. Man war sich einig, dass man keine radikale Veränderung der gesellschaftlichen Verhältnisse wollte, an der Struktur und Zusammensetzung von Militär, Justiz und Beamtenapparat sollte sich nichts wesentlich ändern.

Obwohl die Arbeiter- und Soldatenräte aus nichts anderem als der Basis der SPD bestanden und alles andere als revolutionär oder gar gewaltbereit waren, galt den bürgerlichen Kräften die Räteherrschaft als Bolschewismus. Statt beim Aufbau einer neuen demokratischen Ordnung die Rätemacht als Selbstorganisationsform eines großen Bevölkerungsteils sinnvoll zu integrieren, schlossen sich die neue republikanische Regierung und die SPD Führung mit der alten nationalistisch-monarchistischen Militärführung gegen die Räte zusammen. Mit Ebert war der Plan abgestimmt, dass die heimkehrenden Truppen der Westfront die Rätemacht beseitigen sollten, wenn nötig auch mit Waffengewalt. Im Plan war die Säuberung Berlins von revolutionären Kräften vorgesehen, wozu die allgemeine Entwaffnung und je nach Lage auch Erschießungen gehören sollten, sowie die Wiederherstellung der alten Autorität der Offizierskaste im vollen Umfang (vgl. Haffner 1994, 103f). Als zehn Divisionen der Westfront am 10. Dezember 1918 in Berlin einzogen, möglicherweise war Perls, erschöpft vom langen Rückmarsch,[67] unter ihnen, lösten sich die Formationen einfach auf und gingen nach Hause. Das Säuberungsprogramm war fürs erste gescheitert.

Am 16. Dezember tagte der Reichskongress der Arbeiter- und Soldatenräte in Berlin. Radikale Kräfte hatten so gut wie keinen Einfluss, eine Kommunistische Partei gab es noch nicht, und die sehr kleine radikale Spartacusgruppe innerhalb der Unabhängigen Sozialdemokraten (USPD), um Karl Liebknecht und Rosa Luxemburg, war nicht an Lenins Bolschewismus orientiert. Der Rätekongress beschloss, ganz im Sinne Eberts und der Mehrheits-SPD, die Einleitung eines Prozesses, der zu einer Form der parlamentarischen Demokratie führen sollte. Es wurde ein Termin für die Wahl zur sogenannten Nationalversammlung beschlossen, in der alle Parteien und gesellschaftlichen Strömungen repräsentiert sein sollten. Der Reichsrätekongress lehnte es ab, die politische Macht allein in seinen Händen zu behalten. Dennoch gab es durch die Beschlüsse des Kongresses einen ersten und zentralen Bruch zwischen SPD Führung und Parteimitgliedern, der destruktive Auswirkungen auf die gesamte weitere Entwicklung hatte. Die Soldaten bzw. Arbeiter im Soldatenrock, die wesentlich den Sturz der Monarchie herbeigeführt hatten, blieben in einem Punkt radikal. Die Militärdiktatur, die während des Krieges geherrscht hatte, sollte nicht wiederkommen, die Macht der Generäle sollte gebrochen werden. Der Reichsrätekongress fasste mit Mehrheit einen Beschluss, der den wesentlich nicht antikapitalistischen, sondern antimilitaristischen Charakter der Revolution noch einmal unterstrich. In den sogenannten Hamburger Punkten wurde eine Umgestaltung des Militärwesens gefordert. Vor allem sollte die oberste Kommandogewalt bei der politischen Führung liegen. Weiter wurde gefordert: „Disziplinargewalt bei den Soldatenräten; freie Offizierswahl; keine Rangabzeichen; kein Vorgesetztenverhältnis außer Dienst“ (in Haffner ebd., 108). Diese Punkte griffen die alte Militärmacht radikal an, mit der sich Präsident Ebert bereits heimlich zu einer Koalition zusammengeschlossen hatte.

Da auf die Soldaten des Kriegsheeres kein Verlass war, stellte die oberste Heeresleitung nun in Berlin Freiwilligenformationen zusammen. Diese Freikorps genannten Verbände bestanden zumeist aus rechts- und völkisch orientierten Soldaten und Offizieren, die die Republik hassten und aus denen sich später zu einem nicht unerheblichen Teil Kader für Hitlers NSDAP und SA rekrutierten. Auf diese Freiwilligenarmee war Verlass, allerdings lediglich im Sinne der alten Macht. Präsident Ebert begann darüber hinaus, verlässliche Regierungstruppen zusammenzustellen. Am 24. Dezember kam es zu den ersten bewaffneten Kämpfen und „von Januar bis Mai 1919, mit Ausläufern bis in den Hochsommer hinein, tobte in Deutschland ein blutiger Bürgerkrieg, der Tausende von Todesopfern und unsägliche Bitterkeit hinterließ“ (Haffner ebd., 151). Perls wird nach seiner Rückkehr von der Front mit Sicherheit einen Teil der schweren Kämpfe in Berlin miterlebt haben. Wegen der verheerenden moralischen Wirkung, die diese Ereignisse auf die expressionistische Generation hatten, die bis zum Hass auf die Republik ging, will ich im Rahmen dieser Arbeit detaillierter auf sie eingehen.

4.7.1. Der Bürgerkrieg in Berlin 1918/1919

Der Studienantritt 1913 hatte Perls etwas Orientierung gegeben. In seinen Erinnerungen schrieb er: „Life less confusing; see possibilities“ (Perls 1993, 6). Der Krieg zerschlug diese Orientierung („confusing“ ebd.) und bei seiner Rückkehr kam die Erfahrung von Revolution und Bürgerkrieg hinzu: „1918 Survived. Rebelliously involved in politics. Very Confusing“ (ebd.).

Am Weihnachtsmorgen 1918 begann der erste Kampf zwischen regierungstreuen Truppen, die der SPD Führung und der alten militärischen Führung unterstanden, und der revolutionären Volksmarinedivision. Mitten im Berliner Stadtzentrum begannen die Kämpfe durch den Einsatz von Kanonen auf Seiten der Regierungstruppen. Dieses Geschützfeuer setzte eine Entwicklung in Gang, die die linken Kräfte bis ans Ende der Weimarer Republik spalten sollte. Am 30. Dezember trennte sich die Spartacusgruppe um Liebknecht und Luxemburg von der USPD, der Unabhängigen Sozialdemokratischen Partei, und gründete die erste Kommunistische Partei in Deutschland.

Auf die Weihnachtskämpfe folgte eine riesige Demonstration, in der die gefallenen Matrosen zu Grabe getragen wurden. Haffner schrieb: „Was hier heranrollte und stundenlang die Straßen des Berliner Ostens überschwemmte, war die zweite Welle der Revolution. Schon eine Woche später sollte sie sich überschlagen" (Haffner ebd., 122). Anfang Januar war der Berliner Polizeipräsident und USPD-Mann Emil Eichhorn von seinem Posten entlassen worden. Die Kräfte links von der SPD riefen zu einer Protestdemonstration auf. Für die aufrufenden Organisationen selbst überraschend, standen am Sonntag den 5. Januar 1919 „Hunderttausende Kopf an Kopf, nicht nur in der Siegesallee, sondern quer durch den Tiergarten, die Linden entlang, auf dem Schlossplatz und von dort die Königsstraße hinunter bis zum Alexanderplatz, wo das Polizeipräsidium lag. Es war keine friedliche Versammlung. Es war ein Aufmarsch. Viele waren bewaffnet. Alle waren verbittert und tatendurstig" (ebd. 124).

Ohne die Organisation durch eine Partei bildeten sich im Laufe des Nachmittags aus dieser Menge heraus Aktionsgruppen, die alle großen Zeitungsverlage und die Bahnhöfe besetzten. Die Parteien und Organisationen, die sich als revolutionär verstanden, bildeten einen Revolutionsausschuss und riefen zum Sturz der Regierung auf. Sie spielten aber bei den Ereignissen auf den Straßen keine Rolle, da es sich hierbei um spontane Aktionen handelte. Die Berliner Großbetriebe traten in den Generalstreik, der Rücktritt der Regierung und die Einheit aller sozialistischer Parteien wurden gefordert. Die Angriffe von Regierungsseite waren als „Brudermord" empfunden worden. Die gesamte Situation war gespannt und letztlich waren die vielen Menschen, die sich an diesem abermaligen Aufstand beteiligten, ohne Führung und klaren Plan (vgl. Kluge 1985, 89). Was diese zumeist demobilisierten Soldaten wollten, die jetzt wieder Arbeiter waren, war zum einen die Erfüllung der alten sozialdemokratischen Forderung nach der Beseitigung der feudalen-bürgerlichen Ordnung. Zum anderen wollten sie den ebenfalls von der Sozialdemokratie geforderten Arbeiterstaat, der nicht wie bisher den Besitzenden und Feudalherren als Klasse besonderen Einfluss verschaffte, sondern eben die Interessen der Arbeiterklasse vertrat, die sich durch die Revolution Einfluss erkämpft hatte. Es war kein kommunistischer oder wie man zum damaligen Zeitpunkt sagte, spartakistischer Aufstand, sondern es handelte sich um den massenhaften Aufstand der sozialdemokratischen Arbeiter, die ihre erkämpften Einflüsse in den Betrieben, in der Politik und im Militär nicht einfach wieder aufgeben wollten.[68]

Die Januarunruhen, die sich nicht nur auf Berlin beschränkten, und die harte militärische Reaktion der Regierung, signalisierten eine zunehmende „Militarisierung innergesellschaftlicher Beziehungen" (ebd., 86) als eines der Erben des Krieges. Zwischen dem 9. und dem 12. Januar 1919 wurde die Revolution, die letztlich aus symbolischen und nicht gewalttätigen Aktionen bestand, auf Befehl des SPD Reichspräsidenten Ebert und unter der direkten Führung von SPD Reichswehrminister Gustav Noske, durch militärische Gewalt zum Stillstand gebracht. In schweren Straßen- und Häuserkämpfen wurden die besetzten Gebäude durch „regierungstreue" Truppen zurückerobert, zu denen zahlreiche reaktionäre Einheiten gehörten, wie etwa das Freiwilligenregiment Reinhard. Im Laufe der tagelangen Kämpfe kam es zu Erschießungen von Besetzern, die sich bereits ergeben hatten, zu schweren Misshandlungen und es begann das Erschlagen von Gefangenen mit dem Gewehrkolben.

4.7.2. Rosa Luxemburg und Karl Liebknecht werden ermordet: Die Bohème radikalisiert sich

Am 15. Januar wurden Rosa Luxemburg und Karl Liebknecht von einem der Freikorps bei einer der Hausdurchsuchungen gefunden und gefangengenommen. Bereits im Dezember 1918 prangten Plakate an den Berliner Anschlagsäulen, auf denen dazu aufgerufen wurde, die Führer der Spartakusgruppe zu beseitigen: „Schlagt ihre Führer tot! Tötet Liebknecht! Dann werdet ihr Frieden, Arbeit und Brot haben" (in Haffner ebd., 144). Auch bei der SPD gab es Versuche, die Verantwortung für die Unzufriedenheit eines großen Teils ihrer eigenen Anhängerschaft, die sich unkontrollierbar radikalisiert hatte, der Spartakusgruppe zuzuschieben. Karl Liebknecht, der im Alleingang als SPD Abgeordneter gegen die Kriegskredite gestimmt hatte, und Rosa Luxemburg galten als Symbol für die radikale Veränderung der alten gesellschaftlichen Machtverhältnisse und waren so gut wie ausschließlich durch das Publizieren von Artikeln aktiv, die die politische Lage analysierten und zu revolutionären Aktionen aufriefen. Beide waren keineswegs Vertreter eines bolschewistischen Revolutions- oder Parteikonzeptes, sondern hofften und vertrauten auf das spontane Erwachen des revolutionären Bewusstseins und die Organisationsfähigkeit der Mehrheit der Arbeiter.

Luxemburg und Liebknecht wurde nach der Festnahme zunächst mit dem Gewehrkolben der Schädel eingeschlagen. Beide waren noch nicht tot und wurden mit dem Auto in den Tiergarten gefahren. Liebknecht musste aussteigen, wurde mit der Pistole in den Hinterkopf geschossen und danach im Leichenschauhaus als „Leiche eines unbekannten Mannes" abgeliefert. Luxemburg wurde noch im Auto in die Schläfe geschossen und dann in den Landwehrkanal geworfen. Die ausführenden Täter wurden von einem Militärgericht ihrer eigenen Militär-Division freigesprochen oder erhielten kleine Strafen wegen Wachvergehen (vgl. Haffner, 147f).

All diese Vorgänge trafen die Generation der Zwanzig- bis Dreißigjährigen zutiefst und lösten ungeheure Empörung bei vielen der jungen Künstler und Intellektuellen aus. Und da es für alle sichtbar die SPD war, die sich mit der alten Macht verbunden hatte, bewegten sie sich politisch weiter nach links und begannen deutlicher Position zu beziehen. Im Frühjahr 1919 trat ein Teil der Bohème der neugegründeten KPD bei. Unter ihnen Georg Grosz, die Brüder Heartfield, Johannes R. Becher und Erwin Piscator. Andere schlossen sich linkskommunistischen und syndikalistischen Gruppen an, wie etwa Franz Jung, Heinrich Vogeler oder Carl Einstein. Parallel zu den blutigen Ereignissen fanden die Aktionen der Berliner Dadaisten statt, die mit beißendem Spott und Widersinn die Zusammenarbeit der neuen Regierung mit der alten Kapital- und Militärmacht anprangerten und lächerlich machten. Es wurden nach dem Vorbild der Arbeiter- und Soldatenräten „Arbeitsräte für Kunst" gebildet, in denen beispielsweise Architekten wie Bruno Taut und Walter Gropius aktiv waren. In der sogenannten Novembergruppe organisierten sich für eine kurze Zeit die radikalen Berliner Dadaisten, die frühe Bauhausgruppe und zahlreiche andere Künstler gemeinsam, um auch im künstlerisch-geistigen Bereich eine Revolutionierung in Gang zu bringen.

Die Politisierung beruhte zum Teil auch auf konkreten Erfahrungen, da einige der Künstler in diesen Wochen auf der Flucht vor den Regierungstruppen waren. Soldaten hatten Wieland Herzfelde Anfang März verhaftet und in seinem Malik-Verlag Exemplare der Zeitschrift „Jedermann sein eigener Fussball" vom 15. Februar 1919 beschlagnahmt. An dieser Dadaistischen Zeitschrift, die nur einmal erschien, war auch der befreundete Friedlaender / Mynona beteiligt. Auf Grund der Verhaftungsmeldung flohen Georg Grosz und Carl Einstein ebenfalls für einige Zeit aus ihren Wohnungen. Grosz erlebte in dieser Zeit abermals die als ungerecht empfundene Gewalt der Mächtigen. Laut Bericht eines Bekannten hatte Grosz „gesehen, wie ein Leutnant einen Soldaten, der keinen Ausweis hatte und in rüdem Tone antwortete, totschoß. Die Kameraden des Erschossenen hätten heiß geweint, aus Schmerz und aus Wut. Er bekennt sich jetzt als Spartakist" (in Fischer 1976, 65).

Als am 3. März in Berlin von einer paritätisch aus Mehrheits-SPD und Unabhängiger-SPD zusammengesetzten Streikleitung abermals ein Generalstreik ausgerufen wurde, verhängte die Regierung über Berlin und Umgebung den Belagerungszustand (vgl. Kluge 1985, 109). Von Anfang bis Mitte März setzte die neue Regierung mit Hilfe der konterrevolutionären und rechtsradikalen Freikorps ihre uneingeschränkte politische Macht in Berlin durch. Die Stadt wurde besetzt, und es war vorgesehen, die für die Regierung unzuverlässigen Militäreinheiten aus den Revolutionstagen zu entwaffnen und die im Januar noch ausgesparten Arbeiterviertel im Norden und Osten von „spartakistischen Elementen" zu säubern. Dreißig Matrosen der Volksmarinedivision, die unbewaffnet ihre Entlassungspapiere abholen wollten, wurden verhaftet, an die Wand gestellt und erschossen. Die präfaschistischen Freikorps hatten die Order, in den Arbeitervierteln jede Person mit der Waffe in der Hand sofort zu erschießen, die Häuser, aus denen geschossen wurde, zu räumen und die leeren Wohnungen zu durchsuchen und Personen, bei denen man Waffen fand, zu erschießen. Was sich in diesen Wochen in den überfüllten Mietskasernen der Arbeiterviertel und um den Alexanderplatz herum abgespielt hat, war ein brutaler und blutiger Bürgerkrieg und Rachefeldzug der Freikorps. Haffner schrieb: „Es hat sich damals in vielen deutschen

Städten Furchtbares abgespielt, wovon kein Geschichtsbuch berichtet" (Haffner ebd., 159).

Die im Namen der Regierung agierenden Freikorps benutzten neben Handfeuerwaffen, Gewehren und Maschinengewehren auch Kanonen und Minenwerfer, wahrscheinlich haben sogar Flugzeuge Bomben abgeworfen, so dass ganze Häuser eingeäschert wurden und die Bewohner umkamen (vgl. ebd., 161). So mancher hatte den Wunsch diesen Schrecken zu entfliehen, der Krieg in der eigenen Heimatstadt bedeutete. Vielleicht war das, außer der Tatsache, dass ein Universitätswechsel zu dieser Zeit durchaus üblich war, ein weiteres Motiv von Fritz Perls, Anfang Mai 1919 Berlin zu verlassen und an der kleinen Freiburger Universität sein letztes Studiensemester zu absolvieren.

4.8. Perls im „friedlichen Freiburg" und die Konterrevolution in München[69]

Perls war im Sommersemester 1919 an der Albert-Ludwigs-Universität in Freiburg immatrikuliert.[70] Der Vorlesungsbetrieb begann am 6. Mai, sein Abgangszeugnis ist vom 21. 8. 1919. Vor diesem Sommersemester und danach gab es sogenannte Kriegsnotsemester, die den ehemaligen Kriegsteilnehmern erlaubten, in ca. 3 Monaten ein ganzes Semester zu absolvieren. Perls hatte sich anscheinend lediglich für das normale Sommersemester eingeschrieben. Eine Eigentümlichkeit ist die Tatsache, dass Perls ab dem 1. 5. 1919 in Freiburg gemeldet war, sich aber bereits am 2. 6. 1919 wieder abgemeldet hat.[71] Dieser kurze Aufenthalt kann damit zusammenhängen, dass er in der Freiburger Zeit linkspolitisch aktiv war. Lore Perls erinnerte sich, dass er im Umfeld des Arbeiter- und Soldatenrates engagiert war und Freiburg wieder verließ, weil er Angst hatte, getötet zu werden (vgl. Gaines 1979, 13). Es klingt, als ob er durch seinen Wechsel vom blutigen Berlin ins ruhige Freiburg vom Regen in die Traufe geraten sei.

Perls' Entscheidung, Freiburg rasch wieder zu verlassen, gehörte zu seinen sensiblen, sehr subjektiven aber immer begründbaren Selbstschutzreaktionen auf politische und gesellschaftliche Zustände und Ereignisse, die ihm bedrohlich erschienen. Er floh nach Hitlers Machtantritt 1933 rechtzeitig nach Amsterdam und verließ dieses schnell und ebenso rechtzeitig. Das Gleiche tat er, wenn er Faschismus oder Totalitarismus „roch". Nach 1945 verließ er Südafrika, als dort die Apartheid zunahm und die Präsidentschaft Nixons in den USA interpretierte er als eine faschistische Entwicklung. Als Konsequenz wanderte er mit über siebzig Jahren noch nach Kanada aus.

Im Vergleich mit anderen Städten, gab es dem ersten Anschein nach im „eher friedlichen Freiburg" (v. Olenhusen 1997, 1),[72] in dem es erst im Frühjahr 1920 zu gewaltsamen Auseinandersetzungen kam, keinen Anlass für eine Flucht. Da er aller Wahrscheinlichkeit schon damals links von der SPD stand, kann es allerdings durchaus sein, dass Perls „in Gegensatz geriet, zu den in Freiburg recht gemäßigten Sozialdemokraten sowie dem bürgerlichen Milieu und den Protagonisten der Gegenrevolution" (v. Olenhusen 1998, 3).[73] Die konservativen Kräfte konzentrierten sich im sogenannten Bürgerrat, der eine bewaffnete Einwohnerwehr gebildet hatte. Bei den Freiburger Gemeindewahlen hatten sich die bürgerlichen und konservativen Kräfte mit Mehrheit durchgesetzt und der Bürgerrat war eine Koordinierungsstelle für die Vertreter bürgerlicher Berufe und Wirtschaftsvertreter. Wie andere Bürgerräte auch, war der Freiburger Bürgerrat, trotz SPD Beteiligung, ein „deutlich politisch und konterrevolutionär ausgerichtetes Instrument gegen die Arbeiter-, Soldaten- und Volksräte" (v. Olenhusen 1990, 116). In Freiburg agierte der Bürgerrat eher „hinter den Kulissen" (ebd.), und seine politisch-programmatische Linie bestand darin, durch „eine Einheitsfront der Bourgeoisie, einen Feind zu bekämpfen, und zwar in jeder Form seines Auftretens, den ‚Marxismus' ohne Unterschied zwischen ‚Rechtssozialisten', Bolschewisten, Syndikalisten und Kommunisten" (ebd., 118). Der Freiburger Bürgerrat arbeitete mit den örtlichen Vertretern der „antibolschewistischen Liga", dem „privaten Nachrichtendienst" und dem „Akademischen Deutschbund" zusammen. Die „antibolschewistische Liga" oder auch „Liga zum Schutz der deutschen Kultur", war eine unter der Leitung von Eduard Stadtler von Berlin aus operierende antikommunistische Propagandavereinigung, die mit erheblichen Geldmitteln der Industrie operierte (vgl. ebd.). Der „private Nachrichtendienst", wahrscheinlich eine Art Spitzelorganisation, war vom Bürgerrat eingerichtet worden und sollte die offiziellen politischen Kräfte mit Informationen über die Aktivitäten der Linken versorgen. Beim „Akademischen Deutschbund für Ordnung und Freiheit" handelte es sich um eine reaktionäre akademische Organisation, die bereits im Wintersemester 1918 / 1919 unter den Studenten für den Eintritt in die Freiwilligen-Miliz warb. Mitte 1919 war diese Freiwilligen-Miliz 800 Mann stark, davon 500 Studenten, von denen wohl die Mehrzahl ehemalige Frontsoldaten waren. In einem Schreiben des Bürgerrates vom April 1919 werden die „von Berliner Agitatoren hier vorbereiteten Störungsversuche“ (ebd., 120) erwähnt. Linksorientierte Studenten aus Berlin waren diesen Kräften sicherlich sehr verdächtig und wurden möglicherweise observiert.

Die Aktivitäten der konservativen und reaktionären Kräfte in Freiburg verstärkten sich genau in dem Monat, in dem Perls dort sein Studium begann. Am 5. April 1919 war in München die Räterepublik ausgerufen worden und in den letzten Apriltagen wurde die ca. 10 000 Mann starke „Rote Armee“, die die Münchener Räterepublik vor den anrückenden Freikorps verteidigen sollte, aufgerieben. Am 2. April brach der letzte bewaffnete Widerstand im Münchener Stadtgebiet zusammen. Fritz Perls hat sich am 1. Mai offiziell in Freiburg angemeldet. Quasi vom Tag seiner Anmeldung an, bis zum 9. Mai, mordete die Konterrevolution in München mit einer Grausamkeit, die den Berichterstattern zufolge selbst die Berliner Ereignisse in den Schatten stellte (vgl. Haffner ebd., 163f). Die Münchener Maitage hatten etwas vom „Charakter einer fremden Invasion und Besetzung. (...) Die preußischen Freikorps fühlten und benahmen sich wie Sieger in einem eroberten Land“ (ebd., 174). Überall wurden „Spartakisten“ aus Geschäften, Restaurants oder Zügen geholt und auf der Stelle erschossen. Am 2. Mai 1919, einen Tag nach Perls’ Anmeldung, wurde Gustav Landauer, Gegner des autoritären Marxismus und Vertreter eines freien Sozialismus des Geistes, der Freund Martin Bubers und Unterrichtsminister der ersten Räteregierung Münchens, dessen idealistischer „Aufruf zum Sozialismus“ auch Perls erreicht hatte, geschlagen, dann niedergeschossen und letztendlich zu Tode getreten.[74] Der empörte Chronist Haffner berichtete: „Andere, ausgesprochen sexuell gefärbte Gräuelszenen, deren Opfer vielfach Frauen – ‚Spartakistenweiber‘ – waren, berichtet mit nachschmeckender Genüsslichkeit der damalige Freikorpsführer Manfred von Killinger, der später unter Hitler eine große Karriere machte, in seinem Erinnerungsbuch Ernstes und Heiteres aus dem Putschleben“ (Haffner ebd., 174).

Ich erspare mir hier weitergehende Einzelheiten und glaube deutlich gemacht zu haben, dass sowohl die Situation im „friedlichen Freiburg" als auch die parallel ablaufenden Gräueltaten im nicht allzu weit entfernten München genug Anlass boten, nach den Erfahrungen der Front und nach den Ereignissen in Berlin, vor der Konterrevolution wieder in das blutig beruhigte Berlin zu fliehen.

Ein durchgängiges Markenzeichen der ganzen konterrevolutionären Bewegung war ihr ausgeprägter Antisemitismus, der in den Nachkriegsjahren eine für viele Jahre nicht dagewesene Schärfe und Aggressivität entwickelte. Als linksorientierter Jude gehörte Perls zu den doppelten Außenseitern. Dies wird seine innere Einsamkeit, sein Gefühl, nicht dazuzugehören, das sicherlich von Kindheit an vorgeprägt war und von dem Menschen, die ihn kannten, immer wieder berichteten (vgl. Gaines 1979), verstärkt haben.

Genährt wurde der Antisemitismus durch die Beteiligung von deutschen Juden in geringer Zahl, aber an exponierter und sichtbarer Stelle, an den revolutionären Aktivitäten. Neben Rosa Luxemburg ist hier der Berliner Kurt Eisner zu nennen, ein Bohème-Literat, der im November 1918 Ministerpräsident der Münchener Republik wurde. Nach seiner Ermordung am 21. 2. 1919 kam es zu einer riesigen Trauerdemonstration in München, an der sich auch viel Landbevölkerung beteiligte (vgl. Haffner ebd., 169f). Mit der Münchener Räterepublik sind Namen von deutsch-jüdischen Intellektuellen, wie Gustav Landauer, Erich Mühsam, Ernst Toller und Eugen Levinè, der politische Vertreter der Berliner KPD, verbunden.

Knapp 26-jährig, fronterfahren und wie viele parteilos sozialistisch orientiert, ging, oder besser floh der deutsch-jüdische Medizinstudent Fritz Perls Anfang Juni 1919 nach Berlin zurück. Dort nahm er seine Kontakte zur Großstadt-Bohème verstärkt wieder auf. In den Bohèmekreisen hatten die Außenseiter ihren Platz und ihr zu Hause, und dort war auch einer der wenigen sozialen Orte, wo die Zuordnung Jude oder Deutscher keine Rolle spielte. Bevor ich auf die Bedeutung der Großstadtavantgarde für Perls in diesen Jahren eingehe, soll hier kurz seine politische Orientierung zu Beginn der Weimarer Republik angesprochen werden.

4.9. Gustav Landauers freier Sozialismus

Fritz Perls gab über die Bedeutung Landauers in dieser Zeit Auskunft: „Die Zeit nach dem ersten Weltkrieg war sehr unruhig. Überall waren politische Gruppen, in denen revolutionäre Ideen diskutiert wurden. Marx hat mich fasziniert ... und dann die russische Revolution. Am meisten aber die Ideen von Gustav Landauer. (...) Ich hatte in Berlin seinen ‚Aufruf zum Sozialismus' gelesen" (Perls in Petzold 1984, 13).

Das von Perls erwähnte Buch Landauers erschien erstmals 1911, die vierte Auflage 1923. Landauers Ideen sind für mich ein gutes Beispiel für den revolutionären, freiheitlichen und in gewissem Sinne expressionistischen Sozialismus, der sich auf der Grundlage des klassischen humanistischen Bildungsideals bei einigen deutsch-jüdischen Intellektuellen entwickelt hatte.

Landauer war gegen die wilhelminische Gesellschaft und er war gegen den die Sozialdemokratie dominierenden Marxismus. Dem Marxismus warf er die Verherrlichung der „großen Industrie" und des technischen Fortschritts, also letztlich des kapitalistischen Produktivitätsbegriffs vor. Ebenso wandte er sich gegen den Glauben von Marx „es gäbe eine Wissenschaft in dem alten absoluten Sinne, es gäbe eine unweigerliche, unwiderlegliche Erkenntnis der Vergangenheit und Gegenwart, aus der sich die Zukunft mit mathematischer Sicherheit ableiten ließe" (Landauer in Wolf 1988, 39). Noch typischer war seine Kritik, dass der Marxismus den Menschen vermasse und das eigenständige Handeln des Individuums verhindere: „Gut und nützlich ist es, ... die Menschen zu Massen zu ballen, aber darüber wollen wir das Wichtigere nicht vergessen: die Massen in Menschen aufzulösen" (in ebd., 40).

Landauers freier Sozialismus bzw. Anarchismus war friedfertig: „Die Aufgabe, die der Anarchismus vor allem unter den deutschen Micheln zu erfüllen hat, ist in erster Linie: Individualitäten zu erwecken, sie zum Bewusstsein ihrer selbst zu bringen, trotzige Individualität des Geistes, des Charakters, des Temperaments" (Landauer in ebd., 20).

Perls und viele der „jungen Zigeuner des Bürgertums" (ebd., 43), bemühten sich schon lange auf eigene Faust und in ihren Großstadtgemeinschaften um die Freisetzung des individualistischen Impulses. Natürlich entsprach ihnen das mehr, als die sozialdemokratisch-marxistischen Forderungen nach Einreihung in die Klassen- und Parteifront der Arbeiterschaft und Unterordnung unter die Parteidisziplin, im festen Glauben an die sich erfüllende Sendung des Proletariats und seines wissenschaftlich vorausgesagten historischen Sieges.[75] Landauer ging es um „die unermüdliche Verbreitung der freien Gedanken ..., der rebellischen Ideen, die sich in dem einen Wort: ‚Freiheit' zusammenfassen lassen" (Landauer in ebd., 32). Im „Aufruf zum Sozialismus" griff er auch Argumente auf, die sicherlich die emotionalen Sehnsüchte eines jungen Mannes wie Perls direkt ansprachen. Er griff die ganze Art und Weise an, in der die kapitalistische Gesellschaft wirtschaftete, lebte und die arbeitende Bevölkerung ausbeutete, genauso wie die Natur und die Völker entfernter Erdteile und er schrieb: „Sie wissen nicht, was Pathos, Freude, was Ernst und Innigkeit, was Erschauern und was Tragik ist: sie erleben sich nicht; sie können nicht lächeln und können nicht Kind sein; sie ertragen sich und wissen nicht, wie unerträglich sie sind; (...)" (Landauer 1978, 16f). Landauer kannte den „deutschen Michel" recht gut: „Da ergeben sie sich dem Trunke und können oft nicht mehr leben, ohne sich zu betrinken. Sie betrinken sich, weil ihnen nichts so wesensfremd ist, wie der Rausch" (ebd.).

Viele der jungen aufbegehrenden Bürgerkinder fühlten sich von seinem sozialistisch-expressionistischen Aufruf direkt angesprochen: „Denn ich will, dass Menschen mich hören, das Menschen zu mir stehen, dass Menschen mit mir gehen, die es nicht mehr aushalten können gleich mir" (ebd., 21). Bei Landauer findet sich auch eine ganzheitliche Wahrnehmung der kapitalistischen Kultur, bei der die Erfahrung des sozialen Feldes und das innere Körpererleben zusammengebracht werden. Er fragte seine Leser an einer Stelle, ob sie nicht wie er fühlten, dass „all dieses Schimpfliche der Umgebung längst ein Stück meines Grundes, meines Lebens, meiner Körperhaltung sogar und Mienen geworden ist? Dass ich wie zusammengekrampft war und einem übermächtigen Drucke fast erlag, dass ich kurzen Atems war und mir das Herz bis zum Halse hinauf schlug?" (ebd.).

Das erinnert an die Erfahrungen von Perls am Theater Max Reinhardts. In diesem Zusammenhang sei daran erinnert, dass der vielseitige Landauer im Jahre 1918 auch Dramaturg am Düsseldorfer Schauspielhaus war.

Landauer ging es in seinem Aufruf, trotz seiner pathetischen, expressionistischen und messianisch-abstrakten Sprache, um konkretes Handeln: „Nur die Gegenwart ist wirklich. (...) Wir brauchen Täter. Die Täter, die Beginnenden, die Erstlinge werden aufgerufen zum Sozialismus" (ebd., 153). Er selbst war an Gründungen von Lebensgemeinschaften auf kollektiver Basis beteiligt, etwa der „Neuen Gemeinschaft" bei Berlin, wo er um 1900 auf Martin Buber und Erich Mühsam traf. Zahlreiche Landkommunen, denen es um ein gleichberechtigtes Miteinander freier Individuen und einen respektvollen Umgang mit der Natur ging, beriefen sich bei ihren Versuchen auf den „Geist Landauers",[76] der in seinen Schriften immer wieder für die Bildung von miteinander kooperierenden „freien Bünden", für einen föderativen Sozialismus und gegen die Idee vom großen ideellen Staat Hegels eintrat. Folgerichtig war er nach dem Krieg ein aktiver Vertreter der Räteidee.

Nachdem Gustav Landauer in München erschlagen worden war, hat sein Freund Martin Buber sich um die Verbreitung seiner Gedanken bemüht.[77] Buber sah die Bewegung der Kibbuzim in Palästina zu Beginn als Realisierung von Landauers Utopien, als eine Art „siedelnde Revolution" (in Wolf, 104), die zur Erneuerung des ganzen Menschen führen sollte. Bei Perls lebten kurz vor seinem Tod, nachdem er auf Grund seiner Einschätzung, dass der politische Machtantritt Nixons Faschismus bedeutete, aus den USA nach Kanada übergesiedelt war, diese frühen Einflüsse wieder auf. Perls versuchte in Kanada einen „Gestalt-Kibbuz" (Perls 1986, 80) zu gründen: „Die Hauptsache ist der Geist der Gemeinschaft, der durch Therapie, nennen wir es vorderhand in Ermangelung eines besseren Ausdrucks so, noch gesteigert wird. Das Ganze ist als Entfaltungs- und Wachstumserfahrung gemeint, und wir hoffen, dass wir in dieser Zeit wirkliche Menschen hervorbringen können, Menschen, die auf ihren eigenen Beinen stehen wollen, Menschen, die für ihr Leben die Verantwortung übernehmen" (Perls 1986, 81).

Dies war die Idee. Die Realität war, dass es sich um den Kibbuz von Fritz Perls handelte, um eine durch einen Patriarchen geführte Gemeinschaft und ihre Problematik unterschied sich wohl nicht sehr von den Lebensgemeinschaften der zwanziger Jahre in Deutschland. In einer Erinnerung heißt es: „He was the nucleus of all this: he was Big Papa" (Kort in Gaines 1979, 358). Perls genoss diese Stellung in seinen letzten Lebensmonaten.

5. BERLINER KUNSTAVANTGARDE UND EXPRESSIONISTISCHE WELTANSCHAUUNG

„Nicht wahr, das Bauhaus, der ‚Blaue Reiter', die ‚Brücke' und der Dadaismus. Alles hatte dort seinen Ursprung, und ich verkehrte in diesen Kreisen" (Perls 1980, 21).

Berlin, die jüngste Weltstadt Europas, gehörte in den Jahren zwischen 1910 und 1930 zu den Metropolen der Avantgarde der europäischen Kunst und Kultur. Der Expressionismus hatte sich bereits im wilhelminischen Deutschland entwickelt und die Kriegserfahrung hatte die Haltung der einzelnen Künstler radikalisiert, die sich im „Totalaufstand gegen die bestehende wilhelminische Ordnung mit all ihren militärischen, kapitalistischen und imperialistischen Begleiterscheinungen" (Hermand et. al. 1989, 115) empfanden. Die Weimarer Republik gab ihnen nun die Möglichkeit an die Öffentlichkeit zu gelangen.

Berlin wurde in den Jahren ab 1918 zu einem kulturellen Experimentierfeld und bot sich „den Geistern, die Neues wollten, den Experimentierern, den Bastlern, den Reformern und Revolutionären, als ideales Versuchsfeld an" (Roters 1989, 21). Der Magnet Berlin zog kreative Talente aus der deutschen Provinz, aus ganz Europa, Russland und Amerika an. Es gab einen internationalen Gedankenaustausch und es entstand eine Art kulturelles Weltbürgertum. Bezogen auf die Kunst, formulierte Roters dieses Phänomen folgendermaßen: „Die Kunst des Industriezeitalters ist Zivilisationskunst – Zivilisationskunst ist Weltstadtkunst – Weltstadtkunst ist Weltkunst" (ebd.).

Was in diesen Jahren im Bereich Malerei, Literatur, Theater, Kino, Architektur, Musik, Tanz, Kabarett, als Sexualreform, Reformpädagogik und als Psychoanalyse oder Individualpsychologie in Erscheinung trat

Entwicklungsraum und Publikum fand, ist zur Legende der Kultur von Weimar geworden.[78] Perls sprach in diesem Zusammenhang rückblickend von einer interessanten und wunderbaren Atmosphäre in Berlin (vgl. Perls 1980, 20f). Franz Werfel hat in seinem Gedicht „Spiegelmensch“ von 1920 das Kaleidoskop der philosophischen wie künstlerischen Orientierungsangebote dieser Zeit ironisch eingefangen:

> *„Eucharistisch und thomistisch,*
> *Doch daneben auch marxistisch,*
> *Theosophisch, kommunistisch,*
> *Gotisch kleinstadt-dombau-mystisch,*
> *Aktivistisch, erzbuddhistisch,*
> *Überöstlich taoistisch,*
> *Rettung aus der Zeit-Schlamastik*
> *Suchend in der Negerplastik,*
> *Wort und Barrikaden wälzend,*
> *Gott und Foxtrott fesch verschmelzend“* (in Werner 1962, 25).

Grundlage all der unterschiedlichen und oft widerstreitenden intellektuellen und künstlerischen Richtungen zwischen 1890 und 1920, war die auf Nietzsche, Bergson und Simmel basierende Lebensphilosophie. Hanna Höch berichtete, dass auf den Jour-fixe Abenden im Künstleratelier von Arthur Segal die Lebensphilosophie intensiv diskutiert wurde (vgl. Dech et. al. Hg. 1991, 49). Besonders die philosophischen Auseinandersetzungen zwischen Samuel Friedlaender und den beiden späteren Dadaisten Raoul Hausmann und Johannes Baader, bei denen „das Gehirn knackte“ (Bergius 1993, 133), empfand sie als anregend.

Im Rahmen der Lebensphilosophie entwickelte sich eine Lebensutopie, die von einer vitalistischen Begeisterung getragen war und sich gegen eine als lebensfeindlich, erstarrt, entfremdet und rein materiell ausgerichtet empfundene Welt und die verlogene Sexualmoral der Spießer richtete. Fritz Brubacher, der Schweizer Arzt und Sozialist, schrieb in diesem Zusammenhang über die Bedeutung Friedrich Nietzsches: „Für die meisten von uns in jener Generation war Nietzsche einfach die Revolte gegen die Bourgeoisie. Was er gegen die Arbeiterschaft geschrieben haben soll, das interessierte uns einfach nicht, weil die überhaupt in unserem Denken kaum existierte. Für uns war er der Zerbrecher der Tafeln der Bürgermoral, der Befreier des Individuums. Er gab einem einen ungeheuren Mut, ein ungeheures Selbstvertrauen. Er sagte einem, man habe recht gehabt, wenn man vor dem Bürger Ekel empfand. Er gestattete, befahl einem fast, zu sich selbst, zu seiner Individualität zu stehen. Das war der Grund der ungeheuren Wirkung Nietzsches auf unsere Generation" (Brubacher 1973, 38).

Entsprechend wurde der Mensch beispielsweise in den Portraitarbeiten der expressionistischen Maler als „er selbst, das heißt, als ein Jemand, der seine Empfindungen nicht länger hinter Konventionen verbirgt" (Hülsewig-Johnen Hg., 1994, 20) vorgestellt. Es ging nicht um die perfekte Nachahmung des Aussehens, sondern Malerei wurde zum „Ausdrucksträger von Empfindungen seelischer Gestimmtheit, von Euphorie und Empathie, Pathos und Existenzangst (...)" (ebd.). Ein expressionistisches Portrait „öffnet eher Gefühlsräume als das es Menschen abbildet" (ebd. 60). Das von den Konventionen befreite Ideal-Ich des neuen Menschen, das sein Inneres quasi ohne störendes Über-Ich ausdrückt, ist das befreite und eigentliche Selbst, das sich selbst verwirklicht, in dem es sich „unabhängig und unmittelbar in der Präsens, (...) seiner Welt wieder sicher ist" (ebd.). Die Malerin Paula Modersohn-Becker schrieb im Jahre 1906 an Rilke: „Ich bin Ich und hoffe, es immer mehr zu werden" (ebd.). Das war noch das Ich-Ideal des alten Perls, der dies dann, der Zeit entsprechend, in einen existenzialphilosophischen Kontext stellte. Er riet seinen Zuhörern: „Natürlich werden, lernen, sich auf sich selbst zu stellen, seinen Kern entfalten und die Grundlage des Existenzialismus verstehen: eine Rose ist eine Rose" (Perls 1986, 12).

Für die Berliner Kunst, vor allem für den Großstadtexpressionismus, war die Konfrontation mit dem Widersprüchlichen in diesen Jahren ein entscheidender Entwicklungsimpuls. Der Widerspruch gegen die wirtschaftliche und politische Entwicklung sowie die erlebte Widersprüchlichkeit der modernen Industriemetropole, die sich im Stadtbild wie im extremen Aufeinanderprallen der unterschiedlichen sozialen Klassen zeigte, machten die Berliner Kunst in diesen Jahren zu einer Kunst der gesellschaftlichen Widersprüche. Roters formuliert das so: „Der Widerspruch wird zu einem Symptom, der Heterogenität, der Koinzidenz des nicht Zusammenpassenden, des Aufeinandertretens von Unzusammengehörigem wahrgenommen und empfunden, erlebt, erlitten und genossen“ (Roters 1989, 22). Am Beispiel der Künstlergruppe „Brücke“,[79] die in idyllischen Naturlandschaften der Provinz ihren Ausgangspunkt genommen hatte, wird die Reaktion auf die Begegnung mit der Weltstadt Berlin deutlich. Deren Rhythmus, Motorik und Tempo beeinflussten den Stil und es trat als Formelement „die Brechung“ (ebd.) in Erscheinung. Nach den traumatischen Kriegserfahrungen ging dieser Entwicklungsprozess weiter und was in der Gebrochenheit der Form latent angelegt war, kam zum Ausdruck: der Bruch. Der Bruch erfuhr „in der Berliner Nachkriegskunst noch eine weitere Steigerung, nämlich die zum vorsätzlich herbeigeführten glatten Bruch, zum Schnitt. Der Bruch und der Schnitt, die Wunde und die Narbe; dies sind die unverkennbaren ästhetischen Symptome der Berliner Kunst der zwanziger Jahre. Es ist eine Kunst der Verletztheit“ (ebd., 33).

Wie die klassische Malerei etwa das Idealbild einer heilen Welt als Orientierung hatte, so spiegelte das durch die Dadaisten entwickelte Prinzip der Montage die realen aktuellen Widersprüche des persönlichen und gesellschaftlichen Lebens. Entsprechend war die Montage „der spezifische Beitrag Berlins zur Kunst unseres Jahrhunderts“ (ebd., 22).

Die für die Gestalttherapie wichtige Arbeit mit innerpsychischen Widersprüchen und Polaritäten, hat Wurzeln in dieser Atmosphäre, in der die mit den Widersprüchen positiv-kreativ jonglierende Polaritätsphilosophie von Samuel Friedlaender / Mynona für Perls eine zentrale Rolle gespielt hat.

5.1. Perls im Bohèmekreis um Samuel Friedlaender / Mynona

Im Lebenskontext der sogenannten Bohème trafen die Außenseiter aufeinander und fanden, im besonderen Großstadtkontext und in den besonderen Experimentierzeiten der Weimarer Republik, Bewegungsspielraum und Erfolg. Zudem war es dieses Umfeld, in dem Juden und Deutsche auf dem Boden einer gemeinsamen Opposition gegen das Bestehende und mit der Hoffnung auf ein anderes und besseres Leben zusammenlebten und zusammenarbeiteten. Der universitär-akademische Raum eignete sich weniger, da er von der bürgerlichen deutschen Jugend und ihrer Hinwendung zu völkischen Erlösungsideen, die nicht ohne Antisemitismus auskamen, dominiert war.

Die kulturelle Avantgarde brauchte die soziale Großstadtwelt als Lebensraum und nahm entsprechend das Phänomen Metropole kritisch positiv an. Im Großstadtkontext entstand eine subkulturelle Infrastruktur, die aus Cafes, Kneipen, Ateliers, Galerien und bevorzugten Wohngegenden bestand. Die Annahme der Großstadt als Lebenskontext stellte einen wichtigen Unterschied zur sogenannten deutschen Jugendbewegung dar, in der sich ein bedeutender Teil der bürgerlichen Jugend schon vor dem ersten Weltkrieg gesammelt hatte. Die Jugendbewegung und insbesondere der „Wandervogel", hatte sich dem einfachen Leben zugewandt und propagierte das Wandern in der Natur. Sie setzte damit und mit der Betonung des Gemeinschaftlichen, die allerdings auch bis zu völkischen Einstellungen reichte, einen Kontrapunkt zur Großstadt, die als negativ und das heißt als monströs, hektisch, zerstörerisch, materiell und multiethnisch erlebt wurde. Sich hiervon abgrenzend schrieb der Berliner Großstadtliterat Kurt Hiller: „Alles, was Zupfgeigenhansel[80] hieß, war für uns restlos komisch. Die Natur war uns nicht gleichgültig, doch wir waren aufs betonteste ‚asphalten'" (Hiller in Hepp 1992, 140). Betont „asphalten" war auch Fritz Perls, den seine Frau um 1925 als einen „Berlin city boy"[81] kennen lernte, der mit Motorrad und Lederjacke durch die Stadt fuhr und anscheinend lose Kontakte „zu allen möglichen Künstlern, Poeten, Schauspielern, zu Schriftstellern und zum Theater" (L. Perls 1997, 50) hatte: „Er hatte keinen Kontakt zur Natur, ... das war für ihn etwas ganz Neues. Ich glaube, er kannte die Natur nur aus den Schützengräben, und draußen zu sein war für ihn etwas ganz unangenehmes" (ebd., 50).

Fritz Perls zog, zusammen mit einigen anderen jungen Ärzten, die Bohèmekreise dem standesgemäßen Umfeld der deutschen Ärzte vor. Er bezeichnete diese in ihrer Mehrheit als verkrampft und mit ihren „Masken äußerster Respektabilität" (Perls 1981, 78) zählten sie für ihn zur „die Nase-hoch-tragenden-gehobenen-Mittelklasse-Bourgeoisie" (ebd.). Die Außenseiterkultur bot andere Anregungen und Perspektiven. Bevor Perls sich ab Mitte der zwanziger Jahre in die kleine Gruppe der Berliner Psychoanalytiker und dann in den Umkreis der Kulturorganisationen der Kommunistischen Partei begab, orientierte er sich innerhalb der Berliner Bohème an Samuel Friedlaender, einem Philosophen und Groteskenschreiber, der auch unter dem Pseudonym Mynona bekannt war. Noch in den späten Erinnerungen von Perls vermeine ich seine mit dieser Zeit verbundene Faszination und Hoffnung herauszuhören: „1922 – Neuer Anfang. Sehr aufregend. *Wir – Wir!* Ich vergrößere die außerfamiliare Welt. *Wir:* Bohèmiens, auf ungewöhnlichen Wegen. Schauspieler, Maler, Schriftsteller. Eine neue Welt schaffen. Bauhaus, Brücke, Dadaismus – Neue Sachlichkeit. Entdecke einen Guru: S. Friedlander" (F. Perls 1993, 6).[82]

Ein Guru ist eine Leitfigur, die freiwillig gewählt wird, in der Hoffnung, dass sie einen auf dem eigenen Weg ein Stück voranbringt. Friedlanders Buch „Schöpferische Indifferenz" von 1918, das Ludwig Marcuse zu den vier wichtigsten Veröffentlichungen dieses Jahres zählte, hatte einen starken Einfluss auf ihn. In dieser Zeit hatte Perls sich mit Philosophie beschäftigt: „Philosophie war ein magisches Wort, etwas, das man verstehen musste, um sich selbst und die Welt zu verstehen. Ein Gegengift für meine existentielle Konfusion und Verwirrung. Intellektualismus hat mir nie Schwierigkeiten bereitet" (Perls 1981, 79). Lore Perls erinnerte in Bezug auf die ersten Begegnungen 1925: „Da war ein Typ, den ich mochte, intelligent, klar und originell in den kleinen Dingen" (L. Perls 1997, 49). Was ihn all die Jahre in den künstlerischen Kreisen am Rand stehen ließ, inmitten Gleichaltriger und sogar Jüngerer, die als Künstler ihre eigne Ausdrucksform in diesen Jahren oft schon gefunden hatten, wird durch die Erinnerung von Lore Perls deutlich: „Zu dieser Zeit hatte seine Kreativität keinen bestimmten Fokus. Er war kreativ im Reden" (ebd.).

Perls persönliche Entwicklung verlief langsam, unterbrochen von schweren Krisen, aus denen er sich immer wieder herausarbeitete und dann weiterging. Erst in den letzten Lebensjahren hatte er seine Ausdrucksform, seinen Stil, nicht „die" Gestalttherapie, aber seine Gestalttherapie als therapeutisch-dramatische Ausdrucksform gefunden. Da Sprache ihm in den frühen zwanziger Jahren wichtig war, muss der Eindruck Mynonas, der ein wahrer Sprachkünstler war, überwältigend gewesen sein. In der Tat schrieb Perls: „Als Persönlichkeit war er der erste Mann, in dessen Gegenwart ich mich niedrig fühlte und in Bewunderung verneigte. Es gab keinen Raum für meine chronische Arroganz" (Perls 1981, 79). Wichtig ist, dass Mynonas Polaritätsphilosophie dem innerlich Zerrissenen zum ersten Mal eine stabile Grundorientierung bot, von der aus er sich weiter vortasten konnte.[83]

Ein engerer Kontakt mit dem Friedlaenderkreis scheint sich gegen

1922 ergeben zu haben. Ich vermute, dass Perls sich nun, als 29 jähriger Arzt mit Kriegserfahrung und sozialistischer Orientierung, mit etwas mehr Selbstbewusstsein in der Öffentlichkeit bewegte und Zugang zum engeren Kreis der Bohème fand, die sich nicht nur in Cafes, sondern auch in den privaten Räumen der Künstler traf. Perls schrieb, dass man sich „meist im Studio eines Malers" (1981, 79) traf: „Viele Philosophen, Schriftsteller, Maler, politische Radikale und einige ihrer Anhänger kamen dort zusammen" (ebd.). Wahrscheinlich waren es die Wohnungen und Ateliers der mit Friedlaender befreundeten Maler Ludwig Meidner und Arthur Segal, in denen diese Treffen stattfanden.[84] Die zum Berliner Dada gehörende Hanna Höch sprach beispielsweise von einem „Mynona-Segal-Kreis" (in Exner 1996, 249): „Viele Jahre gab es bei dem Maler Artur Segal an jedem ersten Montag des Monats ein ‚jour fixe'. Es wurde Tee gereicht, und sonst gab es nur geistige Nahrung. (...) Den Mittelpunkt dieser Abende bildete Mynona Friedländer. Wenn sich nicht Partner oder Gegner auf philosophischer Ebene fanden, erging er sich in Feuerwerken von spitzfindigen, sarkastischen bis frivolen, immer geistvollen Kapriolen und Späßen" (Höch in Exner 1996, ebd.).

Friedlaender beschrieb diese Abende in seinem Buch „Graue Magie, Ein Berliner Nachschlüsselroman", in dem er sich als Salomon bezeichnet: „Wie Öl von Wasser, mit dem man's zusammengießt, so schied sich hier sehr bald die Bohéme (zu der auch ein paar Dadaisten und der Spaßmacher Salomon gehörten) von der gutbürgerlichen Gesellschaft, die dem Treiben der andern wie einer Komödie mit halb geringschätziger Interessiertheit beiwohnte, während natürlich sie selber für die Zigeuner zur Zielscheibe des Spottes wurden. Dazwischen gab es einige mehr vermittelnde oder noch mehr entzweiende Elemente, (...). – Das Haus war nur bis acht geöffnet; wer später kam, klopfte an die Fensterscheibe oder klatschte, pfiff und rief" (Mynona 1989, 174).

Da dieses Buch im Jahre 1922 erschien, dem Jahr, das Perls als Eintrittsjahr in den Kreis um Mynona angab (vgl. Perls 1993, 6), will ich hier einige Personen benennen, die Mynona in verschlüsselter Form als Gäste der beschriebenen Abende erwähnt: Die Schauspielerin Asta Nielson, den Filmemacher Ernst Lubitsch, den Maler Ludwig Meidner, den Kritiker Alfred Kerr, den Leiter der expressionistischen Sturm-Gallerie Herwarth Walden, die Schriftsteller Else Lasker-Schüler, Ludwig Rubiner und Ernst Däubler, den philosophischen Schriftsteller Hermann Graf von Keysserling, Martin Buber, sowie den Psychoanalytiker Ernst Simmel. Regelmäßige Teilnehmer waren außerdem die Dadaisten Raoul Hausmann, Hannah Höch und Kurt Schwitters (vgl. Exner 1996, 249). Zu Mynonas Freundes- und Bekanntenkreis zählten weiterhin: Walter Benjamin, Andrè Gide, Magnus Hirschfeld, Karl Kraus, Gustav Landauer, Georg Lukàcs, Erich Mühsam, Romain Rolland und Joseph Roth (vgl. Frambach 1996, 10).

Friedlaender war in der Berliner Bohème bis Anfang der zwanziger Jahre „eine herausragende und einflussreiche Persönlichkeit" (Bergius 1993, 233). Wenn Wheeler in Bezug auf Friedlaender von einer „obskuren Quelle" (Wheeler 1993, 60) spricht und ihn für intellektuell bedeutungslos hält, so scheint er sich nicht mit der damaligen Berliner Atmosphäre beschäftigt zu haben. Für Perls war Friedlaender jedenfalls der persönlich wichtigste Einfluss in diesen Jahren, den er auch immer namentlich in seinen Büchern erwähnt hat, anstatt sich direkt auf die durch ihn hindurch wirkenden großen und anerkannten Namen wie Goethe, Nietzsche oder Schelling zu beziehen. Ich halte das für eine Art persönliche Treue zu einem wichtigen Mentor.

5.2. Ichdissoziation und Menschheitserneuerung

„Wir wollen nichts sein als Dreck. Man hat uns belogen und betrogen. Mit Gotteskindschaft, Sinn und Zweck" (Benn 1997, 43).

Wenn Exner schreibt, dass Friedlaender die „metaphysische Absicherung" (Exner 1996, 185) der expressionistischen Generation leistete und einer „ganzen Generation der Berliner Avantgarde" (ebd., 291) den Weg wies, so ist eine kurze Skizzierung der krisenhaften Selbst- und Welterfahrung der expressionistischen Generation angebracht.

Was Perls einmal seine „existenzielle Verwirrung und Konfusion" nannte, war ein Erlebnisgeflecht, das sich aus frühen Kindheitserlebnissen und zeitgeschichtlichen Phänomenen zusammensetzte und das als eine Bedingung für individuelles Leid wie für schöpferische Bewältigungsversuche durchgängig bei der jungen und unruhigen Expressionistengeneration anzutreffen war. Vor dem Hintergrund des Verlustes von religiösen, philosophischen, gesellschaftlichen und psychologischen Ordnungskriterien sieht Vietta als Signatur der expressionistischen Epoche von 1910 bis 1925 zum einen die „Erfahrung transzendentaler und erkenntnistheoretischer Bodenlosigkeit" (Vietta 1994, 151) und zum anderen den Zusammenhang von erlebter Ichdissoziation und Versuchen der Ich- bzw. Menschheitserneuerung (vgl. ebd., 186). Für Vietta gehört es zu den Verdiensten des Expressionismus „dass er die latenten und offensichtlichen Zerstörungspotenzen moderner Zivilisation, Industrialisierung und rationalen Vernunft bloßgelegt hat" (ebd., 175). Im deutschen Sprachraum war es der (literarische) Expressionismus, der zum ersten Mal „die tiefgreifende Erfahrung der Verunsicherung, ja Dissoziation des Ich, der Zerrissenheit der Objektwelt, der Verdinglichung und Entfremdung von Subjekt und Objekt" (ebd., 21) dargestellt hat und gleichzeitig die damit einhergehende Suche nach Ganzheit, Heil sein, Totalität. Die hier angesprochenen Dissoziationserfahrungen, sowie die damit verbundene Sehnsucht nach einer persönlich erlebten guten Gestalt, haben Perls' Leben und die Gestalttherapie, als ein spätes Kind dieser Epoche, nachhaltig geprägt.

Vor der Folie von Viettas Expressionismusdeutung stellen sich die künstlerischen Werke des Expressionismus als sichtbarer Ausdruck einer Krise des Subjekts und der Erschütterung seiner weltanschaulich-metaphysischen Orientierung dar. Die von Freud weiterbetriebene nietzscheanische Auflösung der Einheit des Ich in unterschiedliche Ober- und Untereinheiten und seine ganz im Gegensatz zur Entwicklung der dominierenden Naturwissenschaft stehende Behauptung der Herrschaft des Unbewussten über das Rationale, sowie die Auflösung des überkommenen Naturbegriffes durch Albert Einstein, waren Eckpunkte der sich beschleunigenden Auflösungsdynamik der damals gültigen Selbst- und Weltanschauung. Wahrheit, Verbindlichkeit und Objektivität wichen Pluralität und ständig sich verändernder Wirklichkeitsbildung.

Was im Berliner Leben kulminierte, war die sich in der Großstadtmetropole zusammenballende und auf das Individuum einstürzende neue Welt: Die Bedrohung und Attraktivität der Großstadt, mit ihrem Tempo und ihrer Menschenmasse; die zunehmende Technologisierung aller Lebensbereiche und die Dominanz einer rationalen Vernunft in den Wissenschaften; das unaufhaltsame Wachsen der großen Industrie, die den Menschen in Massen zum Anhängsel der Maschine machte und ihn verdinglichte. Unterlegt war das alles mit dem Verlust der religiösen Gewissheit in irgendeinem Glauben, seit Nietzsche den Gott, der Sinn gibt, für tot erklärt hatte. Damit war der Mensch frei und allein. Auslöser für die persönliche Krise war in vielen Fällen das Trauma eines Krieges, der den Einzelmenschen und die herrschenden Mächte in ihrer Brutalität und ihrem Machtstreben offenbart und das einzelne Ich auch persönlich und physisch versehrt und bedroht hatte.

Mit der das moderne, technisierte und vermasste Großstadtleben begleitenden Vereinzelung und Beschädigung des Ich, ging der Wunsch und die Sehnsucht nach individueller Ganzheit und Verbindung mit den anderen, nach einer neuen und harmonischen Menschengemeinschaft einher. Diese Sehnsucht hatte sich im Frühexpressionismus noch mit der Suche nach einer Gemeinschaft in der Natur, nach der Kriegserfahrung aber vorwiegend mit der Vision eines Sozialismus der Menschheitsverbrüderung verbunden.

Was innerhalb dieser Entwicklung den Marxismus zunehmend für die Avantgarde interessant machte, war zum einen die gesellschaftliche Realität des sowjetischen Russland, die damals überwiegend noch als Gegenrealität zum Kapitalismus begriffen wurde. Zum anderen die in der bürgerlich-humanistischen Tradition stehende marxistische Kritik an den Entfremdungs- und Verdinglichungsphänomenen im Produktionsprozess, der den Menschen zum Anhängsel der Maschine machte und alles Leben an Produktivität und Quantität ausrichtete. Bei den Linksintellektuellen hatte hier der an Hegel orientierte Marxismus von Georg Lukàcs und insbesondere dessen Buch „Geschichte und Klassenbewusstsein" Einfluss, auf dessen Bedeutung für Perls ich an späterer Stelle eingehen werde. So manches isoliert leidende Großstadtindividuum fühlte sich hier verstanden und sah sein Leiden in eine größere Gesellschaftsanalyse eingebettet, was wiederum Orientierung und Hoffnung auf Abänderung und Schaffung neuer, besserer, eben sozialistisch-kommunistischer Zustände gab.

Friedrich Engels hatte bereits 1845 über das Londoner Großstadtleben geschrieben: „Und doch rennen sie aneinander vorüber, als ob sie gar nichts gemein, gar nichts miteinander zu tun hätten (...). Die brutale Gleichgültigkeit, die gefühllose Isolierung jedes einzelnen auf seine Privatinteressen tritt um so widerwärtiger und verletzender hervor, je mehr diese einzelnen auf kleine Räume zusammengedrängt sind" (Engels in Vietta 1994, 40).

Alfred Wolfensteins Berlin-Gedicht „Städter" verdeutlicht die in den zwanziger Jahren immer noch aktuelle humanistische Klage von Engels, über die „Atomisierung und Isolierung der Menschen" (Engels ebd.) in der Großstadt, an der sich bis heute nichts Wesentliches geändert hat:

„Nah wie Löcher eines Siebes stehn
Fenster beieinander, drängend fassen
Häuser sich so dicht an, dass die Straßen
Grau geschwollen wie Gewürge sehn.
Ineinander dicht hineingehakt
Sitzen in den Trams die zwei Fassaden
Leute, wo die Blicke eng ausladen
Und Begierde ineinander ragt.
Unsre Wände sind so dünn wie Haut,
Dass ein jeder teilnimmt, wenn ich weine,
Flüstern dringt hinüber wie Gegröhle:
Und wie stumm in abgeschlossner Höhle
Unberührt und ungeschaut
Steht doch jeder fern und fühlt: alleine" (in Pinthus 1995, 45f).

Nach der Jahrhundertwende war nicht nur von der „Auflösung der Menschheit in Monaden" (Engels ebd.) die Rede, sondern jetzt brach „diese Monade selbst auf" (Vietta ebd., 41). Da wo unterschiedliche Wirklichkeiten miteinander konkurrieren und es keine einheitliche Wahrheit mehr gibt, wird auch die Einheit des Ich fraglich und muss die Welt aus der eigenen Subjektivität heraus bewältigt, konstruiert und mit Sinn versehen werden.

Erkenntnistheoretische Verunsicherung, Subjektdissoziation, Metaphysikverlust und Vereinzelung sind Kennzeichen eines für das Individuum zu bewältigenden Veränderungsprozesses, der sich auf immer größere Teile der Bevölkerung ausgeweitet hat und heute einen wichtigen Platz in den soziologischen und sozialpsychologischen Debatten um veränderte Sozialisationsbedingungen in einer globalisierten und individualisierten Gesellschaft einnimmt.

5.3. Hanna Höch: Simultanität der Wahrnehmung und Konstruktivismus

Hannah Höch, die in engem Kontakt mit Mynona stand und unter den Berliner Dadaisten die einzige künstlerisch aktive Frau war, machte bereits 1929 deutlich, an welchem Punkt das Pionierdenken in dieser Zeit bereits angekommen war: „Ich möchte die festen Grenzen verwischen (...). Ich will dartun, dass klein auch groß und groß auch klein ist, nur der Standpunkt, aus dem wir urteilen, wird gewechselt, und jeder Begriff verliert seine Gültigkeit. Ich möchte weiter den Hinweis formen, dass es außer deiner und meiner Anschauung und Meinung noch Millionen und Abermillionen berechtigter Anschauungen gibt" (in Dech et. al. 1991, 57).

Im wissenschaftlichen Hintergrund der simultanistischen Wahrnehmung der Dadaisten stand die Ersetzung der Newtonschen Sehweise durch die Relativitätstheorie Einsteins (vgl. Bergius in Siepmann 1977, 45f.). Jedes Ding existiert hier nur im Kontext und in Relation mit anderen Dingen. Entsprechend postulierte Richard Huelsenbeck schon 1920 die „Gleichzeitigkeit auch in den Werten" (in Siepmann 1977, 45). Diese Denkfigur und Wahrnehmungsart taucht in der frühen Gestalttherapie als Kombination von Psychoanalyse und Gestalt- / Feld-Theorie auf, nannte sich 1951 bei Perls / Goodman „kontextuelle Methode" und wurde dann von der deutschen Gestalttherapie ab den achtziger Jahren als Konstruktivismus und Systemtheorie wiedererinnert.[85]

Die Erfahrung der Simultanität der Wahrnehmung, des Disparaten und Unzusammenhängenden, spiegelte sich auch in der Kunst. Als Beispiel führe ich Jakob van Hodis berühmtes Gedicht „Weltende" an, das sich ebenso wie das oben angeführte Gedicht von Wolfenstein in der ersten Anthologie expressionistischer Gedichte findet, die unter dem Titel „Menschheitsdämmerung" 1920 von Kurt Pinthus herausgegeben wurde:

„Dem Bürger fliegt vom spitzen Kopf der Hut,
In allen Lüften hallt es wie Geschrei,
Dachdecker stürzen ab und gehn entzwei
und an den Küsten – liest man – steigt die Flut.
Der Sturm ist da, die wilden Meere hupfen

An Land, um dicke Dämme zu zerdrücken.
Die meisten Menschen haben einen Schnupfen.
Die Eisenbahnen fallen von den Brücken" (in Pinthus 1995, 39).

5.4. Kostbare Figur vor nihilistischem Grund

Die Generation der Expressionisten wuchs in die Auseinandersetzung um das Werk Nietzsches hinein. Nietzsches Nihilismus war der Endpunkt der Kritik der Aufklärung an allem metaphysischen Denken, am Glauben an eine höhere Macht und einen höheren Sinn und Zweck von Erde und menschlichem Leben. Ab hier war die Konfrontation mit der eigenen „transzendentalen Obdachlosigkeit", wie der frühe Georg Lukàcs (vgl. Vietta 1993, 142) das einmal nannte, Bedrohung und Herausforderung für jeden sensiblen Geist. Sloterdijk formulierte das so: „Von da an verstehen die Klügeren, die sich selber gehörig auseinandergenommen haben, wie es um ihr bestes Stück, das liebe Ich, steht. Unter allen Gestalten liegt die Leere – das nimmt die Formen, die Fiktionen zurück. Mein Charaktertheater, mein Weltbild, mein Engagement – die Leere verschluckt solche Gebilde wie nichts" (Sloterdijk 1996, 20).

Die großstädtische Avantgarde der Weimarer Jahre war für Sloterdijk die Vorhut der Moderne und seiner Ansicht nach gibt es „kein Thema der 80er und 90er Jahre, das nicht in den 20ern vorgebildet worden wäre, mit Ausnahme der elektronischen Medien, die tatsächlich die Neuheit des letzten Jahrhundertdrittels bringen" (ebd., 27). In dem hier zitierten Interview sagte Sloterdijk weiter: „Wer etwas lernen will über Entformungsgefühle, muss Benn studieren. Er war der Meisterformulierer für das zersetzte Ich, wenn man ihn mit Zwanzig gelesen hat, dann kann einen keine Dekonstruktion überraschen" (ebd., 20). Er wird möglicherweise Zeilen wie die Folgenden im Kopf gehabt haben:

„Nur ich, mit Wächter zwischen Blut und Pranke,
Ein hirnzerfressenes Aas, mit Flüchen
Im Nichts zergellend, bespien mit Worten,
Veräfft vom Licht –" (Benn ebd., 109).

Das Zerlegen der scheinbar festen Realität, einschließlich des eigenen

Ich, haben die „Pioniere unter den Experimentatoren, die Angehörigen der expressionistischen Generation" (Sloterdijk ebd., 21) bis ans Ende betrieben. Erst im Rahmen dieser dekonstruierenden Atmosphäre gab es dann auch wieder ein Bewusstsein „für die Fragilität der positiven Lebensformen vor dem nihilistischen Grund" (ebd., 22), für die „Kostbarkeit von Figur, von Gestalt, von Lebensform, von lokalen Sprachspielen, also von all dem, woraus das konkrete Leben besteht, auch wenn man unendlich darüber hinausdenken kann und alles Konstruierte als dekonstruierbar erkannt hat" (ebd.). Sloterdijk sprach in diesem Zusammenhang auch von der „Nullpunktsituation" und merkte an: „Friedländer-Mynonas berüchtigte schöpferische Indifferenz – das war seinerzeit der Geheimtip" (ebd., 23).

5.5. Friedlaender / Mynonas Ansatz: Nietzsche, Polarismus, Mitte

Friedlaenders frühes Nietzsche-Buch wurde schon in den Jahren vor dem ersten Weltkrieg von vielen Expressionisten als wichtiger Beitrag zur eigenen philosophischen Orientierung betrachtet (vgl. Exner 1996, 238).[86] Ausgehend von seiner eigenen Interessenslage, konzentrierte sich Friedlaender auf die Polaritätsaspekte in Nietzsches Denken. In Friedlaenders Nietzsche-Buch wurde die später in „Schöpferische Indifferenz" voll entfaltete Idee eines Punktes, von dem aus alle Extreme in einem dynamischen Gleichgewicht gehalten werden können, bereits skizziert. Ausgehend von Nietzsches Polaritätspaar Dionysos-Apollo vertrat er die Auffassung, dass Nietzsche den Wert des Gegenpols gesehen habe, aber nicht den der Mitte. Er würdigte Nietzsches Erkenntnis der Relativität aller Werte, kritisierte aber, dass dieser die „Macht des Wertenden" und damit die „ursprüngliche Schöpferkraft des Lebens" nicht erkannt habe (vgl. Exner 1996, 191). Die Mitte ist nach Friedlaender nicht definierbar, nur erlebbar. In Übereinstimmung mit Nietzsche verzichtete Friedlaender auf eine jenseitige Instanz und versuchte einen ethischen Bezugspunkt im einzelnen Menschen zu finden. Das einzelne Ganze, das Individuum, war ihm der Schöpfer selbst, der sich im Akt der Polarisation entzweit und alle Differenzen und Phänomene aus sich entspringen lässt. Die Mitte, den Nullpunkt, das Nichts, das die Pole letztlich umfasst, nannte er die „(persönliche) Indifferenz" (in Exner ebd., 193).

Friedlaenders Nietzsche-Interpretation betonte die Notwendigkeit und Freiheit zum selbst-schöpferischen Akt, was gerade für die Künstler attraktiv war und entsprechend finden sich die Grundgedanken Mynonas auch bei den Berliner Dadaisten. Die Schriften Friedlaenders und Sigmund Freuds, „der damals noch völlig außerhalb der Schulwissenschaften stand“ (Perls 1991, 14), brachten Perls beim Studium der akademischen Philosophie und Psychologie den ersten persönlichen Nutzen (vgl. ebd.). Beide waren in dieser frühen Zeit Perls' geistige Hauptquellen (vgl. Frambach 1996, 18). Natürlich lag der jeweiligen Attraktion auch ein persönliches Interesse bzw. die Hoffnung auf eine bessere Lebensbewältigung zugrunde. In den Arbeiten von Freud sah Perls seine sexuellen Schwierigkeiten ernstgenommen. Zugleich nahm Freud dem sexuellen Problem den isolierten und pathologischen Charakter, da er es auch als Resultat der damaligen Moral und Kultur beschrieb. Friedlaender wiederum bot eine Antwort auf die von vielen Jungen und auch von Perls erlebte Zerrissenheit, Konfusion und Widersprüchlichkeit. Die Phänomene der erlebten Ich-Dissoziation fanden bei Mynona keine psychoanalytisch-pathologisierende, sondern eine kreative Deutung und er bot zudem eine philosophische Orientierung an, die praktisch und Werte schaffend war. Perls drückte das so aus: „Friedländer brachte in diese Wirrnis einen einfachen Weg primärer Orientierung. Was immer ist, differenziert sich in Gegensätze. (...) Wenn ihr im Nichts des Nullpunktes bleibt, bewahrt ihr die Balance und Perspektive“ (Perls 1981, 80).

Mynonas Antwort auf Nietzsches Entwertung aller Werte und Inthronisation des Nichts, war meiner Ansicht nach der Rückgriff auf die naturphilosophische und frühromantische Idee eines polar geordneten Kosmos. Perls schrieb in der Emigration, nachdem er durch die Schule des Berliner Freudo-Marxismus gegangen war und sich mit der an Hegel anschließenden Dialektik von Marx befasst hatte, dass er das „differenzierende Denken“ (Perls 1991, 15) Friedlaenders anwende, das dem „wertvollen Kern“ (ebd.) der „Philosophie von Hegel und Marx“ (ebd.) der Dialektik, verwandt sei. Das dialektische Denken stellt Friedlaenders Polaritätsphilosophie in die Tradition des sogenannten Deutschen Idealismus von Kant bis Hegel, wobei der Naturphilosophie Schellings eine zentrale Stelle zukommt, die ihre Spuren in Goethes Polarismus wie in Freuds Psychoanalyse, in Adlers Individualpsychologie, Jungs analytischer Psychologie und eben auch in Perls' Denken hinterlassen hat (vgl. O. Marquard 1987, Bocian 2000, 76f).

Mit dem erneuten Angebot von Sinn, fiel Friedlaender meiner Ansicht nach nicht hinter Nietzsche zurück, sondern nahm die Welt ohne Metaphysik hin und versuchte mit ihren Möglichkeiten produktiv zu „spielen", sprach also avantgardistisch dem entleerten und zerrissenen Ich die Rolle des autonomen Selbstschöpfers, in seinen Worten, eines Gottes zu. Hier sind meiner Ansicht nach die Positionen des modernen Konstruktivismus, inklusive der Gefahren des Solipsismus[87] vorgezeichnet (vgl. Mehrgard 1995).

Freud wie Friedlaender standen Perls für eine Orientierung am Menschen, statt an der jenseitigen Kraft eines religiösen oder philosophischen Systems. In Freuds Libidotheorie sah Perls allerdings die Wiedereinführung eines letztlich mystischen Phänomens, das er entsprechend nicht akzeptierte (vgl. Perls 1991, 24).

Das differenzierende und polarisierende Denken nannte Perls auch „funktionales Denken" (ebd., 24). Mit diesem Begriff hatte sein Berliner Lehrer Reich, nach der Abkehr von der Psychoanalyse wie von der kommunistischen Bewegung, den eigenen Ansatz bezeichnet. Polaritäts- und Einheitsdenken überschneiden sich hier ständig, überall gibt es statt Unvereinbarem die seit Schellings frühromantischer Naturphilosophie übliche Denkfigur des dialektischen Bezugspaares, so dass für Perls etwa Leib und Seele nur zwei Aspekte der gleichen Sache bezeichnen (vgl. ebd., 36).[88]

Neben dem Polarismus, der ja direkt in die für Perls typische psychodramatische Arbeit mit den zwei Stühlen eingeflossen ist, war Friedlaenders Gedanke vom „schöpferischen Nichts" für ihn von Bedeutung. Sein Leben lang hat Perls sich der Erfahrung des Nichts und der Leere anvertraut, auch wenn er dies immer wieder als bedrohlich erlebt hat: „Wenn du deine Leere vermeidest und sie mit unechten Rollen und irgendwelchen leeren Aktivitäten ausfüllst, kommst du nirgendwohin. Aber wenn du mit der Leere wirklich in Berührung kommst, beginnt sich etwas zu ereignen – die Wüste beginnt zu blühen. Das ist der Unterschied zwischen der unfruchtbaren Leere und der fruchtbaren Leere" (Perls 1986, 263).

Auch wenn er diese Einstellung später ausschließlich mit korrespondierenden buddhistischen und taoistischen Ansichten verbunden hat, so wirken hier doch die Einflüsse Mynonas fort und über diesen der Individualanarchismus von Max Stirner. Stirners Konzept vom „schöpferischen Nichts“ wurde durch den Einfluss Mynonas auch zu einer Idee der Berliner Dadaisten (vgl. Exner 1996, 216f). Bei Stirner[89] liest sich das so: „Ich bin nicht Nichts im Sinne der Leerheit, sondern das Schöpferische Nichts, das Nichts, aus welchem ich selbst als Schöpfer alles schaffe“ (in ebd., 218).

Auch die von Perls mit Goodman gemeinsam konzipierte gestalttherapeutische Theorie des Selbst speist sich zu einem Teil aus dieser Denktradition: „Das Selbst aber ist genaugenommen der Integrator; es ist die synthetische Einheit, wie Kant es nennt. Er ist der Schöpfer des Lebens“ (Perls et. al. 1991, 18). Weiter heißt es: „Das Selbst ist spontan im mittleren Modus (im Hinblick auf Tun oder Erleiden)„ (ebd., 170), es ist zugleich aktiv und passiv, „eine schöpferische Unparteilichkeit“ (ebd.). Perls zufolge unterscheidet Friedlaender „zwischen uninteressierter Distanziertheit – der Haltung ‚mir ist es wurscht‘ – und ‚schöpferischer Gleichgültigkeit‘. Diese ist von Interesse erfüllt und erstreckt sich nach beiden Seiten der Differenzierung“ (Perls 1991, 20).

Bergius hat hervorgehoben, dass unter Bezugnahme auf Friedlaenders „Schöpferische Indifferenz“ dem Spiel bei den Berliner Dadaisten eine wichtige Bedeutung zukam (vgl. Siepmann 1977, 43f). Sie schrieb: „In der dadaistischen Bedeutung, die dem Spiel zukommt, dem Zustand des Chaos als Neubeginn“ (in ebd., 45), einem Geschehen, das Nietzsche in seinem Zarathustra die „Stunde des Mittags“ nennt, ereignet sich das „Einssein von Subjekt und Objekt als neue Unmittelbarkeit“ (ebd.). Hier wird Nietzsches „Schöpferischer Trieb“ persönlich erlebt und der Mensch findet zurück zum „Spiele des Schaffens“ (Nietzsche), das einem kindlichen Zustand der Wahrnehmung verwandt ist (vgl. Bergius in ebd., 44). Der gleiche Gedankengang findet sich später bei Perls und Goodman im Konzept des Selbst im mittleren Modus. Ihnen ging es um die „wunderbare Erfahrung ästhetisch-erotischer Versunkenheit, wo das spontane Gewahrsein und die Muskulatur die Umwelt in sich aufnehmen und in ihr wie selbstvergessen tanzend aufgehen, in Wahrheit aber voller Gefühl für die tieferen Anteile des Selbst sind, die der höheren Bedeutung der Sache entsprechen“ (Perls et. al. 1951, 94).

In ihrer Kritik an Freuds Abwertung des Primärvorganges, als infantil und lediglich unreifem Vorläufer des Sekundärvorganges der Wahrnehmung, bestanden sie auf der Reintegration des Primärvorganges in die Funktionsweise eines gesunden Erwachsenen. Sie definierten den Primärvorgang als „Einheit von Wahrnehmungs-, Bewegungs- und Gefühlsfunktion" (ebd., 237), als einen „ungehemmte(n) Prozess" (ebd., 239), der eine ganzheitliche Realität erschafft. An anderer Stelle heißt es: „Kindliche Gefühle sind von Bedeutung nicht als etwas Vergangenes, dessen man sich entledigen müsste, sondern als einige der schönsten Kräfte im Leben des Erwachsenen, die wiederhergestellt werden müssen: Spontaneität, Phantasie, Unmittelbarkeit im Gewahrsein und im Zugriff auf die Umwelt" (ebd., 85).

Entsprechend hatten Perls und Goodman, im Unterschied zur orthodoxen Psychoanalyse, eine positive Einstellung zum künstlerischen Schaffen und zur Kindheit. Kunstschaffen und kindliches Spiel galten ihnen als Beispiele gesunder Lebensprozesse und funktionierender Integration. In der Therapie geht es dementsprechend also durchaus darum, den Primärvorgang des Denkens, die „kindliche Welterfahrung" (ebd.), wieder zugänglich zu machen.

Auch das eng mit dem Selbstverständnis der Gestalttherapie verbundene „Hier und Jetzt" hat als das „existentiell entscheidende schöpferisch indifferente Zeitzentrum" (Frambach 1996, 19) Ursprünge bei Mynona. Die durch Mynona vermittelte Theorielinie klingt ebenso in den ersten Definitionsversuchen dessen an, was das „Ich" genannt wird. Das Ich wird von Perls nicht als Substanz, sondern als Funktion an der Grenze zwischen Individuum und Umwelt betrachtet. Die „Dialektik der Ichgrenzen" (Perls 1991, 153) zeigt sich in der wertenden Unterscheidung, im Annehmen und Ablehnen, im Gebrauch von Ja und Nein. Dies ging gegen Freuds Vorstellung, das Ich sei aus vielen Ja's, aus Identifikationen oder Introjekten aufgebaut. Dem wurde nun eine Sichtweise entgegengesetzt, in der das Ich eine schöpferische Funktion und „lebendige Grenze" (Friedlaender) ist, die zwischen Annehmbarem und Unannehmbarem wertend unterscheidet. Das Annehmbare wird destrukturierend assimiliert und noch genauer den eigenen Bedürfnissen angepasst, so dass das Individuum in seinem Umweltfeld aktiv handelnd wächst. In einem unendlichen Prozess teilt das Individuum die Phänomene der Welt in persönliche sinnvolle Figur- Hintergrundkonstellationen ein und schafft so fortwährend persönlich sinnvolle Gestalten aus dem Chaos der Weltinformationen.

Perls wollte seine in ihren Widersprüchen verfangenen Klienten in ihrer Welt handlungsfähig machen, wenn er sie ihre inneren Pole und Widersprüche differenzieren ließ. Polar erlebte Persönlichkeitsanteile, Über-Ich wie Unter-Ich, „Top-Dog wie Under-Dog" (Perls),[90] glänzende Selbstbilder wie verdrängte Schattengestalten ließ er auf der psycho-dramatischen Bühne vollständig ausspielen, ausagieren und in einen Dialog miteinander treten, damit ein Prozess der Synthesebildung und Integration in Gang kam: „Die grundlegende Lehre der Gestalttherapie ist die der Wesens-Differenzierung und der Integration. Die Differenzierung als solche führt zu Polaritäten. Als Dualitäten werden diese Polaritäten leicht in Streit kommen und sich gegenseitig paralysieren. Indem wir gegensätzliche Züge integrieren, machen wir den Menschen wieder ganz und heil. Zum Beispiel Schwäche und tyrannisches Verhalten integrieren sich als ruhige Festigkeit" (Perls 1980, 155).

Perls wollte das Andere, das Differente als zugehörigen Pol einbeziehen, damit der Versuch einer Ausbalancierung begonnen werden kann, der für ihn ein endloser Prozess war: „Therapie führt das Individuum über das tote Wiederholen hinaus in einen neuen schöpferischen Konflikt, der zu Wachstum, Veränderung, Anregung und Abenteuer des Lebens ermuntert" (ebd., 253). Gutes Leben braucht eine empfundene Mitte, die Teilnahme am „Nullpunkt der kreativen Indifferenz, der Lösung des ruhenden Zentrums" (ebd., 251), in das die Pole integriert werden und von dem aus man auch erst die Pole und ihren Zusammenhang sieht.

Die Ähnlichkeiten dieser „Gleichgern-Bereitschaft" (Friedlaender in Frambach 1996, 14) mit dem Taoismus sprach Perls selber an. Friedlaender ging es mit seiner schöpferischen Indifferenz um das Ausbalancieren des nicht eingreifenden indifferenten Standpunktes, mit dem sich in der Buntheit der Welt verlierenden und nur am differenten Äußeren hängenden Standpunkt. Er nannte seine Position, in Abgrenzung zur östlichen Kultur der Indifferenz und der westlichen Kultur der Differenz, entsprechend auch „indo-amerikanisch" (ebd.). Huelsenbecks Auffassung von Dada als „amerikanische Seite des Buddhismus" (in Bergius 1993, 236) ist hier von Mynona beeinflusst. Für die politisch radikalen Dadaisten, wie Grosz und Heartfield, bot diese Haltung Anlass zur Kritik. Im schwebenden Darüberstehen oder heiteren Darinstehen, das die Position des Individualisten kaum verließ, war für sie auch etwas von der Entfremdung des bürgerlichen Künstlers von den realen Klassenkämpfen in der Stadt Berlin nach Kriegsende spürbar. Im Kontext der oben beschriebenen Bürgerkriegsatmosphäre schrieben Grosz und Heartfield mit deutlichem Bezug auf Friedlaender und die durch ihn beeinflussten Mit-Dadaisten: „Jede Indifferenz ist konterrevolutionär" (in Riha 1977, 86), stellten sich auf die Seite der kämpfenden Arbeiter und wurden Mitglied der gerade gegründeten KPD.

5.6. Die dadaistische Revolte und der Gestaltdada

„Ideal, Ideal, Ideal,
Erkenntnis, Erkenntnis, Erkenntnis,
Bumbum, bumbum, bumbum" (Tristan Tzara).

Gegen das expressionistische Pathos vom neuen Menschen und der neuen Zeit trat mitten in Elend, Hunger, Revolutionsunruhen und konterrevolutionärem Terror zwischen 1918 und 1920 „Dada Berlin"[91] auf. Selbst aus der expressionistischen Bewegung kommend, erlebten die jungen Rebellen die nun spätexpressionistische messianische Utopie einer neuen Menschheit und den Glauben an die wirklichkeitsverändernde Kraft der Kunst und des Dichterwortes als absurd. Die Expressionisten standen für die Dadaisten nun im bürgerlichen Lager. Im Unterschied zum hohen Pathos, mit dem die Spätexpressionisten ihre Läuterungsbotschaft an die Menschen und die Gesellschaft richteten, zeigte sich bei den Dadaisten ein „im Wesen grundverschiedenes Weltgefühl, das von Enttäuschung, Bitterkeit, Zerstörungslust und fast nihilistischer Respektlosigkeit durchtränkt war" (Schuhmann Hg. 1991, 146). Sie wollten das Ende aller Kultur zynisch zur Schau stellen. Huelsenbeck betitelte eines seiner Bücher mit: „Deutschland muss untergehen!" und schrieb: „Alles soll leben – aber eins muss aufhören – der Bürger, der Dicksack, der Fresssack, das Mastschwein der Geistigkeit, der Türhüter der Jämmerlichkeit" (in Riha Hg. 1977, 14). Die Dadaisten rannten gegen die expressionistische Kunst an, die sich ihnen, inmitten all der hässlichen bürgerlich-kapitalistischen Wirklichkeit der gerade geborenen Weimarer Republik, als Ersatzreligion und Beschönigungsmittel der gesellschaftlichen Zustände darstellte. Hausmann schrieb in „Der deutsche Spießer ärgert sich“ gegen das expressionistische Unbestimmte und „allgemeine Weltgedusel“ des schreibenden oder malenden Spießers und den schönen Schein an. Er klingt bitter und verzweifelt und nach der Kraft und dem Willen der Realität ins Auge zu sehen, wenn es bei ihm heißt: „Und nun erhebt uns nichts mehr, nichts mehr!“ (ebd., 67).

Im harten Berliner Klima, in dem sich der pazifistische Dadaismus aus der Züricher Emigration rasch politisch radikalisierte, wurde entsprechend aus dem „schöpferischen Willen“ Friedlaenders der „aggressive Wille Dada Berlins“ (Bergius 1993, 237) die Widersprüche zu bejahen, aufzudecken und aufeinanderprallen zu lassen. Dada Berlin verspottete und persiflierte die alten wie die neuen gesellschaftlichen Institutionen und die bürgerlichen Spießer, die sie trugen. Die Errichtung der Weimarer Republik war für sie, spätestens nach der brutalen Unterdrückung der revolutionären Massenaufstände durch reaktionäre nationalistische Truppen im Dienste der sozialdemokratischen Regierung, lediglich die Wiederkehr der alten Mächte im neuen Kleid. Dada Berlin parodierte selbst die Parolen der revolutionären Organisationen und gab seiner ersten Berliner Verlautbarung, mit Anspielung auf die Kommunisten, den Titel „Dadaistisches Manifest“. Bitter-groteske Dada-Revuen mit einer Vielzahl neuer künstlerischer Stilmittel (Simultangedicht, absurde Verkleidungen und Tänze mit Musik, gebrüllte Lautgedichte und Publikumsbeschimpfungen) führten zu regelmäßigen Saalschlachten zwischen aufgebrachtem Publikum und Dadaistischen Performern und sorgten für Schlagzeilen und Popularität.

Mitten in dieser unruhigen und blutigen Zeit eine Großdenkerpose einzunehmen, empfanden die Dadaisten als sinnlos, sie wollten „Geistesgegenwart im Chaos“, und nahmen immer wieder Position ein gegen die Vertreter des „Kunstblödsinns, der an der Welt vorüberschaut und sie damit zu überwinden meint“ (Hausmann 1982a, 115). Hanna Bergius schrieb zur Gegenwartsorientiertheit der Berliner Dadaisten: „Das dadaistische Individuum für das die Geschichte zu einem endlosen Hier und Jetzt, zu perpetuierter Gegenwart im individualanarchistischen Selbstverständnis zusammengeschmolzen ist … ‚will seiner Weltsekunde voll Mut gegenüberstehen‘ (Hausmann), glaubt sich als ‚Gott des Augenblicks‘ (Hausmann)„ (Bergius 1977, 43).

Dada sagte Ja zur konkret erlebten Wirklichkeit, „um allem, was bloß ‚schönes Denken‘ ist, ins Gesicht schlagen zu können“ (Sloterdijk 1983b, 713). Perls hat dieses „bloß schöne Denken“ später provokant „mind fucking“ genannt.

Richard Huelsenbeck, eine der dadaistischen Zentralfiguren, der den Begriff Dada aus dem Züricher Exil nach Berlin brachte, war Perls spätestens Anfang der zwanziger Jahren bekannt, da sich ihre Interessen im Bereich Psychoanalyse und Kunst überschnitten (vgl. L. Perls in Sreckovic 1999, 28; Peters 1992, 282). Huelsenbeck, der ebenfalls Mynonas Gedanken der schöpferischen Indifferenz aufnahm, war ein Jahr jünger als Perls, schloss sein Medizinstudium 1922 in Berlin ab und arbeitete einige Zeit bei Bonhoeffer in der Charitè. Er war Maler und Schriftsteller, hatte Umgang mit Karen Horney, die eine Förderin von Perls wurde, und belegte in den zwanziger Jahren einige Kurse am Berliner psychoanalytischen Institut (vgl. Peters 1992, 279f).

Mit Friedlaender / Mynona und Huelsenbeck sind zwei persönliche Kontakte von Perls angesprochen, die darauf hinweisen, dass er sich in diesen Jahren im Umfeld der radikalsten Kräfte der Kunst-Avantgarde aufhielt, die sich in der Regel nie nur als Künstler, sondern immer auch als Lebenskünstler verstanden. Huelsenbeck hat mehrfach betont, dass Dada sich für seine Aktivitäten das kulturelle Gebiet gewählt hat, aber im Kern „eine emotionale Revolution war, deren Sinn in jedes Gebiet, Kunst, Kultur, Religion und menschliche Beziehungen projiziert werden konnte“ (Huelsenbeck 1992, 109). Wenn er Verzweiflung, Zynismus und Aggression als für Dada charakteristisch benennt und von einer „Revolte der von vielen Seiten bedrängten Persönlichkeit“ (ebd., 79) spricht, so trifft er hiermit auch Perls’ Gefühlslage nach dem ersten Weltkrieg. Huelsenbeck hat dem Dadaismus eine existentielle Deutung gegeben (vgl. ebd., 79), er war für ihn eine „Philosophie, die über die Kunst in das Leben selbst hinausschritt“ (ebd., 95). Die Sehnsucht des modernen Menschen nach sich selber, ob nun romantisch, expressionistisch, existentialistisch oder eben dadaistisch gekleidet, tauchte in sich ähnelnden Kurzformeln immer wieder auf. Der Romantiker Schlegel forderte „Werde der du bist“ und bei Johannes Baader hieß es dann, „Drum werde was du bist dadaist“ (Baader in Bergius 1993,

19). Auch Raoul Hausmann beschrieb Dada als einen „Lebenszustand, mehr eine Form der inneren Beweglichkeit als eine Kunstrichtung" (Hausmann 1982a, 95). In diesem Sinn war Perls für mich Dadaist, hat Dada auf sein Gebiet „projiziert" wie Huelsenbeck das nannte und ist mit seiner Form der Gestalttherapie genau in dessen Sinne über die medizinische Behandlung „in das Leben selbst" hinausgetreten.

5.6.1. Fritz Perls – „Gestaltdada"

„Meine Damen und Herren, ich muss Sie heute enttäuschen, ich hoffe, dass Sie es mir nicht allzu übel nehmen. Aber wenn Sie es mir übel nehmen, ist es mir auch egal" (Huelsenbeck in Peters 1992, 296).

„Du bist du, und ich bin ich,
Und wenn wir uns zufällig finden, –
wunderbar.
Wenn nicht, kann man auch nichts machen"
(F. Perls 1986, 12).

Perls' Denken war durchdrungen von den Ereignissen und Themen seiner Zeit und die ihn wie einen Teil seiner Generation bedrängenden Themen tauchten immer wieder in einem anderen theoretischen Gewand und Kontext auf, präzisierten sich und entwickelten sich weiter. Was sich in diesen ersten Nachkriegsjahren in ihm festgesetzt hat, ist nach meiner Vermutung das, was Sloterdijk den kynischen Impuls nannte. Perls war Kyniker, so wie Diogenes nach Sloterdijk im Kontext des imperialen Staatsapparates des römischen Kaiserreiches ein Hippie, der Führer einer Aussteigerbewegung war. Der kynische Skandal war, dass die niedergedrückte Sinnlichkeit auf den öffentlichen Markt getragen wurde. Gegen die platonische Ideenlehre stand der Furz, gegen den feinsinnigen Eros die öffentliche Masturbation. Der Neokynismus des Dada griff „die Abspaltung und Diffamierung des Sinnlichen" (Sloterdijk 1983a, 216) an und bemühte sich in der Tradition einer „grobianischen Aufklärung" (ebd., 205) darum, „aggressiv und frei (‚schamlos') ... die Wahrheit zu sagen" (ebd., 206). Im Aussprechen der Wahrheit oder besser dessen, was der eigene Wahrnehmungsapparat als Wahrheit gerade anbietet, auch gegen die Großen, die Eltern, die Mehrheitsmeinung, die kulturelle Norm etc., liegt ein aggressives, besser produktiv-aggressives Moment. Bei der gemeinsamen Konzeption der Gestalttherapie, zusammen mit Paul Goodman, den man in diesem Zusammenhang durchaus als einen amerikanischen Kyniker bezeichnen kann, fand dann auch Aggressivität als konstruktive Kraft einen zentralen Platz.

Es geht hier um eine weit zurückreichende selbstkritische Linie innerhalb der Aufklärung, die mit dem Schlachtruf Natur bis heute gegen eine Aufklärung aufbegehrt, die sich auf das Rationale, auf die instrumentelle Vernunft im Sinne von Adorno und Habermas reduziert. Gegen das sich im schönen Reden und Schreiben erschöpfende sogenannte Geistige, will diese sinnliche Aufklärung Geist und Körper wieder in einen innerlichen Bezug und in tätigen und gestaltenden Kontakt mit der Umwelt bringen. Mit diesen Bezügen will ich Perls nicht idealisieren oder ihm höhere Weihen geben. Ich halte aber eine Sichtweise, die ein Individuum aus seiner historischen Zeit und seinem konkreten Lebens- und Erfahrungsraum nimmt und lediglich eine individuelle Pathologie oder einen genialischen Zug sieht, für zu eingeschränkt und unfruchtbar. Der im hier angesprochenen Sinn rebellische Kern des Gestaltansatzes transportiert gelebte Kritik an den jeweils vorgefundenen und als gespalten erlebten Lebensweisen.

Beispiele für neo-kynische oder neo-dadaistische Aktionen von Fritz Perls finde ich in dem Buch von Gaines (1979). Joe Wysong erinnert sich dort an einen Kongress, auf dem Perls gebeten wurde eine Erklärung zu geben, was denn Existentielle Psychotherapie sei. Er tat dies anscheinend mittels eines Gedichtes:

> *„I'm not a lady performing her farts,*
> *I'm a scoundrel, a lover of arts,*
> *I am who I am,*
> *I screw when I can.*
> *I'm Popeye the Sailor Man“* (Perls in Gaines ebd., 331).

Es wird von einer Konferenz mit einem Auditorium von über Tausend Personen berichtet, wo Perls zusammen mit namhaften Psychiatern an einer Podiumsdiskussion teilnahm und dort demonstrativ einschlief (vgl.

ebd., 173). Auf einer Tagung im Esalen Institut, die sich dem existenziellen Thema „Sein" widmete, kroch er plötzlich auf dem Bauch über den Boden und entlockte dem ebenfalls anwesenden Abraham Maslow die durchaus nachvollziehbare Reaktion und Formulierung: „This beginns to look like sickness" (in ebd., 153).

Zu den Hochzeiten der Popularität von Esalen wurde der gesamte Lehrer-Staff zu einer Hollywood Party eingeladen, auf der zahlreiche bekannte Filmschauspieler anwesend waren. Perls „was playing havoc with Hollywood that Night, and enjoying it because he did love films and he knew very well what he was doing" (in ebd., 201). Oskar Werner, Natalie Wood und andere Schauspieler bekamen Sätze zu hören wie: „You are a spoild brat who thinks about nothing but herself" (Perls in ebd., 201) und verließen entsprechend gekränkt und empört den *swimming pool,* an dem Perls auf dieser Party seinen informellen Gestalt-Workshop abhielt. Da wo er den Eindruck hatte, dass lediglich schönes Denken oder schöner Schein dominierte, fühlte er sich immer wieder zu direkten Aktionen provoziert und hat den kynischen, den dadaistischen Gegenpol verkörpert, für den er selbst oft das Bild des Mephisto aus Goethes Faust benutzte. Für mich ist die Erinnerung von Jack Rosenberg, „an established professor" (in ebd., 173), der an den Esalen Workshops von Perls teilnahm, ein gutes Beispiel für das, worum es Perls in seiner damaligen Arbeit ging. Rosenberg empfand durch die Arbeit mit Perls den Mut zum Küssen und zum Tanzen: „Man, it was like I had permission to be alive because he was alive!" (ebd.).

Perls war ein kluger, belesener und gebildeter deutscher Jude, der da den vernünftigen und rationalen Pol angriff, wo ihm das Zusammenspiel von Vernunft und Sinnlichkeit unter die lähmende Herrschaft der Rationalität zu geraten schien. Meine Deutung ist, dass Perls die Entstehung von sinnlicher Vernunft da provozierte, wo er instrumentelle Vernunft wahrnahm.[92]

Die Anekdotensammlung von Gaines erinnert mich an einen anderen „wilden Analytiker", den Perls während seiner psychoanalytischen Ausbildung gemeinsam mit seiner Frau in Baden-Baden gesehen und gehört hat. Ich meine Georg Groddeck, einen der Pioniere der psychosomatischen Medizin, den Philosophen des Es und zeitweiligen Begleiter der Freudschen Bewegung, der, mit seiner Konzeption eines „anarchistischlibertären Es“ (Danzer 1992, 99), in gewisser Weise den ergänzenden sinnlichen Pol zum rationalen Aufklärer Freud bildete. Groddeck brachte es fertig, sich bei seinem ersten Vortrag auf einem Kongress der Freudschen Psychoanalytischen Vereinigung öffentlich an sein eigenes Bettnässen zu erinnern. Dem größten Teil der sich als seriöse Wissenschaftler verstehenden Versammlung hat dies ganz und gar nicht gefallen. Groddeck hat dazu aufgefordert, die kulturelle Moral zu unterlaufen und praktisch mit Erfahrungen zu experimentieren, die den repressiven Über-Ich Forderungen diametral entgegenstehen. So forderte er beispielsweise Patienten und Leser auf, „sich einmal den Urin über Schenkel und Arme laufen zu lassen“ (Groddeck in Jägersberg Hg. 1984, 119) um wirklich nachvollziehen zu können, „dass das Kind so etwas genießt“ (ebd.), und auch der Erwachsene, der so etwas mag, nicht einfach als pervers und krank zu bezeichnen ist: „Krank daran ist nur die Angst. Versuchen Sie es. Das Schwierigste ist, es unbefangen zu tun“ (ebd.).

Eine Erinnerung an Groddeck zeigt ihn als einen für die damalige Zeit sehr freien Mann, wovon es gerade innerhalb der psychoanalytischen Bewegung nur wenige gab: „In der Mitte der Terrasse vor dem Kelterhaus begann der Doktor zu tanzen. (...) Er tanzte alleine; es war ein Hirtentanz, ein Ziegenbocktanz aus uralten Zeiten. Ein Dionysos-Tanz. (...) Wenn ich die Augen schließe ... sehe ich jenen trunkenen – nicht betrunkenen! – Mann vor mir, der mit seinen achtundfünfzig Jahren mit einem Weinrankenkranz um den Kopf tanzt. Ganz alleine. Er tanzte die Hymne auf das Leben“ (in Danzer 1992, 157).

Perls war als Person wesentlich exhibitionistischer als Groddeck. Mit über siebzig Jahren vollführte er vor Publikum einen improvisierten Tanz im Duett mit Gia Fu Feng, einem anderen Lehrer am kalifornischen Esalen Institut, den ich noch selbst kennen gelernt habe: „Kind of like strutting cocks, each outperforming the other in kind of wild, dramatic and exhibitionistic dance movements. It has that feeling, that they were both striving to outdo the other“ (in Gaines ebd., 169). Ich stelle mir vor, dass Groddeck, der Leiter des Heilsanatoriums Baden-Baden, dessen sich „Satanarium“ nennende Hauszeitung mehrfach wegen moralverletzender Inhalte durch die Polizei verboten wurde, sich in den Hot Pools von Esalen ebenso wohl gefühlt hätte, wie Perls das getan hat.

Hier sei nur kurz daran erinnert, dass Lore und Fritz Perls hauptsächlich von Psychoanalytikern ausgebildet wurden, die zur Gruppe der Groddeck Freunde oder Verehrer gehörten. Zu denen, die direkt mit Groddeck befreundet waren, zählten Karl Landauer und Karen Horney.

Im Folgenden will ich auf die Denkansätze zweier Personen eingehen, in denen sich zentrale Positionen der damalige Kultur-Avantgarde bündeln, die auch in der Gestalttherapie weiterleben. Aus dem Mynonakreis betrifft dies Raoul Hausmann, der als Dadaist bekannt wurde und der auch die Verbindung zwischen Mynona und dem anarchistischen Psychoanalytiker Otto Gross darstellt, der mit seiner kulturrevolutionären Anti-Introjektionstheorie der Selbst- und Welterfahrung der betroffenen sozialen Gruppe einen psychologischen Ausdruck gab.

5.7. Raoul Hausmann: „Dadasoph" und Polaritätstheoretiker

Ich gehe davon aus, dass Perls als Teil der „Mynonagemeinde", auch die Grundgedanken des mit Mynona in engem Kontakt stehenden Hausmann kannte oder bei Diskussionen zwischen den beiden mitbekommen hatte.[93] In Hausmanns „Pamphlet gegen die Weimarerische Lebensauffassung" ist zu lesen: „Der Club Dada war die Fronde gegen den ‚geistigen Arbeiter', gegen den ‚Intellektuellen'! Der Dadaist ist gegen den Humanismus, gegen die historische Bildung! Er ist: Für das eigene Erleben!!!" (Hausmann in Schuhmann Hg. 1991, 249).

Hier ist das Programm des „Dadasophen" Hausmann auf einen Nenner gebracht. Perls hat nach vielen Jahren ernsthafter Mühe, ein „geistiger Arbeiter" innerhalb der organisierten freudianischen Psychoanalyse zu werden, ernüchtert diese Position eingenommen. Er hat sie dann radikal und persönlich verkörpert, bis in alle Einseitigkeit und Missverständlichkeit hinein. Hat Intellektualisieren und Theoretisieren oft als Ausweichen vor den Fakten der augenblicklichen Lebens- und Beziehungsrealität erkannt oder begriffen und auf unfreundliche und oft auch auf verletzende Art und Weise konfrontiert. Perls wusste aus eigener Erfahrung, was die reduzierte Sprachpersönlichkeit entbehrt. Er hat sich selbst in Bezug auf seine psychoanalytische Zeit als „wisdomshitter" bezeichnet, was wohl die Amerikanisierung des Wortes Klugscheißer ist (vgl. Perls 1993, 6).

Die Jahre nach dem ersten Weltkrieg waren für die jungen Rebellen nicht die Zeit der Mitte, nicht die Zeit der Synthese und Integration, auch wenn diese Themen, mit Bezugnahme auf Mynonas Konzept der schöpferischen Indifferenz, in der Diskussion präsent waren. Für Raoul Hausmann war „die Gegenläufigkeit (Ambivalenz, Polarität, Dialektik) … das Primäre" (Hausmann 1982b, 172). Es ging ihm darum, „die ungelösten Widersprüche ‚zu bejahen', d. h. aufzudecken, zu benennen, zu zitieren, sie aufeinanderprallen zu lassen" (Bergius 1993, 237). Im neuartigen Konzept der künstlerischen Photomontage, als deren Pioniere Raoul Hausmann, Hanna Höch und der „Monteurdada" John Heartfield gelten, wird diese Haltung sinnlich präsent (vgl. ebd., 236). In der Montage wird Realität polar vorgeführt. „Der Entstehungsprozess – das Zerschneiden, Trennen, Teilen eines bestehenden Ganzen, und dann das Montieren der Teile zu einem beliebigen Ganzen in all seinen Widersprüchen" (Nobs in Desch et. al. 1991, 194) ist ein sinnlicher Akt, der die Brüchigkeit der Realität auch im künstlerischen Akt selber erfahrbar macht.

Erst gegen Ende der Dadaphase orientierte sich Hausmann stärker an den konstruktiven und synthetischen Möglichkeiten und forderte „in der mitteleuropäischen Flachheit endlich den Aspekt einer Welt die real ist, eine Synthese des Geistes und der Materie" (Hausmann 1982b., 25), wobei er sich auf Mynonas Begriff „Prèsentismus" (ebd. b., 24) bezog. Das Konzept des Prèsentismus war bei Hausmann verbunden mit seiner Forderung nach der „Erweiterung und Eroberung all unserer Sinne! (ebd. b., 28). (…) Damit uns bewusst sei, dass wir leben, heute leben!!" (ebd. b., 26f). Damit wurde nach Erlhoff dem Künstler die politische Funktion zugeschrieben, „die Menschen zu enttäuschen, ihnen selber dadurch die präzise Wahrnehmung ihrer Realität zu ermöglichen und gleichsam darauffolgend sie in die Lage zu versetzen, ihren Wahrnehmungsapparat zu verbessern, ihre Sinne (Hausmann nahm das ganz physiologisch) zu qualifizieren, so dass sie sich und die Gegenstände wirklich in die Hand hätten bekommen können" (Erlhoff in Hausmann ebd. b., 225).

Im Kampf gegen die aufgeblasene deutsche Geistigkeit, gegen „die bürgerliche Geschichte des Kopfes" (Erlhoff ebd., 230) bestand Hausmann auf dem sinnlich-konkreten Menschen. Er kämpfte, und das scheint mir als Bestandteil des Gestaltansatzes heute noch wichtig, gegen „die Idealität der Ware, die Vorstellungswelt der Performanz der Ware und deren Schein, (…). Die Dinge sollten für die Menschen wieder handhabbar sein, auch transparent, deutlich, einfach – eben wahrnehmbar und begreifbar" (Erlhoff ebd., 231). Was Erlhoff hier als Anliegen Hausmanns benennt, das nannte Perls später „Loose your mind and come to your senses." Durch die Ausdrucksexperimente Hausmanns und anderer Dadaisten, etwa mit Lautgedichten, sollten erstarrte bürgerliche Haltungen aufgelöst und die Sinnesempfindungen zurückgewonnen werden. In den inhaltlich sinnlosen Lautgedichten kann man durchaus das expressionistische „Verlöschen des Inhalts zu Gunsten der Expression" (Benn in Korte 1994, 21) erkennen, denn den Expressionisten wie den Dadaisten ging es um die Rückbindung der Kunst an die „Urkräfte des Lebens" (Hausmann). Diese Haltung kennzeichnete auch das Verhältnis von Perls und Goodman zum Phänomen Sprache (vgl. Bocian 2000, 52f). Bei ihnen geht es gegen die isolierte Sprachpersönlichkeit, gegen Sprechen als Vermeiden von Fühlen und gegen Intellektualisieren als Abwehr. Bewirkt werden soll eine „Reorganisation des Denkens" (Perls 1991, 229), damit der Mensch wieder zu Sinnen zu kommt, anstatt nur in Kontakt mit seinen Projektionen, Übertragungen und Maya zu sein. Im besten Falle kommt der Mensch „wieder zu Sinnen, indem er seine Vernunft anwendet" (ebd. 54) die nun eine ganzheitliche, eine sinnliche Vernunft ist. Der alte Perls hat manche seiner Workshopteilnehmer – oft akademische Lehrkräfte mit langjähriger Erfahrung auf der Couch eines freudianischen Psychoanalytikers (vgl. Gaines 1979) – aufgeforderte, ihr Sprechen und Fragen zu unterbrechen und inhaltlich sinnlos loszubrabbeln. Das waren dadaistische Lautexperimente, die die habituellen Sprech- und Denkgewohnheiten aufbrechen und den sprachlichen Ausdruck wieder mit der persönlich-leiblichen Erfahrung verbinden sollten.

Perls ist mit den Dadaisten vor dem Hintergrund der gemeinsamen Krisenerfahrung auch noch auf einer tieferen Ebene verbunden. Huelsenbeck hat betont, dass „Dada seine tiefste Verzweiflung lebte, sie in der Kunst ausdrückte und in dieser schöpferischen Teilnahme seine eigene Therapie in sich selbst fand" (Huelsenbeck Hg. 1994, 224). Dies gilt meiner Ansicht nach auch für Perls und seine persönliche Form der Gestalttherapie. Bis an sein Lebensende hat er immer wieder davor gewarnt, in Schnelltherapien die Konfrontation mit Leid und Schmerz zu umgehen und die Notwendigkeit betont, durch das „Höllentor des Seelensumpfes, diese äußersten Leiden, hindurchzugehen" (Perls 1986, 237).

5.8. Otto Gross: Anarchismus und Psychoanalyse

„Dieser Konflikt der Individualität, mit der ins eigene Innere eingedrungener Autorität, ist mehr als sonst der tragische Inhalt der Kindheitsperiode“ (Otto Gross).

„Wenn du giftig bist, heißt das, dass du einen Dybbuk, einen Dämonen, in dir hast, jemand, der dich vergiftet, den du ganz und gar verschlungen hast. Die Freudsche Vorstellung, dass wir den Menschen introjizieren, den wir lieben, ist falsch. Du introjizierst immer Menschen die dich beherrschen“ (F. Perls 1986, 148).

Die Kulturkritik von Dada Berlin fand einen wichtigen Vorläufer in den Publikationen der Zeitschrift „Freie Straße“ (1915-1918), die ihren Namen einem Gedicht von Walt Whitmann verdankte und die wesentlich durch die Forderungen von Otto Gross und Franz Jung nach einer erotisch-sozialen Revolution geprägt waren. Otto Gross, Arzt, Anarchist und Psychoanalytiker, war eine Schlüsselfigur der damaligen Bohème.[94]

Die Theorie von Gross, die unter anderem an Nietzsche und den frühen kulturkritischen Freud anknüpfte, beinhaltete ein kulturrevolutionäres Programm zur Überwindung des Wilhelmismus: „Innerhalb der europäischen Avantgardebewegungen markierte die Konzeption eine antibürgerlich-anarchistische Revolte, die auf eine Revolutionierung der Lebenswelt gerichtet war“ (Korte 1994, 22f). Gross vertrat die Utopie einer Gemeinschaft, die sich in freien Liebesbünden organisieren und in der das auf dem Patriarchat beruhende Übergewicht des Mannes über die Frau aufgehoben sein sollte. Die Revolution wurde nicht nur als ökonomische oder soziale Veränderung verstanden, sondern umfasste auch die Umwälzung der inneren Welt der Subjekte und ihrer privaten Beziehungen zueinander. Männlichkeit und Weiblichkeit waren für Gross künstliche, durch die vaterrechtliche Gesellschaftsordnung geschaffene Kategorien. Wie später für Wilhelm Reich, war für Gross die patriarchalisch-bürgerliche Familie die entscheidende gesellschaftliche Sozialisationsinstanz für die Weitertradierung von Unterdrückung und Herrschaft, und die Aufgabe der Psychoanalyse war es, „das ‚Eigene' als erotisch-soziale, revolutionäre Kraft zu befreien, um die gesellschaftlichen Konventionen zu sprengen" (Bergius in Dech et. al. 1991, 63).

Gross war für einige Zeit an Freud orientiert, der seine frühen Arbeiten, etwa zur Schizophrenie, positiv registrierte. Darüber hinaus bezog Gross auch Arbeiten von Alfred Adler in seine Überlegungen ein. Im Zusammenhang mit seiner Rauschgiftsucht war Gross 1908 auf Anraten Freuds freiwillig in die berühmte Klinik Burghoelzli in der Schweiz gegangen und dort von C. G. Jung in Analyse genommen worden.[95] In dieser Zeit nannte Freud in einem Brief Otto Gross und C. G. Jung seine beiden „einzig originellen Schüler" (vgl. Nitzschke 1988, 197). Jung sah sich schon bald in eine gegenseitige Analyse einbezogen, die scheiterte, und Gross entschwand recht bald über die Krankenhausmauern.

Gross war ein Vorläufer des politischen Wilhelm Reich, der die Psychoanalyse konsequent als Mittel verstand, den Einzelmenschen für die Revolutionierung der Gesellschaft vorzubereiten, und dem dabei die Befreiung der Sexualität ein zentrales Anliegen war. Bezogen auf die Gestalttherapie kann, was die psychoanalytische Tradition angeht, ausgehend vom frühen kulturkritischen Freud, eine Linie von Gross zu Reich und zu Perls gezogen werden. Psychophysische Einheit, Selbstregulation, Kontakttheorie, Anti-Introjektionstheorie, Durchsetzung des Eigenen gegen das elterliche und gesellschaftliche Fremde, sind Stichworte, die sowohl eine bestimmte Lebenserfahrung als auch den Versuch skizzieren, vor diesem Hintergrund eine Theorie zu bilden. Der Einfluss der Theorien von Otto Gross lässt sich, was das Umfeld von Perls ausmacht, am ausgesprochensten bei Raoul Hausmann finden.

5.8.1. Gross und Hausmann: Revolution gegen die eigenen Konventionen

Hausmann nannte Otto Gross und Franz Jung die psychoanalytischen Quellen des Berliner Dadaismus (vgl. Bergius 1993, 79). An einer anderen Stelle schrieb er sogar, dass der Dadaismus 1918 in Berlin Fuß fassen konnte, „weil ihm die Zeitschrift ‚Die Freie Straße' eine psychologische Grundlage bot" (in Schuhmann 1991, 167). Er sah hier „eine neue, gegen Freud gerichtete Psychoanalyse; es war Otto Gross, der die Grundformel gefunden hatte: die des Konflikts des ‚Eignen' und des ‚Fremden' für die Entwicklung der Persönlichkeit" (in ebd.). „Gegen Freud", weil Gross eindeutig Partei für das Eigene und den Eigenwillen im Gegensatz zu den Forderungen der Gesellschaft nahm und Hausmann durchaus die Tendenzen der Freudschen Psychoanalyse zur Anpassung an eine Realität wahrnahm, die nur die gegebene Gesellschaftsordnung meinen konnte. In den Kriegs-, Revolutions- und Bürgerkriegszeiten war vom Berliner Psychoanalytischen Institut, das durch seine Beiträge zur Behandlung von „Kriegsneurotikern" erstmalig Anerkennung von den staatlichen Autoritäten erhalten hatte, nichts kritisches zu hören oder zu lesen gewesen. Laut Reichmayr waren die Analytiker in der Mehrzahl in der Kriegszeit „keine Hurrabrüller, sondern Jasager, nicht begeistert, aber pflichterfüllt, nicht distanziert, sondern identifiziert" (Reichmayr 1994, 61).

Hausmann wehrte sich auch gegen die Pathologisierungstendenz der Freudschen Psychoanalytiker und nannte sie die „leibhaftigen Verdränger der Einzigartigkeit" (in Schuhmann ebd., 248). In einer seiner Satiren ließ er einen Freudianischen Psychoanalytiker sagen, er könne „jeden Revolutionär, falls er nur lange genug in meiner Behandlung bleibt, als Querulant entlarven, mag er auch noch so gesund sein" (Hausmann 1982a, 88). Es störte ihn, dass die „tapferen Schildbürger der Psychobanalyse ... sanft und überlegen lächelnd" (ebd.,70) erklärten, Dada sei infantil, „Dada sei psychobanal genug, um von ihnen erklärt und aufgelöst zu werden" (ebd.). Das mag auch auf reale Ereignisse in der Wohnung von Arthur Segal zurückgehen, bei denen Mynona und der Psychoanalytiker Ernst Simmel, dem Mynona das Pseudonym „Lemmnis" gab, entsprechend in Streit gerieten. Mynona berichtete, dass der „bekannte Psychoanalytiker Doktor Lemmnis (vom Volksmunde Psychoanalügner genannt)„ (Mynona 1989, 175) zu seinen Witzeleien „in einem entschiedenen Antagonismus stand" (ebd.). Wahrscheinlich ging es um Mynonas Satiren in dem Bändchen „Das Eisenbahnglück oder Der Anti-Freud". Mynona schrieb: „Wie man weiß, gehört Lemmnis zur Freudschen Schule und ist sogar noch etwas päpstlicher als der Wiener Papst: er leitet jede geringste Regung des Leibes und der Seele aus der Geschlechtlichkeit ab" (ebd.). Der Freudianer Lemmnis schien ehrlich empört über Mynonas Freud-Satiren und „seine Rache bestand darin, dass er seinerseits Salomons Buch psychoanalysierte und es aus Impotenz ableitete" (ebd.).

Mit der Freudschen Sichtweise, dass unterdrückte sexuelle Motive zentral sind, war Raoul Hausmann einverstanden (vgl. Hausmann 1982a, 14), aber er wehrte sich gegen das Infantilisieren jeglicher rebellischen Regung: „Dada ist nicht das unerfahrene Kind, das gegen die Bedrückung der Familie oder des Vaters protestiert, wenn es innerhalb der bürgerlichen Gesellschaft diese Gesellschaft ablehnt" (ebd., 170). Er bestand darauf, dass der Dadaismus eine erwachsene, „eine taktische Einstellung" (ebd. 171) und eine „praktische Selbstentgiftung" (ebd.) sei. Hausmann, genau wie Georg Grosz und John Heartfield, gehörte zum Kreis um die Zeitschrift „Freie Straße", der erkannt hatte, „dass alle geistige Gestaltung eine Art Selbsterziehung des Menschen darstellt, in der die Routine und die Konventionen unerbittlich ausgeschaltet werden mussten" (ebd.).

Der „Dadasoph" Hausmann, als Verbindungsglied zwischen Otto Gross und Mynona, ging in dieser Periode ganz im Sinne der Theorie von Gross vom Konflikt zwischen Isolierung und Anpassung aus. Dieser Konflikt liegt in uns und ist gebunden an die „Urform der Gemeinschaft" (Hausmann 1982a, 27), an die Familie, in der der patriarchalische Vater herrscht. Dem Ich stellt sich die Aufgabe der „Eroberung der eigenen Gesetzmäßigkeit" (ebd., 28) und des eigenen Erlebens, wozu es die „Technik des Wissens um sich Selbst" (ebd.) braucht, die die „Revolution gegen die eigenen Konventionen" (ebd.) beinhaltet. Es geht um nicht weniger als die „Umgestaltung der Welt durch den Menschen der Gemeinschaft, der die Aufhebung der fremden Macht in innerste eigene Autorität (...) fordert" (ebd., 32).

Als Polarist ging Hausmann davon aus, dass das Ich des „Einzeln-Einzigen" (ebd., 44) notwendig an sein „Wider-Ich" (ebd.), an den Anderen gebunden ist. So ist „Kompromissbildung" zwischen dem Willen des Ich und dem fremden Willen notwendig. Im Rahmen der damaligen politischen Diskussion verstand er die Gesellschaft, die Kommune, als diese Kompromissbildung, an der das Ich seinen „schöpferischen Trieb" (ebd., 29) betätigt. Es ging ihm dabei um den „Balancierpunkt von Freiheit und Gesetz" (ebd., 45), der aber nur gefunden werden kann (und hier denke ich wieder an Perls), wenn das Individuum den „Kampf um das eigene Erleben" (ebd., 44) aufnimmt, den Schritt „der Aufhebung der fremden Macht in innerste eigene Autorität" (ebd., 32) unternimmt und die „Freimachung des Erlebens aller fordert" (ebd.). Mit diesen Theorien hat

Hausmann das Programm der kulturrevolutionären Psychoanalyse von Otto Gross im Mynonakreis verbreitet.

5.8.2. Kulturrevolutionäre Psychoanalyse: Eigen- gegen Fremdautorität

Die psychoanalytischen Grundlagen in der anarchistischen und expressionistischen Literatur gingen in dieser Zeit allein auf die Arbeiten von Gross zurück (vgl. Hurwitz 1988, 296). In den Avantgardezeitschriften debattierte Gross zwischen 1908 und 1913 heftig mit Gustav Landauer und Ludwig Rubiner und verteidigte ihnen gegenüber Freuds Psychoanalyse als Praxis der persönlichen Selbsterkenntnis und Selbstbefreiung, die er in seinem Sinne interpretierte (vgl. Hurwitz ebd., 88f).[96] Es ist nicht belegbar, dass Perls die Arbeiten von Gross direkt gelesen hat, aber sicher hat er die Debatten in der Zeitschrift „Aktion" verfolgt und die wahrscheinliche Vermittlung der Kerngedanken durch Hausmann habe ich schon angesprochen. Taylor unterstreicht die Bedeutung, die Friedlaender / Mynona und Gross für die damalige Zeit hatten: „Indeed, if Otto Gross was Expressionsm's psychoanalytical theorist and Kurt Hiller its political activist, then Friedlaender was its philosopher" (Taylor 1990, 118). Zudem gab es eine internationale Pressekampagne zur Unterstützung von Gross, die 1913 einsetzte, nachdem die Polizei ihn in Berlin überfallartig als „gefährlichen Anarchisten" verhaftet hatte und er nach dem Transport an die österreichische Grenze, auf Veranlassung seines Vaters, des Professors für Kriminalistik Hans Gross, in eine psychiatrische Anstalt bei Wien zwangseingewiesen wurde. In der von Franz Pfemfert in Berlin herausgegebenen „Aktion" und der von Johannes R. Becher in München herausgegebenen „Revolution" setzte sich die politische wie literarische Avantgarde dieser Zeit, gegen den autoritären Vater wie Staat, solidarisch für die Rechte eines der ihren ein (vgl. Hurwitz 1988, 11f). Niemandem, der mit der expressionistischen Bewegung damals in Kontakt stand, ist dieser dramatische Vater-Sohn Konflikt und diese Solidaritätskampagne entgangen.

Gross nimmt folgende Position ein: Wenn die sozialen Verhältnisse den Menschen krank machen, so ergibt sich die Forderung der „Revolution als menschheits-hygienische Notwendigkeit und der innerlichen Befreiung des revolutionären Menschen als klinische Vorarbeit" (Gross in Hurwitz 1988, 100). Gegen Freuds Forderung, sich aus der Politik und dem Sozialen herauszuhalten und bei der therapeutischen oder ärztlich-klinischen Tätigkeit zu bleiben, die sich zuerst direkt auf Gross bezog und sich später auch gegen Reich richtete, argumentierte er: „Das ganze Leiden dieser ganzen Menschheit an sich selber und alle Hoffnung, dass es anders werde: das ist unsere Klinik" (in ebd.). Gross war der erste, der die Psychoanalyse aus dem ärztlich-naturwissenschaftlichen Bereich in den Bereich der kritisch-praktizierenden Sozialwissenschaften versetzt hat, der Urvater der Berliner Linksfreudianer der zwanziger und dreißiger Jahre und insofern auch der Vorläufer der Deutung der Psychoanalyse Freuds als kritische Gesellschaftsanalyse durch die Frankfurter Schule.

Psychoanalyse, nach Otto Gross, „lehrt das Freiheitswidrige im eigenen Innern als Folge der Gebundenheit an eine freiheitswidrige Gesellschaftsordnung zu erkennen" (in ebd., 210). Die Konsequenz: Die Rückeroberung der verdrängten Persönlichkeitsanteile und die Befreiung vom mächtigen Fremd- und Außendruck. Dies bedeutete für Gross den „Kampf gegen die Anpassung überhaupt und damit gegen das Prinzip der Autorität in jeder, zum mindesten in jeder der zur Zeit bestehenden Form, im Inneren der Familie und der Beziehungen von Mensch zu Mensch wie im Verhältnis zu Staat, Kapital und Institution (...)" (in ebd., 209).

Der Zentralkonflikt war für Gross der „Konflikt des Eigenen mit dem eindringenden Fremden" (Gross 2000, 130). Als Generationskonflikt war er auch für Perls von Bedeutung, wie ich weiter oben im Kindheitskapitel geschildert habe, wo er die Forderung der Eltern und der wilhelminisch-patriarchalischen Gesellschaft, sich unterzuordnen und eine Untertanenmentalität zu entwickeln, als Versuch erlebte, seine Individualität auszulöschen. Entsprechend der ähnlichen Erfahrungslage tauchten schon bei Gross für das Konzept der Gestalttherapie zentrale Konzepte wie Kontakt, Introjektion und Selbstregulation etc. auf.

Die Ursache innerer Konflikte liegt für Gross im Konflikt zwischen Individuum und Gesellschaft, nicht in den „Tatsachen der Natur" (in ebd., 72), was gegen Freud ging. Gross sprach vom Zwang zur Anpassung als Kontaktbedingung, der den menschlichen Beziehungen ein masochistisches Element verleihe (vgl. Gross 2000, 129). Hier war schon der Konflikt von Reich mit Freuds biologistischer Theorie von Todestrieb und

Masochismus vorgezeichnet. In Sinne von Gross und Reich hielten später sowohl die Frankfurter Schule als auch Perls und Goodman den sogenannten inneren Konflikt für einen verinnerlichten Konflikt, der zur Introjektbildung und Verdrängung, zur Abspaltung von Persönlichkeitsanteilen und Impulsen, oder mit den Worten von Perls und Goodman, zur „Selbstkolonisation" oder[97] „Selbstvergewaltigung" führt. Für Perls und Goodman waren dabei nicht die Konflikte, weder die Inneren noch die zwischen persönlichem Bedürfnis und gesellschaftlicher Norm, neurotisch, sondern für sie galt: „Die Neurose ist vielmehr das voreilige Befrieden des Konfliktes" (ebd., 153). Dies geschieht durch unschöpferische Imitation der introjizierten Autorität, durch sinnliche Taubheit und vor allem die Unterdrückung der Erregung und der Aggression, die eigentlich schöpferisch auf Veränderung, auf Neues aus ist. Perls wie Goodman traten in den USA, jeweils auf ihrem Spezialgebiet, der Therapie bei Perls und der Sozialreform bei Goodman, für das Schüren der Konflikte ein. Im offenen Auftreten der Kräfte sollte sich etwas Neues bilden, das die unbefriedigende und quälende persönliche oder soziale Stagnation überwand.

5.8.3. Das Kontaktbedürfnis: Einsamkeit oder Unterwerfung

Otto Gross ist einer der fast vergessenen Pioniere einer Psychotherapie, für die Beziehungsstörungen und nicht lediglich Triebkonflikte im Mittelpunkt stehen. Aus eigener Erfahrung war ihm, viel früher als anderen Vertretern der Psychoanalyse, die Bedeutung der frühen Mutterbeziehung und die zentrale Bedeutung der Selbstwertproblematik klar. Lange vor Renè Spitz, hat Gross den Mangel an Liebe als Ursache für den kindlichen Hospitalismus benannt und es erinnert an Kohuts schönen Satz vom „Glanz im Auge der Mutter", wenn Gross in seinem Aufsatz „Über Einsamkeit", ganz im Gegensatz zu den damaligen Erziehungsvorstellungen, schreibt: „Der Mensch ist keine Maschine, die man mit Öl und Kohle speist und nach Fahrplan laufen lässt. Ein Pflänzlein ist das neugeborene Kind, das mit Liebe gehegt und gepflegt sei will und das den Sonnenschein beglückenden Blickes und die Wärme des liebenden Armes verlangt" (Gross 2000, 148).

Entsprechend sah bereits Gross die „Sexualität als Kontaktbedürfnis"

(Gross 2000, 130) und schrieb lange vor den Objektbeziehungstheoretikern, der Gestalttherapie (vgl. Bocian 2000, 79f) oder der Selbstpsychologie: „Die ... ursprüngliche Sexualität des Kindes ist Trieb nach Kontakt, im physischen und psychischen Sinne" (Gross ebd., 129). Das Kind darf nach Gross aber nicht nach seinen eigenen Gesetzen in Kontakt treten, letztlich nicht auf seine ihm gemäße Weise lieben. Es wird nicht verstanden und es fühlt sich in seiner Art, sich auf den Anderen zuzubewegen, nicht verstanden. Es wird zurückgewiesen und reglementiert: „Die Angst der Einsamkeit, der Trieb zum Anschluss zwingt das Kind, sich anzupassen: die Suggestion von fremdem Willen, welche man Erziehung nennt, wird in das eigene Wollen aufgenommen. Und so bestehen die Meisten geradezu allein aus fremdem Willen" (Gross in Bergius 1993, 71).

Das andere basale Bedürfnis, der „Trieb" die eigene Individualität zu erhalten, das Bedürfnis nach Autonomie, gerät so in Konflikt mit dem Bedürfnis nach Kontakt, weil Kontakt mit dem anderen oft nur durch Selbstaufgabe und „Unterwerfung zwecks Vermeidung der Einsamkeit" (Gross in Nitschke 2000, 136) möglich ist. Ganz in diesem Sinne hat Perls später geschrieben, dass, wenn ich nicht auf die geforderte Art und Weise in Beziehung trete, ein Prozess in Gang kommen kann, „bei dem Schuldgefühle und die Angst, ein Außenseiter zu sein, eine große Rolle spielen (...)„ (Perls 1991, 66). So wird oft die Fähigkeit des Neinsagens nicht voll entwickelt, um „die Kränkung des Nichtdazugehörens zu vermeiden" (Perls et. al. 1991, 252). Das Bedürfnis nach Kontakt verwandelt sich im neurotisierenden Unterwerfungsprozess in „Pseudokontakt" (ebd.). Wenn „ein Individuum aufwacht und wieder zu Sinnen kommt" (ebd., 67), also wieder sich selbst und seine Bedürfnisse spürt und behauptet, gerät es für Perls unter Umständen „in Konflikt mit seiner Umwelt, es wird von Familie und Freunden isoliert, eine Gestalt, die sich vom Hintergrund der Gemeinschaft abhebt, ein Objekt der Feindseligkeit und Verfolgung" (ebd.). Diese Beschreibung trifft meiner Ansicht nach sowohl auf Otto Gross wie auf Wilhelm Reich zu.

Perls selbst hat gelehrt und vorgelebt, den Kontakt vor allem auf die Grenze zwischen Ich und Umwelt zu richten, um genau zu erspüren, ob das Fremde assimilierbar im Sinne der Bereicherung und einer akzeptablen Veränderung ist, oder ob es notfalls zurückgewiesen werden muss, da es als usurpatorisch, bedrohlich und nicht kompatibel empfunden wird.

Seine persönliche Fähigkeit zum Autonomieerhalt ging oft mit dem Ausweichen vor Bindung und Verantwortung einher und der Preis für seine auf den Moment konzentrierte und beschränkte enorme Kontaktfähigkeit, war oftmals eine Form von Einsamkeit (vgl. Gaines 1979).

Die hier angesprochene Strömung innerhalb der psychoanalytischen Bewegung, die von Gross über Reich zum frühen Perls verläuft, hat die organismische Selbstregulation betont, weil ihre Konflikt- und Beziehungstheorie als Affekttheorie eine körperliche Basis hat. Gross schrieb hierzu: „Die sozialen Beschränkungen gestatten dem Individuum unter bestimmten Bedingungen nicht, seine biologischen Regulationen, d.h. seine Affekte zu Ende zu leben. Das ist das Moment des pathogenen Konfliktes" (Gross in Nitzschke 2000, 149). Therapie nach Gross kann die Über-Ich und Introjekt-Steuerung beseitigen und zur „Annullierung der Erziehungsresultate zugunsten einer individuellen Selbstregulation" (in ebd., 147) führen. Eine selbstregulierte „neue Gleichgewichtslage" (in ebd., 148) und „biologische Ökonomie" (ebd.) ist möglich. Diese Verbindung von Gesellschaftskritik und Biologie findet sich bis in die Wortwahl hinein auch bei Reich und Perls. Wenn Perls in seiner therapeutischen Praxis die Förderung der körperlichen Selbstwahrnehmung wichtig war, dann ging es hierbei auch darum, wieder mit der individuellen biologischen Realität in Kontakt zu kommen, die als „subjektives Sinnsystem ... den herrschenden Ordnungen, der Ordnung der Herrschenden widersteht" (Lorenzer 1993, 198).

Für die jungen „Empörernaturen" (Hausmann 1982a, 32) ging es immer wieder im Sinne Mynonas um das Ausbalancieren der Pole Isolierung und Konfluenz. Schon in seinem ersten Buch diskutierte Perls diese Problematik, die er als Spannung zwischen der Konfluenz als „Mangel an Individualität" (Perls 1991, 206) und dem „völligen Widerstand gegen Konfluenz" (ebd.) als eine Form von „Schein-Individualität" (ebd.) beschrieb. Zwischen „Pseudokontakt" und „Schein-Individualität" hat er nach einer Möglichkeit gesucht, in Kontakt mit der Gesellschaft zu bleiben, die ihm als Individuum ein ausreichendes Maß an autonomen Wachstumsmöglichkeiten erlaubte und weder Unterwerfung und konfluente Auflösung im Ganzen, noch eine selbstdestruktive Isolierung bedeutete. Hinzu kam der Versuch, auch verändernd auf die Gesellschaft einzuwirken, ohne „Zerstörer zu werden, wie die Nazis" (ebd.). Perls hat das immer wieder ausprobiert und dem für ihn akzeptablen Weg zusammen mit Goodman den Begriff „kreative Anpassung" gegeben. Bei diesem für die Gestalttherapie zentralen Terminus geht es um ein persönliches Wachstum, das sich in einem konkreten sozialen Umweltfeld realisiert, wobei dieser Prozess sowohl gegenseitige Anpassung, als auch Konflikt und destrukturierende Aggression umfasst. Daneben geht es auch um die Bereitschaft, in bestimmten Situationen vollständig konfluent zu sein, Ja zu sagen, und entsprechend in anderen Situationen Nein sagen zu können und einen klaren Trennungsstrich zu ziehen. Goodman nannte das „drawing a line" und hat genau wie Perls dieses Konzept, mit all seinen Gratifikationen und Risiken, immer wieder gelebt.

Gross, und das macht den Unterschied zu den von Mynona beeinflussten Polaritätstheoretikern Hausmann und Perls aus, ist aus dem Balancieren in die Isolierung und Selbstzerstörung geraten, woran der Tod seines Vaters als identitätsstiftender negativer Gegenpol und seine Rauschgiftsucht erheblichen Anteil hatten. Im Winter 1920 wankte er, physisch wie psychisch zerstört, durch die Straßen Berlins, blieb irgendwo liegen, wurde von irgendwem in die Pankower Klinik gebracht und starb dort.

Die Theorie von Otto Gross, gerade wenn man sein Ende betrachtet, kann wie jede Theorie auf Ursprünge und Motive in Kindheitskonflikten zurückgeführt werden, die sich in Strukturdefekte und Verhaltenskonflikte umgesetzt haben (vgl. Nitzschke 2000, 112f). Aber das ändert nichts daran, dass Gross einer nicht unbeträchtlichen Anzahl von Menschen seiner Generation eine überindividuelle Erklärung für ihr Leid bot und dass er auf Grund seiner Störungen sensibel war, für das Verständnis bestimmter Gefühle, innerer Konflikte und Beziehungsprobleme, die nicht zu trennen sind von der Art der Organisation des menschlichen Zusammenlebens in einer bestimmten Kultur und Gesellschaft.

Auf Grund seiner radikalen Theorien, seiner Versuche, auch im Privatbereich den von ihm propagierten Angriff auf das Patriarchat zu leben, seine Klinikaufenthalte und seine Drogensucht, ist Otto Gross von der eben erst gesellschaftsfähig gewordenen Psychoanalyse als eine Gefahr wahrgenommen worden (vgl. Hurwitz 1988, 210).[98] Entsprechend haben Freud und Jung, die Gross einiges zu verdanken haben, sich von ihm persönlich und wissenschaftlich distanziert. Ein solch widersprüchlicher, kreativer und unkonventioneller Selbstdenker wie Otto Gross, hat meiner Ansicht nach, nicht nur wegen der Nähe seiner zentralen Thesen zum Kern der gestalttherapeutischen Theorie, durchaus Platz in der Ahnenreihe der Gestalttherapie, in der sich schon einige der kreativen Dissidenten und Paradiesvögel der psychoanalytischen Bewegung befinden. Serge Ginger hat Sandor Ferenczi einen „Großvater" der Gestalttherapie genannt (vgl. Antonelli 1997, 511),[99] ich möchte ihm Otto Gross als einen weiteren Großvater an die Seite stellen.

6. DIE JAHRE DER WEIMARER REPUBLIK

Kehren wir zurück in das Berlin der zwanziger Jahre, genauer in das Jahr 1922, das Perls für seine intensive Wiederannäherung an die Berliner Großstadt-Bohème angab und das auch das letzte Jahr war, in dem Dada-Aktionen stattfanden.[100] Nach 1922 gingen die einzelnen Künstler eigene Wege und die Weimarer Republik, die erste demokratische Republik auf deutschem Boden, näherte sich dem Ende ihrer ersten Phase.

6.1. Frühe Krisenjahre: Antisemitismus und Inflation

Die Zeit von 1918 bis Ende 1923 war geprägt durch Revolution und Konterrevolution, durch blutig niedergeschlagene Arbeiterunruhen und Aufstände rechter wie linker politischer Kräfte, durch ausländische Besatzung, politische Morde und eine zunehmende und sich ins Ungeheure steigernde Inflation. Zwischen 1919 und 1921 wurden von Personen aus dem rechten politischen Lager insgesamt 318 Morde an Linken oder Demokraten verübt, für die die Täter lediglich insgesamt 31 Jahre Gefängnis erhielten. Auf die 16 Morde, die von Linken an Rechten verübt wurden, gab es acht Todesurteile und insgesamt 239 Jahre Gefängnis (vgl. Kunstamt Kreuzberg Hg. 1977, 145). Dies war ein deutlicher Ausdruck der Machtverhältnisse im Staatsapparat, wurde von linksliberalen bis linksextremen Kräften als Klassenjustiz verstanden und brachte diese noch weiter auf Distanz zur Weimarer Republik. Nicht nur die politische Rechte, auch die Kräfte links von der SPD waren Gegner dieser ersten deutschen Demokratie und beide Lager strebten letztlich eine autoritäre Überwindung des Weimarer Demokratieversuches an.

Der Antisemitismus hatte nach dem Kriegsende massiv zugenommen (vgl. Bergmann 2002, 70f). Zum einen wurden „die Juden" sowohl für die Kriegsniederlage verantwortlich gemacht als auch für die Gefahr einer bolschewistischen Revolution und Diktatur. Zum anderen hatte sich die Anzahl der Juden aus dem Osten Europas erhöht.

Während des Weltkrieges war die deutsche Armee im Osten auf die traditionelle ostjüdische Zuneigung zur deutschen Kultur und Sprache gestoßen und hatte sich, dieses Sentiment ausnutzend, als Befreier der russischen Juden vom Joche Moskaus präsentiert. Zahlreiche orthodoxe Juden waren vor den Pogromen in Osteuropa nach Deutschland geflohen, hinzu kamen noch ca. 35 000 Juden aus Polen und Russland, die man zwangsverpflichtet oder mit „Arbeitsverträgen, die einer Gefangennahme gleichkamen" (Geisel 1981, 17), quasi als Zwangsarbeiter nach Deutschland transportiert hatte. Sie wurden beispielsweise in der Rüstungsindustrie und beim Ausbau der Berliner S-Bahn eingesetzt. Diese sogenannten Ostjuden unterschieden sich durch ihr Äußeres, durch ihre Sprache, ihre religiösen Riten und kulturellen Sitten von den assimilierten deutschen Juden. Sie wurden in einer Zeit, in der die Republik sich in einer schweren Krise befand und für die Mehrheit der Bevölkerung Arbeitslosigkeit, Hunger und Elend den Alltag bestimmten, zur Projektionsfläche für Angst und Hass. Wie letztlich immer in solchen Zeiten, wurden die Fremden auch als direkte Konkurrenten auf dem Arbeitsmarkt betrachtet und so kam es Anfang November 1923, im Berliner Scheunenviertel hinter dem Alexanderplatz, in dem einige tausend dieser Ostjuden sich in einigen kleinen Straßen[101] zusammendrängten, zu einem Judenpogrom. Plündernd und misshandelnd zog eine große Menge mit dem Ruf „Schlagt die Juden tot!" (Peukert 1987, 162) durch die engen Gassen.

Im Jahre 1923 ging die Polizei noch gegen die durch Agitatoren aufgehetzte Menge vor und der Reichsbund jüdischer Frontsoldaten war führend an der Organisation eines bewaffneten Selbstschutzes beteiligt, der bei den Krawallen in Aktion trat (vgl. Bildarchiv 1983, 340). Es handelte sich hier, nach einer langen Zeit der fehlenden Gefahr physischer Angriffe im kollektiven Alltagsleben, um den ersten rassistischen Gewaltakt dieser Art nach dem Weltkrieg, und zugleich um den letzten, der noch auf konkret-sinnlichen Fremdheitserfahrungen beruhte. Die Aggressionen der Nationalsozialisten richteten sich gegen einen abstrakten Juden, der unabhängig von der gesellschaftlichen Eingliederung, Anpassung oder vom Aussehen, pseudowissenschaftlich in der genetischen Ausstattung des betreffenden Menschen zu finden war.

Einer der belastendsten Faktoren für den Alltag der Bevölkerung war die Geldentwertung. Klaus Mann schrieb: „Nach der blutigen Ausschweifung des Krieges kam der makabre Jux der Inflation! (...) Haben einsame Denker einst von einer ‚Umwertung aller Werte' geträumt? Statt dessen erlebten wir nun die totale Entwertung des einzigen Wertes, an den eine entgötterte Epoche wahrhaft geglaubt hatte, des Geldes. Das Geld verflüchtigte sich, löste sich auf in astronomische Ziffern. Siebeneinhalb deutscher Reichsmark für einen amerikanischen Dollar! Neun Milliarden! Eine Billion! (...) Die Herren Krupp und Stinnes werden ihre Schulden los: der kleine Mann zahlt die Rechnung. (...) Der Dollar steigt: Lassen wir uns fallen! Warum sollten wir stabiler sein als die Währung? Die deutsche Reichsmark tanzt; wir tanzen mit!" (K. Mann 1991,124f).

Perls erinnerte sich noch gut an die Inflationszeit in Berlin: „Das Papiergeld musste in Taschen transportiert werden. Die Leute beeilten sich, um am Abend noch etwas für das Geld zu bekommen, das sie während des Tages verdient hatten, denn am nächsten Morgen war es nur noch die Hälfte wert" (Perls 1981, 76). Perls hatte Glück, denn in dieser für die Mehrheit der Bevölkerung bitterarmen Zeit, verhalfen ihm zwei Patienten seiner nervenärztlichen Praxis zu Geld. Es handelte sich um einen Bankier, der ihm zu einem günstigen und profitreichen Aktienkauf riet, und einen Metzgermeister aus Bremerhaven, der einmal pro Woche wegen seiner Kopfschmerzen per Zug nach Berlin kam und mit Fleisch und Würsten bezahlte. Damit konnte Perls seine Eltern und seine Schwester Else, bei denen er wohnte, gut versorgen.

Die Situation verbesserte sich noch, als Perls von seinem Patienten eingeladen wurde, zweimal die Woche nach Bremerhaven zu kommen, um dort Patienten zu behandeln. Bezahlt wurde in Golddollar und der Besitz von 500 Doller machte Perls schließlich zu einem reichen Mann. Von dem Geld ließ er erst einmal seine Dissertation und seine Doktorurkunde drucken und versorgte 1922 den verehrten und sicherlich in dieser Zeit hungernden Salomo Friedlaender mit Lebensmittelpaketen (vgl. ebd., 75). Er legte den Großteil des Geldes nicht in Immobilien an, wie viele es taten, sondern reiste in der zweiten Jahreshälfte 1923 nach New

York, wo ein Familienmitglied lebte. In der neurologischen Abteilung des Hospital for Joint Diseases assistierte er einem Arzt,[102] bei dem er eine Nervenpunktmassage bzw. akupressurähnliche Technik erlernte (vgl. L. Perls in Sreckovic 2000, 30). Diese Art „Körpertherapie und Rekreationsarbeit: Diathermie[103] und Massage“ (ebd. 55), betrieb er auch noch, als er parallel psychoanalytisch behandelte. Das bedeutet, dass er von Anfang an einen körperlichen Bezug zu einem Teil seiner Patienten hatte, den er allerdings noch nicht mit seinen psychoanalytischen Erfahrungen zusammenbrachte. Nach ca. sechs Monaten kam Perls aus New York zurück und nahm im Frühjahr 1924 seinen Praxisbetrieb in Berlin wieder auf. Seine Schwester Grete erinnerte sich daran, dass ein Hauptgrund für die Rückkehr die verbesserte ökonomische Situation in Deutschland war (vgl. Gaines 1979, 3).

6.2. Die „Golden Twenties“: Amerikanismus und Kälte-Metapher

In der Tat begann um diese Zeit die zweite, ökonomisch wie politisch relativ stabile Phase der Weimarer Republik, die bis zur Weltwirtschaftskrise 1929 dauerte. Von 1924 bis 1928 gab es Minderheitsregierungen oder Bürgerblockkabinette inklusive der Deutschnationalen Partei. Die SPD war in dieser Zeit nicht an den Regierungen beteiligt. Außenpolitisch kamen durch Außenminister Stresemann Verträge mit der Sowjetunion und Frankreich zustande. Es wurde auf Burgfrieden zwischen Arbeit und Kapital gesetzt und auf technischen Fortschritt. Die deutsche Wirtschaft nahm Dank der amerikanischen Investitionen und Kredite, die eine Stabilisierung Deutschlands angesichts der Attraktivität des sowjetischen Modells im Sinne hatten, einen enormen Aufschwung. Amerika wurde Leitbild eines neuen Gesellschaftsmodells, das als dritter Weg zwischen Kapitalismus und Sozialismus aufgefasst wurde. Die amerikanische Gesellschaft erschien zahlreichen deutschen Zeitgenossen als sachlich, effizient, demokratisch und letztlich ohne große Klassenunterschiede. Amerika wurde als Land des Pragmatismus, des Tatsachenkults und der sachbezogenen Arbeitsverhältnisse gesehen. In diesem Land schien man endlich sachlich geworden zu sein und statt des Streites um die richtige oder falsche Ideologie ging es anscheinend lediglich um zu lösende Organisationsprobleme, wie Henry Ford in seiner damals populären Autobiographie schrieb. Nicht der aus dem Wilhelmismus bekannte Personenkult schien zu dominieren, sondern dort war man anscheinend an den Sachen interessiert. Diese Wahrnehmung Amerikas speiste sich auch aus der Hoffnung auf eine endgültige Entfeudalisierung der deutschen Gesellschaft und das sachliche Amerika wurde von linken und liberalen Kreisen als wohltuende Alternative zur wilhelminischen Großmannssucht und zum mystisch-völkischen Denken und Reden wahrgenommen. Eine Amerikabegeisterung oder zumindest eine Amerika-Sympathie fand sich in diesen Jahren auch bei Teilen der kulturellen Avantgarde, beispielsweise bei Georg Grosz oder Bert Brecht. Perls hat sich ja einige Monate in Amerika aufgehalten, wo es ihm nicht gefallen hatte, und wird die idealisierte Sichtweise der USA wohl nicht geteilt haben.

Taylorismus und Fordismus brachten eine Veränderung des konkreten Arbeitsprozesses durch die Zerlegung des Herstellungsprozesses in unendlich zu wiederholende Einzelbewegungen mit sich. Die Arbeiter wurden zunehmend zu Anhängseln der Maschine und der Stoppuhr, ihre Arbeitswelt wurde durch Stücklohn und Akkordarbeit strukturiert. Entsprechend nahmen die Arbeiter in den Fabriken, auf Grund ihrer direkten Erfahrung, die technologischen und sozialen Veränderungen anders wahr als die Weimarer Intellektuellen, die sich theoretisch und kunstästhetisch an den neuen technologischen Phänomenen abarbeiteten. Für sie trat als Ideal an die Stelle des Bohèmiens oder des spätexpressionistischen Ekstatikers zunehmend der amerikanische Pragmatiker. Der Macher, der Ingenieur löste das künstlerische Genie ab und als neues Leitbild wurde der Tätige propagiert, der sich der Sache und der Allgemeinheit widmet. Hier wurde die Frage der Eigentums- und Machtverhältnisse nicht gestellt. Zahlreiche Intellektuelle verbanden deshalb nach 1925 ihre durchaus vorhandenen Sympathien für diese neue gesellschaftliche Rationalität mit der Technikorientierung und den kollektivistischen Idealen des neuen Sowjetstaates. Dies bot die Möglichkeit, neben der Zustimmung zu den modernen technischen Zeitphänomenen, die eigene „expressionistische“ Sehnsucht nach einer egalitären Brüdergesellschaft aufrechtzuerhalten. Die Diktatur des Proletariats, und als Proletariat wurden in diesen Jahren meist alle Tätigen, Schaffenden und Kreativen betrachtet, wurde im Sinne von Marx und speziell Lenins eher anarchistisch anmutender Schrift „Staat und Revolution“ als eine Übergangsperiode definiert, die zum Endziel der sozialistischen Gesellschaft führen sollte, zum klassen- und staatslosen Kommunismus.

In der Kunst hatte schon um 1920 der russische Konstruktivismus Fuß gefasst. Einer der ersten Vertreter war John Heartfield, der sich, nun im Arbeitsanzug auftretend, zu dieser Zeit Monteurdada nannte. Das Leitbild des Ingenieurs, des Arbeiters entwickelte sich zu einer Art Proletkult. Am Bauhaus trug Lazlo Moholy-Nagy ebenfalls einen Monteuranzug und Berthold Brecht zeigte sich in maßgeschneiderter proletarischer Ledertracht.

Um 1924 wurde dann der Begriff Sachlichkeit zur Grundlage der meisten sich fortschrittlich verstehenden Bewegungen. Im Namen der Sachlichkeit versuchten zahlreiche linksorientierte Intellektuelle und Künstler eine „Synchronisierung mit dem zivilisatorischen Prozess" (Lethen in Glaser Hg. 1989, 169). In einem Zeitungsartikel von 1930 hieß es, bereits analytisch auf das angesprochene Phänomen rückblickend: „Lange genug war bei uns die glorreiche Disziplin der Technik nur in Form von Tank, Mine, Blaukreuz zum Vorschein gekommen und zwecks Vernichtung von Menschenleben. In Amerika stand sie im Dienst des Menschenlebens. Die Sympathie, die man für Lift, Funkturm, Jazz äußerte, war demonstrativ. Sie war ein Bekenntnis. Sie war eine Art, das Schwert zur Pflugschar umzuschmieden. Sie war gegen Kavallerie; sie war für Pferdekräfte" (in Glaser Hg. ebd., 169).

Die lebensphilosophisch unterfütterte Entfremdungsklage und die kritische bis ablehnende Einstellung der Expressionisten zur Technik, schlug in ein Lob der Technik und die Wertschätzung des Funktionalismus um.[104] Zunehmend wurden Trennung, Mobilität, Transparenz, Apparat, Typus und Helligkeit positiv besetzt und summierten sich in der „Kälte-Metapher" (Lethen in Glaser ebd., 172f). Die Kälte-Metapher war nicht nur ein negativer Ausdruck für das Erleben der metaphysischen Obdachlosigkeit, sondern auch gegen die Enge der deutschen Spießerwärme gerichtet, meinte Mobilitätsgewinn und Erweiterung der Selbstbestimmung. Linke Künstler wie Grosz und Dix kultivierten den „kalten Blick", der die Hässlichkeit und das Leiden der Zeit und der in ihr lebenden Menschen wahrnahm, und ein revolutionärer Rechter wie Ernst Jünger pries die Fotografie, weil sie „außerhalb der Zone der Empfindsamkeit" (in ebd., 174) registrierte. Der spätere Bauhausdirektor Hannes

Meyer schrieb 1926: „Radio, Marconigramm und Telephoto erlösen uns aus völkischer Abgeschiedenheit zur Weltgemeinschaft. (...) Unsere Wohnung wird mobiler denn je: Massenmiethaus, *sleeping-car,* Wohnjacht und Transatlantique untergraben den Lokalbegriff der Heimat „ (in Glaser Hg. 1989, 173).

Der Verlust der alten Bindungen und Wertorientierungen wurde zum Teil kompensiert durch die Erfahrung der Freiheit und Eigenverantwortung des Einzelnen. Gerade die großstädtische Avantgarde nutzte die neuen Möglichkeiten zur persönlichen Entwicklung und Entfaltung. Speziell im Bereich der Sexualität und der Zweierbeziehungen gab es neuen Erfahrungsspielraum. In diesem Lebensbereich verhielt sich Fritz Perls „neusachlich" und schrieb etwa im Rückblick auf seine ärztliche Praxis in dieser Zeit: „Ich wandte vor allem Hypnoanalyse an und hatte außerdem noch viel Spaß" (Perls 1981, 78). Mit diesem Spaß sind wohl sexuelle Frauenkontakte gemeint, die sicherlich auch Patientinnen einschlossen. In den Monaten des Jahres 1927, in denen er sich in Wien aufhielt, vermisste er die „Möglichkeit einer freien und unproblematischen sexuellen Beziehung" (Perls 1981, 57), die er von Berlin her gewohnt war. In den entsprechenden Berliner Kreisen waren die Leitwerte Liebe und Romantik abgelöst worden, durch die Suche nach Abwechslung und Genuss. Es wurden neue Formen des Zusammen- und oft auch des sich Auslebens versucht, in denen Treue, Eifersucht und die romantische Rede von Seelenverwandtschaft etc. als veraltet und peinlich galten. „Bloß keine Sentimentalitäten" war ein Schlagwort und entsprechend wurde der Schwerpunkt vom seelisch Menschlichen auf das körperlich Sachliche verschoben und die Ausübung von Sexualität wurde als eine Art sportliche Veranstaltung angesehen und beschrieben. Auch das ging natürlich vor allem gegen die wilhelminische Spießermentalität, die lyrisch von der Himmelsmacht Liebe schwärmte und den eigentlichen sexuellen Impuls unterdrückte oder heimlich an verbotenen Orten auslebte. Einhergehend damit entwickelte sich für Männer wie Frauen ein schlankes und bewegliches Körperideal, das dem steif-patriarchalen und füllig-mütterlichen des Wilhelmismus entgegengesetzt war und durch die Kultfiguren des Boxers und des „Girl" repräsentiert wurde.

Vor dem Hintergrund der wilhelminischen Prüderie bedeutete die Rationalisierung der geschlechtlichen Beziehungen eine Enttabuisierung von Sexualität, die sich beispielsweise als „relative Duldung einer homosexuellen Subkultur, besonders in der Metropole Berlin“ (Peukert 1987, 109) äußerte. In den heterosexuellen Beziehungen profitierten die Männer meist von den neuen Freiräumen, empfanden die Anonymität als Befreiung und verstanden sich als Modern, wenn sie die Frauen nach „Gebrauch“ wieder verließen. Aber auch für die Frauen der Avantgarde war dieses neue, auf allen Gebieten eher sportliche Verhältnis zum Körper, sicherlich befreiend, was sich in der großen Popularität der neuen Gymnastik- und Tanzbewegung zeigte, die zu einer weiblichen Massenbewegung wurde.

Im Bereich Sexualität galt die Sowjetunion Anfang der Zwanziger Jahre vielen als Leitbild, weil dort Ehebruch, Inzest, Homosexualität und Abtreibung aus dem Bereich der strafbaren Handlungen herausgenommen worden waren, was nach der Machtübernahme durch Stalin wieder rückgängig gemacht wurde. Aus dem kommunistischen Lager heraus wurde vertreten, dass der Mensch von Natur aus polygam veranlagt sei und die bürgerliche „Besitzehe“ mit dem Kommunismus verschwinden würde (vgl. Hermand et. al. 1989, 86).

Insgesamt ist der Begriff „Amerikanismus“ ein Synonym für die sich in diesen Jahren in Deutschland rasant durchsetzende Moderne. Der Orientierungswechsel unter dem „Zeichen des ‚Amerikanismus‘ von der Alten Welt zur Neuen Welt, von der traditionell gebildeten Persönlichkeit zum voraussetzungslos rational geformten Massenmenschen“ (Peukert 1987, 181), fand Zustimmung wie Kritik. Bei den theoretischen Auseinandersetzungen um diese Entwicklung ging es den Protagonisten im Kern um die Frage nach dem Wert der eigenen Kultur und ihren Zukunftsmöglichkeiten. Angst vor einer Art Überfremdung durch die USA und Angst vor der Rationalisierung der gesamten Lebenswelt, die die Tradition nur als Ballast begriff, gab es nicht nur bei den Rechten und Konservativen, sondern auch im liberalen und linken Lager. Pro und Kontra entzündeten sich beispielsweise an der in diesen Jahren neu entstandenen Medienwelt, die durch die amerikanische Tanz- und Jazzmusik dominiert wurde und in die der Hollywoodfilm seinen Einzug hielt. Herbert Ihring urteilte im Jahre 1926 über die Millionen Besucher in den neu entstandenen Kinosälen: „Sie alle werden dem amerikanischen Geschmack unterworfen, werden gleichgemacht, uniformiert. (...) Der amerikanische Film ist der neue Weltmilitarismus. Er rückt an. Er ist gefährlicher als der preußische. Er verschlingt nicht Einzelindividuen. Er verschlingt Völkerindividuen“ (in ebd.).

Brecht, der im Kontext der Neuen Sachlichkeit und der Kälte-Metapher überhaupt erst seinen eigenen Stil fand und entwickelte, ironisiert in seinem Gedicht „700 Intellektuelle beten einen Öltank an“ den Technikkult in der Kunst:

„(...) Gott ist wiedergekommen
In der Gestalt eines Öltanks.
Du Hässlicher
Du bist der Schönste!
Tue uns Gewalt an
Du Sachlicher!
Lösche aus unser Ich!
Mache uns kollektiv!
Denn nicht wie wir wollen
Sondern wie du willst. (...)
(...)
Darum erhöre uns
Und erlöse uns von dem Übel des Geistes.
Im Namen der Elektrifizierung
Der Ratio und der Statistik!“ (Brecht in Peukert ebd., 185).

Gottfried Benn, der zur Zeit der Machtübernahme 1933, wie etwa auch Heidegger, in eine irrationale Euphorie verfiel und kurzfristig mit dem Nationalsozialismus sympathisierte, formulierte seine Kritik in diesen Jahren wie folgt: „Es gibt eine Gruppe von Dichtern, die glauben, sie hätten ein Gedicht verfasst, indem sie ‚manhatten‘ schreiben. (...) Die ganze deutsche Literatur seit 1918 arbeitet mit dem Schlagwort Tempo, Jazz, Kino, Übersee, technische Aktivität, bei betonter Ablehnung aller seelischer Probleme. (...) Ich bin der Meinung, dass die Philosophie des rein utilitaristischen Denkens, der Optimismus *a tout prix,* des ‚keep smiling‘, des dauernden Grinsens auf den Zähnen, dem abendländischen Menschen und seiner Geschichte nicht gemäß ist“ (Benn in Peukert ebd., 186).

Immer wieder trat die lebensphilosophisch-expressionistische Zivilisationskritik an die Oberfläche und die Klage um das, was Max Weber „Entzauberung der Welt“ genannt hat. Benn etwa sprach warnend von „Fachmenschen ohne Geist, Genussmenschen ohne Herz“ (in Peukert ebd., 186). Der Hintergrund für die Modernisierungskritik war nicht nur Traditionsverhaftung, sondern auch eine feine Wahrnehmung für die Schattenseiten der neuen Entwicklungen in Technik, Gesellschaft und Alltagsleben. In diesem Zusammenhang hält Lethen den neusachlichen Stil in vielen Fällen lediglich für einen Manierismus und die Vorstellung der „kalten und wurzellosen Intelligenz“, die für die Nationalsozialisten im Bild des jüdischen Kulturbolschewisten kulminierte, für eine Legende. Unter der kühlen sachlichen Form „verbirgt sich der Laut der expressionistischen Klage. Das macht die eigentümliche Sentimentalität aus, die Erich Kästner und Walter Mehring in ihren ‚sachlichen Romanzen’ darstellen und die Kurt Tucholsky als ‚Pose der Kraft‘ satirisch enthüllt“ (Lethen in Glaser ebd., 175). Die erwähnte „sachliche Romanze“ Kästners klingt so:

> *„Als sie einander acht Jahre kannten*
> *(und man kann sagen: sie kannten sich gut),*
> *kam ihre Liebe plötzlich abhanden,*
> *wie anderen Leuten ein Stock oder Hut“* (Kästner in Glaser ebd., 223).

Peukert hat darauf hingewiesen, dass sich im Bereich der Geisteswissenschaften die Kritik am modernen Zweckrationalismus oftmals mit Entwürfen „für eine kreative Aneignung und Ausgestaltung der modernen Lebenswelt verband“ (Peukert ebd., 189). Er nennt als Beispiele die Erneuerung der Geisteswissenschaften durch Dilthey und die sich an der Persönlichkeit des Kindes orientierende Reformpädagogik (vgl. ebd.). Zunehmend verband sich die Kritik an der Durchrationalisierung der Lebenswelt jedoch mit den politisch rechten und reaktionären Kräften. Durch die Kriegsniederlage, die Demütigung durch die Kriegssieger in Form der harten Bedingungen des Versailler Friedensvertrages und die ökonomischen Zusammenbrüche der ersten wie der letzten Republikjahre, „gewann die kulturkritische Erneuerungsbewegung einen immer stärker republikfeindlichen Zug, der ihr an sich nicht zugehörig sein musste“

(Peukert ebd., 188). Als Ende der zwanziger Jahre die relative Stabilisierung aller Lebensbereiche durch die Weltwirtschaftskrise erneut zerbrach und die Existenzsicherheit der Menschen bedrohte, „konnte diese Zivilisationskritik im Zeichen des Nationalsozialismus zum Aufstand des gesunden, bluts- und bodenmäßigen Deutschtums gegen den zersetzenden metropolitanen Modernismus hochstilisiert werden“ (ebd., 189).

6.3. Psychoanalyse: Die Erstkontakte

6.3.1. Sigmund Freud als Erlöser

Die Freudsche Psychoanalyse machte sich seit ihrer Entstehung für die Rationalisierung und Aufklärung im Bereich der Sexualität und der Triebe stark. Für sie handelte es sich bei der Sexualität um Biologie, und darüber konnte man offen und sachlich sprechen. Die Psychoanalyse versachlichte das Triebleben und kleidete es in eine medizinische und zumeist pathologisierende Sprache. Aber sie beschäftigte sich zugleich auf eine zutiefst der Romantik verbundenen Weise mit dem menschlichen Innen- wie Traumleben. Das Aufklären, Analysieren und Deuten in einer recht rationalen, deterministischen und besserwisserischen Art in der Praxis, verband die Psychoanalyse, und das gilt auf jeden Fall für den frühen Freud, mit der theoretischen Kritik an einer Rationalität und Vernunft, die sich zur Alleinherrscherin erklärt hatte. Wichtig war, dass dem Körper und der Sexualität ein besprechbares Existenzrecht eingeräumt wurde. Der junge Fritz Perls litt unter der wilhelminischen Tabuisierung und der Angstmacherei, vor den Folgen einer gelebten Sexualität. Entsprechend war Freud für Perls in der Jugendzeit eine wichtige Entdeckung: „In meiner Jugend griff ich Freud als meinen gebrauchsfertigen Erlöser auf. Ich war überzeugt, dass ich meine Erinnerung durch Masturbation zerstört hatte und Freuds Theorie kreiste sowohl um Sex, als auch um Erinnerung. Also war ich überzeugt, dass Psychoanalyse das einzige Heilmittel war“ (Perls 1981, 151).

Von Bedeutung für das Interesse an Freud war sicherlich auch, dass dieser mit seiner Auffassung vom Ödipuskomplex der expressionistischen Generation eine Erklärung für ihren Konflikt mit dem autoritären und meist emotional distanzierten Vater bot. Wie stark die mit diesem

Konflikt verbundenen Emotionen waren, lässt sich daran ablesen, dass in zahlreichen literarischen und dramatischen Werken des Expressionismus die dargestellten häuslichen Spannungen bis zum versuchten Vatermord gingen (vgl. Hermand in Grimm et. al. 1970, 203f). An der Inszenierung des Vaterkonfliktes, der jeder aufbegehrenden Generation vom Sturm und Drang bis zu den Expressionisten eigen war (vgl. ebd., 204), war neu, dass der ausgedrückte Protest jetzt „bis in die Tiefen oder Untiefen der Psychoanalyse hinabzureichen versuchte" (ebd., 207).

Mit der „Ödipuskonflikt" genannten Dynamik hatte sich Siegmund Freud bereits 1900 in seiner Traumdeutung beschäftigt. Freuds Buch „Traumdeutung" hatte auf den jungen Fritz Perls, ebenso wie auf die beiden anderen wichtigen Mitbegründer des späteren gestalttherapeutischen Ansatzes, Lore Perls und Paul Goodman, eine faszinierende Wirkung. Außer in Freuds Traumdeutung wurde das Vaterthema auch in den Arbeiten von Otto Rank, etwa in „Der Mythos von der Geburt des Helden" (1909) und in einigen Studien von Karl Abraham und Carl Gustav Jung behandelt. In diesen Arbeiten ging es nicht nur um die Nöte der Einzelseele, „sondern um archaische Dinge wie Kastrationsangst, ödipale Bindung an die Mutter oder Vatermordgelüste, als sei der heutige Kulturzustand nur eine mühsam verschleiernde Maske, hinter der sich noch immer die ‚Bète humaine' des Homo heidelbergensis verberge" (Hermand in ebd., 208).

Bei der expressionistischen Generation trat noch hinzu, dass hier der Sohn durch die Erfahrung von Weltkrieg und Revolution in die „Rolle eines politischen Rebellen" (ebd.) hineinwuchs. Der eigene Vater repräsentierte meist auch die autoritäre patriarchalische wilhelminische Staatsordnung. Als erster Psychoanalytiker hat Paul Federn 1919 in seiner Arbeit „Die vaterlose Gesellschaft. Zur Psychologie der Revolution" die Revolution von 1918 genau in diesem Sinne als Aufstand der Söhne gegen die gesamte patriarchalische Weltordnung analysiert. Im Gegensatz zur Herrschaftsideologie des Vaters wurde laut Federn versucht, eine egalitäre kommunistische Brüdergesellschaft zu errichten, wofür man sich mit anderen „Aufruhrsöhnen" zusammenschloss (vgl. Federn in Dahmer Hg. 1980a, 65f). Hiermit hängt zusammen, dass viele linke Künstler die parlamentarische Weimarer Demokratie ablehnten und am Gedanken der Räterepublik festhielten, die sie als eine soziale und politische Form der

Selbstorganisation der Bevölkerung begriffen. Bei Perls, dem nicht zu Unrecht eine starke Ichbezogenheit und Egoismus nachgesagt wird, klingt die Hoffnung der ersten Nachkriegszeit auf eine neue Gemeinschaft noch in den späten Erinnerungen nach: „Survived. Rebelliously involved in politics. (...) We – We! ... Creating a new world" (Perls 1993, 6). An anderer Stelle, ebenfalls in bezug auf Berlin nach 1918, sagte er: „Es war eine wunderbare Atmosphäre. Auch wir glaubten wirklich daran, dass wir die Welt erneuern könnten" (Perls 1980, 20f).

Siegfried Bernfeld weist auf Gründe für die Attraktivität der Freudschen Gedanken hin, die ich hier ausführlicher anführen möchte, da Bernfeld Zeitzeuge war und zusammen mit Perls zur angesprochenen Generation gehört hat: „Die wirtschaftliche und geistige Entwicklung von 1870 bis 1914 hat Familie, Religion, alle sexualhemmenden Instanzen, alle Schuldgefühlideologien tief aufgebrochen. In diese Bewegung für Ehereform, Sexualreform, Frauenfrage und soziale Frage trat die Psychoanalyse sehr früh ein" (Bernfeld 1974, 200). Das „auf einige Schichten der progressiven bürgerlichen Intellektuellen und Jugend eingeschränkte Publikum" (ebd.) der Psychoanalyse hörte Freuds wissenschaftlich vorgetragene Thesen: „Man wird krank an verdrängter Sexualität; Kunst und Dichtung sind Ausdrucksformen der Sexualität; der Traum hat Sinn, dunklen sexuellen Sinn" (ebd.). Freud tat nach Bernfeld einen „mutigen Sprung über die Kluft ... die Wissenschaft und Philosophie zwischen Leib und Seele aufgerissen hatten" (ebd.). Durch ihre Rolle bei der Befreiung der Sexualität aus dem viktorianischen und wilhelminischen Korsett der bürgerlichen Doppelmoral, zog Freuds Lehre bereits vor 1914 allerlei Bohèmiens, Kulturkritiker und vor allem viele Frauen an. Durch den Einsatz der Psychoanalyse und ihre Erfolge in der Behandlung von „Kriegszitterern" kam nach 1918 hinzu: „Das Trauma der uniformierten Kriegs- und Militärmedizin, hat die Vertrauensbindung an den Arzt arg zerstört ..." (ebd., 201). So musste „Freuds Heilmittel: Sprechenlassen statt Kommandieren, Hören statt Schneiden und Rezeptieren Vertrauen erwecken; und zu alledem war Freud doch Professor und seine Lehre Wissenschaft" (ebd., 202). Ein Erfolgsroman bei der Jugend war der von Hermann Hesse unter dem Pseudonym Sinclair veröffentlichte Roman „Demian", in dem es um die seelische Not des jungen verwundeten Soldaten Sinclair geht. Hesse schrieb diesen Roman nach der psychoanalytischen Behandlung seiner Depression durch einen Schüler von Carl Gustav Jung und stellt im Roman die Forderung auf: „Wahrer Beruf für den Menschen ist nur, zu sich selbst zu kommen."

Den Medizinstudenten Perls verband darüber hinaus noch etwas mit dem Arzt Freud. Beide waren eigentlich nicht interessiert daran Medizin zu studieren, um den Arztberuf auszuüben. Perls schrieb, dass er ohne wirkliches Interesse dieses Studium aufnahm, weil es die Tür zur Philosophie und zur Physiologie öffnete[105] und teilt in diesem Punkt genau die Einstellung Freuds. Dieser war über Goethes Aufsatz „Die Natur", der gewissermaßen das Programm der frühen deutschen Naturphilosophie enthält, zur Medizin gekommen. Freud begann dann bei Brücke mit dem Studium der „physikalischen Physiologie", bei der es darum ging, lebendige Natur bzw. Organismen zu studieren, ohne einen äußeren oder inneren Gott anzunehmen. Organismen, auch die menschlichen, unterlagen lediglich dem Wechselspiel physikalischer Kräfte und unterschieden sich von „leblosen materiellen Ganzen", also Maschinen etwa, durch ihr Assimilationsvermögen (vgl. Bernfeld 1988,63f). Auf dieser Traditionslinie liegt auch Perls, mit dem wichtigen Unterschied, dass er später Freuds Orientierung an der Vorstellung der mechanischen Kräftebewegungen durch die organismisch-ganzheitliche Theorie von Kurt Goldstein ersetzte und die Vorstellungen von Libidoenergie, Trieb, Druck, Gegendruck usw. aufgab.

Was Perls und andere junge Medizinstudenten aber erst einmal in bezug auf die Freudsche Psychoanalyse wahrnahmen, war: „Seelisches Leiden ist heilbar; sexuelles Leiden, Liebesleiden ist heilbar; rätselhafte körperliche Leiden, die aller ärztlichen Kunst spotteten, sind heilbar. (...) Die Psychoanalyse als wissenschaftliche Therapie ohne ärztlichen Apparat erregte therapeutischen Optimismus, sonderbarerweise trotz Freuds und der Psychoanalyse Skepsis, trotz des fast einstimmigen Anathems aller medizinischen Autoritäten" (Bernfeld ebd., 201).

In späten Erinnerungen weist Perls darauf hin, dass sein Onkel Eugen Rund, der schon lange praktizierender Arzt war, wie die Mehrheit seines Standes eine negative Einstellung gegenüber der Psychoanalyse hatte und um 1921 die Idee seines Neffen und jungen Arztkollegen verspottete, eine Krankheit durch Sprechen heilen zu wollte (vgl. Perls 1993, 6).

Was Bernfeld als Jude aus dem deutschen Kulturraum nicht erwähnte, ist die Tatsache, dass die überwiegende Anzahl des von ihm so genannten „Publikums“ in Berlin wie Wien, das den Weg in die psychoanalytische Ausbildung fand, aus deutsch-jüdischen Bürgerhäusern stammte. Für viele der jungen deutschen Juden war die Orientierung an der Psychoanalyse auch der Versuch, in eine Welt einzutreten, die ihnen Orientierung gab. Im Rückblick schrieb Perls: „Ich hatte versucht, die Psychoanalyse zu meiner geistigen Heimat, zu meiner Religion zu machen“ (Perls 1981, 61). Unruhige und kreative Psychoanalytiker wie Otto Rank, Wilhelm Reich oder Fritz Perls, haben in der Psychoanalyse keine bleibende Heimat gefunden. Sie benötigten wohl mehr geistigen Bewegungsspielraum, als die sich immer straffer und enger organisierende kleine psychoanalytische Welt zu geben in der Lage war.

Fritz Perls begann seinen praktischen Kontakt mit der Psychoanalyse durch eine Behandlung bei Karen Horney, die dann anscheinend direkt zu einer Lehranalyse wurde. Anlass war für Perls der sich zunehmend problematischer gestaltende Kontakt mit Luzy, einer entfernten Verwandten. Mit dieser anscheinend ungemein attraktiven Ehefrau und Mutter unterhielt Perls ein obsessives sexuelles Verhältnis, das auch allerlei für diese Zeit typische sexuellen Experimente, wie Sex zu dritt und Sex zwischen Paaren einschloss. Perls, der sich für hässlich hielt, war überwältigt vom starken sexuellen Interesse dieser Frau an ihm und geriet anscheinend in so etwas wie eine „verhängnisvolle Affäre“.

6.3.2. Karen Horney: Menschliches Engagement und Wachstumshoffnung

Die psychoanalytische Ausbildung von Perls begann also 1925 bei Karen Horney (vgl. Bocian 1992 a) und endete, was Deutschland angeht, im Jahre 1933 bei Wilhelm Reich. Beide schätzte er und von ihnen nahm er bereitwillig theoretische und therapeutische Impulse auf. Für Karen Horney, die einzige wichtige psychoanalytische Lehrerin, die keinen jüdischen Hintergrund hatte, empfand er eine Art Liebe. Er erlebte sie als warm und sie war einer der wenigen Menschen, denen er in seinem Leben vertraute (vgl. Perls 1981, 50).

Horney arbeitete schon 1915 in der Berliner Psychoanalytikergruppe mit und wurde bei Gründung des Berliner Instituts 1920 auch Mitglied.

Im Institut war sie fest integriert, zu ihren Freunden zählten viele der linksorientierten Kollegen wie Erich Fromm, Siegfried Bernfeld, Ernst Simmel, sowie der Pionier der Psychosomatik und „wilde Analytiker" Georg Groddeck aus Baden-Baden.

Die Berliner Jahre (1932 ging Horney aus beruflichen Gründen in die USA), wurden geprägt durch ihre Beiträge zur „Psychologie der Frau", die sich gegen das bei Freud vorherrschende patriarchalische Bild von der biologisch begründeten Minderwertigkeit der Frau wendeten. Ihre Vorträge und Artikel trugen Titel wie: „Die prämenstruellen Verstimmungen", „Gehemmte Weiblichkeit", „Das Misstrauen zwischen den Geschlechtern" und „Die Verleugnung der Vagina". Inhaltlich stand sie oft im Gegensatz zu den Positionen von Helene Deutsch in Wien, die Freuds Thesen vom weiblichen Infantilismus, Narzissmus und Masochismus zu untermauern versuchte und oft noch ins Extrem trieb.[106] Horney wurde durch ihre Vorlesungen an der Humboldt Universität eine regionale Kultfigur der Jugendbewegung und hatte Einfluss auf die Frauenbewegung, obwohl sie sich weder als Feministin verstand noch wirklich politisch aktiv war.[107] Durch die Erziehung ihrer drei Töchter hatte Horney die Gelegenheit, Erfahrungen zu sammeln, die mit denen der analytischen Theorie der Weiblichkeit nicht übereinstimmten.

In „Flucht aus der Weiblichkeit" schrieb sie 1926: „Unsere ganze Kultur ist eine männliche Kultur" (ebd., 361). Sie wies hier auf Fehlerquellen hin, die aus „dem Geschlecht des Beobachters entspringen" (ebd.). Dies betraf ihrer Ansicht vor allem die sexuelle Entwicklung der Mädchen, die „immer nur mit männlichen Augen" (ebd., 369) gesehen werden. Horneys weibliche analytische Erfahrung ließ „durchaus Raum für die Auffassung, dass das kleine Mädchen ihre eigene, weibliche, nebenbei auch technisch von der männlichen verschiedene, Onanie hat" (ebd.). Sie argumentierte offen gegen Freuds Penisneidtheorie und meinte, es sei weniger das Glied, was beneidet wird, als die Möglichkeiten und die Entwicklung von Fähigkeiten, die die Kultur dem Mann erlaubt, der Frau aber verwehrt. In Freuds Auffassung, dass der Neid im Seelenleben der Frau überwiege, sah sie eine Widerspiegelung der patriarchalischen Entwertung der Frau. Sie stellte die Frage, ob die größere kulturelle Produktivität des Mannes daher rühre, dass „die Empfindung seiner relativ geringen Rolle bei der Schaffung lebendigen Lebens ihn beständig zu einer überkompensierenden Leistung drängt?" (Horney 1926, 366). Horney war mutig, voller Selbstvertrauen, und in all ihren Arbeiten gibt es auch immer Interessantes bezüglich der männlichen Psyche zu lesen, wie etwa in dem 1932 erschienenen Aufsatz „Die Angst vor der Frau".

Das Thema der kulturellen Bestimmung der Einzel- und Geschlechterschicksale, das für Karen Horney zentral war, tauchte früh in ihrem lebenslangen selbständigen und dann dissidenten psychoanalytischen Denken auf. Große Unterstützung, sowohl theoretisch als auch persönlich, erhielt sie durch Georg Groddeck, der seit 1920 Mitglied des Berliner Instituts war. Groddeck war Kritiker der wilhelminischen Vater-Kultur und im Gegensatz zu Freud „mutterzentriert", sah die eigenständige Qualität der weiblichen Sexualität und verlangte auch vom praktizierenden Analytiker Mutterqualitäten, womit er einen wichtigen Einfluss auf seinen Freund Sandor Ferenczi genommen hat. In diesen Fragen halte ich den Einfluss von Groddeck auf Horney für wesentlich, obwohl meist Alfred Adler genannt wird, der schon 1912 die Minderwertigkeitsgefühle der Frau mit der männlichen Vorherrschaft in der Gesellschaft in Verbindung brachte. Es handelt sich hier nicht um das „Wiederauftauchen Adlerscher Gedanken in neuem Gewand", wie die freudianische Kritik an Horney meist behauptet, sondern um das Wiederauftauchen wichtiger, schon von Adler wahrgenommener Realitätsbestandteile, um „unerledigte Geschäfte" (Perls). Horney hatte die Kraft, ihrer eigenen Erfahrung mehr zu glauben als den Theorien der Autoritäten. Hierin war sie sicherlich für Fritz Perls ein ermutigendes Vorbild.

Weitere Schützenhilfe erhielt Horney vom Berliner Kreis der marxistisch orientierten Analytiker. Neben Erich Fromm vor allem von Wilhelm Reich, der beispielsweise den Ödipuskomplex nicht als in der menschlichen Triebnatur angelegt ansah, sondern für ein Produkt der vaterrechtlichen repressiven Gesellschaftsordnung hielt und sich, wie Fromm, bei dieser Kritik auf die Arbeiten von Bachofen zum „Mutterrecht" und auf Malinowskis ethnologische Studien bezog. Wie sie selbst schrieb, erhielt sie „Anstoß und Ermutigung" in bezug auf die Änderung ihrer therapeutischen Praxis in Berlin von Schulz-Henke, der neben den Kindheitserinnerungen die „aktuelle Konfliktlage" der Analysanden hervorhob und von Wilhelm Reichs Arbeiten zur Widerstands- und Charakteranalyse (vgl. Horney 1977, 11).

Bereits in ihrer ersten Veröffentlichung 1917 mit dem Titel „Die Technik der Psychoanalyse", deuteten sich schon die späteren eigenständigen Entwicklungen an. Perls hat den frühen Gedanken Horneys aufgenommen, dass Therapie nicht nur Krankenbehandlung, sondern auch Wachstumshilfe ist. Horney schrieb in der erwähnten Arbeit: „Die Analyse ... kann eine Person befreien, deren Hände und Füße gebunden sind, so dass sie wieder frei ihre Kraft gebrauchen kann, aber sie kann ihr keine neuen Arme und Beine geben. Es hat sich jedoch gezeigt, dass viele Faktoren, von denen sie annahm, dass sie konstitutionell seien, nur Folgen von Wachstumsblockaden sind, die sich auflösen lassen" (in Olvedi 1992, 139). Viele Symptome erschienen ihr nicht als Resultat innerer Triebkonflikte, sondern als direkte Reaktion auf eine lieblose, verletzende Umwelt und Erziehung. Zudem sah sie neurotische Mechanismen auch ressourcenorientiert statt lediglich pathologisch, wenn sie davon ausging, dass diese Mechanismen Versuche des Individuums darstellen „Wege durch eine Wildnis voll unbekannter Gefahren zu finden" (Horney 1977, 9).

In ihrer Berliner Zeit liebte Karen Horney leidenschaftlich das Theater, dort und unter den Literaten hatte sie viele Freundinnen und Freunde. Diese Liebe und diese Künstlerkontakte teilte sie mit Fritz Perls und möglicherweise war dies ein weiterer Grund für ihren guten persönlichen und fachlichen Kontakt. Perls hat in seinen Erinnerungen an Horney, in Abgrenzung zu den meisten anderen psychoanalytischen Lehrern hervorgehoben, dass er bei ihr „menschliches Engagement ohne Terminologie" (Perls 1981, 50) fand. Horney hat ihr Leben lang eine allgemeinverständliche Sprache benutzt und sich nicht an die in der männerbestimmten Psychoanalyse vorherrschende „Abstrahierungswut und Theoriesucht" (Olvedi 1992, 154) angepasst. Sie emigrierte 1932 in die USA, wo ihre Arbeiten zur weiblichen Psychologie Einfluss auf die amerikanische Frauenbewegung hatten (vgl. Horney 1989, 8). Zudem entwickelte sie ein grundsätzliches Interesse an der Bedeutung kultureller Einflüsse für die menschliche Psyche, was sie zunehmend in Gegensatz zur freudianischen Vorstellung von der Triebdetermination brachte.

Fritz Perls hat anscheinend die Arbeiten Horneys zur weiblichen Psyche nicht speziell zur Kenntnis genommen. Dies gilt auch für Lore Perls, die sich in keiner Weise auf Horney bezieht. Es ist allerdings mein Eindruck, der durch Sreckovic (1999) bestätigt wird, dass der Mann Perls, durchaus unterschieden von anderen Zeit- und Bohèmegenossen, die Frau Lore Perls als gleichberechtigte Partnerin ansah, mit der er in einem sich gegenseitig bereichernden persönlichen und auch fachlichen Austausch stand.

6.4. Frankfurt: Der Gestaltgedanke oder das Denken in Zusammenhängen

Nach einigen Monaten Lehrtherapie ging Perls, unter anderem auf Anraten von Horney, im September 1926 nach Frankfurt, wo er bis September 1927 blieb. Dies hatte sicherlich auch den Sinn, sich eine Zeit lang räumlich von Lucy und den mit dieser Beziehung verbundenen Problemen zu entfernen. Vor allem aber war Frankfurt in dieser Zeit kulturell eine interessante Stadt und für die Verbindung seiner persönlichen Entwicklung mit der fachärztlichen Weiterbildung bedeutungsvoll. In den Zeitschriften der expressionistischen Bewegung wurde, vor dem Hintergrund der Lebensphilosophie, schon lange über Ganzheitsvorstellungen und die Gestaltidee debattiert,[108] nun fand Perls dieses Thema im ärztlichen Berufsfeld wieder: „Was mich jedoch faszinierte, war der Gestalt-Ansatz. Zum ersten Mal kam man ab von dieser Zergliederung und bekam eine Perspektive. Und Kurt Goldstein war der erste, der die Neurologie revolutionierte, und zwar von der Gestaltpsychologie her" (Perls 1980, 19).

6.4.1. Goldstein, Lewin, Gestaltpsychologie[109]

In Frankfurt, neben Berlin die Stadt mit dem höchsten jüdischen Einwohneranteil, gab es ein aufgeschlossenes intellektuelles Klima. Die Frankfurter Universität, die seit 1914 existierte, war die erste Universität, der keine kirchliche oder staatliche Initiative zugrunde lag, sondern das Engagement des städtischen Bürgertums. Erstmals in Deutschland entstand eine Fakultät für Wirtschafts- und Sozialwissenschaften. Frankfurt erhielt den ersten deutschen Lehrstuhl für Soziologie, entwickelte sich zu einem Mittelpunkt der deutschen Sozialwissenschaften und besaß um 1930 drei soziologische Lehrstühle mit unterschiedlicher Ausrichtung. Neben Berlin gab es in Frankfurt als zweite deutsche Universität ein psychologisches Institut, an dem Lore Perls studierte und promovierte. Hier spielte die Gestaltpsychologie eine besonders wichtige Rolle (vgl. Ash 2004, 271f). Max Wertheimer, Ademar Gelb, Wolfgang Köhler und Friedrich Schumann gehörten zu den Lehrkräften. Gelb arbeitete eng mit dem ganzheitlich-organismisch denkenden Neurologen Kurt Goldstein zusammen.

Goldstein leitete damals das „Neurologische Institut" und das „Institut zur Erforschung der Folgeerscheinungen von Hirnverletzungen" an der Universitätsklinik, das aus Goldsteins Arbeit mit hirnverletzten Weltkriegssoldaten heraus entstanden war. Perls gehörte für ca. ein Jahr zu Goldsteins Assistentengruppe. Schwerpunkt von Goldsteins Forschungsinteresse[110] in dieser Zeit waren hirnphysiologische und aphasiologische Probleme. Ab 1918 hatte er zusammen mit Gelb in einer Reihe gemeinsamer Arbeiten „Psychologische Analysen hirnpathologischer Fälle" veröffentlicht (vgl. Peters 1992, 154). In seinem ganzheitlich-systemischen Ansatz sah er das einzelne Neuron als Knotenpunkt eines Netzes, in dem die Neuronen in ständiger Interaktion stehen. Entsprechend ging er davon aus, dass der Verletzte, etwa bei lokal verursachten Wahrnehmungsstörungen, immer als Einheit reagiert, dass der Organismus ein als Ganzes funktionierendes System bildet. Wie Viktor von Weizäcker und Theodor Brugsch gehörte Goldstein in diesen Jahren zu denjenigen Medizinern, die versuchten den, „ganzen Menschen" wieder in den Blickpunkt der Medizin zu bringen. Er bemühte sich um eine „multidisziplinäre, psychosomatische Sichtweise des menschlichen Leids" (Harrington 2002, 294) und unterschied nicht schematisch zwischen physischen und psychischen Störungen, sondern sah „Probleme des ganzen Organismus in Beziehung zu seiner Umwelt" (ebd.). Goldsteins Kritik, dass sowohl die somatische Medizin als auch die Psychoanalyse nicht sehen würden, dass Kategorien wie Geist und Körper oder Ich und Es lediglich Symbole bzw. Abstraktionen einer einzigen ganzheitlichen organismischen Realität darstellen, hatte Einfluss auf die feldtheoretische „Theorie des Selbst", die Perls und Goodman 1951 in New York in Abgrenzung zu den Ich- bzw. Selbsttheorien von Freud, Anna Freud und Paul Federn entwickelten (vgl. Bocian 2000, 37f, Perls et. al. 1991, 165f).

Perls übernahm aus Goldsteins „Organismischer Theorie" die Ganzheitsbetrachtung in Bezug auf das Verhältnis Psyche und Soma. Hier fand er das Denken in Zusammenhängen, das er schon beim Polaritätsphilosophen Mynona und beim Dialektiker Lukàcs gelernt hatte, in einer seiner Fachausbildung adäquaten naturwissenschaftliche Sprache wieder. Die von Goldstein in seiner Ganzheitsbetrachtung immer mitgemeinte Eingebundenheit des Organismus in ein soziales Feld, blieb erst einmal noch im Hintergrund. Im Goldsteinkreis kam er allerdings in Kontakt mit den frühen Berliner Arbeiten des Feldtheoretikers Kurt Lewin (vgl. Perls 1981, 65), der, zusammen mit seinen Mitarbeitern, von 1926 bis 1937 in der Zeitschrift „Psychologische Forschung“[111] zwanzig Beiträge unter dem Titel „Untersuchungen zur Handlungs- und Affektpsychologie“ veröffentlichte. Hiervon sind zweifellos Lewins Arbeit „Vorsatz, Wille und Bedürfnis“ von 1926, sowie die Arbeiten von Ovsiankina und Zeigarnik (1927) zum psychologischen Drang, unerledigte und unterbrochene Handlungen zu Ende zu bringen, für die Konzeption der Gestalttherapie bedeutsam gewesen. Bei Perls finden sich in seinem gemeinsam mit seiner Frau konzipierten ersten Buch von 1942 auch Einflüsse von Lewins Artikel „Kriegslandschaft“ von 1917. Perls verdeutlicht das gestalttherapeutische Kontextprinzip am Beispiel unterschiedlicher, durch den subjektiven Hintergrund bestimmter Wahrnehmungsweisen eines „objektiven“ Kornfeldes durch einen Bauern, einen Piloten, einen Maler und ein Liebespaar (vgl. Perls 1991, 42f).[112] In jeder dieser Wahrnehmungen erhält das Kornfeld eine andere Bedeutung und Funktion, und „Realität“ wird demzufolge aktiv und subjektiv konstruiert.

Das was Perls „Kontext-Prinzip“ (Perls et. al. 1991, 194) nannte, wird in der Gestaltpsychologie auch als prozesshafte Figur-Hintergrundbildung beschrieben. Wir unterscheiden in der visuellen Wahrnehmung der Welt Phänomene, die uns interessieren und die wir dann auch präzise und klar als Figur wahrnehmen, von dem, was im diffusen oder völlig ausgeblendeten Hintergrund bleibt. Figur und Hintergrund, die zusammen erst eine Ganzheit, eine Gestalt bilden, stehen in einem prozesshaften Verhältnis. Entsprechend wird das Verhältnis von Bewusstem und Unbewusstem nicht wie bei Freud als eine letztlich unaufhebbare Persönlichkeitsspaltung gesehen, sondern als dynamischer und fließender Prozess, der in größerem Maße die Möglichkeit der Erweiterung des Bewusstseins in bisher nicht wahrgenommene Bereiche hinein beinhaltet.[113] Freud, der „Platzanweiser“, wie Perls ihn einmal nannte, konstruierte einen Raum, das Unbewusste, aus dem heraus anscheinend die Impulse und das spontane Denken kommen (vgl. Perls et. al. 1991, 179 u. 239). Für den Goldsteinschüler Perls wurde mit dieser Sichtweise ein lebendiger ganzheitlicher Prozess verdinglicht: „Freud hat gesagt (dies ist nicht seine Formulierung, sondern mein Verständnis von dem, was er gemeint hat), dass in einer Neurose ein Teil unserer Persönlichkeit oder unseres Potentials nicht zugänglich ist. Aber er hat dies auf eine merkwürdige Art und Weise gesagt; er sagte, ‚er ist im Unbewussten', als ob es ein solches Ding wie das Unbewusste gäbe und nicht einfach Verhaltensweisen oder Emotionen, die unbekannt oder nicht zugänglich sind. Auch Freud sah die Grundlage für die Gestaltbildung, und zwar in dem , was er das ‚Vorbewusste' nannte. Wir nennen es den ‚Hintergrund', aus dem die Figur hervortritt" (Perls 1980, 92).

Fritz Perls hat Lore Posner in einer der Goldstein / Gelb-Veranstaltungen mit dem Titel „Über das Bewusstsein und das sogenannte Unbewusste" Ende Oktober 1926 kennen gelernt (vgl. Sreckovic 1999, 34); und in der Gestalttherapie wird dem „sogenannten Unbewussten", dem was im Hintergrund verborgen liegt, mehr Ausdrucksmöglichkeiten angeboten als lediglich Phantasie, Denken und Sprache. Therapiepraktisch hat dies schon mit der durch Reich systematisierten charakteranalytischen Tradition der Psychoanalyse begonnen, in der gestisch-nonverbale Ausdrucksphänomene durch den Therapeuten wahrgenommen und aktiv angesprochen werden. Zu den darüber hinausgehenden Möglichkeiten gehören etwa die Stimulierung des Ausdrucks blockierter Körperbewegungen, der Einsatz künstlerischer Techniken und Materialien, sowie dramatherapeutische Inszenierungen.

Perls schrieb, dass er in den Diskussionen, die Goldstein mit seiner Assistentengruppe über damals neue und wichtige medizinische und philosophische Theorien geführt hat, die Psychoanalyse aus Loyalität Freud gegenüber verteidigt hat (vgl. Perls 1981, 59f). Entsprechend war er noch nicht bereit, sich wirklich den Konsequenzen von Theorien zu öffnen, die die Freudschen Strukturmodelle transzendierten. Goldsteins organismische Ganzheitstheorie, das gestaltpsychologische Figur-Hintergrund Konzept und die feldtheoretischen Ansätze, entfalteten ihre volle Wirkung in Perls' Denken erst in der südafrikanischen Emigration, nachdem der Entzug des Lehranalytikertitels und die darauf folgende Abwendung von der organisierten Psychoanalyse, ihm alle Denkhemmungen genommen hatten. Auch der große holistische Weltentwurf von Jan Smuts, der bei den Assistenten von Goldstein in den Frankfurter Jahren als Geheimtipp galt, wurde erst in der südafrikanischen Emigration eine wichtige Quelle.[114]

Von unmittelbarer und persönlicher Bedeutung für Perls waren sicherlich Goldsteins Vorstellung von der Relativität des Begriffes Gesundheit und seine Vorstellung von „blockierter Selbstverwirklichung".[115] Für Goldstein ist „Gesundheit ... keine objektive Kategorie, sondern hängt wesentlich davon ab, inwieweit der einzelne Mensch seine Natur, das was für sein Leben wichtig ist, verwirklichen kann (in Harrington 2002, 277)." Das letzte Ziel einer Therapie kann für ihn nicht die Analyse sein, sondern „eine Transformation der Persönlichkeit des Patienten in dem Sinne ..., dass er in die Lage versetzt wird, die richtige Wahl zu treffen; diese Wahl muss eine neue Orientierung bewirken können, eine Orientierung, die seiner Natur angemessen genug ist, um sein Leben wieder lebenswert erscheinen zu lassen" (ebd.).[116] Im gesunden Zustand schafft der Organismus kreativ seine eigenen Realitäten und Ordnungen, mit Hilfe derer er sich mit der Welt in Beziehung setzt. Dies verläuft nicht harmonisch, sondern es kommt zu Zusammenstößen mit der Welt, zu Störungen und Katastrophen, die Angst machen. Hier fordert Goldstein den Mut, sich der Herausforderung zu stellen, eine Entscheidung zu treffen und durch die Krise zu gehen. Mut im Angesicht der Angst hat Perls in seinem Leben oft gezeigt und er mag sich dabei an einen Gedanken Kierkegaards erinnert haben, den Goldstein einmal zitiert hat: „Etwas zu wagen, verursacht Angst. Aber nichts zu wagen heißt, sich selbst zu verlieren" (in ebd., 286).[117]

6.4.2. Integrative Atmosphäre

Im Bereich der Frankfurter Universität entwickelte sich in den zwanziger Jahren ein fruchtbarer interdisziplinärer Austausch. Eine zentrale Rolle nahm hierbei das 1923 gegründete Institut für Sozialforschung (IfS) ein, aus dem die sogenannte Frankfurter Schule oder Kritische Theorie (Horkheimer, Adorno, Marcuse etc.) hervorgegangen ist. Das Institut war von der Universität finanziell und geistig unabhängig und Max

Horkheimer war in der in Frage kommenden Zeit sowohl Mitarbeiter am IfS als auch Privatdozent an der Universität. Innerhalb des IfS gab es das sogenannten „Kränzchen“, in dem sich unterschiedliche Wissenschaftler trafen. Neben den marxistischen Soziologen des IfS, nahmen u. a. der Gestaltpsychologe Ademar Gelb, Kurt Goldstein und der Sozialphilosoph und Theologe Paul Tillich teil. Alle drei waren wichtige Lehrer von Lore Perls und übten einen Einfluss auf Fritz Perls aus.

Im Oktober 1926 wurde die „Südwestdeutsche Arbeitsgemeinschaft für Psychoanalyse“ gegründet. Zu den wichtigsten Mitgliedern zählten Karl Landauer, Frieda Fromm-Reichmann, Clara Happel, Karl Meng und Erich Fromm. Diese Gruppe hatte engen Kontakt zu Georg Groddeck in Baden-Baden, bei dem es auch Zusammentreffen und einen Austausch mit Karen Horney und Sandor Ferenczi gab. In diesem Jahr lernten sich Fritz Perls und Lore Posner in einem der Gelb-Goldstein-Seminare kennen. Perls, für ca. ein Jahr unbezahlter Assistent an Goldsteins Institut, war bei Clara Happel in Lehranalyse und Lore, inspiriert durch ihn, begann 1927 ebenfalls bei Happel mit einer Psychoanalyse. Nach deren Wegzug nach Hamburg wechselte sie für ca. zweieinhalb Jahre zu Karl Landauer,[118] bei dem sie ihre Lehranalyse absolvierte. Lore Perls hat Landauer, der direkter Schüler von Freud und eng mit Max Horkheimer befreundet war, mit Attributen wie „great and wonderfull Analyst“ versehen und bezeichnete ihn als „extraordinarily bright and liberal within the psychoanalytical area“ (in Bocian 1997a, 3). Fritz Perls lernte Landauer als Kontrollanalytiker erst in der Amsterdamer Emigration gut kennen und schätzte ihn ebenfalls sehr. Landauer versuchte zu spät aus Amsterdam zu fliehen, starb den Hungertod im Konzentrationslager Bergen-Belsen und wurde erst durch die Arbeit von Rothe (1987) dem Vergessen entrissen. Anschließend an Rothe habe ich in einem Artikel (Bocian 1997a) für die „Gestalttherapie“ an diesen bedeutenden Psychoanalytiker und seinen Einfluss auf die Konzeption des Gestaltansatzes erinnert.

Am 16. Februar 1929 wurde das Frankfurter Psychoanalytische Institut (FPI) gegründet (vgl. Laier 1989). Gründungsmitglieder waren wiederum Karl Landauer, Frieda Fromm-Reichmann, Heinrich Meng und Erich Fromm. Das FPI wurde als Gastinstitut in die Räume des Instituts für Sozialforschung aufgenommen. Erich Fromm war aktives Mitglied beider Institute und wichtig für die Berücksichtigung psychoanalytischer

Ansätze im interdisziplinär ausgerichteten gesellschaftsanalytischen Ansatz der sich entwickelnden Kritischen Theorie. Durch Gründung des FPI wurde Frankfurt neben Berlin zum zweitwichtigsten psychoanalytischen Zentrum in Deutschland.

In den Wochen nach der Eröffnung gab es öffentliche Vorträge von Gastrednern, die Lore Posner und zum Teil auch Fritz Perls hörten, der zwischen Frankfurt und Berlin hin und her pendelte. Neben Anna Freud sprachen Siegfried Bernfeld, Hanns Sachs und Paul Federn. Am 6. März 1929 begann der Veranstaltungsbetrieb des FPI mit Seminaren von Meng, Fromm-Reichmann und Landauer. Lore Posner belegte das Theorieseminar zur „Triebtheorie" bei Fromm-Reichmann, an dem ab und zu auch Perls teilnahm. Ab 1930 kam als weiteres Institutsmitglied Siegmund Heinrich Fuchs hinzu. Fuchs hatte als Assistent bei Goldstein gearbeitet, wo Fritz Perls ihn kennen lernte, und wurde nach der Emigration in England als S. H. Foulkes einer der Pioniere der psychoanalytischen Gruppenarbeit.

Offiziell war das FPI kein Ausbildungsinstitut, sondern stellte sich die Aufgabe, Praktiker aus medizinischen, sozialen und pädagogischen Arbeitsfeldern mit psychoanalytischem Wissen zu versorgen. Dennoch wurden Lehranalysen oder Theorieseminare, die in Frankfurt durchgeführt wurden, von der Deutschen Psychoanalytischen Gesellschaft (DPG) als Ausbildungsbestandteile anerkannt.

6.4.3. Psychoanalyse und Gestaltpsychologie[119]

„Die Verwandtschaft der Gestalttheorie mit der Psychoanalyse ist überall, wo sie Gegenstände behandelt, die Forschungsobjekte der Psychoanalyse sind, unverkennbar" (Siegfried Bernfeld 1934).

„Eine experimentell psychoanalytisch-gestaltpsychologische Möglichkeit." (F. Perls an L. Perls 14. 1. 1928)

Die orthodoxe Psychoanalyse hatte Schwachstellen im Bereich der Wahrnehmungs- und Bewusstseinstheorie, dem Hauptgegenstand der Gestaltpsychologie. Unter den Ergänzungs- und Vermittlungsversuchen von psychotherapeutischer Seite stellt die Gestalttherapie wohl einen der konsequentesten Versuche einer „Synthese zwischen Kontakt- und Tiefenpsychologie“ (Perls et. al. 1999, 193) dar. Seinen Ausgangspunkt hat dieser Syntheseversuch im Interesse von Perls und Posner, zwischen ihren beiden damaligen theoretischen Hauptorientierungen zu vermitteln und eine Verbindung herzustellen. Für Lore Perls scheint dies schwierig und verwirrend gewesen zu sein. Die von ihr wiederholt geäußerte Erinnerung, dass zu ihrer Studienzeit Gestalttheorie und Psychoanalyse als unvereinbar galten, entspricht nicht dem damals realen Diskussionsstand.[120] Für Fritz Perls, der durch die Schule von Mynonas Polaritätsphilosophie gegangen war, stellte sich die Verbindung allem Anschein nach einfacher dar. Hilfreich war sicherlich für ihn, dass es von Seiten der Psychoanalyse schon seit einigen Jahren Vermittlungs- und sogar Ergänzungsversuche zwischen den beiden Ansätzen gab, auf die ich hier eingehen will.

Die damals schon eigenständig existierende Individualpsychologie von Alfred Adlers sieht, wie die Gestalttherapie, den Menschen als organisches Ganzes, als ein unteilbares Individuum in seinem sozialen Bezugssystem. Sie ist ein ganzheitlicher und sozialpsychologischer Ansatz, der sich auch auf den Holismus des von Perls geschätzten Jan Smuts bezieht (vgl. Antoch 1989, 24f). Die Gestaltpsychologie war unter den zeitgenössischen Psychologien aus Adlers Sicht „die einzige Richtung, die der Ganzheitsbetrachtung der Individualpsychologie nahe kommt“ (Adler in Rattner 1990, 85) und der Gestaltpsychologe Wolfgang Metzger rechnet Adler zur gestalttheoretischen Schule der Psychologie (vgl. Walter 1975, 237). Aus der Freud-Schule hat als erster Imre Hermann, ein Schüler Ferenczis, auf einem psychoanalytischen Kongress im Jahre 1922 über „Die Neue Berliner Psychologische Schule und die Psychoanalyse“ (1922, 481) berichtet, dort anscheinend eine „psychoanalytisch fundierte Gestalttheorie“ (ebd., 482) skizzenhaft entwickelt und in der Zeit bis 1927 Arbeiten von Max Wertheimer positiv rezensiert. Auch Georg Gerö, der in Berlin Gestaltpsychologie studierte und Anfang der dreißiger Jahre wie Perls Analysand von Wilhelm Reich war (vgl. L. Herrmanns 1994), hat gestaltpsychologische Arbeiten und Veröffentlichungen der Gruppe um Kurt Lewin in Berlin positiv besprochen. In der berühmten Arbeit von Zeigarnik über das Erinnern unerledigter Handlungen sah er, genau wie Perls, eine „Verwandtschaft mit dem Geist der Psychoanalyse“ (Gerö in IZP 1928, 258). Die erste größere systematische Arbeit war der Artikel

„Die Gestalttheorie", den Siegfried Bernfeld 1934 veröffentlichte, in dem er sich ausführlich mit der Verwandtschaft zwischen Psychoanalyse und Gestalttheorie auseinandersetzte. Bemerkenswert ist, dass Bernfeld schon 1934 die Bedeutung der ganzheitlichen gestalttheoretischen Wahrnehmungstheorie für die psychoanalytische Entwicklungspsychologie und Säuglingsforschung erkannt hat (vgl. Bernfeld 1934, 40f), was der Psychoanalyse offiziel erst ca. 50 Jahre später, insbesondere durch die Arbeiten von Stern und Lichtenberg, gelang. Paul Schilder, unter dem sowohl Wilhelm Reich als auch Fritz Perls in den zwanziger Jahren an der Wiener Nervenklinik gearbeitet haben, rezensierte ausführlich Arbeiten Koffkas und glaubte, diese könnten dazu beitragen „klarere Formulierungen für grundlegende Probleme der Psychoanalyse" (Schilder 1936, 255) zu finden.

Thomas French, ein Mitarbeiter von Franz Alexander in Chicago, führte den von Köhler übernommenen Begriff „Einsicht" 1939 in die Psychoanalyse ein und bemühte sich in der Zeit von 1941 bis 1954 in mehreren Artikeln um eine Synthese von Lewins Feldtheorie mit der Psychoanalyse (vgl. Waldvogel 1992, 79). Siegmund Fuchs, wie angemerkt, zusammen mit Fritz Perls 1926 Assistent bei Goldstein in Frankfurt, wurde nach der Emigration als S. H. Foulkes zu einem Pionier der analytischen Gruppentherapie und arbeitete mit Konzepten der Gestalt- und Feldtheorie (vgl. Pines 1977). George Devereux zog 1951 die Gestaltpsychologie zur Verdeutlichung der Unterschiede von Konfrontation und Deutung in der Analyse heran. Ähnlich wie Perls meinte er, dass Konfrontationen rudimentäre Gestalten zur Entwicklung von Prägnanz stimulieren sollen und Interpretationen decken für ihn „die verdrängten Schließungselemente einer neurotischen Gestalt auf" (Waldvogel ebd., 80). Wolfgang Hochheimer studierte von 1928 bis 1931 in Frankfurt Gestaltpsychologie und promovierte bei Goldstein und Gelb. Wie Lore Perls in dieser Zeit, war er sowohl Student des universitären (Gestalt-) Psychologischen Instituts wie des Frankfurter Psychoanalytischen Instituts, an dem er seine analytische Ausbildung begann. Hochheimer veröffentlichte 1954 die bemerkenswerte Arbeit „Zur Analyse des therapeutischen Feldes" in der er die analytische Therapiepraxis feldtheoretisch durchleuchtet und in einer an Buber erinnernden Sprache die Begegnung zwischen Therapeut und Klient und die Überschneidung ihrer jeweiligen

Lebensfelder als nicht rational planbare und verstehbare Heilfaktoren beschreibt. Der Feldbeitrag des Therapeuten wird für ihn durch Freuds abstinente Couchanordnung, durch die der Therapeut versucht, sich aus dem Feld zu nehmen, nicht genug berücksichtigt. Wie Perls wies Hochheimer darauf hin, dass ein wichtiger Punkt für dieses Setting Freuds persönliches Problem war, „sich acht Stunden lang anstarren zu lassen" (Hochheimer 1954, 661). Bezugnahmen auf den „Gestalt-Gesichtspunkt" und den „organismischen Gesichtspunkt" finden sich auch in David Rapaports „Die Struktur der psychoanalytischen Theorie" (1973). Rapaport schreibt dort, dass Freud in Kapitel VII der Traumdeutung den Ansatz zu einer ganzheitlich organismischen Persönlichkeitstheorie entwickelt hat (vgl. ebd., 46). Wahrscheinlich meint er die Passage, auf die sich auch Perls und Goodman bezogen haben (Perls et. al. 1999, 57 u. 239), in der Freud die „inkorrekt genannten" (Freud 1993, 592) Primärvorgänge als „die von einer Hemmung befreiten Arbeitsweisen des psychischen Apparats" (ebd.) bezeichnet hat. Rene' Spitz, der um die gleiche Zeit wie Perls am Berliner Psychoanalytischen Institut studierte und mit Kurt Lewin befreundet war, hat sich immer wieder auf die Arbeit der Lewin-Mitarbeiterin Zeigarnik über den Drang, unerledigte Handlungen zu Ende bringen zu müssen, bezogen und brachte ihn wie Perls, Devereux und später Mertens (1990, 188) mit Freuds Konzept des Wiederholungszwanges in Verbindung (vgl. Spitz 1988, 93). In seinen späteren Arbeiten zum zwischenmenschlichen Dialog entwickelte Spitz eine interessante Parallele zum gestalttherapeutischen Konzept vom Kontaktzyklus.[121] Die von ihm so genannten „Aktions-Dialoge" oder „Aktionszyklen" bestehen aus einem antizipatorischen, einem appetitiven und einem konsumatorischen Teil und die ständige Unterbrechung dieser Aktionszyklen führt zur Anhäufung von unerledigten Aufgaben, die Desorientierung und psychische Störungen zur Folge haben (vgl. Spitz ebd., 83f). Die „abgebrochenen Themata" bezeichnete er übrigens in einem Artikel von 1963, genau wie Perls das in seinen späten Jahren getan hat, als „unfinished business" (ebd., 90).

Seit der Arbeit von Bernfeld wurde jedoch bis zum Artikel von Schumacher „Gestaltdynamik und Ich-Psychologie" von 1971, keine systematische Untersuchung mehr veröffentlicht. Dies hängt wohl damit zusammen, dass die Gestaltpsychologie nach der durch die Nazis erzwungenen

Emigration ihren großen Einfluss verlor und so nicht mehr präsent war, als sich die Psychoanalyse im Rahmen der Ich-Psychologie mit den Gestalt-Themen Wahrnehmung und Bewusstsein befasste. Schumacher eröffnete erneut die Diskussion und betont in seiner Arbeit, in Abgrenzung zu maschinentheoretischen Vorstellungen, die Ganzheitlichkeit des Ich-Feldes und definiert die analytische Deutung formal als „Zusammenbringen psychischer Bestände ... aufgrund ihrer gestaltisch konfigurativen Zusammengehörigkeit“ (1971, 177).[122] Schumacher bestätigt die Kritik, die seit Wertheimer von den Gestaltpsychologen gegenüber der Psychoanalyse geäußert wird, dass diese zur Erklärung der spontan auftauchenden, sich sinnvoll organisierenden psychischen Gebilde, zumeist auf die Assoziationstheorie zurückgegriffen hat, die mit einem kausal-mechanischen Bild von den Gliedern einer Kette arbeitet. Auch Bernfeld meinte, dass Freud den Begriff Assoziation irreführend benutzt habe, in seiner Praxis jedoch und theoretisch spätestens seit der „Traumdeutung“, mit Gestalten und nicht mit assoziativ verknüpften Elementen-Bündeln gearbeitet habe (vgl. Bernfeld 1934, 48). Fritz Perls teilte diese gestaltpsychologische Kritik an der Freudschen Assoziationstheorie und „missverstand“ keineswegs Freuds Begriff der freien Assoziation, wie Gordon Wheeler meint (vgl. Wheeler 1993, 49).

Ganz ähnlich wie die Gestalttherapie dies von Anfang an getan hat, versucht seit einigen Jahren eine Gruppe von Psychoanalytikern gestaltpsychologische und feldtheoretisches Denken zu integrieren und in ihrer praktischen Arbeit das „Intrapsychische zu kontextualisieren“ (Orange et. al. 2001, 98). Sie lenken die Aufmerksamkeit sowohl auf die innere Erlebniswelt des Klienten, als auch „auf deren Eingebettetsein in andere derartige Welten und die kontinuierliche wechselseitige Beeinflussung die zwischen ihnen besteht“ (ebd.). Als Einflussquelle werden u. a., neben der dialogischen Philosophie Martin Bubers und der Phänomenologie, die Feldtheorie, die Gestaltpsychologie und speziell deren Figur-Hintergrunddenken genannt. Entsprechend lassen sich zahlreiche Übereinstimmungen in Theorie und Praxis zwischen dem Ansatz der intersubjektivistisch-kontextualistischen Psychoanalytiker um Stolorow, Atwood, Orange, Brandchaft etc. und der Gestalttherapie ausmachen, worauf schon Lynne Jacobs hingewiesen hat, die als Dozentin für die beiden hier angesprochener Therapieschulen tätig ist (vgl. Jacobs in Bocian et. al. 2000, 203f).[123]

6.5. Intermezzo am Wiener Psychoanalytischen Institut

Als Fritz Perls nach 12 Monaten im September 1927 Frankfurt verließ, hatte er dort seine zukünftige Frau kennengelernt, die Organismische Theorie Goldsteins und erste feldtheoretische Ansätze aufgenommen und war, aus persönlichem wie wissenschaftlichem Interesse, an einer Vermittlung von Psychoanalyse und Gestaltpsychologie interessiert. Perls gibt an, dass Clara Happel seine Analyse nach gut einem Jahr für beendet erklärte und ihm empfahl, an das Psychoanalytische Institut in Wien zur Kontrollanalyse zu gehen. Perls selbst empfand sich zu diesem Zeitpunkt keineswegs als „fertig" und erwähnte ironisch, dass Happel die Analyse genau zu dem Zeitpunkt für beendet erklärte, als ihm das Geld ausging (vgl. Perls 1981, 54). Wie schon in Frankfurt, konnte Perls den Aufenthalt in Wien, wo er von September 1927 bis Ende März 1928 blieb, auch für seine weitere Qualifizierung zum Facharzt für Nervenheilkunde nutzen.

An der Wiener Nervenklinik arbeitete er, höchstwahrscheinlich unbezahlt, als Assistenzarzt[124] unter den Professoren Wagner von Jauregg und dem gleichzeitig als Psychoanalytiker tätigen Paul Schilder. Richard Sterba war, um die gleiche Zeit wie Perls, als Volontär an der Wagner-von-Jauregg-Klinik und nahm an den täglichen Rundgängen von Schilder teil: „Die Rundgänge mit ihm bereicherten mein psychiatrisches Wissen und mein Verständnis psychodynamischer Vorgänge bei Psychosen" (Sterba 1985, 45).

Schilder hat in dieser Zeit auch über Naturphilosophie publiziert und sich mit den Positionen von Goldstein und den Gestaltpsychologen auseinandergesetzt, wie Perls in seinen Briefen an Lore Posner erwähnte.[125] Die folgende Erinnerung Sterbas an Schilder hat vielleicht mit Wertheimers Arbeiten über „Produktives Denken" zu tun und weist darauf hin, dass die gestalttherapeutische Auffassung von der konstruktiven Bedeutung der Aggression hier Vorläufer hat: „Eine der Bemerkungen über schöpferisches Denken (...) ist mir besonders in Erinnerung geblieben. Er wies darauf hin, dass Aggression auch im schöpferischen Akt nötig sei, denn er bestehe im Zerschlagen hergebrachter Gestalten und Aufbau einer neuen Gestalt aus den Bruchstücken" (ebd.). Auch Wilhelm Reich, der ja ebenfalls unter Schilder gearbeitet hatte, hat zur gleichen Zeit in seinem Buch „Die Funktion des Orgasmus" von 1927 angemerkt, dass Aggression jede Art von „aktiver Leistung" (Reich 1982, 135f) begleite. Sie gehört für ihn zum gesunden Verhalten, zu jeder Handlung „zur Welt hin" (ebd.).

Perls' Wohnanschrift in Wien war vom 13. 9. 1927 bis 30. 9. 1927 die Eisengasse 99/8, eine weitere Wohnanschrift war die Tendlergasse 4.[126] Er selbst gab an, für eine Zeit ein möbliertes Zimmer in der Eisengasse gemietet zu haben, das er aber wieder aufgab, weil die Vermieterin anscheinend eine unangenehme und sehr kontrollierende Person war. Zudem war das Zimmer nicht sauber (vgl. Perls 1981, 55). Wie er selber schrieb, hatte er in der Wiener Zeit keinerlei Affäre mit einer Frau: „Zwischen den beiden Extremen von bourgeoisem Puritanismus und Prostitution gab es dort nichts" (ebd.). Er verliebte sich ein wenig in eine „bezaubernde junge Assistenzärztin. Sie war, wie die ganze Freudsche Clique, verfolgt von Tabus. Es war, als hätten sämtliche scheinheiligen Katholiken von Wien die Praktiker der ‚Jüdischen Wissenschaft' überrollt" (ebd., 55). So stand für Perls die Psychoanalyse ganz im Vordergrund. Da er anscheinend erst einmal seine eigene Analyse beendet hatte, absolvierte er nun in Wien die anderen Ausbildungsbestandteile, zu denen Theorieseminare, eine persönliche Kontrollanalyse und technische Seminare (Fallbesprechungen in der Gruppe) gehörten. Seine Kontrollanalysen absolvierte er bei Helene Deutsch, der Leiterin des „Lehrinstitutes", des Ausbildungsinstitutes der Wiener Psychoanalytischen Vereinigung und bei Eduard Hitschmann, dem Leiter des psychoanalytischen Ambulatoriums, der Klinik der Vereinigung, in Kontrollanalyse. Helene Deutsch erlebte er als „schön aber kalt" (ebd., 58), wohingegen Hitschmann ihm als „warmer, unkomplizierter, humorvoller Mann" (ebd.) in Erinnerung blieb.

Als Ausbildungskandidat bekam er Patienten zur Analyse zugewiesen. In einem Brief an Lore Posner vom 11. 10. 1927 erwähnte er, dass „man 2 Analysanden vom Lehrinstitut bekommt und 2 vom Ambulatorium." Das Ambulatorium war aus privaten Mitteln finanziert worden, unterstand aber der Wiener Sanitätsbehörde, die gesetzlich geregelt hatte, dass die Behandlungen ausschließlich durch Ärzte durchgeführt wurden und man nur „nachweisbar Unbemittelte" in Behandlung nahm (vgl. IZP

1932/18, 269). Bei den zwei Patienten vom Ambulatorium handelte es sich um eine „Angststörung" und um „Impotenz" (vgl. Brief vom 11. 10. 1927).[127] Finanziell ging es Perls schlecht, er kam ohne Geld nach Wien und seine Arbeit als Assistenzarzt war allem Anschein nach unbezahlt. Er lebte von dem Geld, das seine Mutter ihm schickte und dem, was die privaten Analysanden, die ihm anscheinend aus Berlin nach Wien nachgereist waren, zahlten.[128] Für diese Privatpatienten musste er einen zusätzlichen Raum anmieten, da die Behandlung im Ambulatorium lediglich für „Unbemittelte" möglich war, die entsprechend nichts bezahlten. Auf Anregung von Wilhelm Reich hatte man begonnen, von „nicht ganz armen, unbemittelten Patienten kleine Regiebeiträge monatlich" (IZP 1932, 270) einzunehmen.

Die theoretische psychoanalytische Ausbildung von Perls nahm einen beachtlichen Teil der außerhalb der praktischen Arbeit verbleibenden Zeit ein. Die Teilnahme an den bei Sreckovic (1999) in einem Brief von Fritz Perls an Lore Posner vom 23. 11. 1927 angegebenen Theorieseminaren in der Wiener Psychoanalytischen Vereinigung, wird durch die noch vorhandenen Anmeldebögen zu diesen Seminaren bestätigt. Über die bei Sreckovic genannten Veranstaltungen hinaus, hat er noch weitere Seminare belegt, die erst nach dem 23. 11. begannen. Insgesamt hat er im Wintersemester 1927/28 folgende Seminare belegt:[129] Dr. E. Hitschmann „Traumlehre"; Dr. P. Federn „Technik der Psychoanalyse"; Prof. P. Schilder „Ich und Über-Ich bei Psychosen"; Frau Dr. H. Deutsch „Spezielle Neurosenlehre"; Dr. W. Reich „Psychoanalytische Charakterlehre und Charakteranalyse", sowie ein in seinem Brief erwähntes, nicht aber im offiziellen Programm verzeichnetes Seminar bei Heinz Hartmann, „Psychologie der Psychoanalyse". Sowohl im Seminar von Hitschmann, das am 21. 10. 1927 begann, also auch in den Seminaren von Schilder ab dem 10. 1. 1928 und von Reich ab dem 9. 1. 1928, hat Perls die Seminargebühr jeweils verspätet bezahlt, was auf seine Geldprobleme hinweist. In den Seminaren selber befand er sich, aus heutiger Sicht, in einer illustren Gesellschaft. Auf den Teilnehmerlisten finden sich die Namen von Psychoanalytikern, die damals schon von Bedeutung waren und von solchen, die nach der Emigration in die USA, insbesondere in New York und Cleveland, wichtige Positionen in psychoanalytischen Institutionen innehaben sollten.[130] Ich erwähne hier Felix Deutsch und die Prinzessin Bonaparte, sowie die Kandidaten Anni Reich, Ernst und Marianna Kris, Edward Kronold, Edmund Bergler, Ludwig Eidelberg, Dorothy Burlingham und Anni Angel-Katan, die alle jünger waren als der Berliner Kandidat Perls.

An allen Seminaren in Wien nahmen englische und amerikanische Kandidaten und Analytiker teil und die Ankündigung des Lehrinstituts für das Wintersemester 1927/28 enthält die Bemerkung, dass bei genügender Beteiligung Parallelkurse in englischer Sprache abgehalten würden. Es gab in Wien insgesamt einen hohen Anteil von Ausbildungskandidaten, die nicht aus Österreich kamen.

Perls hat also im Wintersemester 1927/28 das komplette theoretische Ausbildungsprogramm des Wiener Lehrinstitutes belegt. Darüber hinaus nahm er auch an den alle zwei Wochen stattfindenden Vortragsabenden der Wiener Psychoanalytischen Vereinigung teil und beteiligte sich mehrfach an den sich an die Vorträge anschließenden Diskussionen. Ich will an dieser Stelle einige der Veranstaltungen erwähnen. Am 2. 11. 1927 fand ein großer Diskussionsabend zum Thema „Onanie" statt, der am 16.11. fortgesetzt wurde. Bei der ersten Veranstaltung fasste Paul Federn, der bei Perls einen lebenslangen positiven Eindruck hinterließ und mit seinem Konzept der „Ich-Grenze" auch theoretisch Einfluss auf ihn hatte,[131] die Diskussion zur Onanie noch einmal zusammen, die in den Jahren 1911/12 in der Vereinigung schon einmal geführt wurde und deren Ergebnisse als Veröffentlichung vorlagen.[132] Unter anderem trugen an diesem Abend Hitschmann und Reich zum Thema vor und die Beiträge wurden in einem Sonderheft der „Zeitschrift für Psychoanalytische Pädagogik" veröffentlicht (vgl. IZP 1928, 295f). Am 14. 12. sprach Richard Sterba über „Psychoanalytische Bemerkungen zum Ausdruck des Naturgefühls bei Goethe" (ebd., 296). Reich und Nunberg hielten am 11. Januar 1928 Vorträge, die sich auf Ranks Theorie der Geburtsphantasien gegen Ende der Analyse bezogen. Hinzu kamen Vorträge über Sexualprobleme bei Kindern und Zwangshandlungen in der Latenzzeit (Angel und Sterba) sowie ein Vortrag von Wittels über „Ein Gemälde eines schizophrenen Künstlers". Am 25. 1. 1928 trug Frau Dr. Angel über das Sanatorium in Davos vor, das Thomas Mann als Schauplatz für seinen Zauberberg gedient hatte und in dem Wilhelm Reich wegen einer Tuberkulose 1926 behandelt worden war. An der anschließenden Diskussion beteiligten sich Wilhelm Reich, Helene Deutsch, Paul Federn und als Gast aus Berlin „Dr. Perls (a.G.)„ (ebd., 436). Anschließend sprach Anna Freud zum Thema Kinderanalyse. Perls schrieb in einem Brief vom gleichen Tag an Lore Perls: „Gestern hat Anna Freud einen Kurs in pädagogischer Analyse angefangen. Inhaltlich und rhetorisch (...) besser als in Innsbruck" (Brief v. 25. 1. 1928). Fritz Perls hat in Wien also anscheinend an einem kinderanalytischen Seminar teilgenommen und auch am Psychoanalytischen Kongress in Innsbruck im September 1927. Welche Bedeutung die von Perls in Innsbruck gehörten Vorträge von Ferenczi, Fenichel und Reich für die Entwicklung seiner eigenen therapeutischen Praxis hatten, will ich in einer zukünftigen Arbeit im Zusammenhang mit der Berliner Technikdebatte erörtern, die in den Jahren ab 1933 in der Internationalen Zeitschrift für Psychoanalyse stattfand und von Perls rezipiert wurde.

Am 25. 1. sprach Federn in Wien sowohl über Kastrationsphantasien als auch über „Neurotische Störungen des Farbsinns". Im letztgenannten Vortrag bezog er sich auf den Musikpädagogen Jacoby, der mit Elsa Gindler kooperierte, deren bewegungstherapeutische Kurse Lore Perls in Berlin ab 1930 besuchte. An der Diskussion nach dem Vortrag von Federn beteiligte sich neben Wilhelm Reich, Heinz Hartmann, Richard Sterba und anderen ebenfalls wieder der Berliner Gast Perls (vgl., ebd.). Erwähnenswert scheint mir noch der Abend des 22. 2. 1928 zu sein, an dem Federn über die „Ökonomische Betrachtungsweise in der Psychoanalyse" sprach. Bei diesem Vortrag ging es um Depersonalisationserlebnisse und die damit verbundenen Wahrnehmungen der betreffenden Personen vom inneren Erregungsablauf. Eidelberg trug noch „Über das Pfänderspiel" vor und Federn und Perls meldeten sich zur Diskussion.

Zum theoretischen Ausbildungsprogramm von Perls gehörte auch die Lektüre psychoanalytischer Fachartikel. Er erwähnt in seinem Brief vom 14. 1. 1927 die Arbeit von Grete Bibrig „Über die Beeinflussung eidetischer Phänomene durch labrinthäre Reizung". Grete Bibrig hatte in der Vereinigung zu diesem Thema unter dem Titel „Über den Primärvorgang" einen Vortrag gehalten (vgl. IZP 1928, 434).

Perls nahm an der Wiener Nervenklinik, wo er als unbezahlter Assistenzarzt arbeitete, an den samstags stattfindenden „Psychoanalytischen Krankendemonstrationen" von Prof. Schilder teil. Zudem erwähnt er in einem Brief vom 25. 1. 1928 einen Kurs von Schilder über Gehirnläsionen. Ein wahrlich intensives Programm, das ihm lediglich den Dienstagabend und den Sonntag frei ließ, wie er in einem Brief vom 23. 11. 1927 an Lore Perls bemerkte.

6.5.1. Im „Technischen Seminar" von Wilhelm Reich: Widerstands- und Charakteranalyse

Auf Anregung von Wilhelm Reich war in Wien ein „therapeutisch-technisches Seminar" oder auch „Seminar für psychoanalytische Therapie" eingerichtet worden, das in den Räumen des Ambulatoriums stattfand. Von 1924 bis 1930 war Wilhelm Reich der Leiter des Seminars und gleichzeitig stellvertretender Leiter des Ambulatoriums. In einem Bericht über das Technische Seminar wurde angemerkt: „Das Seminar fand alternierend mit den Sitzungen der Vereinigung jeden zweiten Mittwoch statt und hat sämtliche Schüler des Lehrinstitutes und die am Ambulatorium tätigen Ärzte zu obligaten, eine größere Anzahl von älteren Analytikern zu freiwilligen Mitarbeitern" (IZP 1932, 272). Im Jahre 1927 veröffentlichte Reich selbst einen Bericht über die Arbeit am Technischen Seminar. Als Leiter achtete er darauf, dass nur solche Fälle im Seminar zur Besprechung gelangten „die große Schwierigkeiten boten, oder solche, bei denen Fehler begangen wurden. So verlor sich sehr bald die Scheu vor der Besprechung von Mißerfolgen" (Reich in IZP 1927, 242). Die Teilnehmer hatten diese Fälle in einem Referat darzustellen, für das ein Schema vorlag:

„1. Symptome und Charakter des Kranken.

2. Allgemeine Geschichte des Falles (Milieu, Eltern, Geschwister, aktuelle Konflikte usw.)

3. Die aktuellen Schwierigkeiten in der Analyse (ausführlich).

4. Das zu ihrem Verständnis notwendige, bereits ermittelte unbewusste Material.

5. Die Entwicklung der Übertragung und des Übertragungswiderstandes.

6. Fragestellung" (ebd.).

In einem Brief vom 5. 11. 1927 schrieb Perls: „Ich habe gestern im analytischen Seminar mein Referat gehalten, und es hat ganz gut gefallen."

Im Jahre 1928 gab Reich einen Bericht über den Arbeitszeitraum von

1926 bis 1928. Hier erwähnt er, dass die „klinischen Referate" häufig gehalten wurden und so die Möglichkeit der aktiven wie passiven Übung bestand (vgl. IZP 1928, 438f). Wichtig scheint mir noch, dass die von Reich betriebene Strukturierung der psychoanalytischen Ausbildung großen Wert auf das gemeinsame Lernen und voneinander Lernen in der Gruppe legte: „Auch einem Nachteil im System der Kontrollanalyse wirkt das Seminar entgegen. Unwillkürlich übernimmt der Schüler die individuell gefärbte Technik seines Kontrollanalytikers. Erst im Kampf der oft widersprechenden Ansichten, die im Seminar laut werden, – nicht zuletzt auch mit Hilfe des weitreichenderen Materials und der von verschiedenen Persönlichkeiten gelieferten Darstellung, – kann er sich eine eigene, doch richtige Technik aneignen" (Reich in IZP 1927, 244).

Im besagten Zeitraum hat auch Anna Freud an Reichs Technischem Seminar teilgenommen und davon profitiert. Ihr Buch „Das Ich und die Abwehrmechanismen" ist ohne die Arbeiten Reichs nicht denkbar (vgl. Sterba 1985, 38).

Bisher wurde in der Geschichte der Gestalttherapie davon ausgegangen, dass die für Perls wichtige Begegnung mit Wilhelm Reich erst 1930 in Berlin stattfand. Auf Grund der von mir eingesehenen Teilnehmerlisten der Theorieseminare und der oben zitierten Briefstelle, die bestätigt, dass die Teilnahme am therapeutisch-technischen Seminar für Ausbildungskandidaten obligatorisch war, ist nun nachgewiesen, dass Perls schon ab 1927 mit Reich und seinem speziellen Interesse an der Widerstands- und Charakteranalyse in einen recht intensiven Kontakt kam. Seine Beschäftigung mit dieser damals sehr fortschrittlichen analytischen Vorgehensweise dauerte also insgesamt von Ende 1927 bis zum Frühjahr 1933. Zudem möchte ich daran erinnern, dass Perls sich auch noch in der südafrikanischen Emigration nach 1933 als Charakteranalytiker im Reichschen Sinne verstand und sich entsprechend theoretisch wie praktisch mit der Charakteranalyse auseinandergesetzt hat.

Als Perls in Wien Reichs Seminar besuchte, lagen die Grunderkenntnisse der Charakteranalyse bereits in schriftlicher Form vor, die dann 1933 in dem Buch „Charakteranalyse" veröffentlicht wurden. Reichs Erkenntnisstand zur betreffenden Zeit, lässt sich gut in dem Kapital „Zur Technik der Deutung und der Widerstandsanalyse" nachlesen, das 1927 als Artikel veröffentlicht wurde, sowie im Kapitel „Zur Technik der Charakteranalyse", das Reich auf dem Internationalen Psychoanalytischen Kongress in Innsbruck im September 1927 vortrug, den Perls besucht hatte.

In einer Charakteranalyse im Reichschen Sinne wird kein Widerspruch zwischen Erinnern und Agieren gesehen, sondern es soll mit der dazugehörigen Emotion affektvoll wiedererinnert werden. Eine Forderung, die bei Reich wie bei Ferenczi auf die frühen Freud / Breuerschen Arbeiten zurückgeht. Es wird an dem in der aktuellen Stunde gezeigten Verhalten angesetzt, das meist als Widerstand angesehen wird, statt direkt Sinndeutungen zu geben. Bei der Arbeit mit den augenblicklichen Widerständen des Analysanden, also dessen Versuchen, dem Analytiker und dem inneren Erleben und Erinnern gegenüber das „neurotische Gleichgewicht" (Reich) zu bewahren, ist die Wahrnehmung der unwillkürlich nonverbalen Körperhaltungen, Bewegungen und Ausdrucksweisen der wichtigste Zugang. Reich verweist hier auf Ferenczi, der die Berücksichtigung des sichtbaren Verhaltens in der Therapiestunde schon lange betont hatte. Der Charakterwiderstand kommt formal zum Ausdruck. Es geht darum, wie der Patient seinen Traum erzählt, um seine Art „zu sprechen, den Analytiker anzusehen, auf dem Sofa zu liegen, den Tonfall der Stimme, das Maß an konventioneller Höflichkeit, das eingehalten wird und so weiter" (Reich 1983, 61). Entsprechend gibt es keine Analysestunden ohne „Material", ob der Patient spricht oder schweigt, immer tut er es auf eine bestimmte, wahrnehmbare Art und Weise, bei der angesetzt werden kann. Reich bezieht sich auch auf Ferenczis aktive „Reiztherapie" und will den verdeckten Ärger, die verdeckte „negative Übertragung" des Patienten an die Oberfläche bringen. Ein „Affektausbruch im Sinne einer negativen Übertragung" (ebd., 89) auf den Analytiker kann nützlich sein, denn sie durchbricht die „Affektsperre". Reich setzt beim Ich-Widerstand an und will den charakterlichen Panzer „auflockern" und den narzisstischen Schutzapparat stören. Ein häufig gebrachtes Beispiel ist das Intellektualisieren als Vermeidung unangenehmer Gefühle oder Erinnerungen. Diese Form von Widerstand traf Reich wohl ab 1930 auch bei seinem Analysanden Perls an, der, nach den Erinnerungen von Lore Perls, speziell im Reden sehr kreativ war. Reich berichtet in den hier genannten Arbeiten von Widerständen, die Perls später grob „mindfucking" nannte.

Diese Fälle finden sich, „wenn narzisstische Patienten zufolge ihrer charakterlichen Eigenheit ihren Widerstand sprachlich ausleben; sie sprechen etwa hochtrabend, in technischen Ausdrücken, immer streng gewählt und verworren. Diese Art des Sprechens bildet eine undurchdringliche Mauer, es kommt zu keinem echten Erleben, bis man die Art des Ausdrucks selbst zum Gegenstand der Analyse macht. Auch hier bewirkt die konsequente Deutung des Verhaltens eine Empörung des Narzissmus, denn der Patient hört nicht gern, dass er so gewählt (...) spreche, um seine Minderwertigkeitsgefühl vor sich und dem Analytiker zu verbergen, oder dass er verworren spreche, weil er besonders gescheit scheinen wolle, seine Gedanken aber nicht in einfache Formen bringen könne. Auf diese Weise hat man das feste Terrain des neurotischen Charakters an einer wesentlichen Stelle aufgelockert und einen Zugang zur infantilen Begründung des Charakters und der Neurose geschaffen" (ebd., 89).

Die Grundformel der Arbeit lautet: Grundsätzlich von der „psychischen Oberfläche" (ebd., 46) auszugehen und „keine Sinndeutung, wenn eine Widerstandsdeutung notwendig ist" (ebd., 45) vorzunehmen. In dem Artikel „Zwei Beispiele für Gestalt-Therapie" von 1956 gab Lore Perl ein gutes Beispiel für die Herkunft der Gestalttherapie aus der Reichschen Charakteranalyse. Sie betonte dort das Ansetzen beim aktuellen Verhalten des Klienten: „Beschreibung herrscht über Erklärung vor, Erfahrung und Experiment über Interpretation. Wenn wir strikt von der Oberfläche aus arbeiten, z. B. von der aktuellen Bewusstheit in jedem einzelnen Moment, dann vermeiden wir den Fehler, vorzeitig Tiefenmaterial anzusprechen, das in erster Linie „verdrängt" wurde und „verdrängt" werden musste, weil es in der Geschichte des Patienten zu einem gegebenen Zeitpunkt nicht bewältigt werden konnte" (L. Perls 1989, 63).

Das ist Charakteranalyse in reiner Form. Reich setzte beim „aktuellen Sinn" des Widerstandes an, also beim augenblicklichen, durch positive oder negative Gefühle dem Analytiker gegenüber existierenden Gefühl und wies etwa den Patienten auf sein Tun und Lassen in der Stunde hin. Das unterschied sich immens vom damaligen Standardverhalten in den Lehranalysen, worauf ich bei den Erinnerungen von Perls an die Ausbildungsanalysen in Berlin ab 1928 zu sprechen kommen werde.

Fritz Perls verbrachte sechs studien- und arbeitsreiche Monate in Wien. Mit Lore Posner stand er in dieser Zeit in einem intensiven Briefwechsel. Zu den Themen, die über die sich entwickelnde Liebesbeziehung hinausgingen, gehörten neben der Arbeits- und Ausbildungssituation auch Berichte von Konzertbesuchen. So schrieb Perls etwa Ende Oktober 1927: „Nächste Woche habe ich ein Referat im Seminar. Aus Berlin ist eine Bekannte hier – frühere Patientin mit Bombenübertragung. Aber ich durchschaue die Phantasiemaske und Pseudokünstlertum heute zu sehr und habe gar keine Freude an ihr. Sonntag war die 1. Brahms, Smetana und Cornelius' ‚Bagdad Ouvertüre'. Speisezettel interessieren Dich nicht. (Ich wünschte es wäre mal einer, der Dich interessieren könnte.) Frl. Böhm lässt Dich grüßen. Grüße Frau Happel und Fredy. Dich aber küsse ich. Gott wie pathetisch" (F. Perls, Brief vom 26. 10. 1927).

Für einen „in die Analyse verliebten" (L. Perls), für einen, dem Freud und die Psychoanalyse als Symbol der Hoffnung auf die Befreiung von den inneren Nöten standen, war Wien wohl ein wichtiger Ort. Perls selbst schrieb zu seinen Phantasien: „Wien, die Stadt meiner Träume – oder soll ich sagen, die Stadt meiner Alpträume? (...) Ich fand Wien ziemlich deprimierend" (Perls 1981, 54f). In Wien hatte er wenig Geld und viel Arbeit, was auch wenig Zeit für ihn selbst bedeutete und es gab kaum Möglichkeiten für die aus Berlin gewohnten sexuellen Abenteuer, die für Perls, wie ich im Anschluss an Kohut zu zeigen versucht habe, eine wichtige Funktion bei der Aufrechterhaltung seines inneren Gleichgewichtes und seines Selbstbewusstseins hatten. Dass er Helene Deutsch in der Kontrollanalyse als anziehend und abweisend, als „sehr schön und kalt" (1981, 58), erlebt hat, wird ihn auf der Basis seiner tiefen Selbstunsicherheit emotional geschmerzt haben und hat sicherlich seine innere Einsamkeit und seine Gefühle von Unverbundenheit verstärkt. Sein Versuch, Deutsch durch ein Geschenk zu erreichen und zu „erwärmen", den diese technisch korrekt ablehnte und lediglich interpretierte (vgl. 1981, 58), deute ich als den Versuch von Perls, seine Kontrollanalytikerin darauf aufmerksam zu machen, dass er es ist, der hier „verhungert" und ein „Geschenk" braucht, das ihm seinen eigenen Wert spiegelt. Deutsch mag Perls ein wenig gekannt haben und hat den Versuch einer Erotisierung der analytischen Beziehung gespürt. Die selbstpsychologische Erkenntnis, dass Erotik und Sexualität auch die Sehnsucht nach letztlich unsexuellen Formen des Angenommen-Werdens transportieren können, stand ihr, wie den meisten Psychoanalytikern zu dieser Zeit, noch nicht zur Verfügung.

6.5.2. Orgasmus und genitaler Charakter

Perls machte in Wien die Erfahrung, dass sich die Vertreter der Sexualwissenschaft Psychoanalyse in der Mehrzahl in ihrer privaten Einstellung zur Sexualität kaum von den prüden und ängstlichen Bürgern ihrer Zeit unterschieden. Wilhelm Reich war eine Ausnahme, hielt sich aber beim Unterricht im Technischen Seminar mit seinen Ansichten zu Sexualität, Genitalität und zum Orgasmus zurück (vgl. Sharaf 1994, 123). Als Privatmann hatte er wie Perls wechselnde sexuelle Beziehungen mit Frauen, was bei den „viktorianischen" Kollegen zu negativen Reaktionen und anscheinend auch zu verdeckten und offenen Kritiken an seiner theoretisch vertretenen und praktisch vollzogenen „Promiskuität" führte. Die Position Reichs, wer nicht im von ihm definierten Sinne orgasmusfähig sei und seine Sexualität ungehemmt lebe, sei nicht gesund, muss ängstigend und provozierend auf seine Kollegen gewirkt haben. Reich, der ja 1927 seine „Funktion des Orgasmus" veröffentlicht hatte, in der sich seine tabufreie Einstellung zu Körper und Sexualität in einer genauen wissenschaftlichen Untersuchung spiegelte, bekam in der hier angesprochenen Zeit eine Menge Ablehnung und Widerstand gegen seine genaue und detailreiche Beschäftigung mit dem Sexualakt und dem Ablauf des Orgasmus bei Mann und Frau zu spüren. Er vertrat die Auffassung, ein nicht neurotischer Mensch, der „genitale Charakter", sei genital orgasmusfähig, „orgastisch potent", womit er allerdings nicht lediglich Erektions- oder Ejakulationsfähigkeit meinte. Reich ging es darum, dass die ganze Person sich ohne Angst oder sadistische Impulse, auf einer die Rationalität und das Alltagsbewusstheit überschreitenden, quasi animalischen Art und Weise, dem geliebten Wesen und dem gemeinsam sich entwickelnden Liebesspiel hinzugeben in der Lage war. Der Orgasmus würde sich dann unforciert und unwillkürlich ereignen. Dass er die Frau im Liebesakt auf ihre Art als genauso aktiv beschrieb wie den Mann, mag ebenfalls zur Irritation der männlichen Kollegen und auch einer Frau wie Helene Deutsch beigetragen haben, die im Anschluss an Freud die Theorie des weiblichen „Penisneides" ausbaute. Es war die von Perls geschätzte Karin Horney, die dieses Phänomen damals schon im Kontext einer männerbeherrschten Kultur sah und demzufolge mit Deutsch im theoretischen Konflikt stand.

Die Außenseiterstellung von Reich wird auch daran deutlich, dass er der Masturbation der Jugendlichen wie dem vorehelichen Geschlechtsverkehr positiv gegenüberstand. Die älteren Herren der Wiener Psychoanalytischen Vereinigung hatten damit ihre Schwierigkeiten, wie etwa der von Perls geschätzte Paul Federn, dem nachgesagt wird, er habe sich wie Freud gegen die Masturbation von Kindern und Jugendlichen ausgesprochen. Freud, der tabulose Sexualforscher, scheint als Privatmann bereits im Alter von vierzig Jahren keinen Geschlechtsverkehr mehr gehabt zu haben (vgl. Nitzschke 1988, 102). Seine Reaktion auf die persönliche Übergabe von Reichs Buch „Die Funktion des Orgasmus", das Reich mit einer Widmung an ihn versehen hatte, war die für Reich kränkende Bemerkung: „So dick?" (vgl. Sharaf 1994, 124).

Die „Freudsche Clique" (Perls) in Wien hatte um den Meister „eine Atmosphäre absoluter, unfehlbarer Autorität" (H. Deutsch in Sreckovic 1999, 39) geschaffen, die zum Teil auch eine Gegenreaktion auf die Angriffe aus den mächtigen katholischen Kreisen war. Der unruhige Freigeist und von der Berliner Bohème geprägte Perls, hat die Wiener Zeit als wenig stimulierend erlebt. Er wagte es auch nicht, den Verehrten und von ihm selber in den Rang eines idealisierten Vaters erhobenen Freud persönlich zu treffen: „Der Meister war da, irgendwo im Hintergrund. Ihn zu treffen, wäre allzu vermessen gewesen. Ein derartiges Privileg hatte ich noch nicht verdient" (Perls 1981, 58). Im Jahr 1936, also fast zehn Jahre später, glaubte er es verdient zu haben und erhielt die Möglichkeit der ersehnten Begegnung mit Freud in Wien. Die Enttäuschung über Freuds kurze und unpersönliche Reaktion hat eine Wunde in ihm hinterlassen, die ihn sein ganzes Leben als Wiederholung der Zurückweisung durch seinen Vater begleitete.

Ich möchte hier kurz auf ein Thema zu sprechen kommen, was für die Begegnung von Reich und Perls ab 1930 in Berlin von Bedeutung war. Reich machte in der hier besprochenen Wiener Zeit nicht nur für Perls bedeutsame Fortschritte in der Entwicklung seiner speziellen analytischen Technik, sondern veränderte auch seine politische Haltung. Dies blieb nicht ohne Einfluss auf seine Arbeit als Psychoanalytiker, was sich besonders nach seiner Übersiedlung von Wien nach Berlin zeigte. Österreich wurde in dieser Zeit von der konservativen christlich-sozialen Partei regiert, doch die Hauptstadt Wien, das „rote Wien", blieb eine Hochburg der Sozialdemokratie. Im Juli 1927 hatte es eine große Arbeiterdemonstration gegeben, weil bei einem Attentat auf eine Sozialdemokratische Versammlung ein Mann und ein Kind getötet worden waren und die Täter vom Wiener Gericht freigesprochen wurden. Reich hatte sich an diesem Aufmarsch beteiligt. Die sozialdemokratisch geführte Polizei war bewaffnet und schoss zu einem bestimmten Zeitpunkt in die Menge hinein. Es gab 89 Tote und viele Verletzte. Dieses Erlebnis radikalisierte Reichs politische Haltung unmittelbar. Er trat auf Grund dieser Erlebnisse mit der staatlichen Gewalt im Juli 1927 in die Ärztegruppe der Kommunistischen Partei ein. Wichtig für seine charakteranalytischen Studien war sein Eindruck, dass die Polizisten sich wie leblose Roboter, wie Maschinen benommen hatten, die nur auf Befehl gehorchten. Hierauf werde ich im in einem späteren Kapitel zurückkommen.

6.6. Neuanfang in Berlin

Bereits am 27. 3. 1928 schrieb Perls aus Berlin an Lore Posner: „Liebste, da bin ich also in Berlin, und ich muss sagen ich fühle mich so viel besser, wie all die Monate. Der Frühling, Freiheit vom Dienst, keine Widerstände gegen die Familie, Hoffnung auf Frankfurt. (...) Und: Wiederaufnahme der Analysen von Frau R. und Frau Dr. K.; Prachtvoll."

Trotz der Wiederaufnahme der Psychoanalysen hat er sich laut den auf Lore Perls zurückgehenden Angaben von Sreckovic (1999) zwischen April 1928 und Juni 1928 noch einmal in Frankfurt aufgehalten.

6.6.1. Arbeit als Arzt

Ende 1928 ergaben sich für Perls in Berlin gute Arbeitsaussichten, wie aus seinen Briefen aus dieser Zeit zu entnehmen ist. Am 9. 8. 1928 schrieb er aus dem „Ambulatorium des Verbandes der Krankenkassen Berlin. Abteilung: Pankow, Binzstrasse 3", wo er anscheinend bis Ende Oktober eine Vertretungsstelle für Allgemeinmedizin angenommen hatte: „Du siehst, ich bin wieder mitten in der Medizin drin" (ebd.). Er berichtete in diesem Brief davon, für eine Stelle in Deutschland und eine außerhalb Deutschlands vorgeschlagen worden zu sein, und von einer Unterredung „mit zwei Sexualärzten (sehr große bekannte Praxis) die einen guten Analytiker suchten. Es wurden zwei Möglichkeiten erörtert. Entweder dass sie mir Praxisräume zur Verfügung stellten und das Honorar geteilt würde oder dass sie mir in meine Praxis Fälle überwiesen und ich ⅔ bekäme."

Zudem schrieb er froh: „Gestern war ein toller Tag. Fränkel hat angeklingelt, ich soll doch die Sanatoriumsstelle übernehmen. Freie Station und 300 Mark. Ich gehe aber nur voraussichtlich auf 14 Tage hin."

Im Interview mit Jim Simkin erwähnte Perls, dass er nach der Zeit in Wien „eine Stelle in einer Nervenklinik" (Perls 1980, 20) annahm. Es wird sich dabei um die Einrichtung gehandelt haben, die 1890 als „Privat-Heil- und Pflegeanstalt Berolinum" von Dr. James Fraenkel und Dr. Albert Oliven nicht weit vom Stadtzentrum gegründet wurde (vgl. Müller 2000, 64f). Nach dem ersten Weltkrieg verpachteten die Besitzer einen Teil der Anstalt an den Verband der Krankenkassen Großberlins. Das von Fraenkel und Oliven geleitete private „Sanatorium Berolinum" befand sich nun in einem separierten Gebäude, das durch die Victoriastraße (heute Leonorenstraße) vom verpachteten Haupttrakt getrennt war. Trotz der Verkleinerung gehörte es als Privatsanatorium immer noch zu den größeren Einrichtungen in Berlin. Die Erwähnung von „Fränkel" in Perls Brief und die Bezeichnung „Sanatoriumsstelle" weisen auf diese Privateinrichtung hin. Am Ende des Briefes erwähnt er aber, dass er in „Lankwitz" wenig Zeit für einen möglichen Besuch von Lore Posner haben wird. Der größere, an die Krankenkassen verpachtete Teil, nannte sich „Allgemeines Krankenhaus Lankwitz" und hatte eine neurologische Abteilung, an der auch Heinrich Löwenfeld von 1928 bis zu seiner Emigration 1933 arbeitete. Löwenfeld begann seine Ausbildung am Berliner Psychoanalytischen Institut im hier besprochenen Jahr. Das Krankenhaus Lankwitz war in Berliner Fachkreisen als „Zelle der Psychoanalyse"[133] bekannt und wurde von der Berliner Bevölkerung, auf Grund des hohen Anteils an jüdischem Personal, Jüdisches Krankenhaus genannt (vgl. Müller ebd., 67f). Es muss ungeklärt bleiben, an welcher der beiden Einrichtungen Fritz Perls 1928 gearbeitet hat[134] und auch wie lange.

Geldprobleme und Schulden waren in diesen schwierigen Zeiten ein ständiges Problem und bildeten wohl das treibende Motiv für die Arbeit im ärztlichen und psychiatrischen Bereich. In dieser Zeit zahlte Perls Schulden an den Freund Fredy Quadfasel in Frankfurt sowie an seine Schwester Grete zurück. Insgesamt ergibt sich der Eindruck, dass Perls nicht sonderlich interessiert war, sich an eine feste Klinikstelle zu binden. Er beklagte beispielsweise in der Vertretungszeit beim Krankenkassenverband, dass er kaum Zeit habe, zu sich selber zu kommen (vgl. Brief v. 13. 10. 1928). Schon aus Wien hatte er an Lore geschrieben, dass man ihm eine bezahlte Volontärarztstelle angeboten hätte, auf die er sich aber nicht bewerben wolle, weil er dann seine psychoanalytische Arbeit und die Arbeit mit Goldstein in Frankfurt nicht fortsetzen könne (vgl. Brief v. 14. 1. 1928). Ihm scheint wichtig gewesen zu sein, seinen selbstgewählten fachlichen Interessen folgen zu können, Zeit für sich und die ihm so wichtigen Theater-, Konzert- und Opernbesuche zu haben, sowie zumindest ab und an zu Lore nach Frankfurt fahren zu können. Was sich in der privaten Verbindung der werdenden Gestaltpsychologin und des werdenden Psychoanalytikers anbahnte, war die Grundlage für die spätere Gestalttherapie, eine Synthese aus „Kontaktpsychologie und Tiefenpsychologie", wie Perls und Goodman es 1951 nannten. Perls schrieb im Brief vom 14. 1. 1928 an Lore Posner von einer „experimentell psychoanalytisch-gestaltpsychologischen Möglichkeit."

6.6.2. Lernen und Leiden am Psychoanalytischen Institut

„Er lebte zwischen dem expressionistischen kreativen Geist und dem spröden Konservatismus der Vereinigung"
(L. Perls in Sreckovic 1999, 48).

Für Perls selbst stand aber erst einmal die psychoanalytische Ausbildung und seine Erwerbsarbeit im Vordergrund. Im März 1928 hatte ihm Karen Horney Hoffnungen auf eine Stelle als Psychoanalytiker gemacht. Er schrieb, dass sie davon sprach, dass München, Breslau, Königsberg und Essen dringend Psychoanalytiker brauchten (vgl. Brief v. 27. 3. 1928). Ich vermute, dass bis dahin davon ausgegangen wurde, dass Perls, nach der durch Happel anscheinend als abgeschlossen bewerteten Lehranalyse und der intensiven theoretischen und supervisorischen Arbeit in Wien, die Ausbildung beendet hat. Anfang November hatte Perls eine Unterredung mit Max Eitingon, dem Vorsitzenden der Deutschen Psychoanalytischen Gesellschaft und des Berliner Ausbildungskomitees: „Er hat mir geraten, zur Erlangung einer endgültigen Stabilität noch etwas in die

Analyse und Kontrollanalyse zu gehen. Heute habe ich endgültig Bescheid bekommen. Harnik zur Analyse ... und Fenichel zur Kontrolle. Aber ich kann private Fälle zur Kontrolle verwenden. Sonst wäre es ja nicht zu machen. (...) Ich denke, in einem halben Jahr werde ich nun endgültig fertig sein“ (Brief v. 15. 11. 1928).

Fünf Jahr später war er immer noch nicht fertig, was bedeutet, dass er mit Unterbrechungen über einen Zeitraum von fast sieben Jahren Ausbildungskandidat war. Die Minimalzeit einer psychoanalytischen Ausbildung in dieser Zeit betrug zwei Jahre, die Lehranalyse dauerte mindestens ein Jahr, wurde aber meist länger durchgeführt.

Perls scheint die Empfehlung Eitingons akzeptiert zu haben, da er selbst die von ihm überlieferte Einschätzung von Happel, dass seine Lehranalyse beendet sei, nicht geteilt hat. Er litt immer noch an seinen inneren Konflikten, was er nicht einfach aus Karrieregründen überspielte und hat wahrscheinlich mit Eitingon darüber geredet. Möglich ist auch, dass es Schreiben oder Berichte seiner Wiener Kontrollanalytiker gab, die noch weitere Lehr- und Kontrollanalysen empfahlen.

Berlin war das erste Ausbildungsinstitut, das eine systematische Organisation der Ausbildung einführte, die dann ab 1929 zur internationalen Richtlinie für alle anderen analytischen Institute wurden. Wenn jemand sich zur Ausbildung anmeldete, entschied das Ausbildungskommitee auf Grundlage von drei Gesprächen die Aufnahme. Bei Nichtzulassung gab es keine Möglichkeit des Widerspruchs. Seit 1923 bestand die Ausbildung aus der Lehranalyse, der Einzel-Kontrollanalyse, dem theoretischen Unterricht und den Technischen Seminaren bzw. den Fallbesprechungen in der Gruppe. Der Bericht des Lehranalytikers war wichtig für die Weiterführung bzw. das Ausscheiden aus der Ausbildung. Happel hatte die Weiterführung als Kontrollanalyse in Wien empfohlen, jetzt nahm Perls zusätzlich die Lehranalyse wieder auf. Wenn das Ausbildungskommitee bestimmte, dass die Ausbildung erfolgreich beendet war, hatte der Kandidat noch einen Vortrag zu halten[135] und durfte sich danach Psychoanalytiker nennen (vgl. Peters 1992, 97f, Lockot 1985, 39f).

Das Berliner Institut war 1928 auf Grund der steigenden Ausbildungsnachfragen von der Potsdamer Straße 29 in die Wichmannstraße 10 umgezogen. Im gleichen Jahr wurde erstmals auch ein „obligatorischer Stundenplan“ für die Ausbildungskandidaten erstellt (vgl. Müller 2000,

72). Das Institut unterhielt die von Eitingon finanzierte Poliklinik, in der auch Mittellosen ermöglicht wurde, sich kostenlos einer psychoanalytischen Behandlung zu unterziehen.

Auf Grund der starken antisemitischen Bewegung in Ungarn waren viele der dortigen Analytiker nach Berlin gekommen. Auch viele Wiener übersiedelten oder pendelten zwischen den beiden Städten. Für die Psychoanalytiker aus Wien war Berlin attraktiv, da in Deutschland noch Kurierfreiheit bestand, das heißt, es konnte auch ohne ärztliche Approbation Psychoanalyse durchgeführt werden (vgl. Lockot 1985, 43f). Das war interessant für „Laienanalytiker" wie Siegfried Bernfeld, der Pädagoge war, oder für Hanns Sachs, der Rechtswissenschaften in Wien studiert hatte und in Berlin Lehranalytiker und Mitglied des Unterrichtsausschusses war. In Berlin war man weit weg vom Übervater Freud und zudem war für viele Linke das Klima in Berlin politisch und kulturell äußerst attraktiv. Zu den aus Ungarn gekommenen Psychoanalytikern in Berlin gehörten Franz Alexander, Sandor Radò, Michael Balint, Therese Benedek, Eugen Harnik und Melanie Klein. Aus Wien kamen Hanns Sachs, Otto Fenichel, Wilhelm Reich und Siegfried Bernfeld. Einige hielten sich nur kürzere Zeit in Berlin auf, wie Melanie Klein, Anni Reich, Edith Jacobson oder Frieda Fromm-Reichmann und Erich Fromm vom Frankfurter Institut. Zudem gab es zahlreiche Amerikaner, die in Berlin einen Teil ihrer Ausbildung absolvierten. Die meisten der tätigen Psychoanalytiker, Ausbilder und Kandidaten waren Juden aus dem deutschen Kulturraum. Ein Hinweis auf die Verwissenschaftlichung der Psychoanalyse in diesen Berliner Jahren, wie auf ihre zunehmende Verbürokratisierung und vielleicht auch auf den Stand der Akkulturation der deutschen Juden in dieser Zeit, lässt sich aus der knappen Erinnerung des emigrierten Berliners Henry Lowenfeld herauslesen. Er empfand das Institut, an dem er zeitgleich mit Perls studierte, als „kalt, sehr deutsch" (in Müller 2000, 72).

Fritz Perls begann im Jahre 1928 seine zweite Lehranalyse bei Eugen Harnik,[136] die er als äußerst enttäuschend erlebte. Harnik arbeitete emotional abstinent und kontaktlos. Vor dem Hintergrund der Erkenntnisse über die Bedeutung einer empathisch zugewandten Haltung von Seiten des Analytikers, die durch Kohut recht spät in die Psychoanalyse wiedereingeführt wurde, war diese Analyse für Perls eine Qual und eine sinnlose Prozedur. Ähnlich hatte auch Erich Fromm seine Lehranalyse in Berlin bei Hanns Sachs und anderen überwiegend „schweigenden ... Analytikern“ (Fromm 1989, 291) erlebt. Diese persönlichen Erlebnisse haben Perls wie Fromm wichtige Impulse gegeben, die Freudsche Theorie zu revidieren und sich eigene Gedanken über eine das orthodoxe Setting überschreitende Behandlungstechnik zu machen, die viele Parallelen aufweisen.[137]

Perls war achtzehn Monate bei Harnik in Lehranalyse. Etwa zwischen Oktober 1928 und April 1930 legte er sich fünf Mal pro Woche auf die Couch, „ohne analysiert zu werden“ (Perls 1981, 49): „In Deutschland gibt man sich die Hand: er gab mir die Hand weder wenn ich kam, noch wenn ich ging. Fünf Minuten vor Ablauf der Stunde kratzte er mit dem Fuß über den Fußboden, um anzudeuten, dass die mir zugewiesene Zeit bald um sein würde. Er sprach maximal einen Satz pro Woche. Eine seiner Feststellungen war, dass ich wohl ein Frauentyp sei. Ich füllte die Leere meines Lebens auf der Couch mit amourösen Geschichten, um das Image des Casanovas, das er von mir hatte, aufzubauen. (...) Nach einem Jahr wollte ich von ihm weg“ (ebd., 49f).

Die „katatonen“ (Perls) Sitzungen bei Harnik wurden ergänzt durch Kontrollanalysestunden bei Otto Fenichel,[138] der vor der Ankunft von Wilhelm Reich aus Wien die zentrale Figur der linken Berliner Psychoanalytiker war. Lore Perls, die nach der Heirat 1930 nach Berlin zog und ebenfalls zu Otto Fenichel in die Kontrollanalyse ging, hat mit Fenichel ähnliche Erfahrungen gemacht, wie Fritz Perls ab 1928: „Bei Fenichel war alles verboten, was nicht explizit erlaubt war. Das Schlimme dabei war, dass ich mich schuldig machte und fühlte, sobald ich etwas tat, ohne es zu wissen. (...) Sinn für Humor hatte er wirklich keinen“ (Lore Perls in Sreckovic 1999, 55). Sie erinnerte sich auch an das „schwindelerregend brillante, aber furchtbar langweilige Dozieren“ von Fenichel (in ebd., 48). Fritz Perls erlebte bei Fenichel „Konfusion“ (Perls 1981, 40). In seinen Erinnerungen an die kurze Kontrollanalyse bei Karl Landauer Ende 1933, in der Emigration in Amsterdam, hebt er dessen Wärme und Fähigkeit hervor, „das Freudsche System durchsichtig zu machen“ (ebd.): „Jedenfalls tat er nicht das, was ich bei Fenichel und anderen erlebt hatte: er spielte sich nicht als intellektueller Gaukler auf, der mit Begriffen wie ‚latente negative Übertragung‘, ‚infantil-libidinöse Sublimierung‘ usw. jonglierte, eine Vorstellung, die mir gewöhnlich Schwindel verursachte und deren Nachahmung mir unmöglich war. Kein Wunder, dass Fenichel oft ungeduldig mit mir war" (ebd.).

Henry und Yela Lowenfeld haben Vergleichbares berichtet. Fenichel hörte anscheinend in seinen Seminaren nicht auf zu reden: „His students collapsed in their chairs. (...) But he was still able to teach. And he forgot that the other people couldn't hear any more (...)" (in Müller 2000, 69).

Fritz wie Lore Perls waren nicht primär durch die theoretische Brillanz eines Lehrers beeindruckt. Sie waren auf der Suche nach einer Form des Lernens, in der die persönliche Begegnung mit einem anderen Menschen im Mittelpunkt stand. Lore Perls machte den Unterschied zwischen dem Autor und dem Lehrer Fenichel klar: „Otto Fenichel (...) war ein großer Theoretiker aber ein lausiger Lehrer!" (L. Perls 2001, 22). Sie nannte ihn „ein wandelndes Lexikon, das alles wusste, wie man an seinen Büchern sehen kann, ein phantastischer Theoretiker, aber ich lernte nichts von ihm. Er sagte nie etwas" (L. Perls 1997, 64). In den Erinnerungen von Lore Perls hat Fenichel in den Einzelkontrollanalysen weitgehend geschwiegen, in seinen Seminaren aber sein Wissen bis zur Überforderung der Studenten mitgeteilt. Anscheinend hat Fenichel in der Arbeit mit Fritz Perls geredet. Wenn er in diesen Sitzungen mit Perls öfter „ungeduldig" war, wird es sich bei dem, woran sich Perls erinnerte, nicht um einen theoretischen Vortrag oder ein Theorieseminar gehandelt haben. Technische Seminare, also Fallbesprechung in Gruppen, hat Fenichel laut Programm des Berliner Instituts zwischen 1928 und 1933 nicht angeboten. Bleibt die Annahme, dass es sich um eine Erinnerung an Einzel-Kontrollsitzungen handelte, die er bei den beiden Perls demzufolge sehr unterschiedlich gehandhabt hat. In beiden Fällen allerdings ohne positive Wirkung auf die Kontrollanalysanden.

Die theoretischen Ausbildungsangebote des Berliner Institutes bestanden aus Vorträgen bzw. Referaten und Kursen. Hanns Sachs, an dem Perls laut Lore Perls wohl wegen dessen Beschäftigung mit künstlerischen Themen interessiert war, bot 1928/29 in diesem Bereich in Berlin nichts an. Er ist lediglich mit einem Kurs zur „Trieblehre" verzeichnet. Fenichel bot Kurse zu den Themen „Organlibido und Abwehr" und „Prägenitale Vorgeschichte des Ödipuskomplexes" an, außerdem ein Seminar zu Freuds „Metapsychologischen Schriften" und zum Thema „Spezielle Neurosenlehre".

Die Leere, die Perls in der Lehranalyse bei Harnik erlebte und die ihn verwirrende, anscheinend beziehungs- und kontaktlose Überschüttung mit Fachterminologie, muss eine katastrophale Wirkung auf ihn gehabt haben. Was er hier lernte war das, was Freud zu Beginn seiner Arbeit mit Breuer bereits herausgefunden hatte: Einsicht bzw. Lernen ohne eine gefühlsmäßige Beteiligung und Einbettung in eine menschliche Beziehung hat wenig Effekt. In dieser Ausbildungsphase bekam er zudem am eigenen Leib die Trennung von Verstand und Sinnlichkeit zu spüren, um deren Überwindung es ihm in seinem eigenen Ansatz später ging. Um diesen Zeitpunkt herum stellte er seine Identität als zukünftiger Psychoanalytiker in Frage (vgl. Sreckovic 1999, 48) und schrieb in einem Brief vom 3. 2. 1929 an L. Posner: „Harnik sagt fast gar nichts. (...) Dabei hat mir eins geholfen ... ich habe begonnen, mir einen Radioapparat zu bauen. Im Handwerklichen ... fand ich Rettung vor dem Überdruss des Intellektualisierens in der Analyse (...). Vielleicht finde ich aber doch wieder zur Analyse zurück“ (in Sreckovic ebd., 49).

Er bemühte sich also ganz konkret und auf eigene Faust, Verstand und Sinnlichkeit, Kopfarbeit und Handarbeit zusammenzubringen, um die für ihn unbefriedigende Reduzierung der Lernvorgänge auf den Kopfpol auszubalancieren. Hiermit kam er in einem Akt der Selbsterziehung einer Forderung nach, die etwa von der sozialistischen Pädagogik und der Reformpädagogik seiner Zeit ebenfalls erhoben wurde.

6.7. Die Bauhaus-Idee

An dieser Stelle scheint es sinnvoll, kurz auf die Bauhauskontakte von Perls zu sprechen zu kommen. Anscheinend stand er mit dem Bauhaus während aller Entwicklungsphasen, die dieses durchlief, in Verbindung. Lore Perls hat erwähnt, dass Perls in den Berliner Bohème Kreisen auch mit Bauhauslehrern wie Gropius und Schlemmer in Berührung kam und von ihrer Arbeit beeindruckt war, „und zwar nicht nur wegen des künstlerischen Gedankenguts, sondern vor allem wegen ihrer sozialen Tendenz“ (in Sreckovic 1999, 28). Da Friedlaender / Mynona Anfang der zwanziger Jahre für Fritz Perls die zentrale Orientierungsfigur war, will ich kurz an einem Beispiel aufzeigen, dass sich in diesen Jahren die Wege der progressiven Künstler in Berlin bei vielen Gelegenheiten überschnitten. Ich gehe davon aus, dass da, wo der „Guru" sich engagierte, auch der Schüler in nicht allzu weiter Entfernung zu finden war.

Im Rahmen IAH, der Internationalen Arbeiterhilfe, einer von Willi Münzberg im Auftrag und in Kollaboration mit Lenin und der deutschen KPD 1921 aufgebauten überparteilichen sozialen Hilfsorganisation, wurde 1924 die „Künstlerhilfe" gegründet. Anlass war, dass es, durch die Arbeitslosigkeit und die Ernährungsschwierigkeiten in dieser Zeit, einen ganz konkreten Mangel an Nahrungsmitteln und in der Folge Unterernährungssymptome bei Kindern wie alten Leuten, speziell aus der Arbeiterschaft, gab. Den Aufruf zur Beteiligung von Künstlern an der Hilfe für die von Hunger betroffenen Menschen, unterzeichneten am 9. 11. 1923 beispielsweise Prof. Albert Einstein, Georg Grosz und Wieland Herzfelde, der Schauspieler Alexander Moissi, der Dichter Franz Werfel und der Arzt und Psychoanalytiker Ernst Simmel. Die „Künstlerhilfe" organisierte 1924 den Verkauf von über 400 zur Verfügung gestellten Kunstwerken im Warenhaus Wertheim am Alexanderplatz. Der Erlös sollte für die Essensausgabestellen der IAH verwendet werden. Es wurde berichtet, dass sich „für das Ausmalen der Speisestellen" (Kunstamt Kreuzberg Hg. 1977, 596) namhafte Künstler angeboten hatten. Ihre tätige Mitarbeit hatten unter anderem angeboten: „Arthur Segal, Dr. Friedlaender (Mynona),[139] Johannes R. Becher, Prof. Käte Kollwitz, Max Liebermann, Kandinski, Paul Klee, Schlemmer, Feininger, die gesamten Professoren des Staatl. Bauhauses in Weimar" (ebd.). Im gleichen Jahr, aus Anlass einer Streik- und Aussperrungswelle beim Kampf um die Erhaltung des Achtstundentages, gab es einen Aufruf der „Künstlerhilfe", auf der auch wieder „Friedländer-Mynona", sowie Heinrich Zille, Ernst Toller, Erich Mühsam u. a. verzeichnet sind (vgl. ebd.). Es gab eine enge Verzahnung und häufige Kontakte von Intellektuellen und Künstlern unterschiedlicher linker Orientierung in diesen Jahren, und Perls bewegte sich in diesen Kreisen.

Der Bauhausdirektor Walter Gropius schrieb 1923: „Der beherrschende Gedanke des Bauhauses ist also die Idee der neuen Einheit, die Sammlung der vielen ‚Künste', ‚Richtungen' und Erscheinungen zu einem unteilbaren Ganzen, das im Menschen selbst verankert ist und erst durch das lebendige Leben Sinn und Bedeutung gewinnt" (in Wick 1994, 80). Es findet sich auch hier der von mir immer wieder in den unterschiedlichen auf Perls einwirkenden Einflüssen aufgezeigte Grundimpuls, das

Aufgeteilte, das Zerteilte zusammenzubringen, in Kontakt mit dem realen Leben und ausgehend vom Individuum. Gropius versuchte mit dem Bauhaus ganz konkret etwas gegen die Verkümmerung der handwerklichen Fähigkeiten beim Künstler und Gestalter zu unternehmen. Die Idee der Neuhumanistischen Bildung, in deren Rahmen angenommen wurde, dass es sich beim griechischen Menschen um ein Individuum gehandelt hatte, das nicht reduziert und spezialisiert war, sondern die Totalität seiner Kräfte nutzte und zu nutzen im Stande war, bildete bei Gropius, wie bei den meisten bürgerlich gebildeten Bauhauslehrern, den Hintergrund für diese Idee. Ihre Sehnsucht ging auf den „homo totus", auf den ganzen Menschen. So sind die Grundprinzipien der Bauhauspädagogik auch wieder in einem „bildungsgeschichtlich komplexen Zusammenhang (zu) sehen, der mit Namen wie Herder, Humboldt, Goethe und Schiller belegbar ist" (Wick ebd., 80). Wie eng in diesen Jahren die für Perls wichtigen Theorien verzahnt waren, zeigt auch die Tatsache, dass beispielsweise Kandinsky an Gestaltpsychologie interessiert war und in seinem Unterricht am Bauhaus auf Arbeiten der Gestaltpsychologen aufmerksam machte (vgl. ebd. 243).

Gropius war es in den ersten Jahren nach 1919 gelungen, eine Gruppe von bekannten individualistischen Avantgarde-Künstlern und Handwerksmeistern in das Bauhaus einzubinden. Die Individualisten sahen hier eine Möglichkeit, durch ihren Unterricht daran mitzuwirken, Kunst wieder mit dem Leben und den Bedürfnissen des Alltagslebens zu verbinden. Idee und Tat sollten wieder zusammengebracht werden. Die Künstler akzeptierten die Idee des Bauhauses, ordneten sich ein „und blieben gleichzeitig kreative Partner innerhalb des Ganzen" (Droste 1993, 24).

Diese Form von Austausch und interdisziplinärer Zusammenarbeit hat Perls anscheinend fasziniert. Im Esalen Zentrum in Kalifornien, Ende der sechziger Jahr, wo unterschiedliche Lehrer aus der „Human-Potential-Bewegung" arbeiteten, sagte er in einem Workshop: „Esalen ist eine Möglichkeit. Esalen ist ein Symbol geworden, (...) das dem Bauhaus sehr ähnlich ist, an dem eine Anzahl unterschiedlicher andersdenkender Künstler zusammengekommen waren, und vom Bauhaus ist eine weltweite wiederbelebende und anregende Wirkung auf die Kunst ausgegangen" (Perls 1986, 224).

Das Bauhaus hat unterschiedliche Phasen durchlaufen, welche die

Veränderungen der Weimarer Republik widerspiegelten, mit der das Bauhaus fast exakt seine Existenzzeit teilte. Nach der ersten expressionistischen Phase und schon durch Gropius eingeleitet, orientierte sich das Bauhaus zunehmend weniger an der persönlichen, subjektiven Entwicklung der einzelnen Studenten, sondern wandte sich immer mehr praktischen Gestaltungsaufgaben zu. Das Bauhaus suchte die Verbindung mit der Produktionsindustrie und versuchte funktionell-sachliches Design für Wohnbedürfnisse zu entwerfen und zur Herstellung kommen zu lassen. Die Entwurfs- und Produktionspalette reichte dabei vom Haushaltsgerät bis zum fertigen Haus. Diese Tendenz, quasi vom Expressionismus zur Sachlichkeit, wurde durch die Amtszeit des Marxisten Hannes Meyer 1928-1930 als Direktor ideologisch radikalisiert. Meyer ging es weniger um die Erziehung der Bauhausschüler zu kreativen, sich ganzheitlich entwickelnden Menschen, sondern um ein „sozial motiviertes Gesamtkonzept, das auf die entschlossene Verbesserung der Lebensverhältnisse der (...) Massen, insbesondere der Arbeiterschaft abzielte" (Wick 1982, 82). „Die vielgliedrige Gestalt des Baues", wie es im Gründungsmanifest des Bauhauses hieß, geriet in einen Dissoziationsprozess. Der Unterricht bei den Künstlern wurde aus dem Pflichtprogramm genommen und zu „freien Malklassen" umfunktioniert, in denen die Studenten freiwillig ihre gestalterische Individualität kultivieren konnten. Trotzdem hat sich Meyer weiterhin um ein weitgefasstes Vorlesungsprogramm bemüht, z. B. holte er Graf von Dürkheim zum Psychologieunterricht ans Bauhaus, dessen Vorlesungen „gestalt- und ganzheitspsychologisch konzipiert waren" (ebd., 218).

Dem Zeitgeist entsprechend, gewann die soziale Bestimmung und die Orientierung an dem, was sachlich gefordert war, die Oberhand über die Individualentwicklung. Die berühmten Bauhausmöbel und Bauten sind durch einen nüchternen Funktionalismus und ihre technische Reproduzierbarkeit gekennzeichnet. Das ist im Rahmen der Auseinandersetzung um die Sachlichkeit als Kälte kritisiert worden, beinhaltete aber den sozialen Impuls, der Wohnungsnot rasch abzuhelfen. Es sollte im Gegensatz zu den ungesunden dunklen Hinterhöfen, in denen Licht und Luft fehlten, eine helle, offene, raumnutzende und dabei auf wilhelminische Plüsch- und Prunküberladung verzichtende Wohn- und Lebensatmosphäre geschaffen werden.

Vor ihrer Heirat, im Juni oder Juli 1930, mieteten Fritz Perls und Lore Posner, auf der Münchner Straße 49 im Bayrischen Viertel, ihre erste gemeinsame Wohnung an, die Perls auch als nervenärztliche Praxis diente. Diese große bürgerliche Wohnung mit sieben Zimmern wurde zum Teil im Bauhausstil eingerichtet (vgl. Sreckovic 1999, 50). Hannes Meyer wurde Ende Juli, Anfang August 1930 im Bauhaus Dessau entlassen, da sich die politischen Machtverhältnisse zunehmend nach rechts bewegten. Die Kontakte für die Wohnungseinrichtungen gab es also noch in der Meyer Periode. Die Kommunistische Studentengruppe am Bauhaus war stark und beide Perls waren zu dieser Zeit kommunistisch orientiert. Möglicherweise gab es hier Verbindungspunkte. Meyer ist nach seiner Entlassung 1930 mit einer Gruppe junger Architekten nach Russland gegangen, um beim Aufbau des Sozialismus zu helfen. In den Emigrationsjahren in Südafrika ab Ende 1933 hatten die Perls Kontakte mit einer Gruppe von Architekten, die ebenfalls in Russland tätig gewesen waren. Sie hatten dort anscheinend den stalinistischen Terror erlebt und waren als Antikommunisten nach Südafrika gekommen. Es ist anzunehmen, dass es sich um Mitglieder der erwähnten Gruppe von Hannes Meyer gehandelt hat.

6.8. Polarisierung in Links und Rechts

Im Oktober 1929 begann der Übergang in die dritte Phase der Weimarer Republik, die Anfang 1933 aufhören sollte zu existieren. Am 14. Oktober 1929 stürzten die Kurse an der New Yorker Börse ins Bodenlose und es setzte eine weltweite Wirtschaftskrise ein, von der Deutschland stark betroffen wurde. Die ökonomische Stabilisierung war wesentlich durch die amerikanischen Kredite gestützt worden und die stabile Wirtschaft entpuppte sich nun als „Pumpwirtschaft". Die Bevölkerung in Deutschland erlebte in weniger als einem Jahrzehnt zum zweiten Mal einen wirtschaftlichen Zusammenbruch und „hatte den militärischen Zusammenbruch von 1918 und die politischen Umwälzungen noch kaum verarbeitet" (Peukert 1987, 251). Diese Krise zerstörte für Millionen von Menschen die Hoffnung auf eine „sinnvolle biographische Perspektive" (ebd., 252). Das soziale Sicherungssystem der Weimarer Republik trug nicht und die Individuen des anschwellenden Millionenheeres der Arbeitslosen erlitten Statusverlust und Armut, bekamen eine Wohlfahrtshilfe auf dem Existenzminimum, und erlebten Demütigung und Entwürdigung durch ihr Ausgeliefertsein an die Behörden. Die Reaktion der Menschen war politisch und bestand in einer Abkehr vom republikanischen System der gerade erst sich entwickelten Demokratie, die für die meisten ab diesem Punkt ihre Legitimation verloren hatte. Zu den „fortwirkenden Lehren von Weimar gehört, dass es in einer Demokratie nicht nur wirtschaftliche Rahmenbedingungen des Sozialen, sondern auch soziale Rahmenbedingungen der Wirtschaft gibt" (Winkler et. al. Hg. 1997, 41f). Die Massen von Arbeitslosen wandten sich zunehmend den radikalen Hoffnungsträgern und Sinnstiftern von Rechts und Links zu. Die KPD wurde bis 1932 fast eine reine Arbeitslosenpartei, während es der NSDAP gelang, „über die Integration junger Erwerbsloser hinaus, auch noch die orientierungslosen Millionen zwischen den Klassen, in dem von Panik ergriffenen Mittelstand und unter den Bauern und Landarbeitern zu mobilisieren" (ebd., 249). Das besondere an der deutschen Krise war ihre politische Dimension, bei der das Scheitern des demokratischen Experiments mit dem explosionsartigen Erstarken und letztendlichen Machtantritt der Nationalsozialisten einherging.

Rechte wie linke Gruppierungen verfügten über militärische Männerbünde, die Orientierung und kameradschaftlichen Zusammenhalt gegen einen klar definierten Gegner boten, darüber hinaus den Alltag der Erwerbslosen ausfüllten und ihnen das Gefühl von Wichtigkeit und Macht gaben. In unterschiedlichen Uniformen und mit unterschiedlichen Fahnen marschierten die paramilitärischen Bünde durch Berlin und sangen Kampflieder. Die nationalsozialistische SA wurde zunehmend provokanter und gewaltbereiter. Zumeist ausgehend von den rechten Organisationen, gab es Schießereien und Überfälle mit Hieb-, Stich- und Schusswaffen, die Verletzte und Tote hinterließen. Der kommunistische Rotfrontkämpferbund versuchte sich in der Regel militant zu verteidigen, um sich dann mit ebenfalls blutigen Aktionen zu rächen. Um die Kontrolle einzelner Straßen wurde gekämpft und der „Kampf um die Straße gliederte sich ein in den Kampf um die Macht und damit um die ersehnte politische Neuordnung, von der man sich auch einen persönlichen Neubeginn versprechen konnte" (Peukert 1987, 249).

Nach dem Börsenkrach in den USA verlor das Leitbild USA an Attraktivität. Deutlich wurde, dass dieses System in Krisenzeiten den Arbeitern keinerlei Sicherheit bot. Die Sowjetunion, die sogenannte Republik der Arbeiter und Bauern, schien keine Arbeitslosigkeit zu kennen und keine „freischwebende Intelligenz", sondern Arbeiter wie Intellektuelle arbeiteten zusammen an der Entfaltung der ökonomischen und kulturellen Entwicklung. Die KPD wuchs in den kommenden Wahlen zu einer Millionenpartei an und schien den linken Intellektuellen das einzige wirkliche Bollwerk gegen die gleichzeitig stärker werdende politische Reaktion und gegen die militanten Rechtsradikalen zu sein.

Deutsches Deutschland oder Sowjetisches Deutschland, diese beiden Orientierungen boten Hoffnung auf Einordnung und das Dazugehören zu einem Sicherheit gebenden sozialen Ganzen. Die KPD propagierte den Begriff des Kollektivs, der sich aber auf die Klasse des Proletariats beschränken sollte. Das war für viele Arbeitslose attraktiv, wurde aber von vielen anderen Arbeitern und von den arbeitslosen Angestellten als negativ empfunden. Die Angestellten fürchteten gerade die Proletarisierung und außerdem versuchte die KPD ein anderes, das sowjetische Volk, als Vorbild zu installieren. Die Nationalsozialisten appellierten an nationalistische wie sozialistische Hoffnungen und bezogen alle Klassen und Gruppen der Bevölkerung mit ein. Sie waren gegen den „linken Gruppenegoismus" der eine Gruppe oder eine Klasse des Volkes gegen die andere aufzuhetzen schien. Statt der kommunistischen Diktatur des Proletariats wurde Volkssozialismus und Volksgemeinschaft versprochen. Die Träger der nationalsozialistischen Umwälzung waren nicht die alten Parteien oder Eliten, sondern vor allem die deutsche Jugend. Die Nazis propagierten das deutsche Volk als das höchststehende der Welt und die deutsche, die germanische Rasse, als die höchststehende, die letztlich nur einen wirklichen Feind kennt, das fremdblütige, minderwertige und bösartige Judentum, das sich mit dem Bolschewismus verbunden hatte.

Die Nationalsozialisten versuchten möglichst viele Impulse aus der Bevölkerung in ihre Bewegung zu integrieren, wobei sie klug die jeweiligen Ängste und die Empörung einfach und direkt ansprachen. Sie argumentierten gegen die anonyme Großstadt, die Kommerzialisierung, den Kapitalismus, das Klassendenken, gegen die Schmach der von den Siegermächten aufgezwungenen Reparationszahlungen und Gebietsabtretungen und gegen die Zinsknechtschaft der Großbanken.[140]

Die Weimarer Gesellschaft war eine militarisierte Gesellschaft, in der die rechten und linken Parteien ihre paramilitärischen Kampfverbände unterhielten. Kommunisten und Nationalsozialisten bekämpften sich verbal und physisch und gemeinsam lehnte man die Weimarer Republik ab. Georg Grosz beschrieb die spannungsreiche Atmosphäre: „Aber auch wie ein brodelnder Kessel war die Hauptstadt unserer neuen deutschen Republik. (...) An allen Ecken standen Redner. Überall erschollen Hassgesänge. Alle wurden gehasst: die Juden, die Kapitalisten, die Junker, die Kommunisten, das Militär, die Hausbesitzer, die Arbeitslosen, die Schwarze Reichswehr, die Kontrollkommissionen, die Politiker, die Warenhäuser und nochmals die Juden. Es war eine Orgie der Verhetzung, und die Republik war schwach, kaum wahrnehmbar. Das musste mit einem furchtbaren Krach enden" (Grosz 1976, 143).

6.8.1. Perls versucht Klassenstandpunkt zu beziehen

Die Freisetzungseffekte der Moderne verunsicherten, vereinzelten und ließen speziell in diesen Jahren Millionen Menschen in bezug auf ihre materielle Absicherung alleine. Der „Hunger nach Ganzheit" (Gay 1989a, 130), die Suche nach Bindung und Einheit, Verwurzelung und Gemeinschaft heftete sich zunehmend an eine der beiden radikalen Alternativen. Für viele Künstler und Linksintellektuelle ging es nun nicht mehr darum, als Individuum zwischen, mit oder über den Polen und Widersprüchen zu balancieren, sondern konkret und aktiv Partei zu ergreifen und Klassenstandpunkt zu beziehen. Im Jahre 1928 hatte sich der Bund proletarisch-revolutionärer Schriftsteller gegründet, für den der ehemalige Expressionist Johannes R. Becher, in seinem Grundsatzartikel „Partei und Intellektuelle" im gleichen Jahr, die Position vertrat, der Intellektuelle „müsse sich durch alltägliche politische Kleinarbeit und Unterwerfung unter die Parteidisziplin zum Proletarier wandeln, um revolutionäre Literatur schreiben zu können" (Witte 1992, 86). Dass der Intellektuelle sich zum Proletarier wandeln müsse und könne, blieb umstritten, dass es aber darum ging, im anscheinend anstehenden Endkampf zwischen Sozialismus und Faschismus Standpunkt zu beziehen, und zwar den Standpunkt des revolutionären Proletariats, als dessen Vertreter sich wiederum die KPD präsentierte, setzte sich in dieser sozialen Gruppe zunehmend durch. Ende der zwanziger Jahre trug die KPD auch in die linken Künstlerkreise diesen Entscheidungsdruck hinein, speziell durch die Gründung eigener Kulturorganisationen, die sich von denen der SPD radikal absetzten. Ab 1928 hatte die Bezeichnung „Sozialfaschismus" für die SPD bei der KPD Konjunktur, was auf die in Moskau entschiedene Politik für die nationalen Kommunistischen Parteien zurückging (vgl. Schönhoven 1989, 133f). Dies führte zu massiven Spaltungen in der Kunstszene und es blieb nicht aus, dass hier auch gegenseitige Kränkungen und Hass an Boden gewannen. Viele der Linksintellektuellen, die dem Expressionismus nahegestanden hatten, konnten die blutige Unterdrückung der revolutionären Arbeiter- und Soldatenunruhen in Berlin nicht vergessen, für die eine Koalition von SPD Regierungspolitikern und rechten Freiwilligenverbänden verantwortlich gewesen war. Sie orientierten sich an der KPD und wurden Parteimitglieder, oder sie beteiligten sich an einer der Kulturorganisationen, die der KPD nahe standen und die eine beeindruckende Aktivität in Zusammenarbeit mit zahlreichen namhaften Künstlern entfaltet hatten. Brecht, Eisler, Piscator und Benjamin waren hier beispielsweise aktiv und äußerten sich in dieser letzten Phase der Weimarer Republik zunehmend in Richtung Parteinahme für die KPD. Walter Benjamin griff 1931 die „Linke Melancholie" von Autoren wie Erich Kästner, Kurt Tucholsky und Walter Mehring an. Er kritisierte bei den genannten „linksradikalen Publizisten" die Verwandlung des politischen Kampfes „aus einem Zwang zur Entscheidung in einen Gegenstand des Vergnügens, aus einem Produktionsmittel in einen Konsumartikel" (Benjamin in Witte 1992, 85).

John Heartfield bemerkte in einem Interview zu dieser Thematik, dass der Dadaismus ein guter Ausgangspunkt für eine Einmischung in die realen politischen Ereignisse war. Für Heartfield hat die Neue Sachlichkeit unter dem Vorwand, zu den Dingen zurückzukehren, die Realität ausgeklammert und der „Surrealismus bedeutet ... Rückkehr zur Seele und zum Mystizismus. (...) Dalis Zeitlosigkeit nützt dem Arbeiter nichts. Dada hat den Augenblick hervorgehoben" (in Siepmann Hg. 1977, 56). Sicherlich konnten zahlreiche linksorientierte Intellektuelle und Künstler, nachdem fast alle antikonformistischen Kunstbewegungen in der einen oder anderen Form über den Markt in das abgelehnte System integriert worden waren, der Einschätzung von Heartfield zustimmen: „Der

Bourgeois der Ära des Imperialismus ist durch nichts mehr schockiert, außer durch den Kommunismus“ (in ebd.).

In dieser Atmosphäre versuchte auch Perls sein allgemeines humanistisches Interesse am Sozialismus, sein „Landauertum“, durch das Studium der marxistischen Theorie zu konkretisieren. Dazu gehörte der Versuch, die eigene soziale Position im marxistischen Schema der Klassengesellschaft und des Klassenkampfes zu verorten. Perls stand vom Selbstempfinden her bisher immer auf Seiten der Bohème, der Künstler, der expressionistischen Rebellen, Nonkonformisten und Außenseiter gegen das Bürgertum. Gleichzeitig war ihm auf Grund seines beruflichen Lebenswandels klar, dass er nicht wirklich Teil dieser Künstler-Bohème war. In einem Brief vom 2. Oktober 1928 an Lore Posner schrieb er, nach der Lektüre einer Arbeit von Karl Marx: „Ich stehe nicht, wie ich bisher dachte, zwischen Bourgeoisie und Bohème, sondern zwischen Bourgeoisie und Proletariat.“ Im Kontext des marxistischen Gesellschaftsschemas gehörte er zu einer Zwischenschicht, zur Übergangsklasse der kleinbürgerlichen Intelligenz, die Interessen mit beiden Hauptklassen teilt und die sich zu entscheiden hatte: „Dafür, dass ich meine Arbeitskraft an die herrschende Klasse verkaufe und von ihr abhängig bin, bin ich Proletarier, andererseits gehöre ich ja selbst irgendwie dieser Klasse an und habe an dieser Prosperität natürlich mein egoistisches Interesse. Als Analytiker wiederum helfe ich mit, die verlorene Ideologie dieser (herrschenden) Klasse zu ersetzen ... vorläufig sehe ich keinen Ausweg“ (Perls in Sreckovic 1999, 49f).

Am 13. 10. 28 schrieb er Lore Posner, dass er eine „soziologische Arbeitsgemeinschaft“ organisiert habe, die ihm „die Einführung in die wichtigste Literatur“ sichern sollte. Möglicherweise handelte es sich um einen privaten Studien- und Lesekreis mit Freunden. Perls hat sich hier mit der anspruchsvollen Literatur auseinandergesetzt, die sich innerhalb des europäischen und deutschen Marxismus entwickelt hatte. In Abgrenzung zu vereinfachenden und schematischen Marxismusauffassungen der Sozialdemokratie, aber auch bei den russischen Kommunisten, war so etwas wie ein Hegel-Marxismus entstanden. Man hatte die Dialektik Hegels als wichtige Wurzel des Marxschen Denkens wiederentdeckt und erneut fruchtbar gemacht. Zu den wichtigsten Autoren gehörte der Philosoph Karl Korsch, der zum marxistischen Lehrer von Bert Brecht wurde, und der bereits durch seine kunstkritischen Schriften[141] bekannte Ungar Georg Lukàcs. Lukàcs hatte sich an der ungarischen Revolution beteiligt und wurde in der Räterepublik, in der Sandor Ferenczi die erste Professur für Psychoanalyse an der Budapester Universität erhielt, Volkskommissar für kulturelle Angelegenheiten. Nach der Niederwerfung der Räterepublik hatte man ihn in Abwesenheit zum Tode verurteilt und seine drohende Auslieferung aus dem Wiener Exil wurde nur durch Druck der internationalen Öffentlichkeit verhindert. Bei den linken Intellektuellen und Künstlern war Lukàcs in den zwanziger Jahren bereits eine Legende (vgl. Lutz Hg. 1995, 528f).

6.8.2. Georg Lukàcs: Hegel, Dialektik und Kontext-Prinzip

Am 13. 10. 1928 schrieb Perls an Lore Posner: „Wenn Du mal Zeit hast, lies das erste Kapitel aus dem Lukàcs ‚Geschichte und Klassenkampf'. Du wirst erstaunt sein, wie schon bei Marx .... gestaltpsychologisches und analytisches Denken vereint ist. Und zwar in der Hegelschen dialektischen Methode." Wie so oft in der Kommunikation mit Lore Posner, war Perls darum bemüht, ihre beiden jeweiligen theoretischen Hauptorientierungen, Psychoanalyse und Gestaltpsychologie, zusammenzubringen. Beide werden noch andere Schriften studiert haben, aber die Lektüre von Lukàcs ist durch diesen Brief gesichert. „Geschichte und Klassenkampf" erschien 1923 und hatte einen enormen Einfluss auf die jungen linken Intellektuellen. Es war noch kein Buch, das auf eine von oben angeordnete Parteilinie Acht geben musste, wie es bei Lukàcs später der Fall war, der „Geschichte und Klassenbewusstsein" bereits 1925 widerrief. Bei seinem Erscheinen Anfang der zwanziger Jahre war das Buch Ausdruck einer links von der SPD revolutionär aufbegehrenden Intelligenz. Dennoch deuten sich hier bereits Tendenzen an, die erklären, warum Leute wie Lukàcs oder auch Brecht sich letztlich, trotz des Wissens um den stalinistischen Terror und das Massenmorden in der Sowjetunion, weiterhin der Parteidisziplin unterwarfen. Für Lukàcs konnte „nur die Klasse die gesellschaftliche Wirklichkeit handelnd durchdringen" (Lukàcs 1988, 111), entsprechend sah er die „Überlegenheit des Gesichtspunktes der Klasse (im Gegensatz zu dem des Individuums)„ (ebd.). Die Partei war hierbei „die Trägerin des Klassenbewusstseins des Proletariats, Gewissen seiner geschichtlichen Sendung" (ebd., 114). Das klingt klüger, meint aber nichts anderes als „Die Partei hat immer recht." Perls ausgeprägter Individualismus hat ihn vor diesem Weg bewahrt.

Es darf nicht vergessen werden, dass der deutsche Jude Karl Marx tief in der humanistischen Tradition der europäischen und deutschen bürgerlichen Aufklärung stand und dass es dieser radikale humanistische Impuls war, der bei den meisten Intellektuellen und Künstlern auf Resonanz stieß. Für mich persönlich drückt sich diese humanistische Ausgangsposition von Marx in einer Passage aus der Einleitung „Zur Kritik der Hegelschen Rechtsphilosophie" am beeindruckendsten aus: „Radikal sein ist die Sache an der Wurzel fassen. Die Wurzel für den Menschen ist aber der Mensch. (...) Die Kritik der Religion endet mit der Lehre, dass der Mensch das höchste Wesen für den Menschen sei, also mit dem kategorischen Imperativ, alle Verhältnisse umzuwerfen, in denen der Mensch ein erniedrigtes, ein geknechtetes, ein verlassenes, ein verächtliches Wesen ist" (Marx et. al. 1970, 18).

Georg Lukàcs erläuterte in seinem Vorwort zur Neuauflage von „Geschichte und Klassenbewusstsein" von 1967, warum sich die linke Intelligenz an der russischen Revolution orientierte: „Erst mit der russischen Revolution hatte sich auch für mich eine Zukunftsperspektive in der Wirklichkeit eröffnet. (...) Unsere Kenntnis der Tatsachen und Prinzipien war damals sehr gering ..., trotzdem sahen wir, dass – endlich! endlich! – ein Weg für die Menschheit aus Krieg und Ausbeutung eröffnet wurde" (Lukàcs 1988, 8f.). Ausschlaggebend für den Erfolg des Buches bei den Linksintellektuellen, die sich eher als Künstler und Philosophen verstanden, war, dass Lukàcs sich nicht auf „Das Kapital" von Marx bezog, sondern auf Hegel und die philosophischen Frühschriften von Marx. Nicht die Ökonomie, sondern die Entfremdung und vor allem der Ganzheits-, Zusammenhangs- oder wie es bei Lukàcs heißt, der Totalitätsgedanke, rückte ins Zentrum.

Perls' Leitgedanken haben sich beim Durchgang durch unterschiedliche persönliche und theoretische Einflüsse und die mit ihnen verbundenen Terminologien entfaltet, präzisiert und an Kontur gewonnen. Auch die Überlegungen von Lukàcs zur Totalität, Entfremdung und Verdinglichung in der kapitalistischen Warengesellschaft, haben ihren Platz in diesem Assimilations- und Wachstumsprozess.

Lukàcs definierte in „Geschichte und Klassenbewusstsein" im Jahre 1923 seine Zentralkategorie Totalität mehrfach in ähnlicher Art und Weise, wie die Gestaltpsychologen ihre Vorstellung vom sinnvoll strukturierten Ganzen, von der Gestalt, beschrieben haben. Wie diese legte Lukàcs Wert darauf, dass das Ganze nicht eine statische Summe meint, sondern auf Grund von Wechselwirkungen und in ihm enthaltenen Unterschieden eine Dynamik aufweist. Für Lukàcs hatte das etwas mit Dialektik zu tun, während die Gestaltpsychologen von einem Figur-Hintergrund-Prozess ausgingen. Dies mag vom Wiedererkennungswert her für Perls eine Motivation für das Studium dieser Arbeit gewesen sein. Wichtiger und nachhaltiger war vielleicht, dass in diesem Buch das Phänomen der Entfremdung „zum erstenmal seit Marx als Zentralfrage der revolutionären Kritik des Kapitalismus behandelt" (ebd. 23) wurde. Heidegger hat erst vier Jahre später, im Jahre 1927, das einflussreiche Buch „Sein und Zeit" veröffentlicht. Mit Entfremdung war gemeint, dass das, was eigentlich die Menschen selbst geschaffen hatten, ihnen nun als fremde, unbeherrschbare und ihr Schicksal bestimmende Macht gegenübertrat. Dies betraf den Arbeits-, Waren- und Geldmarkt genauso wie den Staat, deren von Menschen gemachte Realität sich in ein undurchschaubar anmutendes Eigenleben transformiert hatte.

Mit dem Thema der Entfremdung des Menschen als Zentralproblem der Zeit, und der Hoffnung auf die Aufhebung der Entfremdung im Sozialismus, traf Lukàcs etwas Entscheidendes im Lebensgefühl der expressionistischen Generation. Er formulierte es in hegelianisch-marxistischen Begriffen und brachte damit viele der jungen Rebellen näher an den theoretischen Marxismus heran. Die Entwicklung der Weimarer Republik, der Zusammenbruch des kapitalistischen Systems und die massenhafte Verelendung der arbeitslosen Arbeiter hatte für sie bewiesen, dass es im Kapitalismus nicht um menschliche Beziehungen ging, sondern alle Beziehungen vom Gesetz der Ware durchdrungen waren. Die Beziehungen zwischen Personen waren zu Beziehungen zwischen Dingen geworden und auf dem Markt zählten quantitative Merkmale, wie Nutzen und Leistungsfähigkeit. Die Ware, auch die Ware Mensch, unterliegt im Kapitalismus den Verwertungsmechanismen des kapitalistischen Marktes. Das „Warenproblem" besteht darin, dass der Kapitalismus zunehmend alle für den Menschen bedeutsamen und wichtigen Dinge zu Waren gemacht und auch die Beziehungen der Menschen zueinander in Warenbeziehungen verwandelt hat.[142] In Zeiten, in denen es auch im medizinischen, psychologischen, pädagogischen und sozialen Bereich zunehmend um „Produktbeschreibung" und eine quantifizierbare „Erfolgs- und Effizienzkontrolle" geht, ist das meiner Ansicht nach immer noch eine aktuelle Analyse und Kritik.

Kommen wir zurück zur damaligen Lektüre von Fritz Perls. Die Realität wurde von Lukàcs als dialektisch strukturiert verstanden. Hier tauchte letztlich wieder die Polaritätsphilosophie Schellings oder genauer Mynonas auf, der Perls als persönlicher Mentor näher war. „Die konkrete Totalität ist die eigentliche Wirklichkeitskategorie" (Lukàcs ebd., 71), sie ist nicht bloß „Summe der Teile" (ebd.), denn als solche wäre sie nicht von Belang, sondern sie ist, wie Marx schrieb, „die Zusammenfassung von vielen Bestimmungen ... , ist also Einheit des Mannigfaltigen" (Marx in ebd., 70). Dialektisches Denken betont den isolierten Tatsachen und Teilsystemen gegenüber den Zusammenhang. „Die Kategorie der Totalität hebt also ... keineswegs ihre Momente zu einer unterschiedslosen Einheitlichkeit, zu einer Identität auf" (Lukàcs ebd., 76), sondern die Teile müssen als „dialektisch-dynamische Momente eines ebenfalls dialektisch-dynamischen Ganzen begriffen werden" (ebd.). Lukàcs zitierte Marx, für den die Einzelelemente „alle Glieder einer Totalität, ... Unterschiede innerhalb einer Einheit (sind). Es finden Wechselwirkungen zwischen den verschiedenen Momenten statt. Dies ist der Fall bei jedem organischen Ganzen" (Marx in ebd.). Marx machte das von Perls und Goodman so genannte „Kontext-Prinzip" (Perls et. al. 1991, 194) drastisch deutlich: „Ein Neger ist ein Neger. In bestimmten Verhältnissen ist er ein Sklave" (Marx in Lukàcs ebd., 77).

Dass die Bedeutung des Teils von seiner Lage im Gesamtzusammenhang abhängt, haben die Gestaltpsychologie und Lewins Feldtheorie ebenfalls vertreten. Was mir bei Lukàcs fehlt, ist die gestalttheoretische Einsicht, dass die Bedeutung eines Dinges oder einer Erscheinung auch vom Blickwinkel des Wahrnehmenden abhängt, dass es der einzelne Mensch ist, der innerhalb seines eingeschränkten Lebensfeldes die Fülle der Wahrnehmungen in sinnvolle Figur-Hintergrundkonstellationen sortiert. In einem ersten Schritt ging auch Lukàcs von der Relativität der Wahrnehmung aus. Für ihn hing das Bewusstsein von der gesellschaftlichen Stellung, vom gesellschaftlichen Sein des Wahrnehmenden ab. Im Sinne von Marx: „Das Sein bestimmt das Bewusstsein." Aber als Marxist war es für ihn der Blickwinkel des Proletariats, der ihm das richtige Bewusstsein von der Wirklichkeit repräsentierte. Die anderen Blickwinkel waren „falsches Bewusstsein". Hier zeigte sich die von Gustav Landauer kritisierte marxistische Ansicht, es gebe eine objektive Wissenschaft, die die „wirkliche Wirklichkeit" erkennt. Diese Wissenschaft war für Leute wie Lukàcs der Marxismus bzw. der Dialektische und Historische Materialismus. Die „wirkliche Wirklichkeit" konnte durch das kollektive Idealbewusstsein der Partei erkannt werden, das auch das falsche Bewusstsein des einzelnen Individuums übersteigt, und das in diesem Sinne richtige Bewusstsein äußert sich in der jeweils von der Partei ausgegebenen politischen Linie. Wie Landauer schon angemerkt hat, ist hier im Marxismus die Tür zu Absolutheitsanspruch, totalitärem Denken und Handeln weit offen. Diese Tür ist in der Sowjetunion, quasi im Beisein von Lukàcs und anderen damals in Berlin aktiven Linksintellektuellen, durchschritten worden.

In „Geschichte und Klassenbewusstsein" ist allerdings noch die expressionistische Entfremdungsklage hörbar. Als Bildungsbürger erinnerte Lukàcs an Schiller und Goethe, die schon die Zerteilung des aus der Einheit gefallenen aufgeklärten Menschen beklagten. Bereits ihnen ging es um den „zerstückelten und zu vereinigenden Menschen" (Lukàcs ebd., 255). Die „Gestalten der Zerstückelung" (ebd, 256) sind „notwendige Etappen zum wiederhergestellten Menschen" (ebd.). Dieser vereinigt auch wieder Vernunft und Sinnlichkeit, Intuition und Verstand: „Die Erweckung des begrabenen Menschen konzentriert sich also nunmehr konkret auf die Frage der dialektischen Methode. In ihr erhält die Forderung des intuitiven Verstandes ... eine klare, objektive und wissenschaftliche Gestalt" (ebd., 256).

All das war noch weit entfernt von den primitiven Theorien, die in den kommenden Jahren über den Weg der stalinistischen KPdSU in allen Kommunistischen Parteien Fuß fassen sollten. In „Geschichte und Klassenbewusstsein" präsentierte sich die lebensphilosophische und expressionistische Kultur-, Kapitalismus- und Technikkritik im marxistischen Gewand, was für Leute wie Perls anziehend und bereichernd war. Zur „Taylorisierung", die sich in der Weimarer Republik im Rahmen der

Amerikanisierung durchsetze, schrieb Lukàcs: „Mit der modernen ‚psychologischen‘ Zerlegung des Arbeitsprozesses … ragt diese rationelle Mechanisierung bis in die ‚Seele‘ des Arbeiters hinein: selbst seine psychologischen Eigenschaften werden von seiner Gesamtpersönlichkeit abgetrennt, ihr gegenüber objektiviert, um in rationelle Spezialsysteme eingefügt und hier auf den kalkulatorischen Begriff gebracht werden zu können“ (ebd., 177).

Leser, wie etwa der Arzt und Psychoanalytiker in Ausbildung Fritz Perls, erkannten sich vielleicht wieder als der von Lukàcs erwähnte „spezialisierte ‚Virtuose‘, der Verkäufer seiner objektivierten und versachlichten geistigen Fähigkeiten“ (ebd., 193f). Die Eigenschaften und Fähigkeiten des Individuums „verknüpfen sich nicht mehr zur organischen Einheit der Person, sondern erscheinen als ‚Dinge‘ die der Mensch ebenso ‚besitzt‘ und ‚veräußert‘, wie die verschiedenen Gegenstände der äußeren Welt“ (ebd., 194). Lukàcs zitierte in diesem Zusammenhang Kant, der mit „der naiv-zynischen Offenheit großer Denker diesen Tatbestand klar ausgesprochen hat. ‚Geschlechtsgemeinschaft‘, sagt er, ‚ist der wechselseitige Gebrauch, den ein Mensch von eines anderen Geschlechtsorganen und Vermögen macht … die Ehe … die Verbindung zweier Personen verschiedenen Geschlechts zum lebenswierigen wechselseitigen Besitz ihrer Geschlechtseigenschaften‘“ (ebd., 194f).

In den von Perls in „Ego, Hunger and Aggression“ von 1942 skizzierten Entwicklungsstufen der Persönlichkeitsspaltung, vom Judentum über das Christentum bis ins kapitalistische und staatssozialistische Industriezeitalter, haben die Lukàcs-Studien ihre Spuren hinterlassen: „Heutzutage ist die Seele des Arbeiters für den Industriellen uninteressant. Er braucht nur die Funktionen des ‚Leibes‘, insbesondere die jener Teile des Organismus, die für die Arbeit gebraucht werden (z. B. die Hände: vgl. das engl. ‚factory hands‘ = Fabrikarbeiter, Charlie Chaplin in ‚Modern Times‘). So geht die Vitalität immer mehr verloren: Die Individualität wird getötet. Dieser Prozess betrifft auch die hochspezialisierten Arbeiter und zerstört die Harmonie der Persönlichkeit“ (Perls 1991, 130).

7. DIE IDEE DER GANZHEIT

7.1. Ganzheit Rechts wie Links

In den letzten Jahren der Weimarer Republik versuchten quasi alle sozialen Gruppen und ideologischen Richtungen mit der Kategorie der Ganzheit und dem Versuch einer Rückbindung an eine absichernde Einheit, einen Weg aus der gesellschaftlichen Krise zu finden, die den Einzelnen ins kalte Nichts warf. Die Kommunisten propagierten das sozialistische Kollektiv und die Einbindung in die Partei, was ein Aufgehen in die Elite des Proletariats, der großen „Klasse der Zukunft" bedeutete. Die Rechte versprach mit ihren völkischen Parolen, mit ihren Rufen nach „Ein Volk, ein Reich, ein Führer", ein endgültiges Aufgehen im Großen und Ganzen. Die einen hatten, bis zur Erreichung des kommunistischen „Paradieses", die Bourgeoisie und ihre „Agenten" auszuschalten, sowie den Rest der Bevölkerung in Proletarier zu verwandeln, um so Zug um Zug alle Klassenteilungen verschwinden zu lassen. Die anderen hatten alle Gegner der großen Einheit, von den Kommunisten bis zu den Demokraten, inklusive der schon wegen ihres „Blutes" fremdartigen und gefährlichen Juden, zu beseitigen und zu vernichten um eine widerspruchsfreie Volkseinheit herzustellen. Am Ende sollte immer das Ganze stehen, in dem die Teile als Potential für Widerspruch und Konflikt nicht mehr existent waren. Hier scheint es mir wichtig, auf den Unterschied zwischen diesen totalitären Ganzheitsvorstellungen und den in die Gestalttherapie eingegangenen Vorstellungen von dialektischer oder polarer Ganzheit und Totalität einzugehen.[143] Die folgende Stellungnahme von Salomo Friedlaender / Mynona macht den wesentlichen Unterschied zu Kommunismus und Nationalsozialismus als undialektisch-totalitären Bewegungen deutlich. Die von Friedlaender aufgestellte Forderung benennt meines Erachtens auch die Lebenseinstellung von Perls in seinen deutschen Jahren.

In einem Brief Mynonas aus dem Exil 1934 heißt es: „Beide, Rechts wie Links, sind im Grunde genommen einig in der Versklavung des Individuums zugunsten der Gesamtheit. In diesem Punkt sind Stalin und der Papst (der grundsätzliche Mörder der Autonomie und Kants) edle Konkurrenten. Wir brauchen aber einen autonomen Individualismus mit sozialer Konsequenz. Eher wird es nicht gut" (Friedlaender / Mynona 1986, 12).

7.2. Unterwegs-Gestalt und Spannungs-Figur

Der sich 1923 in seinem Buch „Geist der Utopie" hegelmarxistisch und expressionistisch artikulierende Philosoph Ernst Bloch, hat ein ungemein geistreiches und in seiner teilweise messianischen Sprache einmaliges Werk hinterlassen, in dem er die Hoffnung und die latenten Möglichkeiten auf bessere gesellschaftliche Lebensbedingungen in fast allen menschlichen Lebensäußerungen aufspürt. In seinem Buch „Erbschaft dieser Zeit", das in der Emigration 1935 erschien, diskutierte er auch den damals von Rechts wie Links benutzten Gestaltbegriff . Der Gestalttheorie positiv gegenüberstehend,[144] war er skeptisch gegenüber allen Theorien, in denen ein Prozess erstarrt, in denen die Bewegung einfriert: „Gestalten sind logisch, selbst geschichtlich unleugbar, aber nicht als unbewegte (als solche verdienen sie das Kommando: Feuer!" (Bloch 1992, 301). Wenn es um statische Einheiten geht und um einen „Ordnungs-Begriff" (ebd., 304), so „fixiert sich ‚Gestalt' als Ersatz für ‚Gesetz', als schlechthin invariante Wesenheit" (ebd.). Diese Auffassung fand sich nach Bloch etwa bei den unterschiedlichen Typen- und Konstitutionslehren (Kretzschmar, Klages, Spengler, Scheler). Hier sah Bloch die Gestaltlehre im „faschistischen Übergang" (ebd., 303). Später hat Bloch darauf verwiesen, dass schon Goethe in seiner Morphologie vor der Tendenz gewarnt hat, mit dem deutschen Wort Gestalt, „das den Komplex des Daseins eines wirklichen Wesens" (Goethe in Bloch 1979, 1157) meint, etwas abgeschlossenes und fixiertes zu verbinden und demgegenüber betont hat, „dass nirgend ein Ruhendes, ein Abgeschlossenes vorkommt, sondern dass vielmehr alles in einer steten Bewegung schwankt" (Goethe ebd.).

Perls ist im Anschluss an die Frankfurter und Berliner Schule der Gestalttheorie sowie die Charakteranalyse von Wilhelm Reich, von einem Figur-Hintergrund-Bildungsprozess ausgegangen, und ihm ging es um die Auflösung fixierter Gestalten, die sich psycho-physisch als „gepanzerte" Charakterstrukturen zeigen. Ganz im Sinne von Perls schrieb Bloch, indem er sich auf Husserl bezog: „Echte Gestalten sind in Geschichte und Welt nur Spannungs-Figuren, als Tendenzgestalten, als Versuche der unbekannten Lebensgestalt, die so wenig bereits ist, dass gerade deshalb die Knotenbildung immer wieder springt und die Geschichte weitergeht" (ebd., 304). Die ehemalige Gestaltpsychologin Lore Perls hat für die Gestalttherapie den Prozesscharakter der Gestaltformation deutlich formuliert: „Die frei-fließende Gestaltbildung ist identisch mit dem Wachstumsprozess, der schöpferischen Entwicklung von Person und Beziehung. Wenn dieses Kontinuum von außen unterbrochen wird oder von innen blockiert ist durch die fixierten Gestalten der starren Charakterbildung oder Zwangsgedanken und -handlungen, dann kann keine neue starke Gestalt in den Vordergrund treten" (L. Perls 1989, 110).

Bloch kommt in seiner Diskussion auch auf die für den Dadaismus typische Montagetechnik zu sprechen. Dass die Montagetechnik einer der spezifischsten Beiträge Berlins zur Kunst des 20. Jahrhunderts war und mit dem Erleben von moderner Widersprüchlichkeit und Kriegserfahrung zusammenhing, habe ich bereits erwähnt. Für Bloch holt die Montage ihr Material „aus den Trümmer-Bedeutungen zerfallender Großwerke ... und aus dem Dickicht eines nicht mehr glatt arrangierten Materials. (...) Montage ... holt aus der zerfällten Oberfläche ihre Teile, setzt sie aber nicht in neue Geschlossenheit, sondern macht sie zu Partikeln einer anderen Sprache, anderen Informationen, anderen Unterwegs-Gestalt der aufgebrochenen Wirklichkeit" (Bloch 1992, 227).

Wenn Perls gegenüber immer wieder die Kritik laut wird, er habe sich aus zahlreichen Werken Gedanken und Ideen entliehen die ihm passten und zu einem letztlich nicht wirklich kohärenten Werk zusammengefügt so kann man das auch unter dem Blickwinkel der Montagetechnik betrachten. Hanne Bergius hat in diesem Zusammenhang die Ansicht vertreten, dass es zum Selbstverständnis der Berliner Dadaisten gehörte, sich im Sinne Blochs eine permanente Aufbruchs- und Unterwegsgestalt zu erhalten.[145]

7.3. Der Individualismus der Lebensphilosophie

Ich habe an anderer Stelle angemerkt, dass die expressionistische Bewegung und die auf sie folgenden künstlerischen und politischen Bewegungen, nicht ohne ihre Wurzeln im Werk Nietzsches und in der Lebensphilosophie zu denken sind. Der Lebensphilosophie,[146] und auch dem Expressionismus, ist von Lukàcs vorgeworfen worden, dass sie den Intellekt und die Vernunft zerstört hätten und damit als Wegbereiter des Nationalsozialismus zu betrachten sind. Schon Ernst Bloch hat sich in der Debatte um den Expressionismus, im Exil der dreißiger Jahre, gegen eine solche einseitige und vereinfachende Darstellung gewandt (vgl. Bloch 1992, 225f).

Zentral scheint mir für die Zurückweisung dieser pauschalen Kritik zu sein, dass die ursprüngliche Intention der Lebensphilosophie die Verschmelzung von Leben und Bewusstheit war (vgl. Fellmann 1993, 33). Da Leben an organismisches Sein gebunden ist, liegt der Organismusgedanke allen Variationen der Lebensphilosophie zugrunde. „Das organische, individuelle Ganze galt als Bastion subjektiver Totalität und zugleich als utopisches Gegenmodell zu den vorgeblich erstarrten Formen der herrschenden technischen Rationalität" (Ebrecht 1991, 29). Es ging den meisten Lebensphilosophen nicht um eine Ablehnung von Rationalität oder Vernunft, sondern um die Kritik einer erstarrten und lebensfernen, einer instrumentellen Vernunft im Sinne von Adorno und Horkheimer. Obwohl mit den gleichen Begriffen operiert wurde, bedeutete der völkische und dann nationalsozialistische Ganzheitsbegriff eine „Uminterpretation von Begriffen wie Organismus, Ganzheit und Leben" (ebd., 283). An die Stelle der „organologischen Gleichheit und Freiheit aller individuellen Subjekte" (ebd.) trat das Prinzip der Herrschaft des Ganzen über die Teile, „des Blutes über die Seele wie den Geist, des Gefühls über die Vernunft und weniger Führernaturen über die Mehrheit" (ebd.). Der individualistische Ganzheitsgedanke wurde ersetzt durch die Vorstellung eines „kollektiven Ganzen ... als einheitliches Großindividuum" (ebd., 315), einen antiindividualistischen und rassistischen Universalismus. Hier taucht Kohuts aufnehmendes und schützendes narzisstisches Größenselbst in Form der Bluts- und Volksgemeinschaft auf.

Die Lebensphilosophie vertrat eine psychologische Ganzheitsauffassung, deren Fundament das organische Leben des freien und entwicklungsfähigen Individuums sein sollte, das zu einer natürlichen Selbstregulation in der Lage war.[147] In diesen Gedanken gründen die Auffassungen von Perls wie Reich. In dem Artikel „Zur Entwicklungsgeschichte des Individuums" formulierte der freiheitliche Sozialist bzw. Anarchist Gustav Landauer im Jahre 1895 anschaulich seine lebensphilosophische Ausrichtung. In Absetzung von den Ideen der materialistischen französischen Aufklärer, die den Menschen als Maschine beschrieben hatten, heißt es bei Landauer, dass das „aus vielen Teilen bestehende Ganze, das Individuum genannt wird, mit rätselhaften, aber uns allen innig vertrauten Eigenschaften begabt ist, die wir Leben nennen. Der Begriff Individuum ist also gleichbedeutend mit Organismus" (Landauer in Link-Salinger 1986, 325).

Hier sind wir bei den Wurzeln des Organismusbegriffes der Gestalttherapie, der von Perls im fachlichen Kontext über die Theorien von Reich und Goldstein aufgenommen wurde. Den Organismusbegriff auf den Menschen zu beziehen, ist meiner Ansicht nach keine biologistische Verkürzung, wie eine verbreitete Kritik an Perls immer wieder lautet, sondern es ging Perls wie der Lebensphilosophie darum, das Individuum in seinen unterschiedlichen Lebenskontexten zu sehen und dabei seine basale Naturzugehörigkeit nicht zu vergessen. Entsprechend schrieb Landauer weiter: „Die Wissenschaft von den Lebewesen (Biologie) teilt sich in drei große Zweige der Erkenntnis:

1.) die Biologie im engeren Sinne, die Lehre von den Pflanzen und Tieren (...) und die Anatomie und Physiologie, die Lehre von den Organen und Funktionen der Leiber.

2.) gibt sich mit der Lehre vom Individuum ab, die Psychologie, die Lehre von den Seelenvorgängen und Seelenkräften.

3.) die Moralphilosophie und Soziologie (...): nämlich die Lehre von den Beziehungen der einzelnen Menschen untereinander. (...)

Das Individuum, der Organismus, ist selbst nur wieder ein Teil eines größeren Organismus, und gebiert seinerseits wieder aus sich heraus eigene Selbständigkeiten" (in ebd. 325f).

Für Perls existierte der individuelle Organismus immer in einem Umweltfeld, es gab für ihn letztlich nur dieses Organismus-Umwelt-Feld und entsprechend ist ihm der Mensch zugleich „Individuum ... wie Sozialwesen“ (Perls 1979, 44). Vor dem Hintergrund der Polaritätsphilosophie von Friedlaender und dem über Lukàcs vermittelten Studium der marxistisch-hegelianischen Dialektik, führte er weiter aus: „Tatsächlich ist die ganze Organismus / Umwelt-Feld-Relation eine dialektisch differenzierte Einheit. Sie ist biologisch differenziert als Organismus und Umwelt, psychologisch als das Selbst und die anderen, moralisch als Selbstsucht und Altruismus, wissenschaftlich als Subjekt und Objekt usw“ (Perls ebd., 40).

In der Weimarer Republik wuchs der Wunsch, der konflikt- und krisenhaften Lebenssituation, der „Desintegration und Umorganisation psychosozialer Bindungskräfte und dem Individualisierungsschub“ (Ebrecht ebd., 25) zu entkommen. Viele Menschen waren in der Krisenzeit, die den Einzelnen ökonomisch, in seinen Sozialbezügen und seiner ideologischen Orientierung auf sich selbst verwies, auf der Suche nach einem neuen sozialen „Container“ (Bion). Vor dem Hintergrund der bei rasanter ökonomisch-technischer und sozialer Veränderung in Deutschland unverändert weiterexistierenden Untertanenmentalität, erschien die Utopie einer organischen staatlichen Einheit und konfliktfreien Gesellschaft attraktiv. Die in Leipzig durch Felix Krüger vertretene Ganzheitspsychologie[148] trug in diesem Prozess zur Vereinnahmung der Lebensphilosophie durch die politische Rechte bei (vgl. Ebrecht ebd., 283f). Krüger hatte in seiner Vorstellung von einem überindividuellen Gefühlsganzen für den widerständigen Kern der Individualität keinen Platz mehr. Das Festhalten an der Individualität ist für die Berliner Schule der Gestaltpsychologie kennzeichnend, die entsprechend das Vorhandensein einer autonomen Innensteuerung hervorhob. Portele sah in der Auffassung, das Individuum sei von innen her bestimmt und reguliere sich nach seinen eigenen Gesetzen in seinem Umweltfeld, das Herzstück der für die Gestalttherapie maßgeblichen Gestalttheorie[149] der Berliner Schule (vgl. Portele 1999, 263f). Bei Max Wertheimer, der Zentralgestalt der Berliner Schule, fand er den Grundsatz der autonomen Selbstorganisation, der sich selbst überlassenen natürlichen Ordnung, sowie die Auffassung, die maßgebende Wirklichkeit sei eine subjektive, autonome Konstruktion. Hier taucht der durch Otto Gross in psychoanalytisch-kulturrevolutionärer Terminologie formulierte Zentralkonflikt zwischen dem Eigenen und dem Fremden in der sachlichen Sprache der Gestaltpsychologie auf. Dieses Herzstück, das in der Gestalttherapie organismische Selbstregulation heißt, bildet für Portele auch den Kerngedanken des Anarchismus und findet sich entsprechend an zentraler Stelle in den Anschauungen von Gustav Landauer und Paul Goodman (vgl. Portele 1993).

Es ist die ursprünglich individualistische Ausrichtung der Lebensphilosophie,[150] die in die Gestalttherapie hineingewirkt hat: „Die individualistische Grundtendenz der Lebensphilosophie enthielt ..., anders als das Ganzheitsdenken des Nationalsozialismus, noch eine Widerstandsfigur. Widerstand bedeutete das Festhalten an Individualität, (...) an Freiheit und Selbstverantwortung“ (Ebrecht ebd., 320).

8. AM BERLINER PSYCHOANALYTISCHEN INSTITUT 1930 – 1933

Anfang 1930 wurde für Perls die Lehranalyse bei Harnik unerträglich. Als er mit Harnik über seine Heiratsabsichten sprach, regierte dieser mit der damals üblichen Standardantwort: „Während der Analyse dürfen Sie keine wichtigen Entscheidungen treffen. Wenn Sie heiraten, breche ich Ihre Analyse ab" (Perls 1981, 50). Ein zusätzlicher Einwand von Harnik war, dass dann Lore Perls ihre Doktorarbeit nicht zu Ende bringen würde. Er behielt in diesem Punkt unrecht und hat sich später bei Lore Perls dafür entschuldigt (vgl. Gaines 1979, 12).

Perls empfand, dass ihn die Analyse bei Harnik auf einen „Zustand von Dummheit und moralischer Feigheit (...) reduzierte" (Perls 1981, 49), war aber „zu feige" (ebd.), die Analyse aus eigener Verantwortung abzubrechen. So heiratete er gegen die Empfehlung seines Lehranalytikers und dieser brach die Lehranalyse ab. Obwohl Perls letztlich Harnik die (provozierte) Entscheidung überließ, war dies nicht ohne Risiko. Erst seit 1926 war die eigene Lehranalyse für Ausbildungskandidaten obligat. Sie wurde im Rahmen der zunehmenden Durchstrukturierung der Ausbildung, die von Berlin ihren Ausgang nahm, zu einem zentralen Kontrollinstrument. Auf Grund der Empfehlung des Lehranalytikers entschied der Unterrichtsausschuss über das Schicksal des Kandidaten. Das bedeutete auch, dass der Kandidat gezwungen war, sich das Wohlwollen und die Sympathie seines Lehranalytikers zu erhalten, der dadurch in eine enorme Machtposition geriet. Es ist auch anzunehmen, dass diese Verquickung von Analyse und Bewertungsverfahren bei dem jeweiligen Kandidaten eine Hemmung verursachte, sich im Beisein des mächtigen Lehranalytikers auf Phantasien, Impulsen und Persönlichkeitsanteile einzulassen, die er selber als nicht akzeptabel bewertete. Hanns Sachs hatte

1930, in einem Bericht über „Die Lehranalyse", einen Vergleich mit dem kirchlichen „Noviziat" gezogen (vgl. Wiesse Hg., 73f). Für Cremerius zeigte das erstmals in Berlin installierte Ausbildungssystem mit Auswahlverfahren, Probeanalyse und bewertender Lehranalyse „alle Merkmale einer Kaderschule" (Cremerius 1987, 20). Eine Konsequenz daraus war die später von Anna Freud beklagte Reduzierung von Ausbildungskandidaten auf überwiegend gut angepasste „Normopathen", die als „dull-normal" problemlos die Zulassungs- und Bewertungshürden passierten (vgl. ebd., 25).

Der erfahrene Psychoanalytiker und Pädagoge Siegfried Bernfeld hat als Emigrant 1952 in San Franzisco das psychoanalytische Ausbildungssystem kritisiert. Ihm erschienen die amerikanischen Institute teilweise noch „preußischer" als das Berliner Institut, in dem die Ausbildungsverschulung auch für ihn seinen Anfang genommen hatte. Er kritisierte, dass die Ausbildung nicht studentenzentriert und experimentell, sondern letztlich autoritär und lehrerzentriert sei. Die Institute hofften seiner Ansicht nach, „dass Psychoanalyse perfekt gelehrt und gelernt werde – was unrealistisch ist; andererseits vertreten sie die bürokratische Ansicht, die Psychoanalyse sei ein Fach, das man wie Kurse in Anatomie nimmt – was natürlich unanalytisch ist" (Bernfeld in Lohmann Hg. 1986, 226f). Bernfeld betonte, dass es für die Endbeurteilung keine objektiven Tests gibt, entsprechend werden Zulassung und Abschluss von „irrationalen Faktoren beeinflusst" (Bernfeld in ebd., 227). Er sah klar die Machtstellung der Ausbilder und auch, dass die Ausbildungskandidaten, die Schüler, der starken Versuchung ausgesetzt sind, „sich bei ihren Analytikern einzuschmeicheln und jede Autoritätsperson von ihrer übergroßen Devotation zu überzeugen" (ebd.). Was Erich Fromm und Fritz Perls in ihrer Absetzungsphase von der orthodoxen Psychoanalyse hervorgehoben haben, sah auch Bernfeld, dass nämlich Lehranalyse und Ausbildung „bei ihren Studenten zumindest zeitweise infantile, unreife Züge hervorbringen" (ebd.).

Der provozierte Abbruch der Lehranalyse durch Perls war ein Ausbruch aus diesen Verhältnissen, eine Auflösung des Konfliktes zwischen Eigen- und Fremdautorität im Sinne von Otto Gross. Der Bericht oder die Empfehlung von Harnik an den Unterrichtsausschuss, nachdem er Ende März 1930 die Lehranalyse mit Perls abgebrochen hatte (vgl. Sreckovic 1999, 50), dürfte negativ ausgefallen sein. Perls wusste, dass dies eine abermalige Verlängerung der Ausbildungszeit und weitere hohe finanzielle Kosten bedeutete.

Fritz Perls war Ende 1928 in der Tauentzienstraße 18a und im September 1929 in der Tharandter Straße 5 gemeldet. In Vorbereitung der Hochzeit mit Lore Perls wurde mit finanzieller Hilfe des Schwiegervaters eine große Wohnung auf der Münchener Straße 49 angemietet, die über sieben Zimmer verfügte, die mit Bauhausmöbeln und handgefertigtem Holzmobiliar eingerichtet wurden. Im Juni oder Juli 1930 zog Perls in die von beiden „das Institut" genannten Räume ein, die Perls auch als nervenärztliche Praxis diente. Im gleichen Monat kauften sie ein kleines Auto, das von der Familie Posner erbetene Hochzeitsgeschenk, und am 23. August wurde geheiratet (vgl. Sreckovic 1999, 48f). Perls hatte allem Anschein nach einige private Klienten in Psychoanalyse und die nervenärztliche Praxis schien gut zu laufen. In seiner Arztpraxis arbeitete er unter anderem mit Bestrahlungsgeräten und mit den in Amerika erlernten direkten Körperdrucktechniken. Auch hier hat er wieder das reine psychoanalytische Zuhören und Reden durch „handwerkliche" und körperbezogene Methoden ergänzt. Dass in diesen Jahren Lore Perls ihre jahrelangen Erfahrungen mit modernem Ausdruckstanz bei Elsa Gindler in Berlin ergänzte, passt ins Bild. Sie setzte zudem in Berlin ihre psychoanalytische Ausbildung fort und hatte zum erstenmal eigene Analysen durchzuführen, die von Otto Fenichel auf die erwähnte Art und Weise „kontrolliert" wurden.

Da das Berliner Institut bemüht war, unabhängig von der zwar umstrittenen aber noch bestehenden Kurierfreiheit, die Psychoanalyse im Krankenkassensystem zu verankern, was sicherlich zur Verschulung und Verbürokratisierung beigetragen hat, wurde angestrebt, die Ausbildung zum Psychoanalytiker auf Mediziner zu beschränken. Den anderen Berufen sollte die Kinderanalyse oder Psychoanalytische Pädagogik offen stehen. Schon 1924 hatte James Strachey in Berlin den Eindruck, als würde wegen der gewünschten Einbindung in das medizinische Versorgungssystem versucht, die „Nicht-Mediziner gänzlich auszuschließen" (in De Clerck 1994, 45). Damit wird zusammenhängen, dass Lore Perls in Berlin überlegte, Kinderanalytikerin zu werden (vgl. Sreckovic 1999, 54). Fritz Perls hatte ja in Wien an Vorträgen und einem Seminar von Anna

Freud zur Kinderanalyse teilgenommen und die aktive, kreative und erlebnisfördernde Praxis der Gestalttherapie hat hier sicherlich eine ihrer Quellen.[151]

8.1. Siegfried Bernfeld: Gestalterlebnis und „sozialer Ort"

In der ersten gemeinsamen Zeit in Berlin war Siegfried Bernfeld für die beiden Perls interessant. Bernfeld kam aus der österreichischen jüdischen Jugendbewegung zur Psychoanalyse und ist als ein Pionier der Psychoanalytischen Pädagogik[152] anzusehen. Die beiden Perls' kannten nach Aussage von Lore Perls die Veröffentlichungen von Bernfeld schon seit ihrer Begegnung in Frankfurt 1926/27, wo Bernfeld zur Eröffnung des Frankfurter Psychoanalytischen Institutes im Februar 1929 auch einen Vortrag über Soziologie und Anna Freud einen Vortrag über Pädagogik gehalten hatte (vgl. Laier 1996, 51). Bernfeld gehörte in Berlin zur Gruppe der sogenannten Linksfreudianer oder Freudomarxisten. Zudem war er ernsthaft an der Gestaltpsychologie interessiert und veröffentlichte 1934 einen langen Aufsatz über „Gestalttheorie", der Überschneidungs- und Ergänzungsmöglichkeiten zwischen Psychoanalyse und Gestalttheorie andeutete (vgl. Bernfeld 1934). Er war ein profunder Kenner der Berliner Schule der Gestaltpsychologie und sprach von der „strukturellen Affinität zwischen Psychoanalyse und Gestalttheorie" (Waldvogel 1992, 74). Auch die Feldtheorie Lewins, deren Anfänge Lore und Fritz Perls in den Berliner Jahren aufmerksam studierten, stand für Bernfeld den Auffassungen der Psychoanalyse sehr nahe (vgl. ebd.). Zudem war er als Person interessant und ähnlich wie Wilhelm Reich ist er als faszinierender Redner beschrieben worden. Lore Perls hatte nach dem Abschluss ihrer Doktorarbeit 1932 überlegt, zusätzlich zur Kontrollanalyse bei Fenichel zu Bernfeld in eine weitere Analyse zu gehen. Sie tat es nicht, da ihr Frankfurter Lehranalytiker Karl Landauer, mit dem sie sich beriet, meinte, dass sie keine weitere Eigenanalyse mehr benötige: „Eine gutgemeinte Fehleinschätzung, wie bei Happel mit Fritz" (L. Perls in Sreckovic 1999, 54).

Wie ich schon erwähnt habe, war der Integrationsversuch von „Kontakt- und Tiefenpsychologie", wie die Verbindung von Gestalt-/Feldtheorie und Psychoanalyse von Perls und Goodman 1951 genannt wurde, kein neues Projekt, sondern eine Idee innerhalb der Psychoanalyse, die von der Gestalttherapie aufgenommen und weitergeführt wurde. In seiner Arbeit über die „Deutung in der Psychoanalyse" von 1932 etwa, bezeichnete Bernfeld das Verhältnis von Deutung und Einsicht als „Gestalterlebnis", weil etwas auf einmal Sinn macht, da es sich mit einem bestimmten Kontext verbindet. Es ereignet sich ein „Zusammenhangserlebnis" (vgl. Bernfeld 1974, 236f).

Der Sozialist Bernfeld war bemüht, „in gemäßigterer Form als Reich, Marxismus und Analyse miteinander zu verbinden" (L. Perls in Sreckovic 1999, 54). Entsprechend versuchte er in seiner Arbeit „Der soziale Ort und seine Bedeutung für Neurose, Verwahrlosung und Pädagogik" von 1929, in Anknüpfung an Freud und in einer Sprache, die auch nicht marxistische Kollegen akzeptieren konnten, die Realität der sozialen Lage des Klienten als wichtigen Faktor in das mittlerweile überwiegend medizinisch ausgerichtete Denken der Psychoanalytiker einzuführen. Zugleich wies er die kommunistische Kritik zurück, die Psychoanalyse vernachlässige die sozialen Einflüsse. Die konkrete Realität eines Milieus prägt die seelischen Vorgänge und der soziale Ort entscheidet vor allem, woran das Individuum leidet. Je nach sozialem Ort, etwa dem des Bürgertums oder dem der Arbeiterschaft, entscheidet sich die Fühl- und Denkweise des Individuums und auch, welche Lebenschancen es in der Zukunft hat. Bernfeld hob hervor, dass der Psychoanalytiker, anders als der Pädagoge, neutral gegenüber der Frage sei, an welche „Realität" sich der Klient anpassen wolle. Lore Perls meinte in bezug auf Bernfeld und seine Kenntnisse der Arbeiten Lewins: „Sein sozialer Ort ist eindeutig ein Feldbegriff" (in Sreckovic 1999, 54). Der Psychoanalytiker Ernst Federn, Sohn des Wiener Psychoanalytikers Paul Federn, schrieb mir in einem Brief, in dem er die von mir an anderer Stelle (Bocian 2000) nachgezeichnete Entwicklung der Gestalttherapie aus der Psychoanalyse heraus ansprach: „,Die Definition eines Lebewesens ... bezieht seine Umwelt mit ein' schreiben Perls und Goodman. Bernfeld sagt viel früher, der ,soziale Ort' gehört zum Individuum. Nur verschiedene Worte" (Ernst Federn 1997).[153]

8.2. Wilhelm Reich: Politik und Weiterentwicklung der aktiven Technik

„Fritz was with him for about two years, I think. Absolutely fascinated. And he would have gone on with him. But then when Hitler came into power, Reich got out before us“ (L. Perls 1992, 8).

Wilhelm Reich kam im November 1930 nach Berlin (vgl. Reich 1997, 28). In Wien hatte es zunehmend Konflikte zwischen ihm und der Psychoanalytischen Vereinigung gegeben, da Reichs Einfluss auf die jungen Kandidaten im Technischen Seminar groß war und er zunehmend seine eigenen Arbeiten und Ansätze zur Richtschnur machte (vgl. Fallend et. al. Hg. 1997, 24f). Politisch hatte Reich sich zur Kommunistischen Partei hinbewegt, deren Mitglied er in Berlin wurde und bereits in Wien war er in Bezug auf die politische Revolution zur Anwendung von Gewalt bereit (vgl. ebd., 29). Deutschland und speziell Berlin waren schon aus politischen Gründen für ihn mit großer Hoffnung verbunden.

Im Jahre 1930 war die KPD in der deutschen Nationalversammlung, nach der SPD und der NSDAP, die drittstärkste Kraft. Die Wahl im September 1930 hatte der SPD (24,5 %) leichte Verluste, der KPD (13,1 %) leichte Gewinne und den Nationalsozialisten, die von 2,6 % auf 18,3 % sprangen, den ersten Durchbruch zur Massenpartei gebracht (vgl. Longerich 1995, 267f). Die beiden klaren Republikgegner, KPD und NSDAP, waren auf dem Vormarsch. Im roten Berlin war die Stadtverordnetenversammlung, die im November 1929 gewählt worden war, vollständig in der Hand der fast gleichstarken SPD und KPD, die zusammen über 50 Prozent erhielten, während die NSDAP nur 5,8 % der Wählerstimmen bekommen hatte. Schon bei der Wahl zum Preußischen Landtag im April 1932 sollte die NSDAP mit fast 28 % die KPD überflügeln und nahe an die 29,1 % der SPD heranrücken.[154] Aber im Jahre 1930, zur Zeit der Ankunft von Reich, sah die Situation in der Stadt Berlin aus kommunistischer Sicht noch sehr positiv aus. Die Arbeitslosenzahl in Deutschland war im März 1930 auf 3,5 Millionen gestiegen und die KPD ging davon aus, dass der erwartete Zusammenbruch des kapitalistischen Systems die Arbeiter in größerem Umfang auf ihre Seite bringen würde.

Für Fritz Perls ging es aber erst einmal um die Weiterführung bzw. Beendigung seiner psychoanalytischen Ausbildung. Nachdem er sich bei Karen Horney, einem der wenigen Menschen, denen er vertraute, Rat geholt hatte, empfahl diese ihm, zu Reich in die Lehranalyse zu gehen (vgl. Perls 1981, 50). Perls begann bei Reich Ende 1930 und blieb über zwei Jahre sein Lehranalysand (vgl. L. Perls in Gaines 1979, 12).

Die abermalige Begegnung mit Reich hatte eine Verlebendigung von Perls zur Folge. Reich war in der Analyse viel aktiver und kontaktvoller als die meisten anderen Ausbilder. Eines seiner großen Themen war die sexuelle Befreiung, um die er sich in seiner therapeutischen wie sozialpolitischen Arbeit auch ganz praxisbezogen kümmerte. Reich wurde im „Einheitsverband für proletarische Sexualreform und Mutterschutz"[155] aktiv, einer der KPD nahestehenden Organisation, die außer in Berlin noch im Rheinland (Düsseldorf, Köln, Wuppertal-Barmen etc.) operierte. Auf Grund seiner Erfahrungen in Wien betrieb er erfolgreich den Aufbau von Sexualberatungs- und Verhütungsmittel-Stellen. In den Beratungsstellen, die für die Arbeiterfrauen und Arbeitermädchen eine große Hilfe waren, arbeiteten auch andere Psychoanalytiker mit, etwa Edith Jacobson, Anni Reich und Otto Fenichel. In Berlin unterhielt der Verband mindestens vier feste Beratungsstellen. Reich war Leiter der Beratungsstelle in der Schloßstraße in Charlottenburg, die im Sommer 1931 ihre Arbeit aufnahm (vgl. Rackelmann 1994, 74f). Es sind diese Sexualberatungsstellen gemeint, wenn an manchen Stellen irreführend von „Sexkliniken" die Rede ist (vgl. L. Perls 1997, 67). Mit der Beratung von Jugendlichen betrat Reich Neuland, da es in Deutschland auch im Rahmen der Sexualreformbewegung fast keine derartigen Angebote gab (vgl. Rackelmann ebd., 76). Reichs Ansatz bestand darin, individuelles sexuelles Leiden zum Ansatzpunkt für politisches Engagement zu nutzen. Er versuchte, Politik mit den Alltagserfahrungen der Menschen zu verbinden, statt sie wie die KPD, in Form abstrakter Propaganda in die Köpfe der Arbeiterschaft zu trichtern.

Am Psychoanalytischen Institut bot er relativ wenig Veranstaltungen an. Kurz nach der Ankunft organisierte er ein „inoffizielles technisches Seminar" (vgl. Fallend et. al. Hg. 1997, 142), das nicht im Programm des Berliner Institutes verzeichnet war, in dem er seine didaktischen Erfolge aus Wien fortsetzte und den Ausbildungskandidaten eine klare Systematik und Orientierung bei den Fällen bietet (vgl. ebd., 30). Es ist anzunehmen, dass Fritz Perls hieran teilnahm. Die offiziellen Fallbesprechungsseminare hat Perls anscheinend bei der von ihm verehrten Karen Horney belegt. Horney bot in diesen Jahren ein Technisches Seminar an, dass von ca. 10 Ausbildungskandidaten besucht wurde, und entweder wöchentlich oder zweiwöchentlich stattfand (vgl. IZP 1930-1933). Er schrieb, dass Horney „in einem Seminar sehr zufrieden und erfreut war über die Art und Weise, wie ich den Fall von der charakterologischen Seite und von der Persönlichkeit her anging, statt vom Komplex und von der Erinnerung her" (Perls 1980, 20). Reichs gut durchdachte und praxisbezogene Widerstands- und Charakteranalyse hat auch in Berlin viele Kollegen beeinflusst, unter ihnen Karen Horney. Perls kannte bereits Reichs charakteranalytische Arbeiten theoretisch und praktisch aus Wien und bewegte sich möglicherweise in diesem Bereich recht sicher. Die offiziellen Veranstaltungen Reichs zwischen 1930 und 1933 waren Vorlesungen in Folge zum Thema „Triebpsychologie und Charakterlehre", sowie ein Seminar zu Freuds „Schriften zur Technik".[156]

Die Lehranalyse bei Reich, die wieder fünf mal pro Woche stattfand, war von einer völlig anderen Dynamik geprägt, als die quälenden Monate auf der Couch bei Harnik. Schon in den Berliner Jahren wies Reich die Analysanden auf ihre Körperhaltung hin, wie durch Dr. Spurgeon-English, einen amerikanischen Ausbildungskandidaten, bestätigt wird (vgl. Sharaf 1994, 207f). Es gab auch direkten persönlichen Kontakt. So ärgerte sich Spurgeon-English einmal darüber, dass Reich einen Analysetermin verschieben wollte, aber scharf reagierte, weil Spurgeon-English das wegen einer wichtigen privaten Verabredung ablehnte. Als in der nächsten Stunde der Kandidat sich bei Reich beschwerte, dass er selber bisher alle Termine eingehalten hätte und Reich es wäre, der seinen Terminplan überlaste, hörte Reich ruhig zu und sagte: „Sie haben völlig recht" (vgl. ebd.). Hier wurden weder Schweigen noch Deutung als Macht- und Verteidigungsinstrument des Lehranalytikers eingesetzt. Spurgeon-English: „Das war für mich in meinem Leben die erste und vielleicht nachhaltigste Lektion dafür, dass das menschliche Individuum das Recht hat, recht zu haben, eine Meinung zu haben, ohne dafür kritisiert zu werden oder um Anerkennung ringen zu müssen" (in Sharaf ebd., 208).

Wie schon in Wien, war Reich auch in Berlin an dem interessiert, was er „negative Übertragung“ nannte. Er hatte keine Angst vor negativen Reaktionen der Analysanden, sondern war in manchen Fällen geradezu und provokant darauf aus, weil auf diese Art und Weise oftmals wieder Bewegung in festgefahrene therapeutische Prozesse kam. Für eine Person wie Fritz Perls war dies sicherlich eine Erlösung.

8.2.1. Neokatharsis und Körperwiderstände: Von Ferenczi zu Reich

In der Tradition von Ferenczis neokathartischer Technik, die den Klienten ermutigte, auch starke Gefühle auszudrücken, um die mit ihnen verbundenen Kindheitsszenen wachzurufen, bewegte Reich sich in den wenigen Berliner Jahren auf die Integration von Körper- und Ausdruckssprache in seine Arbeit hin. Im Jahre 1932 berichtete er zum ersten Mal schriftlich von körperlichen Reaktionen in einer Analyse. Der Analysand hatte auf der Couch begonnen mit den Beinen zu treten. Reich unterbrach weder dieses „agieren“, noch deutete er es, sondern er ermutigte den Analysanden, der daraufhin zu Schreien und zu Toben begann: „Er brüllte derart, dass die Leute im Haus ängstlich zu werden begannen. Das konnte uns nicht stören, denn wir wussten, dass das der einzige Zugang zu seinen tiefen Affekten war, dass er nur auf diese Weise seine kindliche Neurose voll, affektiv, nicht nur erinnerungsgemäß wiedererleben konnte“ (Reich 1983, 228).

An diesem Bericht von 1932, der auch 1933 in die „Charakteranalyse“ aufgenommen wurde, ist für mich noch etwas Anderes interessant. Der Analysand wiederholte in den folgenden Sitzungen dieses Toben und Schreien. Reich gewann den Eindruck, als sei der emotionale Ausbruch zum Stereotyp geworden und verhindere den Fortlauf des Prozesses, sei nun quasi selbst ein Widerstand. Daraufhin begann Reich den Klienten zu „Spiegeln“: „Ich begann, mit ihm in einer kindlichen Sprache zu sprechen, ich legte mich auf den Boden und strampelte und schrie wie er. Er war zunächst erstaunt, begann aber einmal spontan zu lachen, ganz erwachsen, ganz unneurotisch; der Durchbruch war geglückt, aber nur vorübergehend. Ich wiederholte die Prozedur so lange, bis er selbst zur Analyse griff. Nun ging es weiter“ (ebd. 230).

So ein Bericht mag Stirnrunzeln und besorgtes Kopfschütteln bei manchen Kollegen hervorgerufen haben. Auf Perls hat diese Art der psychoanalytischen Arbeit stimulierend und ermutigend gewirkt.

Um diese Zeit kam Reich bereits auf kritische Punkte der psychoanalytischen Therapie zu sprechen, die von einigen wenigen mutigen freudianisch ausgebildeten Psychoanalytikern erst Generationen später angesprochen wurden. Damals wie heute ging es um das Thema Deutungsmacht (Pohlen et. al. 1995) und um den „Psychoanalytiker als sprechende Attrappe“ (Moser 1987). Auch Lore Perls hat bereits 1942 das klassische Setting als „Attrappen-Situation“ (Perls 1991, 148) bezeichnet. Das von Perls und Fromm in ihren Lehranalysen in Berlin erlebte „Setting der sensorischen und interaktiven Deprivation“ (Moser 1987, 113) kritisierte Reich damals als den Sadismus des „berühmten analytischen Schweigens“ (Reich 1983, 148) und er wies darauf hin, dass bei einer „mumienartigen Haltung“ (ebd.) des Analytikers, der Analysand nicht „auftauen“ (ebd.) kann.

Die meist mit Reich in Verbindung gebrachte Erkenntnis, dass Ich- und Körperwiderstände gleichzeitig auftreten, war bis 1933 kein zentrales Thema für Reich. In der erwähnten Fallbeschreibung von 1932 über den masochistischen Charakter findet sich allerdings ein erster Ansatz dieser ganzheitlichen Sichtweise. Reich bemerkte, dass der Patient gleichzeitig mit der charakterlich-psychischen Verhärtung auch seine Beckenmuskeln anspannte, um lustvolle Erregung zu vermeiden. Dies ist noch nicht mit dem später entwickelten Konzept des Muskelpanzers gleichzusetzen. Bis 1933 galt der Charakter als Ich-Widerstand, als schützender Panzer gegen Unangenehmes und Ängstigendes aus dem Es und der Umwelt. Dieser Charakterpanzer führte zur psychischen Unbeweglichkeit der Gesamtperson. Es ist in Vergessenheit geraten, dass es Otto Fenichel war, der schon auf dem Innsbrucker Kongress 1927 (bei dem Perls anwesend war) auf die körperlichen Widerstandsphänomene hingewiesen hatte, und sich dabei auf Ferenczis Arbeiten bezog, etwa auf dessen „Denken und Muskelinnervationen“ von 1919. Fenichel sprach in Innsbruck davon, dass Muskelspannungen „ein physisches Korrelat des Verdrängungsaufwandes“ (Fenichel 1979, 119) bilden und dass die „Spannungszustände der Muskulatur ... Triebabwehrbedeutung“ (ebd. 123) haben. Durch die Abwehr eines Impulses / Triebes mittels Muskelspannungen, kommt es zur Einschränkung der gesamten Beweglichkeit der Person. Da in damaliger Terminologie Trieb und Libidoenergie gleichgesetzt wurden, sprach Fenichel von Libidostauungen und davon, dass die Libido im „Körper-Erinnerungs-System" (ebd., 126) gestaut würde. Reich ersetzte diese Terminologie später durch seinen Orgonbegriff.

Im Anschluss an Ferenczi hat Fenichel hier theoretisch weit voraus gedacht, diese Erkenntnisse aber nicht in der Praxis umgesetzt oder gar mit diesen Erkenntnissen experimentiert. Das blieb Reich überlassen, der zwischen1933 und 1934 auf dieser Grundlage seine Charakteranalytische Vegetotherapie entwickelte, ohne den Vorarbeiten von Ferenczi oder auch den Beiträgen von Schilder, F. Deutsch und Fenichel Tribut zu zollen. So hat sich bis heute der Eindruck erhalten, dass er der „Erfinder" der Idee von der Gleichzeitigkeit der psychischen und physisch-muskulären Widerstandshaltungen ist.

Ich will an dieser Stelle auch auf Georg Groddeck zu sprechen kommen, der sich am Rande des psychoanalytischen Hauptstromes als eigenwilliger, aber akzeptierter Außenseiter bewegt hat. Groddeck, der Freund von Ferenczi, hat von Anfang an in seiner Konzeption des Es die Elemente Körper und Psyche nur als unterschiedliche Ausdrucksformen derselben Kraft betrachtet. Als Erkenntnis aus den vielen Arbeitsjahren in seinem privaten Sanatorium hielt er im Jahre 1931 fest: „Massage und Psychotherapie gehören zusammen" (Groddeck 1988, 225). Groddeck analysierte im direkten physischen Kontakt, während er seine Patienten massierte und wusste schon vor Reich, „dass gerade die Atmung unglaubliche Mengen psychischer Energien bindet und befreit" (ebd.).

Erwähnt werden muss noch, dass in den betreffenden Berliner Jahren die Herren Fenichel und Reich entscheidende Impulse zur Berücksichtigung körperlicher Phänomene durch ihre damalige Frau bzw. Freundin erhielten. Die Frau von Fenichel, Clara Nathanson-Fenichel, war in Berlin von Else Gindler seit 1915 ausgebildet worden, und Reichs Freundin in Berlin, die Tänzerin Elsa Lindberg, arbeitete später in Oslo ebenfalls als Gindler-Lehrerin (vgl. Sharaf 1994, 330). Elsa Gindler[157] hat Körper-Wahrnehmungs- und Atemübungen in ihren Kursen unterrichtet, an denen Lore Perls in Berlin teilnahm. Beeinflusst durch ihre Frauen haben auch Reich und Fenichel an Gindler-Seminaren teilgenommen (vgl. Zeitler Hg. 1991, 29). Fritz Perls war erst in New York von dieser Arbeit beeindruckt und lernte für einige Zeit intensiv bei Sharlotte Selver in New

York. Selver war Gindler-Schülerin und nannte ihren Ansatz „Sensory-Awareness".

So war das Berliner Institut in dieser Zeit sowohl Entwicklungsstätte für die abstinente Standardtechnik, die Perls später in Amerika als „normative Idealtechnik" (Mertens 1990, 199) einer medizinisch ausgerichteten orthodoxen Psychoanalyse begegnete, als auch für die den Körper konkret einbeziehende elastisch-aktive Technik in der Tradition von Groddeck und Ferenczi. Reichs spezifisches Interesse in dieser Zeit bezog sich vor allem auf Charakterwiderstände, also Widerstände des Ichs gegen das Erleben bestimmter Gefühle und das Aufkommen bestimmter Erinnerungen und Gedanken. In diesem Zusammenhang war er am nonverbalen Ausdruck und der sogenannten latenten negativen Übertragung interessiert. Außerdem arbeitete er an einer Unterscheidung zwischen neurotischem und genitalem Charakter, was der Beginn einer Typologie von Charakterstrukturen war. Ziel der Charakteranalyse war für ihn die orgastische Potenz, die den genitalen im Gegensatz zum neurotischen Charakter auszeichnete. Als Perls während der Lehranalyse eine flüchtige Impotenz-Episode hatte, lud Reich Lore Perls zu einem kurzen Gespräch ein, was zu dieser Zeit ungewöhnlich war (vgl. L. Perls 1997, 68).

8.2.2. Masochismus und Politik: Bernfeld und Freud gegen Reich

Reich beschäftigte sich in den Berliner Jahren auch mit dem Phänomen Masochismus und gelangte auf diesem Wege zu einer Antwort auf Freuds fatalistische Todestriebtheorie. Die Natürlichkeit der Sexualität und die Tatsache ihrer kulturellen Unterdrückung hatte Freud benannt. Dass er dabei letztlich für eine Kontrolle der Triebe, statt für die Schaffung gesellschaftlicher Zustände eintrat, die freiere oder sogar ungehemmte Sexualität gestatteten, hatte ab Ende der zwanziger Jahre in Wien den Bruch zwischen ihm und dem jungen Wilhelm Reich beschleunigt. Ein den Konflikt verstärkendes Ereignis war die Veröffentlichung des oben zitierten Falles durch Reich 1932 unter dem Titel „Der masochistische Charakter". Dieser Fallbericht war zugleich eine sachliche und unpolemische Zurückweisung der Freudschen Todestriebtheorie. Reich wies seine Ansicht an einem konkreten Beispiel nach, dass Masochismus nicht Ausdruck eines Todestriebes sei, eines biologischen Leidensbedürfnisses, sondern lebensgeschichtlich entstandener Ausdruck einer schmerzhaften inneren Spannung, die nicht zum Ausdruck kommt. Diese innere Spannung hängt nicht mit einem innerbiologischen Konflikt zwischen Eros und Todestrieb zusammen, sondern mit einer ursprünglich von außen kommenden und dann verinnerlichten Strafandrohung. Reich bestand weiterhin auf der frühen Freudschen Auffassung vom Trieb-Umwelt Konflikt und gelangte „über den psychischen Konflikt zur Kritik der sozialen Ordnung“ (Reich 1983, 220). In den Berliner Jahren war es das Anliegen der Gruppe der Linksfreudianer um Otto Fenichel und Wilhelm Reich, der Psychoanalyse weiterhin die Tür zum Verständnis der sozialen Ursachen psychischen Leidens offenzuhalten. Hier wird deutlich, dass die Linksfreudianer und speziell Reich mit seiner Arbeit zu Befreiung der Sexualität aus den Schranken der bürgerlichen Moral, die Theorielinie der kulturrevolutionären Psychoanalyse des anscheinend damals schon vergessenen Otto Gross fortsetzten.

Freud nahm deutlich die Zurückweisung seiner Position wahr und ebenso die in der Fallbeschreibung latent enthaltene politische Botschaft. Er beschwerte sich bei Eitingon, dass Fenichel, der Redakteur der Internationalen Zeitschrift für Psychoanalyse war, in der Zeitung „bolschewistische Propaganda“ erlaube (vgl. Nitzschke in Fallend et. al. Hg. 1997, 86). Der Artikel sollte mit einer Fußnote veröffentlicht werden, die darauf hinweisen sollte, dass der Autor Mitglied der bolschewistischen Partei sei (vgl. ebd.). Freud schrieb: „Nun ist es bekannt, dass der Bolschewismus der Freiheit des wissenschaftlichen Forschens ähnliche Schranken setzt wie die kirchliche Organisation. Der Parteigehorsam fordert, dass alles verworfen wird, was den Voraussetzungen der eigenen Heilslehre widerspricht“ (Freud in ebd., 87). Ich denke, dass Freud hiermit Recht hatte, nur hatte das nichts direkt mit dem von Reich veröffentlichten klinischen Fall zu tun, der in keiner Hinsicht propagandistisch war. Auf Druck der Linksfreudianer wurde die Fußnote nicht veröffentlicht, was Freud akzeptierte, da Bernfeld zeitgleich eine Gegenkritik veröffentlichte.

Bernfelds Artikel lese ich als die wütende und politische Auseinandersetzung eines Sozialisten mit dem Kommunisten Reich. Die Sozialfaschismusthese der KPD, die die SPD als ebenso gefährlichen „Feind“ ansah wie die NSDAP, spaltete in dieser Phase nicht nur weiterhin die

Arbeiterbewegung, sondern wird auch Spannungen innerhalb der linken Freudianer erzeugt haben. Möglicherweise auch aufgebracht durch die vorhandene Tendenz zu Arroganz und Rechthaberei bei Reich, polemisierte Bernfeld scharf. Letztlich setzte sich Bernfeld nicht mit Reichs geschildertem klinischen Fall auseinander, sondern betrieb eine Generalabrechnung, in der er sich auf unterschiedliche Schriften Reichs zum Verhältnis von Marxismus und Psychoanalyse bezog. Im Rahmen seiner Generalabrechnung benannte Bernfeld meiner Ansicht nach durchaus wichtige und richtige Kritikpunkte. Etwa, wenn er ganz im Sinne Freuds gegen den Kommunismus als eine weitere „Illusion" anschreibt: „Der Kommunist erstrebt eine klassenlose Gesellschaft. Muss er darum leugnen, dass es Leid gibt und in alle Zukunft geben kann, das nicht von der kapitalistischen Produktionsweise herrührt?" (Bernfeld 1974, 187).

Mit Bezug auf das Ideal der uneingeschränkten Sexualbefriedigung, das Reich bei den primitiven Völkern verwirklicht sah, wobei er sich auf die ethnologischen Studien Malinowskis berief, nannte Bernfeld Reich einen „Romantiker". Er versuchte sicherlich den Kommunisten Reich zu beleidigen wenn er schrieb: „Reich ist Philosoph, er wäre als anarchistischer Sexualethiker zu charakterisieren" (ebd. 189). Anders als intendiert, benennt meiner Ansicht nach Bernfeld hier lediglich die eigentliche, auf Otto Gross zurückgehende Traditionslinie, auf der Reich lag.

Es blieb nicht aus, dass Bernfeld auch zum Angriff auf Reichs aktive und experimentelle psychoanalytischen Versuche überging: „Diesmal freilich scheint leider auch die Klinik wenig vertrauenerweckend, wenn Reich sich mit dem Patienten brüllend auf dem Boden wälzt" (ebd., 184). Die Marginalisierung von Reich hatte begonnen und Fritz Perls war genau zu diesem Zeitpunkt sein hoffnungsfroher Lehranalysand, der glaubte, durch die Analyse bei Reich nun endlich zum akkreditierten Mitglied der psychoanalytischen Gesellschaft zu werden.

9. HUNGER, KAUEN, WACHSEN: EIGENE DENKANSÄTZE GEGEN PSYCHOANALYTISCHE DEUTUNGSMACHT UND DEUTSCHE GEHORSAMSTRADITION

Am 23. 7. 1931 wurde Lore und Fritz Perls in Berlin die Tochter Renate geboren und das Ehe- wie Familienleben verlief in positiven Bahnen (vgl. L. Perls 1997, 69) Lore Perls wertete die privaten Ereignisse auch professionell aus und betrieb eine Art Säuglingsforschung: „Mich interessierten die Methoden des Nährens und der Entwöhnung (...). Man stopfte die Nahrung in die kleinen Kinder. Diese Art des Nährens (...) führt zur Introjektion. Man gab keine Zeit zum Kauen. (...) Kauen kostet Zeit, Geduld; und es erfordert, dem Aufmerksamkeit zu schenken, was man kaut" (L. Perls 2001, 21).

Dieser Ansatz wurde unmittelbar auf Lernvorgänge bezogen: „Man sagt ja auch über das Lernen: ‚Da muss man sich durchbeißen' oder: ‚Man muss etwas verdauen'" (L. Perls 1997, 84). Lore Perls hat sich mit diesem Thema auch in ihrem Vortrag „Erziehung und Frieden" beschäftigt, den sie 1939 in Südafrika hielt. Sie betonte dort, dass Neugier, Forscherdrang und kreatives Um- und Selbstgestalten eine Portion konstruktiv-destrukturierende Aggression benötigen: „Die vollständige Unterdrückung der Aggressivität verursacht, wenn schon nicht Dummheit, so doch sehr schwerwiegende intellektuelle Beeinträchtigungen, Blockierungen des unabhängigen Denkens und einen Mangel an Kritikfähigkeit" (ebd., 13).

Karl Landauer, der Frankfurter Lehranalytiker von Lore Perls, hat viel zum Thema Kinder- und Jugendlichenpsychologie publiziert und schon früh den Zusammenhang von physischer und psychischer Beweglichkeit gesehen (vgl. Bocian 1997). Er bezog sich in einem Artikel von 1939 auf den Vortrag über „Orale Widerstände“, den Fritz Perls 1936 auf dem Kongress der Internationalen Psychoanalytischen Vereinigung in Marienburg gehalten hatte. Im Rahmen des Themas „Oralerziehung“ verwies Landauer auf Widerstände des Kindes gegen den Zwang, Nahrung gegen seinen Willen aufzunehmen. Als mögliche Widerstandsformen nannte er das Zusammenbeißen der Zähne, das Ausspucken usw.: „Wie Perls in seinem Vortrag in Marienbad zu zeigen vermochte, kann dieser Reaktionsmodus, der im Zusammenhang mit dem Essen erworben wurde, auch auf andere z. B. intellektuelle Bereiche übergreifen. Während sich die meisten Menschen in nachträglichem Gehorsam nur an der intellektuellen Kost erfreuen, die ihnen erlaubt ist, ergötzen sich andere ohne Einschränkung; einige erbrechen unverdaute Stoffe, andere wiederum hören nicht auf, das gleiche Material zu kauen und nur wenige sind unabhängig genug, sich zu erlauben, ihre Wahl vom Gesichtspunkt ihrer eigenen Lust bestimmen zu lassen, und das Material angemessen zu kauen und zu assimilieren“ (Landauer 1991, 287).

In der Betonung der eigensinnigen Assimilation durch Perls, die in dem im Jahre 1942 in der südafrikanischen Emigration gemeinsam mit seiner Frau konzipierten Buch „Ego, Hunger and Aggression“ einen wichtigen Platz einnimmt, liegt auch eine Kritik an der Deutungsmacht des orthodoxen Analytikers. Es ist eine konkrete Erfahrung von Perls gewesen, dass der Analytiker oftmals seine schulspezifisch entwickelten Phantasien über den Patienten in diesen „intropressiert“, wie Ferenczi einmal gesagt hat, der schon früh die Deutung als einen „Vorschlag“ verstanden wissen wollte, worin ihm die Gestalttherapie gefolgt ist (vgl. Ferenczi 1982, 243). Auch die Stunden bei Harnik hat Perls ausgewertet. Er nannte es eine „schlechte Technik“ (Perls 1991, 135), wenn ein Psychoanalytiker den Patienten die ganze Analysestunde „geistig hungern lässt“ (Perls ebd.) und lediglich am Ende ein paar deutende Sätze sagt, ohne zu wissen, ob der Patient diese Deutungen einfach schluckt oder vielleicht auch gar nicht annimmt. Im Rahmen seiner Reflexionen in der Emigrationszeit kritisierte er zudem die zwar aktive aber anscheinend oftmals unter Druck vorgehende charakteranalytische Technik Reichs: „Reichs Methode, durch die Konzentration auf den ‚Panzer‘ zu versuchen, der Wahrheit zum Durchbruch zu verhelfen, ist gewiss ein Fortschritt, der jedoch weitgehend dadurch zunichte gemacht wird, dass man dem Patienten die geistige Nahrung durch Verspottung und sogar durch Einschüchterung in den Rachen stopft. (...) Ich hatte Gelegenheit, diesen Sachverhalt bei zwei früheren Patienten Reichs zu konstatieren" (Perls ebd., 134).

Perls empfahl als Gegenmittel Konzentration. Konzentration und die Beschreibung dessen was der Patient emotional empfindet, sinnlich spürt, denkt und phantasiert und zwar, im Unterschied zu Reich, im wesentlichen durch den Patienten selbst. Er argumentierte gegen das Intellektualisieren, das er von sich selber und aus der analytischen Ausbildung gut kannte. In bezug auf die „komplizierten Phrasen und deren geringen Sinngehalt" (ebd., 137) meinte er, dass all die Worte oft nicht empfunden und gefühlt sind. Diese Klienten vermeiden „jedes Wort das sie sprechen, zu kauen und zu schmecken" (ebd.), so dass sich eine von der Gesamtperson abgeschnittene Sprachpersönlichkeit bildet: „Diese Intellektuellen können alles schlucken, aber sie entwickeln keinen eigenen Geschmack, keine eigene Meinung; sie sind stets bereit, sich an diesen oder jenen ‚-ismus' als an ihren spezifischen (intellektuellen) Schnuller zu halten" (ebd., 136).

Das Plädoyer für eigensinniges Lernen, für eine selbstbestimmte Verarbeitung des geistigen Umweltmaterials, geht auch gegen die gesamte, bis dahin vom Untertanengeist geprägte deutsche Lerntradition: „In Deutschland, wo die einzige geistige Nahrung von der Regierung geliefert wird (...), schluckt der durchschnittliche Deutsche alles, was ihm vorgesetzt wird; er konsumiert und absorbiert Naziparolen und -ideologien im gleichen Maß, in dem sein Kauvermögen, seine kritische Einstellung, geschädigt ist. (...) Die Nazipropaganda sorgt dafür, dass die geistige Nahrung von der Art ist, die leicht und gängig ist. Ihre Versprechungen, Schmeicheleien und ‚Leckerbissen' für die Eitelkeit, wie die Theorie der Herrenrasse, werden begierig geschluckt. Aggression und Grausamkeit werden zuerst zum Hass auf Juden und Bolschewiken ‚sublimiert', dann auf kleine und schließlich auf große Nationen gelenkt" (ebd., 132).

9.1. Ernst Bloch: Hungertrieb, Selbsterweiterung und Heraufdämmern des Neuen

Bereits Friedrich Nietzsche hatte den Hunger als Hebel des Lebensprozesses, und damit des Wachstums begriffen (vgl. Schipperges 1975, 65f). „Ernährung" war ihm „bloß eine Folge-Erscheinung, eine Nutzanwendung jenes ursprünglichen Willens, stärker zu werden" (Nietzsche in ebd., 66). Für Nietzsche ging es in bezug auf die für die Ernährung wichtigen Kräfte und Materialien um „ein Zurechtmachen derselben nach Gestalt und Rhythmus" (ebd.) und ein „Abschätzen in bezug auf Einverleibung oder Abscheidung" (ebd.). Für die Gestalttherapie sind das vertraute Gedanken.[158]

Die Themen Essen, Einverleiben, Gastrointestinal- und Darmtrakt waren damals Teil der Fachdiskussion am Berliner psychoanalytischen Institut, die Perls unzweifelhaft aufnahm (vgl. Simmel 1993 und Oberborbeck 1994). Neben Fritz und Lore Perls ist mir der Philosoph Ernst Bloch allerdings als einziger Autor bekannt, der dem Hunger besondere Aufmerksamkeit schenkt, und gleichzeitig von dieser Position aus die Freudsche Psychoanalyse kritisiert:[159] „Die psychoanalytisch jeweils betonten Grundtriebe sind gar keine im strengen Sinne, sie sind zu partial. Sie schlagen nicht so eindeutig durch wie etwa – der Hunger, der psychoanalytisch überall ausgelassene" (Bloch 1979, 71).

Auf ein Schillergedicht verweisend,[160] bemerkte Bloch im ersten Band von „Das Prinzip Hoffnung", dass für das aufsteigende Bürgertum der Hunger wohl noch ein Thema war, nicht aber mehr für die Spätbourgeoisie, zu der für ihn auch Freud gehörte (vgl. Bloch 1979, 74). Bloch kritisierte die „klassenmäßige Begrenztheit der psychoanalytischen Grundtriebordnung" (ebd., 73), und dass der Selbsterhaltungstrieb von Freud „... nicht dem Magen und Leibsystem insgesamt zugeordnet (wird), worin er doch zuinnerst verankert ist, sondern der Gruppe von späten Ichtrieben" (ebd.). Auch Perls argumentierte materialistisch, sah aber Gemeinsamkeiten zwischen Marx und Freud. Er hob (Friedrich Engels zitierend) die Bedeutung des „Unterbaus" hervor, dass die Menschen nämlich Essen, Trinken, Kleidung und Unterkunft brauchen, bevor sie sich für Politik, Kunst, Wissenschaft und andere „Überbauphänomene" interessieren. Er sah in diesem Konzept, das die Wichtigkeit der „niederen" Bedürfnisse betont, die gemeinsame Basis von Freud und Marx: „Die Bedürfnisse des Menschen (für Freud die Triebe der Arterhaltung und für Marx die Selbsterhaltungstriebe) sind primär; der intellektuelle Überbau wird bestimmt durch die biologische Struktur und durch das Bedürfnis nach Befriedigung dieser beiden Gruppen von Trieben" (Perls 1991, 138f).

Dieser Gedanke wurde von Perls zu einem allgemeinen, sozusagen Unter- wie Überbau umfassenden Wachstumskonzept ausgeweitet. In der in der Emigrationszeit formulierten „Triebtheorie" steht der Hungertrieb als Synonym für die „strukturelle Ähnlichkeit zwischen den Phasen unserer Nahrungsaufnahme und unserer geistigen Assimilation der Welt" (Perls 1991, 137). Im physischen wie psychischen Sinne dominiert ein Trieb nach Kontakt. Biologie und Soziales gehören zusammen und die psychoanalytische Triebtheorie verwandelt sich in eine Kontakttheorie. Für die beiden Perls war „das Grundgesetz des Lebens (...) Selbsterhaltung und Wachstum" (Perls et. al. 1991, 64) und zu dem durch die Kontaktprozesse zwischen Organismus und Umwelt in Gang gehaltenen Wachstum gehört notwendigerweise Aggression, De-strukturierung, Durchkauen und Durcharbeiten. Aus dem „Zyklus der Interdependenz von Organismus und Umwelt" (Perls 1991, 49) wurde später in New York das bekannte Kontaktzyklusmodell mit den Phasen Vorkontakt, Kontaktnahme, Kontaktvollzug, Nachkontakt (vgl. Perls et. al. 1991).

Ernst Bloch setzte den Hunger ins Zentrum des Selbsterhaltungstriebes, erweiterte diesen aber, wie die Gestaltgründer, auf Grund seiner dialektischen Denkweise um den Selbsterweiterungstrieb und kam so ebenfalls zu einem Wachstumsbegriff: „Nicht auf das selfish system, nicht auf diese kapitalistische Phase des Egoismus beschränkt, sondern vor ihr, erst recht nach ihr vorhanden, sucht Selbsterhaltung, Menschenerhaltung auch keineswegs die Konservierung des dem Selbst bereits Zugezogenen und Gewordenen. So bedeutet Selbsterhaltung letzthin den Appetit, unserem sich entfaltenden, erst in und als Solidarität sich entfaltenden Selbst angemessenere und eigentlichere Zustände parat zu halten. (...) Doch immer bleibt unser Selbst, mit seinem Hunger und dessen variablen Erweiterungen, noch offen, bewegt, sich selber erweiternd" (Bloch ebd., 77).

Als Dialektiker hat Bloch Freuds nach Rückwärts gewandte Unbewusste um ein noch Unbewusstes „der anderen Seite, der Dämmerung nach vorwärts“ (ebd., 131) erweitert, das sich entsprechend nicht in den Nachtträumen, wohl aber oftmals in den Tagträumen bemerkbar macht: „Das Noch-Nicht-Bewusste ist so einzig das Vorbewusste des Kommenden, der psychische Geburtsort des Neuen“ (ebd., 132).

Hier gibt es Parallelen zu Perls und Goodman in Bezug auf die Betonung des Neuen, etwa, wenn Goodman definiert: „Contact is ‚Making and Finding‘ the Coming Solution“ (Perls et. al. 1996, 234)[161] und vom Gestalten als „erfinden einer neuen Lösung“ (Perls et. al. 1991, 160) schreibt. Auch Perls' Gedanken über die „fruchtbare Leere, die Möglichkeit, die in der Zukunft liegt“ (Perls 1986, 38), scheinen mir verwandt.

Meiner Ansicht nach hat Bloch treffend formuliert, was die Gestalttherapie von einer einseitig rückwärtsgewandten orthodoxen Psychoanalyse unterscheidet: „Was dem Selbsterweiterungstrieb nach vorwärts vorschwebt, ist vielmehr, wie zu zeigen sein wird, ein Noch-Nicht-Bewusstes, ein in der Vergangenheit nie bewusst und nie vorhanden Gewesenes, mithin selber eine Dämmerung nach vorwärts, ins Neue“ (Bloch ebd., 86).

Bloch argumentiert auch mit der aus der Gestalttheorie übernommenen Erkenntnis, dass eine abgebrochene Handlung, eine unabgeschlossene Gestalt, einmal in die Wahrnehmung gebracht, nach Schließung und einem zu Ende bringen in der Gegenwart drängt. Er wendet sich damit gegen Freud, der nur das ins „Unterbewusstsein Gesunkene“ und somit die „Dämmerung nach rückwärts“ untersucht habe: „Man glaubte entdeckt zu haben: alles Gegenwärtige ist mit Gedächtnis beladen, mit Vergangenheit im Keller des Nicht-Mehr-Bewussten. Man hat nicht entdeckt: es gibt im Gegenwärtigen, ja im Erinnerten selber einen Auftrieb und eine Abgebrochenheit, ein Brüten und eine Vorwegnahme von Noch-Nicht-Gewordenem; und dieses Abgebrochen-Angebrochene geschieht nicht im Keller des Bewusstseins, sondern an seiner Front“ (Bloch ebd., 10). Diese „Front“ heißt in der Gestalttherapie Bewusstsein und Ich-Grenze.

Die Ähnlichkeiten zwischen Bloch und der Gestalttherapie in diesen Punkten (Betonung des heraufkommenden Neuen, der sinnlich-leiblichen Basis und der Dialektik von Erhaltung und Wachstum) gehen meiner Meinung nach auf die Orientierung am gleichen „philosophischen

Wärmestrom“ (Bloch) zurück, auf gemeinsame Wurzeln in der expressionistischen Zeit, der bereits erwähnten Natur- und Lebensphilosophie, sowie die Rezeption einiger Grunderkenntnisse der Gestaltpsychologie. Die Verwandtschaft[162] zwischen dem seit seinem Studium mit Aristoteles vertrauten Paul Goodman (vgl. Blankertz et. al. 2005, 23) und Ernst Bloch an diesem Punkt könnte in der Auffassung der „Aristotelischen Linken“ (Bloch 1985, 516f) vom „Appetitus“ und der „Werdelust“ (ebd. 518) der lebendigen Materie begründet sein, die sich wiederum bis in die Natur- und Lebensphilosophie fortgesetzt hat. Zentrale Schaltstelle ist hier Schellings antimechanistische Vorstellung von der Natur als ein produktives Subjekt, als *natura naturans* (vgl. Böhme 1989).

10. TRAUMATHERAPIE UND STAHLGESTALTEN

Die Entwicklung der charakteranalytischen Technik, die von den Psychoanalytikern ab Mitte der zwanziger Jahre verstärkt betrieben wurde, lief parallel mit einem allgemeinen Interesse am amerikanischen Behaviorismus und an der russischen Reflexologie. Lethen schrieb hierzu: „Beide wissenschaftlichen Strömungen verschieben die Aufmerksamkeit auf die wahrnehmbare Oberfläche der Verhaltensform (behavior). (...) Die ‚Tiefe' der Motivationen muss aus den Handlungsformen erschlossen werden" (Lethen in H. A. Glaser 1989, 177).

Sowohl in der Malerei als auch in Arbeiten zur Ausdruckspsychologie fand sich zunehmend der physiologische Blick. Es erschienen Arbeiten zum Verhältnis von Körperbau und Charakter (Kretschmer, Klages), zur Bedeutung der Mimik und der Erzeugung von Affekten durch bestimmte Körperhaltungen und mechanische Reize. In der Kunst findet sich dieser physiologische Blick etwa in den Arbeiten von Georg Grosz und Otto Dix. In Bezug auf die Zeichenmappe „Das Gesicht der herrschenden Klasse" (1923) von Grosz, in der die Vertreter der ökonomischen und militärischen Macht als hässliche, dickleibige, manchmal schweineähnliche Wesen typisiert dargestellt werden, sagte Brecht einmal: „Ich glaube, was sie zum Feind des Bourgeois gemacht hat, Georg Grosz, ist seine Physiognomie" (in Glaser ebd., 178).

Ferenczi und Reich waren diejenigen, die dieses Interesse am Körperlichen, an der Körperhaltung und am „Wie?" am intensivsten in ihrer psychoanalytischen Praxis und Theoriebildung verfolgt haben und Reich ist hier als Systematiker dieser Versuche zu betrachten. Ich will im Folgenden auf einen meiner Ansicht nach kriegsbedingten Aspekt der charakteranalytischen Praxis verweisen.

10.1. Kriegstrauma und „acting-out"-Therapie

„Actually, he never stopped working with the wounded, only the meaning of wound changed" (W. van Dusen über F. Perls).

In seiner Arbeit über Kriegstraumata hat Schmidbauer den Begriff „psychische Zentralisation" benutzt und davon gesprochen, das es bei dieser Reaktion in erster Linie um einen Phantasieverlust geht und darum, dass der betroffene Mensch seine geistige Aktivität und emotionale Schwingungsfähigkeit auf das reduziert, was für sein augenblickliches und unmittelbares Überleben notwendig ist, unter weitgehender Vernachlässigung von Vergangenheit und Zukunft (Schmidbauer 1998, 64f.). Hält diese Reaktion an, so ist der auf Selbstheilung orientierte bipolare Verlauf des „Zyklus der Traumaverarbeitung" unterbrochen (vgl. Fischer et. al. 2003, 95f). Die mit emotionaler Anästhesie einhergehenden Vermeidungsphänomene, die die Angst und die intrusiven Erinnerungsbilder kontrollieren, bleiben im Vordergrund fixiert.

Es gibt in diesem Zusammenhang eine interessante Erinnerung und Einschätzung von Wilson Van Dusen, in bezug auf die ungemein hochentwickelte Fähigkeit von Perls, andere Menschen in ihrem phänomenologischen Verhalten wahrzunehmen. Für Van Dusen war es ungemein faszinierend mitzuerleben, was Perls alles im Kontakt mit einem anderen Menschen sah und hörte. Perls hat in diesem Zusammenhang Van Dusen gegenüber von seiner „Impotenz" gesprochen und sie bis zum ersten Weltkrieg zurückdatiert. Perls meinte damit aber mehr als nur ein sexuelles Unvermögen, er sprach vom Unvermögen, innere Phantasien zu haben (vgl. Gaines 1979, 68f). Van Dusen hat das erläutert: „At least this was reported as his major concern in analysis and during his contacts with me. Remember, he was a disdained Jewish medical orderly in the German Army – there was marked Jewish prejudice then, so he was a social outcast – having to take of the injured and the dead. It was as though the shock of these scenes of war glued him to what was externally visible. (...) This ‚impotence in fantasy' meant he was stuck to what was before him – hence his unusual skill. While it felt like a lack to him, to us it would be something of a gift. Pure seeing in the Zen sense. Actually, he never stopped working with the wounded, only the meaning of wound changed“ (Van Dusen in Gaines ebd.).

In der Erinnerung von Perls hatte Horney zu ihm gesagt, dass Reich wohl der einzige sei, der zu ihm „durchdringen“ könnte. Die Desensitivierungen, das „dicke Fell“ (Perls 1981, 257), das er sich an der Front zugelegt hatte, die Depression und innere Leere von der er immer wieder berichtete, lassen mich bei dem „desperate cynic“ (L. Perls) an einen traumatisierten Kriegsteilnehmer denken, der auf der psychoanalytischen Couch nach Erlösung suchte. Beim schweigenden Harnik hat er sie nicht gefunden, erst beim aktiven Reich tat sich etwas.

Reich wollte mit der ab Ende der zwanziger Jahre entwickelten charakteranalytischen Technik durch den psychologischen und dann auch den physischen Panzer von Widerständen der Klienten dringen. Es ging Reich wie der Gestalttherapie um die Rückführung automatisierter und dissoziierter Charakterzüge bzw. Verhaltens- und Reaktionsweisen in die Wahrnehmung und um die Auflösung der emotionalen „Blöcke“. Arbeitsziel war das Auftauen oder Lösen der fixierten eingefrorenen Gestalten, eine emotionale Wiederbelebung und Erweiterung der psychischen wie körperlichen Beweglichkeit. Auch Perls' Ansicht, dass manche nicht zu Ende gebrachten Handlungen oder unterbrochenen emotionalen Bewegungen zu Ende gebracht werden müssen, die Gestaltpsychologie spricht hier bekanntermaßen vom Schließen einer offengebliebenen Gestalt, verweist meiner Ansicht nach auf einen traumatherapeutischen Aspekt (vgl. Fischer et. al. 2003, 95f, 118).[163]

Ernst Simmel, der in Berlin die psychoanalytische Klinik „Sanatorium Tegel“ leitete, hatte schon 1918 mit sogenannten „Kriegsneurotikern“ auf eine Art gearbeitet, die der von Reich eingeführten und in die Gestalttherapie eingegangen kathartischen Techniken ähnlich war. Bei Kriegsneurotikern fand Simmel eine Affektstauung vor und arbeitete mit einer Tatabreaktion. Genau wie später Reich, sah er Freuds Terminus Wiederholungszwang im Zusammenhang mit dem Bedürfnis des Klienten, seinen Organismus „von aufgestauten Affektenergien zu entlasten“ (Simmel 1993, 220). Er erkannte, dass Worte in diesen Fällen nicht genügen, sondern der traumatisierte Soldat auch „agieren“, also sich vom „seelischen Druck durch Abfuhr seiner Aggressionen in die Außenwelt“ (ebd., 222) befreien muss. Simmel führte in die hypnotisch-therapeutische Behandlung einen „leibhaftigen Feind“ (ebd.) ein. Es handelte sich um eine gepolsterte Puppe, die einen Feind demonstrieren konnte, durch den sich der Patient geängstigt und bedroht gefühlt hatte oder auch einen militärischen Vorgesetzen, ein „schlechtes Vaterobjekt“ (ebd. 223). Davon hatte es im deutschen Offizierskorps in der Gestalt von arroganten und skrupellosen Offizieren eine Menge gegeben. Simmel berichtete von seiner diesbezüglichen Arbeit: „Ich habe es immer als Beginn der Heilung vermerkt, wenn sich die anfängliche Furcht des Patienten vor der Puppe in Wut verwandelte, was zu ihrer Verstümmelung oder völligen Zerstörung führte. Diese spezifische Entladung destruktiver Kräfte gegen ein spezifisches Objekt verdrängten Hasses brachte oft eine dramatische Änderung in der Gesamtpersönlichkeit des Patienten hervor. Vor allem verschwanden depressive Einstellungen, die mit pathologischen Schuldkomplexen verbunden waren“ (ebd., 223).

Diese Erfahrungen, gerade auch in bezug auf die Ansicht, dass Schuldgefühle oft verdrängte Wut überdecken, laufen zu denen von Perls parallel. Simmel selber hat diesen „acting-out-Ansatz“, mit dem er als Sympathisant der Psychoanalyse und noch nicht als ausgebildeter Psychoanalytiker erfolgreich gearbeitet hatte, anscheinend nach dem Krieg in Berlin nicht weiter verfolgt.

Als Fritz Perls sich in den vierziger Jahren in Südafrika zur Britischen Armee meldete, um etwas gegen die in Afrika operierende deutsche Nazi-Wehrmacht zu tun, bekam er als Armeepsychiater einen aussichtslosen, anscheinend psychosomatischen Fall zugewiesen. Der Mann litt an blauen Flecken, die seinen ganzen Körper bedeckten. Perls nahm wahr, dass der Soldat „einen Ausdruck tiefer Verzweiflung in seinen Augen“ (Perls 1981, 95) hatte und leicht benommen wirkte. Da er keine Zeit für eine langfristige Psychoanalyse hatte, setzte er ihn unter Pentothal und erfuhr, dass der Mann in einem Konzentrationslager gewesen war: „Ich sprach Deutsch mit ihm und führte ihn zurück zu den Momenten seiner Verzweiflung und löste den Block, der ihn hinderte zu weinen. Er weinte sich wirklich die Augen aus, oder sollen wir sagen, er weinte sich die Haut ab. Er erwachte in einem Zustand der Verwirrung und dann erwachte er wirklich und hatte die typische Satorieerfahrung, vollkommen und frei in der Welt zu sein. Schließlich ließ er das Konzentrationslager hinter sich und war bei uns. Die blauen Flecken verschwanden“ (Perls ebd.).

Dass der Mann das Konzentrationslager endgültig hinter sich gelassen hatte, bezweifele ich; dazu bedarf es sicherlich mindestens einer längerfristigen und wiederholten Be- und Durcharbeitung.

Im Film „Shoa“ von Lanzmann gibt es eine Szene, in der etwas ähnliches wie in der von Perls geschilderten Intervention geschieht. Ganz wie in der Gestalttherapie kommt es zu einer angeleiteten Rückführung, ohne den Einsatz hypnotischer Mittel. Lanzmann führt den Friseur Abraham Bomba, einen Holocaust-Überlebenden, der den Frauen vor ihrem Gang in die Gaskammer die Haare schneiden musste, auf ähnliche Art und Weise wie Perls das am Esalen Institut getan hat, quasi dramatherapeutisch an die im Körpergedächtnis eingeschlossenen Emotionen heran. Theweleit schrieb hierzu, dass Lanzmann die Holocaust Überlebenden in den „Prozess der Wiederbelebung hineinzwingt“ (Theweleit 1995a, 130).

Die betreffende Szene aus dem Film beschrieb Theweleit wie folgt: „Er hat Bomba, der jetzt nicht mehr als Friseur arbeitet, an einen Friseurstuhl gestellt und hat einen Freund auf den Stuhl gesetzt, der keinen Haarschnitt braucht, an dessen Kopf aber Bomba, während er erzählt, fiktive Haarschneidebewegungen ausführt, und man sieht, an den Zuckungen seines Gesichtes, an seinen Bewegungen, wie dieses fiktive Schneiden, wie diese wiederbringende motorische Bewegung, ihn immer weiter und weiter in die Situation der Gaskammer zurückführt, und er ist dort angekommen mit dem Schluss seiner Erzählung, die keine ‚Erzählung‘ ist, sondern ein Ausbruch von Bombas gesperrt gewesenen Gefühlen zu diesem Moment ... ein Zusammenbruch, Bomba weint ...“ (ebd., 131).

Ich stimme Theweleit zu, dass die Hoffnung besteht, dass dieses Erlebnis Bomba mit etwas von sich selbst wiederverbunden hat, dass der „Anästhesiepol“ (ebd.) sich vielleicht auflöst. Der Filmregisseur Lanzman dokumentiert nicht, sondern er inszeniert. Hierin ähnelt seine Arbeit der von Fritz Perls, dem seine Frau nachgesagt hat, dass er sich mit seinen dramatherapeutischen Inszenierungen den alten Traum erfüllt habe, als Regisseur arbeiten zu können. Theweleit schrieb über die Arbeit von Lanzman, sie gehe „zwar auch um das ‚Faktische‘ der Vernichtung, darüber hinaus geht sie um die Emotion. Nur in ihr lebt der Moment; ist ansteckend, er belebt Bomba und – möglicherweise – den Zuschauer, nachdem er beide zunächst niedergestreckt hat“ (ebd. 132).

Ich vertrete hier die These, dass man die in die Gestalttherapie integrierten kathartischen, charakteranalytischen und die vor allem die körperliche Selbstwahrnehmung steigernden Techniken, auch im Kontext einer vielleicht noch unbewussten Tendenz des Frontsoldaten Wilhelm Reich zur Selbstheilung betrachten kann. Somit würden diese Techniken auch frühe und noch unentwickelte Ansätze zu einer Traumatherapie darstellen, die sich bekanntermaßen erst in Zusammenhang mit der diagnostischen Kategorie der posttraumatischen Störung (PTSD), nach dem amerikanischen Vietnamkrieg und auf Druck der Veteranenverbände hin, entwickelt hat.

10.2. Gepanzerte Männer – Stahlnaturen

Die therapeutischen Bemühungen von Reich und Perls, ihre Therapieklienten zur Hingabe an ihre Wut, Trauer und Sexualität zu ermutigen, was mit einer Bereitschaft zum emotionalen „Weichwerden" und „Schmelzen", sowie mit Kontrollverlust einhergeht, deute ich auch als eine Antwort auf das präfaschistische Charakterideal des gepanzerten soldatischen Mannes, das sich nach dem ersten Weltkrieg herausbildete (vgl. Theweleit 1995). Die Vorstellung von Reich und Perls vom „flüssigen" Menschen und von der Prozessnatur, sowie die andere vom Maschinenmenschen, von der aus den Materialschlachten des ersten Weltkrieges hervorgegangene „Stahlnatur" (Ernst Jünger), betrachte ich als unterschiedliche Bewältigungsversuche der gleichen seelischen Verletzungen und Traumen, durch junge bürgerliche Kriegsteilnehmer.

Nach seinen Kriegserfahrungen hatte Otto Dix mit physiologischem Blick in seinen Krüppeldarstellungen den Mythos vom intakten, kraftvollen und stählernen Körper des deutschen Kriegers demontiert. Seine blinden und beinlosen Krüppel sind Opfer und, an den eisernen Kreuzen erkennbar, sie sind auch Täter. Für die völkische Rechte waren diese Bilder eine Provokation. Hanne Bergius hat darauf hingewiesen, dass sich die Berliner Dadaisten „den Zwängen der Moderne, ihren Bedingungen der Verwertung und Normierung und vor allem der Zurichtung des Mannes auf einen stählernen Helden verweigerten" (in Dech et. al. 1991, 79).[164]

Bei Wilhelm Reich wurden die Fronterfahrungen erst einige Jahre nach dem Krieg reaktiviert. Zentrales Moment war die Gewalterfahrung auf einer politischen Demonstration in Wien 1927. Dieses Erlebnis war meiner Ansicht nach bei ihm nicht nur Auslöser für seine Politisierung nach links, sondern auch für die Veränderung der psychoanalytischen Technik. Reich erlebte die Polizisten, die auf Befehl in die Menge hineinschossen, als entmenschlichte Automaten: „Ich hatte wieder das Empfinden: ‚sinnlose Maschinen', sonst nichts. (...) Maschinelle Menschen! Der Gedanke kam ganz klar und unwiderleglich. Er hat mich seither nie mehr verlassen. (...) Ein solcher Maschinenbestandteil war ich im Krieg gewesen. Ich hatte genau so blind, auf Befehl, ohne Denken geschossen" (Reich 1982, 22).

Diese Wahrnehmung wiederholte sich in Berlin, wo Reich als Mitglied der Kommunistischen Partei, mit einer roten Armbinde, bei der großen KPD-Demonstration zum 1. Mai 1931 im Berliner Lustgarten als Ordner tätig war. Reich begleitete mit einem Ordnerdienst den kommunistischen Kinderzug. Als die Kindergruppe verbotene Lieder sang, „stürzten mit einem Male Dutzende Schupos von den Autos und schlugen blind in die Kindergruppe hinein. (...) Immer wieder hatte ich bei solchen Gelegenheiten den Eindruck, dass an die Stelle eines lebendigen Denkens und Fühlens eine automatisierte Reaktion tritt: Verbotenes Lied – Knüppel vom Gurt!!" (ebd., 130).

Theweleit hat in seinem Buch „Männerphantasien" den aus dem Krieg heimgekehrten, bei der Niederschlagung der Berliner Arbeiteraufstände brutal wütenden und sich übergangslos in die NSDAP einfügenden „Freikorps-Mann", einer Psychoanalyse unterzogen. Er beschrieb ihn als in der wilhelminischen Gesellschaft aufgewachsenen „unfertigen Mann", voller Angst vor dem mütterlichen Verschlungenwerden und der väterlichen Härte. Voller Lustangst auch vor dem Weiblichen und den „jüdischen" bedrohlichen Lüsten, vor allem Weichen und Fließenden. Diese Männer panzerten sich gegen Empfindungen wie Zerfließen, Entgrenzen und Auflösen, letztlich gegen ihre eigene Sehnsucht nach Hingabe und Liebe. Gegen die Angst vor dem Fragmentieren half der militärische Drill und die gleichzeitig mögliche Einordnung in eine Ganzheit, in ein die eigenen Grenzen stützendes größeres Gebilde, in diesem Fall in das Heer. Die Explosion in die Gewalt und ins Töten half ihnen sich ganz zu fühlen. Sie wollten nicht im Sinne Freuds ihre Triebe loslassen, sondern „der Terror entsteht aus ihren Versuchen, ‚Ich' zu werden, im Sinne einer umgrenzten, nicht fragmentierenden psychischen Einheit. Den Trieben wollen sie entkommen, nicht ihnen freien Lauf lassen. Der Durchbruch erzeugt dann auch weniger Triebbefriedigung, als dass er zur Stabilität des Ganzheitspanzers beiträgt" (Theweleit 1995, 374).

Der soldatische Mann ordnete sich in einen Ganzheitsblock ein und er brauchte das Gewalt- und Tötungsverhältnis zu einem anderen Körper, um selber als wahrnehmbare Einheit zu existieren.

Der von Theweleit beschriebene soldatische Mann ist meiner Ansicht nach Reichs „Maschinenmensch". Soldatischer Mann und Maschinenmensch korrespondieren mit der positiv gemeinten Utopie der „Körpermaschine" von Ernst Jünger, die er auch als „Stahlgestalt" beschrieb (vgl. ebd,. 206). Die einzelne Stahlgestalt ist Teil des Ganzheitspanzers der größeren Formation, des Ganzheits-Ich von Heer, Partei, Nation oder Volk. Gleichzeitig ist jede „Einzelteilganzheit", die Jünger auch „Stahlnatur" nannte (vgl. ebd. 160), ein Abbild der großen Ganzheitsmaschine im Kleinen. Theweleit erläuterte: „Diesen Typen imaginiert Jünger so, als ob er keine Triebe, keine Psyche mehr hätte, nicht mehr nötig hätte, da alle Triebkräfte sich glatt und reibungslos in Funktionen des stählernen Leibes verwandelt haben – und genau darauf, scheint mir, will Jünger hinaus: auf die Utopie der Körpermaschine. (...) Die Faszination der Maschine liegt für Jünger demnach darin, dass sie eine Anschauung davon zu bieten scheint, wie man leben ... kann, ohne Gefühle zu haben. Der Stahlpanzer schließt ein jedes fest ein" (ebd. 160f).

Bei Theweleit taucht auch das Vaterthema der expressionistischen Generation auf. Für ihn „ersehnen die in den Ganzheitsgebilden vereinigten folgsamen Söhne die Gestalt eines ‚Vaters', der ihnen ewige Ganzheit und die Verbindung mit der Macht garantiert (...)„ (ebd., 363). Seine Analyse des soldatischen Mannes geht von folgendem aus: „Einige Generationen junger deutscher Männer, geboren etwa zwischen 1870 und 1920, fanden es leichter, die halbe Welt in die Luft zu sprengen und einige Millionen Menschen zu töten, als den Ansprüchen ihrer verschiedenen ‚Erzieher' wirklichen Widerstand entgegenzusetzen. Sie fanden das sogar richtiger" (ebd., 406).

Perls gehörte zu denen, die es vorgezogen hatten den „Erziehern" zu widersprechen.

In seiner Analyse kommt Theweleit auf eine Faszination zu sprechen, die seiner Ansicht nach allen faschistischen Bewegungen eigen ist. Er meint die den Bewegungsmitgliedern zugänglichen Ganzheits- und Schönheitsgefühle und macht das an Riefenstahls Film „Triumph des Willens" über die Olympiade 1936 in Berlin deutlich: „Wo sonst bekamen die Zukurzgekommenen, die Nicht-zu-Ende-Geborenen so viel? (Bei der rationalistisch / väterlichen KPD?) Auf der Ebene sieht man im ‚Triumph des Willens' riesige Kräfte, die dabei sind, sich zu befreien, indem sie sich fügen. Sie fügen sich in Ordnungen und an Plätzen, an denen sie finden, was ihnen fehlt. Auf dem Parteitag waren sie, was sie unaufhörlich schrien. Heil. Heil. Heil. Heil. Heil. Und nicht mehr kaputt" (ebd., 400).

Bei Riefenstahl ist auch zu sehen, wie „die NSDAP jeden ... zuließ zur Elite, (...) zumindest aber zum höchsten Volk, zur einzigen Rasse" (ebd.), jeder war schon deshalb heil, ganz und schön, weil er „nichts vom Juden hat" (ebd.). Hitler war in diesem Sinne nicht einfach ein Demagoge oder ein schlechter Schauspieler, sondern er gab neue Bindung, „wirkliche Religion" (ebd.).

Vor diesem Hintergrund hat Perls meiner Ansicht nach versucht, sich und seine Therapieklienten zu individualisieren. In einem gewissen Sinne hat er versucht, andere Menschen aus der konfluenten Masse ihres jeweiligen Ganzheitsblocks „herauszuschlagen", der immer als eine „Wir" auftritt. In den späten Esalen Workshops benutzte er eine existenzialistische Verantwortungsterminologie, um diese Haltung zu kennzeichnen, die sich im Extremfall auch in einsamer Verantwortung für den ganz eigenen Weg entscheidet.

Einer der Gründe, warum Gestalttherapie in Deutschland ab den siebziger Jahren so großen Zuspruch fand, hängt möglicherweise auch mit dem „deutschen Körpergedächtnis" zusammen. Hannah Arendt hat in ihrem Bericht über ihre Deutschlandreise 1950, in bezug auf das von ihr erlebte fehlende Mitleid bei Gesprächen in bezug auf die Judenvernichtung, vom „allgemeinen Gefühlsmangel ... und einer offensichtlichen Herzlosigkeit (...) manchmal mit billiger Rührseligkeit kaschiert" berichtet (Arendt in Heer Hg. 1997, 172). Als Deutscher, der in Italien wohnt, teile ich Theweleits Urteil: „Von mir aus sei es ‚Rassismus': Einen deutschen Sozialkörper zumindest gibt es, einen deutschen Geschichtskörper; den ich sehe, wo ich auch die Augen aufmache" (Theweleit 1995, 104). Theweleit sprach, in bezug auf die in den Holocaustfilmen von Lanzmann und Ophuls interviewten Deutschen, von ihrer „maskenhaften Leblosigkeit" (ebd.). Hier ist möglicherweise eine Art Sozialcharakter weitergegeben worden, vor allem durch bestimmte Formen der Körperberührung zwischen Erwachsenen und Kindern. Diese Berührungen „können Gewalt weitergeben, sie können ‚blinde Flecken' weitergeben, Erstarrungen, aber auch Belebungen, es könnte auch Respekt vor Menschenkörpern sein" (ebd., 66). In Deutschland, wo nach dem Krieg Männer, Frauen und Kinder durch eigene aktive Tötungshandlungen oder erlittene Bombardierungen traumatisiert waren, wo von der Mehrheit eine kollektive Schuld abgelehnt und durch eine kollektive Unschuld und „kollektives Schweigen" (Heimannsberg et. al. 1992) ersetzt wurde, gab und gibt es, trotz der in den letzten Jahren intensiv und offen geführten Diskussion über die Nazi-Vergangenheit, immer noch blinde Flecken, die meiner Ansicht nach im täglichen Umgang als Empfindungslosigkeit erlebbar sind.

Ich denke, dass Gestalttherapie nach 1945 in Deutschland auch die Funktion hatte, die Eisdecke des nicht Fühlens, nicht Redens und nicht Erinnerns zu durchbrechen oder im besseren Falle zu schmelzen. Wie viel ist bei uns, und ich meine hiermit die erste und zweite Gestalt-Ausbildungsgeneration, in dieser Hinsicht unbewusst geblieben? Ich erlaube mir hier pauschal zu sein und frage, was es wohl bedeutet haben mag, wenn Söhne und Töchter der „Täter" auf alte, bärtige oder unbärtige amerikanische Ausbilder mit einem jüdischen Familienhintergrund trafen? Diese erste Ausbildergeneration durchbrach die Eisdecke des nicht Fühlens und nicht Zeigens mit massiver Liebe und massiver persönlicher Autorität, manchmal auch mit Macht und Machtmissbrauch. Waren es direkte oder zumindest symbolische Vertreter der Vertriebenen und Getöteten, die hier „heimkehrten" als „Erlöser" der Söhne und Töchter der Täter? Waren Sie, in all ihren oft extremen Handlungen und Äußerungen die respektableren Eltern, im Gegensatz speziell zu den traumatisierten Vätern zu Hause, diesen oftmals rigiden, schweigenden und gebrochenen Männern?

11. PERLS' LEHREN AUS DEM ENDE DER WEIMARER REPUBLIK

Das für die Kunst und das Geistesleben der Außenseiter in den Weimarer Jahren so fruchtbare Chaos der Positionen, Stile und Ansichten, das von Polarisierung und Provokation begleitet war, entpuppte sich als gefährlich für die realen politischen Versuche einer ersten Republik auf deutschem Boden. Immer mehr Menschen wollten aus dem Relativismus und der Spannung der Gegensätze heraus, wollten neue Religion, Weltanschauung, eine neue heile politische Ordnung. Als Erlösung aus dem materiellen wie geistigen Elend der Wirklichkeit, bot sich die Vision eines geeinten dritten deutschen Reiches an, oder als Alternative der Zusammenschluss mit dem Vaterland aller Werktätigen, der Sowjetunion. Die linken Intellektuellen waren kaum an einer Verteidigung der schwankenden Gehversuche der Republik interessiert. Kurt Hiller und Kurt Tucholsky beispielsweise, zeigten 1926 in der linksliberalen Zeitung „Weltbühne" durchaus Bewunderung für einen faschistischen Führer wie Mussolini. Tucholsky schrieb, sich gegen die Sozialdemokratie wendend: „Es gibt zwei Mächte in Europa, die durchgesetzt haben, was sie wollen: der Faschismus und die Russen. Das entscheidende Moment ihrer Siege war eine tapfere Unbedingtheit..." (in Bracher et. al. 1988, 451). Demokratische Kompromissbildung galt auch den Linksintellektuellen letztlich als Weichheit und Unentschlossenheit. Die von Tucholsky positiv gewertete „Unbedingtheit" sah man auf der Straße, wo sich die Schlägertruppen der NSDAP zunehmend mit ihrem Terror breitmachten. Die rechtsradikale Sturmabteilung, die SA, war ein soldatischer Männerbund, der sich weiterhin in einem noch nicht verlorenen Krieg befand, und sich durch die politische Linke und die Juden verraten und um den Sieg betrogen fühlte. Die einzigen, die etwas mit Entschlossenheit gegen den rechten Terror unternahmen und mit Faust, Dachlatte und Revolver einen

Kampf um die Kontrolle einzelner Straßenzüge führten, waren die Kommunisten[165] und speziell der sogenannte Rotfrontkämpferbund.

Die nationalsozialistische SA wie der kommunistische Rotfrontkämpferbund bestanden zum größten Teil aus Arbeitslosen, von denen es gegen Ende der Republik sechs Millionen gab. Die Erwerbslosigkeit hatte gerade die 18 bis 25 jährigen besonders betroffen, die dann auch die Basis der beiden sich bekriegenden Kampfverbände stellten. Kommunisten wie Nationalsozialisten kümmerten sich materiell wie ideologisch um sie, banden ein, gaben Bedeutung und Selbstbewusstsein. Nitschke schrieb zu diesem Phänomen: „Im Straßenterror der späten Weimarer Republik, in den Saalschlachten mit Kommunisten, die diesen Männlichkeitskult nicht weniger begeistert zelebrierten, konnte der männliche Mann zu sich selber kommen und alles Weibliche, Schwächliche mit großer Geste von sich weisen“ (Nitschke et. al. 1990b, 115). Schon im italienischen Faschismus, der die deutschen Nationalsozialisten inspirierte, galt Gewalt als Vitalität, als Vermögen, seinen Willen durchzusetzen. Extreme Gedanken Friedrich Nietzsches transformierten sich in physische Alltagsrealität und das Leben wurde zu einem Kampf, in dem der Stärkere, die stärkere Partei, die stärkere Rasse siegen sollte.

11.1. Dr. Perls und die „Marxistische Arbeiterschule – MASCH“

Fritz und Lore Perls waren, wie Wilhelm Reich und Otto Fenichel, Anfang der dreißiger Jahre an der KPD orientiert. Die beiden Perls versuchten zu einem bestimmten Zeitpunkt Parteimitglieder zu werden, aber anscheinend gab es gerade einen „Intellektuellenstop“ (vgl. L. Perls 1997, 71). Nachdem sie in die durch Lores Vater mitfinanzierte große Wohnung auf der Münchenerstraße eingezogen waren und Lore ihre Tochter Renate zur Welt gebracht hatte, stellten sie eine Hausangestellte ein und für eine Zeit auch ein Kindermädchen. Lore Perls: „Sie waren Kommunisten, wie wir selbst auch zu der Zeit, und ich behandelte sie genau wie meine Freunde und Bekannte (L. Perls 1997, 31). Fritz Perls engagierte sich wie zahlreiche linke Intellektuelle in einer der KPD nahestehenden Kulturorganisationen, die möglichst viele Menschen außerhalb der Partei ansprechen wollten. Möglicherweise wurde er dazu noch zusätzlich von Wilhelm Reich angeregt, der schrieb, dass er und Otto Fenichel in Berlin junge Psychoanalytiker zur „praktischen sozialen Arbeit" (Reich 1982, 123) animierten. Genau wie Reich war Perls Dozent der Marxistischen Arbeiterschule (MASCH) in der Gartenstraße, die im Arbeiterviertel Berlin Wedding lag (vgl. Sreckovic 1999, 53). Die MASCH hatte ein zentrales Schulungsgebäude in der Schicklerstraße am Alexanderplatz, wo 14 Räume zur Verfügung standen. Im Jahre 1931 wurde ihr die Erlaubnis entzogen, ihre Veranstaltungen in städtischen Schulen durchzuführen, so dass in den Stadtteilen außerhalb des Zentrums in Gaststätten ausgewichen wurde. Da die SA diese Gaststätten immer öfter überfiel, hielt man die Kurse zunehmend in Privatwohnungen von Schülern und Lehrern ab. Bert Brecht, Kurt Weil und Hans Eisler stellten beispielsweise ihre Wohnungen für solche Kurse zur Verfügung (vgl. Gerhard-Sonnenberg 1976, 123). Im Winterquartal des Schuljahres 1931/32 gab es 173 Kurse mit 3000 Kursabenden, der Dozentenstab umfasste 200 Lehrer bei ca. 4000 Hörern und die Kurse waren in 25 Bereiche eingeteilt. Diese Bereiche umfassten eine Vielzahl von Themen, die von einer Einführung in den Marxismus, über Themen wie „Imperialismus, Militarismus, Faschismus", „Sozial- und Kommunalpolitik", „Schul- und Erziehungsfragen", „Literatur und Theater", „Politische Zeichenkurse", bis zum Bereich „Medizin, Hygiene, Sexualfragen" reichten, in dem Reich und Perls aktiv waren. Wilhelm Reich referierte im Schulungsraum in der Gartenstraße über „Marxismus und Psychologie" und die „Geschichte der Sexualmoral", außerdem leitete er „eine Arbeitsgemeinschaft zur Ausbildung von Referenten für marxistische Sozialpolitik, wozu jedoch die Teilnahme an marxistischen Grundkursen erforderlich war" (ebd., 127).

Schüler wie Lehrer mussten nicht parteipolitisch gebunden sein, wohl aber politisch orientiert am Marxismus. Viele bekannte Künstler, Politiker und Wissenschaftler haben in der MASCH Kurse geleitet oder Vorträge gehalten. Eine Sensation war der Vortrag Albert Einsteins am 26. 10. 1931 mit dem Titel: „Was der Arbeiter von der Relativitätstheorie wissen muss" (ebd., 79). Lehrer an der MASCH waren beispielsweise die Bauhausarchitekten Gropius und Taut, das Trio Brecht, Eisler, Weil, des weiteren der ehemalige Dadaist und seinerzeitige KPD-Aktivist John Heartfield, der Journalist Egon Erwin Kisch, der Theatermann Erwin Piscator sowie die Psychoanalytiker Wilhelm und Anni Reich. Linke

Schriftsteller wie Ludwig Renn, Anna Seghers, Erich Weinert und Johannes R. Becher, die Künstlerin Käthe Kollwitz und viele andere beteiligten sich am Angebot der MASCH.

Zur Pädagogik der MASCH gehörte es, den Kursteilnehmern nicht lediglich abstraktes Wissen zu vermitteln, sondern an ihren persönlichen Erfahrungen anzuknüpfen. Entsprechend wurden relativ wenige Vorträge angeboten und man bevorzugte das Seminar oder die Arbeitsgemeinschaft. Lehrer und Kursteilnehmer sollten zusammenarbeiten, die Hörer sollten zu selbständigem Mitdenken und Mitarbeiten ohne Autoritätsverhältnis angeregt werden (vgl. ebd., 160f).

11.2. Linke Freudianer

Das Ehepaar Perls orientierte sich in den letzten Berliner Jahren an der Gruppe der linken Freudianer. Wilhelm Reich und Otto Fenichel waren ihre direkten psychoanalytischen Lehrer und über die Bedeutung von Siegfried Bernfeld für die beiden habe ich bereits berichtet. Auch wenn in den veröffentlichten Interviews mit F. und L. Perls in bezug auf die Berliner Zeit Namen wie Erich Fromm oder Ernst Simmel nicht auftauchen, kann davon ausgegangen werden, dass beide Perls auch die Publikationen dieser linken Freudianer kannten. Gemeinsam war den sogenannten Freudomarxisten eine Art Liebe für den frühen Freud und dessen kulturkritische Schriften.

Freud ist in der Frage gesellschaftlicher und kultureller Veränderungen grundsätzlich als Pessimist zu betrachten. Seine radikalste Stellungnahme gegen die herrschende kulturelle Sexualmoral findet sich in der 1908 erschienenen Schrift „Die ‚kulturelle' Sexualmoral und die moderne Nervosität" (Freud 1972, 120f). Hier sprach Freud vom Leid der in der Monogamie der Ehe gefangenen Frauen, der sexuellen Doppelmoral der Männer und von den Folgen der allgemeinen Triebunterdrückung und Abstinenz, die manchmal die „Konstitution" des Einzelnen überfordern und zu Neurosen, „Lebensängstlichkeit und Todesangst" (ebd., 139) führen. Diese kulturkritische Schrift wurde durch Christian von Ehrenfels, den Urvater der Gestalttheorie inspiriert, mit dem Freud ein freundschaftliches Verhältnis verband und baute auf dessen Arbeit „Sexualethik" von 1907 auf (vgl. Waldvogel 1992, 23f). Der zunehmende Pessimismus Freuds, auf den private und zeithistorische Schicksalsschläge Einfluss hatten (Kindstod, Krebs, Krieg), ließ ihn den Menschen unter der kulturellen Tünche mehr und mehr als ein gieriges, triebhaftes und gewalttätiges Wesen sehen, dessen biologische Ausstattung auch durch gesellschaftliche Kontrolle und Selbstunterdrückung kaum dauerhaft kulturtauglich gemacht werden kann. Kultur war für Freud leidvolle Sublimation und Produkt der Unterdrückung der menschlichen Triebausstattung. Das kann man als eine unsentimentale Analyse der europäischen Zivilisation mit ihrer auf verinnerlichter gesellschaftlicher Repression basierenden Persönlichkeitsspaltung interpretieren, wie die Frankfurter Schule das getan hat und damit Freud zu einem revolutionären Zeitkritiker machte. Freuds Gesamtwerk lässt sich in unterschiedlichen Kontexten lesen und bietet in seiner vielschichtigen Entwicklung genug Bezugspunkte für sehr unterschiedliche Auslegungsweisen. Dagegen, dass Freud die von ihm vorgefundene kulturelle Triebunterdrückung in den Rang einer naturgegebenen Unabwendbarkeit gehoben hat und gegen seine Biologisierung der Destruktivität, erhoben die linken Berliner Freudianer Widerspruch. Reich, Fromm, Fenichel, Bernfeld, aber auch Karen Horney, knüpften an die frühen Anschauungen Freuds an und legten den Grundstein für eine analytische Sozialpsychologie, indem sie versuchten, die wechselseitige Durchdringung von Gesellschaft und individueller Psyche zu beschreiben (vgl. Dahmer Hg. 1989; Gente Hg. 1973). Für die Linksfreudianer erzeugte die gesellschaftlich geforderte Triebunterdrückung den „neurotischen“ (Reich) oder „autoritären“ (Fromm) Charakter, der für die Herrschenden von Nutzen war, genauso wie, nach Horney, die Benachteiligung der Frau und das Behaupten ihrer Minderwertigkeit (auch durch Freud), im Interesse der „Vater-Kultur“ lag. Sie wollten – als Neurosenprophylaxe – die persönliche mit der gesellschaftlichen Veränderung verbinden und das menschliche Wachstumspotential befreien, das ihrer Ansicht nach letztlich nur bei übermäßiger Repression in Destruktivität umschlug. In der amerikanischen Emigration fiel das soziale Netz der Gruppe auseinander, die in Berlin den Integrationsversuch der biologischen und der gesellschaftlichen Dimension des Menschen unternommen hatte. Horney und Fromm beschäftigten sich, im Rahmen der sogenannten Interpersonellen Kulturschule der Psychoanalyse, mit der Veränderbarkeit der menschlichen Bedürfnisse und Einstellungen durch unterschiedliche, auch außereuropäische gesellschaftliche und kulturelle Einflüsse. Dies führte zu einer starken Relativierung der von Freud angenommenen biologisch-triebhaften Notwendigkeiten (vgl. Thompson 1982). Durch diese historisch notwendige Gegenbewegung reduzierte sich ihr Interesse am animalischen Es, das sich mit der Zivilisation reibt, und die in Berlin begonnene Weiterentwicklung der aktiven therapeutischen Praxis (Integration von Körpersprache, Atmung und emotionalem Ausdruck etc.) stagnierte und wurde meiner Ansicht nach erst durch die Entwicklung der Gestalttherapie fortgesetzt.

Bei der gemeinsamen Konzeption der Gestalttherapie, Ende der vierziger Jahre in New York, gingen die beiden Perls und Paul Goodman, in bezug auf die Analyse der sozialen Dimension des menschlichen Lebensfeldes, auf Freuds Kulturkritik zurück (vgl. Perls et. al. 1991, 89). Bestimmte Inhalte des Es waren aus Sicht der Gesellschaft zu Freuds Zeiten für Perls und Goodman durchaus berechtigt als „höllisch" zu bezeichnen, „weil sie einen Rest an echtem Zerstörungswillen enthielten, der sich gegen die damaligen sozialen Normen wandte, echte Versuchung oder echtes Laster – und es war echter sozialer Druck seitens der Autoritätsfiguren, der zur neurotischen Verdrängung führte" (ebd., 126).

Das, was Freud das Realitätsprinzip nannte, an das sich aus seiner Sicht das Individuum notwendig anzupassen hatte, entsprach für Perls und Goodman allerdings einer gemachten Realität und den Interessen der „städtischen Industriegesellschaften kapitalistischer oder staatssozialistischer Prägung" (ebd., 91). Dieses Realitätsprinzip hält „gesellschaftliche Illusionen" (ebd. 190) durch Selbstvergewaltigung am Leben und lässt „die schöpferische Spontaneität als müßig, gefährlich oder psychotisch erscheinen; die verdrängte Erregung kehrt sich nun aggressiver gegen das schöpferische Selbst; und nun wird die, ‚Realität' der Norm als tatsächlich real erlebt" (ebd., 190).

Perls und Goodman beschrieben, was an Freuds Entdeckung des Über-Ichs aus Sicht der linken Analytiker und der Kritischen Theorie so revolutionär war, dass nämlich unter der Herrschaft des Tabus die Imitationen zu unassimilierten Introjekten werden und die Gesellschaft ins Innere des Selbst einrückt: „Die internalisierte Autorität ebnet der institutionalisierten Ausbeutung des Menschen durch den Menschen und der Vielen durch das Ganze den Weg" (ebd., 104). Die gestalttherapeutische

Ansicht, dass das Über-Ich nicht wie bei Freud eine für den Erhalt der Kultur nötige innere Einrichtung ist, sondern ein Stück introjizierte und unassimilierte Gesellschaft, ging bei Fritz Perls auch auf den Einfluss seiner beiden wichtigsten Berliner Analytiker zurück. Auf Karen Horney, die innere Diktate jeder Art als neurotische Kraft ansah und von der „Tyrannei des Du sollst" sprach (vgl. Bocian 1992; 10, Alpert 1991, 99f) und auf Wilhelm Reich, der der moralischen Regulierung durch die Ideologie der kapitalistischen Gesellschaft die „Selbststeuerung des Handelns" (Reich 1983,180) entgegensetzte.

In ihrer Einschätzung der Todestriebtheorie, die Freud „erträumte" (Perls et.al. 1991, 141), knüpften Perls und Goodman ebenfalls an die Berliner Diskussionen an, insbesondere an Reichs Kritik der Freudschen Auffassung vom primären Masochismus (vgl. Bocian 1993). Der sogenannte Wiederholungszwang wurde, wie bei Ernst Simmel, durch die Gründergruppe im Anschluss an die Gestaltpsychologie als Bewältigungsdrang aufgefasst. Reichs Ansichten zum Thema Masochismus ausweitend, könnte das Sichwiederholen und Umkreisen des Traumas aus Sicht von Perls und Goodman, durchaus ein Todeswunsch genannt werden, denn „es ist gerade der Tod des bewussteren, unterdrückenden Selbst ..., der gewünscht wird, im Interesse der lebenswichtigeren verborgenen Bedürfnisse. Was also neurotisch notwendig als Todeswunsch interpretiert wird, ist ein Wunsch nach erfüllterem Leben" (Perls et.al. 1991, 141).

Die in Berlin aufgenommenen Ansätze, die sich mit der Position Goodmans verbanden, mündeten beim New Yorker Entwurf der Gestalttherapie in ein integratives Konzept. Mit dem Konzept der „schöpferischen Anpassung" auf Grundlage der leibgegründeten „organismischen Selbstregulation" hat die Gründergruppe meiner Ansicht nach einen gelungenen Versuch vorgelegt, die Gegensätze zwischen der sinnlichen und der sozialen Wirklichkeit des Menschen (zwischen Triebstruktur und Gesellschaft) in einer theoretischen und therapeutisch praktikablen Synthese dialektisch aufzuheben. Mit ihrem Integrationsentwurf schloss die Gründergruppe an die miterlebten Versuche an, die in Frankfurt[166] und Berlin, bis zum Machtantritt Hitlers 1933, von den linken Psychoanalytikern unternommen worden waren.[167] Im Entwurf der Gestalttherapie sind sowohl das Wissen um die blockierten Wachstumskräfte und die mögliche und nötige gegenseitige Anpassung von Individuum und Gesellschaft (Fromm und Horney), als auch das kulturkritische Wissen um die Kraft des unterdrückten Es, des Leibes und der Sinnlichkeit, die sich mit den gesellschaftlichen Anforderungen reibt (früher Freud, Gross, Reich), aufgehoben. Leben wird hier als Wachstum verstanden, das sich in einem spezifischen Umweltfeld realisiert und sowohl gegenseitige Anpassung als auch Konflikt und de-strukturierende Aggression umfasst.

11.3. Spaltung statt Integration: Die misslungene „Antifaschistische Aktion"

Bei den Reichstagswahlen vom 31. 7. 1932 erzielten die beiden radikalen Parteien neue Stimmengewinne. Die NSDAP erreichte 37,4 % und erhöhte ihre Sitze von 107 auf 230, die KPD erzielte 14,6 % und erhöhte ihre Sitze von 77 auf 89. Bei den schon am 6. 11. 1932 stattfindenden nächsten Wahlen sank der Stimmenanteil für die NSDAP leicht, während die KPD ihre Sitze auf 100 erhöhte. Bei den nationalen wie kommunalen Wahlen blieb Berlin eine Hochburg der KPD, die hier teilweise bis zu 31 % der Wählerstimmen erhielt (vgl. Ribbe 1994, 294).

War die SPD die einzig konsequente demokratische Verfassungspartei der Weimarer Republik, so hielt die KPD ihren Traum vom Sowjetdeutschland aufrecht, während sie als Arbeitslosenpartei politisch wirkungslose aber eindrucksvolle Massendemonstrationen inszenierte. Das Bürgertum und die Mittelschichten bestätigte das in ihrer Angst vor der „roten Revolution". Im April 1932 wurde von der KPD eine „große Antifaschistische Aktion" in Deutschland vorgeschlagen, womit in unkonkreter Art und Weise die Vereinigung der Kräfte der beiden Arbeiterparteien gemeint war. Dieser Aufruf stieß auf große Resonanz bei der Basis und vielen linken Künstlern und Intellektuellen. Wenn Lore Perls angab, dass sie und ihr Mann Mitglied der „anti-fascist league" (Gaines 1979, 13) waren, so meinte sie wohl die von der KPD initiierte und als Einheitsfrontorganisation gedachte „Antifaschistische Aktion", die am 13. 7. 1932 einen großen „Antifaschistischen Einheitskongress" in Berlin veranstaltete. Es ist auch möglich, das Fritz Perls, der ja an der MASCH Dozent war, auch in deren Rahmen antifaschistisch aktiv war. Die MASCH war eine der von der KPD initiierten überparteilichen Kulturorganisationen, die sich an der „Antifaschistischen Aktion" beteiligten. Hierzu gehörten auch das „Linkskartell der Geistesarbeiter und freien Berufe" und der „Bund revolutionärer proletarischer Schriftsteller", die zu diesem Zeitpunkt innerhalb der MASCH eine neue Vortragsreihe mit dem Titel „Die Geistesarbeiter in der Einheitsfront gegen den Faschismus" eröffneten, in der u. a. auch Anna Seghers sprach (vgl. Gerhard-Sonnenberg 1976, 158). Es soll hier angemerkt werden, dass die linken „Geistesarbeiter" in der Regel Mitglieder in vielen dieser KPD orientierten parteilosen Organisationen waren, zu denen auch noch die „Rote Hilfe" als Rechtshilfeorganisation und die weiter oben erwähnte „Internationale Arbeiterhilfe" (IAH) von Willi Münzberg gehörten. Letztlich bewegte man sich immer in den gleichen Kreisen.

Die KPD blies schon bald wieder zum Rückzug aus der gemeinsamen Aktion und bezeichnete die Sozialdemokratie bereits in der zweiten Julihälfte 1932 wieder als „Sozialfaschisten" und Bundesgenossen der „Nationalfaschisten". Entsprechend nahm die SPD-Führung die Aufrufe zur antifaschistischen Aktionseinheit als doppelzüngig wahr und war auch zu Recht besorgt, dass es der KPD mit den Aufrufen primär darum ging, SPD orientierte Arbeiter für die KPD zu rekrutieren. Auch Aufrufe zum Generalstreik von Seiten der KPD trug die SPD nicht mit, da dies bei realistischer Betrachtung einen Bürgerkrieg bedeutet hätte. Gegen die bewaffnete Masse der SA und der in so einem Fall mit hoher Wahrscheinlichkeit gemeinsam mit ihr vorgehenden rechtsorientierten Reichswehr, hätten die paramilitärischen Verbände von KPD und SPD keine Chance gehabt. Nachdem im September 1932 die KPD 700 000 Stimmen bei der Reichstagswahl hinzugewonnen hatte, ging sie wieder auf vollen Konfrontationskurs mit der Sozialdemokratie, die erneut als „soziale Hauptstütze der Bourgeoisie" bezeichnet wurde (vgl. Schönhoven 1989, 157f).

Das Konkurrenzverhältnis und die Spaltung zwischen den beiden großen Arbeiterparteien sprach auch Perls in seinen Erinnerungen an: „Darüber hinaus war ich politisch etwas engagiert bei dem Versuch, einen Zusammenschluss von Sozialdemokraten und Kommunisten zustande zu bringen. Wir hätten dazu beitragen können, Hitler aufzuhalten, wenn sie damals nicht so neidisch aufeinander gewesen wären: sie brachten sich lieber gegenseitig um, statt die Bedrohung durch Hitler zu beseitigen. Und bald darauf brannte der Reichstag" (Perls 1980, 21).

Perls hat später die Integration unterschiedlicher, sich befeindender Strömungen der Psychoanalyse, in seinen eigenen Ansatz versucht, indem er sie als dialektische Ergänzungen behandelte.[168] In seiner Arbeit mit innerpsychischen Polaritäten bzw. sich im Konflikt befindenden Selbst- und Objektrepräsentanzen, ging es Perls darum, die Spaltung durch einen Integrationsprozess aufzuheben. Er versuchte, „das Einander-Bekämpfen in ein Einander-Zuhören" (Perls 1986, 223) zu verwandeln und einen Dialog zwischen den unterschiedlichen Seiten anzuregen. In einer seiner späten Demonstrationssitzungen sagte er: „Lernen ist Entdecken, dass etwas möglich ist, und wenn ich Ihnen geholfen habe zu entdecken, dass es möglich ist, eine Reihe von inneren Konflikten zu lösen, einen Waffenstillstand im inneren Bürgerkrieg zu schließen, dann haben wir etwas erreicht" (Perls ebd., 225).

Ich stelle mir vor, dass hier auch die Erfahrung mit der tragischen Spaltung zwischen den beiden großen deutschen Linksparteien in die therapeutische Arbeit von Perls hineinspielte. Speziell bei der KPD ging man ja davon aus, sowieso recht zu haben und dass es nur darauf ankomme, die Führung der SPD zu bekämpfen und die Basis der SPD oder insgesamt „die Massen" von der Richtigkeit der kommunistischen Politik zu überzeugen. Perls: „Zuhören oder Kämpfen. Menschen, die zuhören, kämpfen nicht, und Menschen, die kämpfen, hören nicht zu. (...) An die Stelle des ‚Ich sage dir, was dir fehlt' träte ein ‚Ich höre mir an, was du willst', und der vernünftigen Diskussion wäre der Weg bereitet. Dies gilt für unsere inneren Konflikte ebenso wie für die Weltlage im allgemeinen. Wie aber können wir der Welt die Ohren und Augen öffnen? Ich betrachte meine Arbeit als einen kleinen Beitrag zu diesem Problem, in dem die Möglichkeit stecken könnte, dass die Menschheit am Leben bleibt" (Perls et. al. 1987, 8).

11.4. Die Marginalisierung von Wilhelm Reich

Am Berliner Psychoanalytischen Institut hoffte Fritz Perls zeitgleich, durch seine Lehranalyse bei Wilhelm Reich möglichst bald als Vollmitglied aufgenommen zu werden. Was er nicht wusste war, dass Siegmund Freud und die Vertreter der Internationalen Psychoanalytischen Vereinigung (IPV) in dieser Zeit versuchten, seinen Lehranalytiker aus der Organisation zu drängen. Bereits Ende 1931 hatte Max Eitingon, der Vorsitzende der Deutschen Psychoanalytischen Gesellschaft, von Reich gefordert, keine Vorträge mehr zu halten, die „soziologische Themen" betreffen (vgl. Reich 1982, 173). Trotzdem hielt Reich am 28. 6. 1932 den einzigen Vortrag im Psychoanalytischen Institut, der sich im Zeichen der anwachsenden nationalsozialistischen Gefahr mit diesem die ganze Realwelt tangierenden Thema befasste. Der Titel des Vortrages war: „Massenpsychologische Probleme innerhalb der Wirtschaftskrise".

Im Bericht Boehm's über den Vortrag lässt sich Reichs Argumentationslinie verfolgen. Der Vortrag war eine Vorausschau auf das gleichzeitig mit der „Charakteranalyse" im Jahre 1933 erscheinende Buch „Massenpsychologie des Faschismus": „An der Hand der nationalsozialistischen Bewegung wird gezeigt, dass die familiäre Situation des Kleinbürgertums seine Radikalisierung im Sinne der politischen Reaktion statt der Revolution abbiegt. Der Nationalsozialismus erfüllt die Rebellion der Mittelschichten mit reaktionären Inhalten, zu deren Annahme die frühere soziale und familiäre Lage besonders disponiert. Die Analyse des affektiven Gehalts der Rassentheorie ergibt, dass ‚nordisch-rassisch' gleich rein, d. h. asexuell setzt, ‚fremdrassig' dagegen das Sinnliche, Niedrige, Tierische meint. – Diskussion: Staub, Schulz-Hencke, Fenichel, Simmel, Bernfeld" (Boehm in Lockot 1985, 113).

Mit der Forderung Eitingons, keine „soziologischen" Themen zu behandeln, war der Kommunist Reich gemeint. Es ging vor dem Hintergrund der sich abzeichnenden politischen Rechtsentwicklung darum, das Psychoanalytische Institut und die Psychoanalyse nicht zu sehr mit dem Kommunisten und militanten Antifaschisten Wilhelm Reich in Verbindung bringen zu lassen. Verschärfend kam hinzu, dass Reich für die sexuelle Befreiung der Jugend nicht nur in diversen Aufklärungsschriften, sondern auch durch seine konkrete Arbeit vor Ort eintrat. Psychoanalyse, Bolschewismus und freie Sexualität, propagiert von einem Juden, das war genau die Mischung, die den Nazis sowieso beim Wort Psychoanalyse vorschwebte. Ein Mann wie Reich war für sie der Prototyp des „Kulturbolschewisten". Die Psychoanalyse und Freud galten auch in den konservativen und christlichen Kreisen als moralische „Zersetzer". In einem Brief aus dem Jahre 1932 an Lore Perls bemerkte F. Perls: „Meine Liebste, am Radio streitet sich im Augenblick Döblin mit einem Pater über

Kulturbolschewismus, wobei selbst der Pater die Bedeutung Freuds und Adlers bejahen muss, aber Freud die Hauptschuld an der Zersetzung zuschiebt."

Im Oktober verlangte Eitingon, Reich solle keine Ausbildungskandidaten mehr zu seinem inoffiziellen technischen Seminar zulassen, an dem 20 Berliner Psychoanalytiker teilnahmen (vgl. Reich ebd., 173). Perls war aller Wahrscheinlichkeit nach einer von den gemeinten Kandidaten. Freud schrieb im Januar 1932 an Eitingon: „Bald der, bald jener stellt sich als unbrauchbar oder unlenkbar heraus. Ferenczi's Beharren bei seiner bedenklichen Technik. Reich's und Fenichel's Versuch die Zeitschrift für bolschewistische Propaganda zu missbrauchen, allerlei Dinge über Berlin, die Ihnen sehr bekannt sein müssen, über die ich entsetzt bin – alles zeigt, dass unter dem anätzenden Einfluss dieser Zeit sich die Charaktere rasch zersetzen" (in Fallend et. al. 1997, 36).

Freud ging es bei seiner Kritik, Reich verlasse „die mittlere Linie der Psychoanalyse", darum zu verhindern, dass die Nationalsozialisten die Psychoanalyse verbieten, weil sie sie mit der von Reich vertretenen kommunistischen und sexual- wie kulturrevolutionären Version gleichsetzten. Laut Anna Freud hat ihr Vater im April 1933, als Hitler bereits an der Macht war, gesagt: „Wenn die Psychoanalyse verboten wird, so soll sie als Psychoanalyse verboten werden, aber nicht als das Gemisch von Politik und Analyse, das Reich vertritt" (in ebd., 80). Im Sommer 1933 wurde Reichs Name aus der DPG Mitgliederliste gestrichen, was einem kalten Ausschluss gleichkam.

Ich teile Nitzschkes Ansicht, dass der Skandal von Reichs Ausschluss[169] nicht so sehr in Freuds Gründen für den Ausschlusswunsch liegt (vgl. Fallend et. al. 1997, 81). Der Skandal liegt darin, dass Freud und die psychoanalytische Bürokratie nicht wollten, dass Reich die „wertneutrale" Psychoanalyse mit seiner politischen Position verknüpfte, aber gleichzeitig unterstützten, dass der vorsorglich und freiwillig von Juden gesäuberte neue Vorstand der DPG sich und die Psychoanalyse an die Nazi-Ideologie anbiederte. Die „Arier" Boehm und Müller-Braunschweig waren hier die verantwortlichen und treibenden Kräfte. Müller-Braunschweig war es auch, der in einem Artikel, der im antisemitischen und nationalsozialistischen Kampfblatt „Reichswart" veröffentlicht wurde, den Versuch unternahm, die Ziele der analytischen Therapie mit der nationalsozialistischen Weltanschauung in Einklang zu bringen. Dies geschah in Abstimmung mit dem Präsidenten der Internationalen Psychoanalytischen Vereinigung Ernest Jones. In dem Artikel von Müller-Braunschweig wird unter anderem versucht, den Vorwurf, die Psychoanalyse sei zersetzend und undeutsch, durch das Argument zu entkräften, die Psychoanalyse sei stets darum bemüht gewesen, „unfähige Weichlinge zu lebenstüchtigen Menschen zu erziehen" (Carl Müller-Braunschweig in ebd., 98).

Wichtig für unseren Zusammenhang ist noch, dass der Ausschluss von Reich auch dadurch vorbereitet wurde, dass man ihn im April 1933 plötzlich als „schlechten Analytiker" bezeichnete und seinen Lehranalytikerstatus in Zweifel zog (vgl. Fallend et. al. ebd., 90). Der Verlag der Internationalen Psychoanalytischen Vereinigung in Wien lehnte im Frühjahr 1933, nachdem in Österreich der klerikale Austrofaschismus unter Dollfuß an die Macht gelangt war, die bereits zugesagte Veröffentlichung seines rein psychoanalytischen Buches „Charakteranalyse" aus politischen Gründen ab. Reich veröffentlichte dieses wichtige Buch im Selbstverlag (vgl. ebd., 37). Im März 1933 war Reich aus Berlin nach Wien zurückgekehrt bzw. emigriert. Reich bekam die Information, dass man in Wien daraufhin einem Ausbildungskandidaten geraten hatte, nicht zu ihm in die Ausbildung zu gehen: „Ich wäre Marxist und meine Schüler würden gegebenenfalls nicht anerkannt werden. Dabei tat sich der ‚Marxist' Bernfeld besonders hervor" (Reich 1982, 175). Max Eitingon, Vorsitzender der Deutschen Vereinigung und zugleich des Internationalen Unterrichtsausschusses, teilte laut Reich mit, „dass infolge der Differenz meine Kandidaten eine schärfere Kontrolle erleiden sollten" (ebd., 176).

Und so geschah es denn auch im Falle von Fritz Perls. Nach seiner Flucht nach Amsterdam wurde ihm eine weitere Kontrollanalyse auferlegt und seine Zulassung als Psychoanalytiker vom Bericht des Kontrollanalytikers abhängig gemacht. Nach ein paar Sitzungen mit August Watermann ging er einige Monate zu Karl Landauer in Kontrollanalyse, zu dem er auch ein persönlich gutes Verhältnis entwickelte. Der positive Bericht eines so hochrangigen Psychoanalytikers wie Karl Landauer war wohl entscheidend dafür, dass Fritz Perls in der holländischen „Vereeniging van Psychoanalytici in Nederland" erst außerordentliches und später ordentliches Mitglied wurde und mit dem hohen Status einer offiziellen

IPV-Lehranalytikererlaubnis nach Südafrika weiteremigrierte.[170] Dort war er maßgeblich an der Gründung des „The South African Institute of Psychoanalysis“[171] beteiligt und firmierte dessen erstes, von der IPV anerkanntes Ausbildungsprogramm mit „For the Educational Commitee of the Institute, Dr. Fr. PERLS (Berlin-Johannesburg).“ Dass ihm der Lehranalytikerstatus nach 1936 wieder entzogen wurde, hängt meiner Ansicht nach auch damit zusammen, dass er Reichs charakteranalytischen Ansatz weiterverfolgte[172] und weiterhin linkspolitisch orientiert blieb.

Sein Vortrag auf dem Internationalen Psychoanalytischen Kongress in Marienbad im Jahre 1936, der Reichs Widerstandsanalyse um neue Aspekte bereicherte, wurde von der Mehrheit der Freudianer abgelehnt. Zum einen plädierte Perls hier dafür, alles von außen kommende, also letztlich auch analytische Deutungen und bürokratische Anweisungen, erst einmal durch eine eigenständig bewertende Ich-Kontrolle gehen zu lassen. Dass dies von einem Reich-Schüler vorgebracht wurde, verstärkte sicher die Skepsis Perls gegenüber, der dann auch seinen Lehranalytikerstatus nach 1936 wieder verlor. Lore Perls schrieb über den Vortrag auf dem Kongress 1936: „The paper was on oral resistances and it was not well received. Most people didn't understand it. It was more Reichian, and Reich was already suspect“ (in Gaines 1979, 30).

11.5. Bedrohung und Flucht

„Etwas Besseres als den Tod werden wir überall finden“
(Die Bremer Stadtmusikanten, Grimms Märchen).

Am 30. 1. 1933 wurde Adolf Hitler zum Reichskanzler ernannt. Seine Absicht war es, auf legalem Weg über eine Abstimmung im Parlament, aber unter vorheriger Liquidierung der KPD und Dezimierung der SPD, das sogenannte Ermächtigungsgesetz durchzusetzen. Dies sollte und hat es ihm ermöglicht, das Parlament aufzulösen, die Demokratie formal abzuschaffen und eine blutige und terroristische nationale Revolution zu beginnen. Am 22. 2. 1933 ernannte der Nationalsozialist Hermann Göring, jetzt preußischer Ministerpräsident, ca. 40 000 Mitglieder der nationalsozialistischen Kampfverbände, vor allem der SA, zu „Hilfspolizisten“. Dies kam einer Legalisierung des Terrors gleich, der schon lange im

Gange war. Die Schläger und Folterer in braunen Uniformen, die Kommunisten, Sozialdemokraten, Gewerkschaftler, engagierte antifaschistische Demokraten und Juden überfielen, verhafteten, prügelten und folterten, taten dies nun als „Polizisten". Um die KPD vollständig auszuschalten, wurde das Phantom eines „Aufstandes der roten Horden" heraufbeschworen. Als am 27. 2. 1933 der Reichstag brannte, nutzten die Nazis dies zum massenhaften und schrankenlos brutalen Vorgehen gegen Kommunisten und Personen, die mit der KPD kooperierten. Noch in der Nacht des 27. 2. 1933 wurden alleine in Berlin 1 500 KPD-Funktionäre verhaftet, im gesamten deutschen Reich waren es an die 10 000 (vgl. Schönhoven 1989, 175). Am 28. 2. trat die Notverordnung in Kraft, die quasi alle privaten demokratischen Grundrechte aufhob und in der Folge wurden in Massen sogenannte Schutzhaft-Befehle gegen Einzelpersonen erlassen. Der preußische Ministerpräsident und Nationalsozialist Hermann Göring sagte: „Ich habe keine Gerechtigkeit auszuüben, sondern zu vernichten und auszurotten!" (in Engelman 1995, 227).

Tausende Kommunisten, Sozialdemokraten „missliebige Liberale, aber auch einige christliche Gewerkschafter und Zentrumspolitiker wurden eingesperrt, misshandelt und nicht selten auf sadistische Weise zu Tode gequält" (Engelmann ebd.). Fritz und Lore Perls, als kommunistisch orientierte Intellektuelle und Juden, gehörten zur gefährdetsten sozialen Gruppe in diesen ersten Monaten. Es müssen schlimme Monate gewesen sein, die die tendenziell positive Entwicklung (laut Lore Perls waren sie nach der Heirat „glücklich in Berlin"),[173] sowohl privat als auch beruflich, brutal abbrachen. Auf Grund der Wirtschaftskrise musste der Vater von Lore Perls seine finanziellen Zuwendungen drastisch reduzieren, die beiden Perls konnten die neue große Wohnung mit Arztpraxis nicht mehr halten und machten für eine kleinere Wohnung einen Mietvertrag.

Schon vor Hitlers Machtantritt hatten sie mehrfach überlegt, Deutschland zu verlassen: „Wir dachten bereits 1931/32 daran Deutschland zu verlassen. Da wir immer noch kommunistisch orientiert waren, erwogen wir zunächst, nach Russland oder Spanien zu gehen. Wir fingen an, Russisch zu lernen. Es war gut, dass wir es dann nicht taten. Wir verließen Berlin Anfang April 1933, kurz nach dem Reichstagsbrand und den ersten antisemitischen Ausschreitungen" (L. Perls 1997, 72).

Von „ersten antisemitischen Ausschreitungen" konnte in Berlin keine

Rede sein, aber Lore Perls war erst seit kurzer Zeit in der Hauptstadt und im mittelstädtischen Pforzheim hatte sie in der Tat keine direkten antijüdischen Angriffe erlebt, sondern sogar Formen von Solidaritätsbekundungen mit ihrer Familie.[174] In Berlin aber wurde die Entscheidungsschlacht ausgetragen. Der Straßen- und Alltagsterror, den die NSDAP in Berlin schon vor 1933 entfacht hatte, traf schwerpunktmäßig die Kommunisten. Es gab aber auch in dieser Zeit bereits Angriffe auf deutsche Juden (vgl. Rürup 1995, 254f). Als Beispiele seien die antisemitischen Krawalle vom November 1929 an der Berliner Universität genannt. Diese Gewalttätigkeiten waren durch nationalsozialistische Studenten ausgelösten worden, die es unter der mehrheitlich rechtsorientierten Studentenschaft leicht hatten zu operieren. Zum jüdischen Neujahrsfest im Oktober 1931 kam es zu antisemitischen Ausschreitungen auf dem Kurfürstendamm. Passanten, die aus Sicht der nationalsozialistischen Schlägertrupps jüdisch aussahen, wurden körperlich angegriffen und immer wieder wurde hier und da die Scheibe des Geschäftes eines deutsch-jüdischen Besitzers eingeworfen, wurden antijüdische Hetzparolen geschmiert und jüdische Friedhöfe geschändet (vgl. Rürup ebd.).

Am 1. April 1933 gab es einen durch die NSDAP organisierten „Judenboykot" gegen Geschäfte deutsch-jüdischer Inhaber und insbesondere gegen Arzt- und Rechtsanwaltspraxen. Die Berliner Stadtverwaltung kündigte bereits vor dem offiziellen Boykott und dem am 7. April erlassenen Arierparagraphen die Verträge zahlreicher Ärzte, Rechtsanwälte und Lehrer im städtischen Dienst (vgl. Rürup 1995, 272). Die freien Stellen wurden mit „arischen" Kandidaten besetzt. Im Jahre 1933 waren von 3 605 Ärzten in Berlin 1 879 jüdischer Herkunft (vgl. ebd., 273). Entsprechend hatte die SA an diesem Tag viel zu tun. Sie postierte sich vor die Geschäfte und Praxen, hinderte Kunden am Betreten, trug und befestigte Plakate mit Aufschriften wie: „Meidet jüdische Ärzte und Rechtsanwälte" (in ebd., 272). Offiziell galt der Boykott als Antwort auf die von Juden in die Welt gesetzte „Gräuelpropaganda", d. h. die ersten nach Außen übermittelten Informationen über die nationalsozialistischen Terrormaßnahmen in den ersten Wochen und Monaten. Entsprechend sah man auch Plakate in englischer Sprache: „Germans defend yourself against Jewish atrocity propaganda. Buy only at German shops" (in ebd., 271).

Die SA-Leute kannten die in ihrem jeweiligen Stadtteil lebenden und arbeitenden linksorientierten Personen genau. Beide Perls waren in der „Antifaschistischen Aktion" aktiv gewesen, die, wenn auch offen für alle, eindeutig eine KPD Initiative war. Zudem war Fritz Perls an der MASCH Dozent. Ich halte es für sehr wahrscheinlich, dass Perls, wie Lore Perls angemerkt hat, genau wie sein Lehrer Wilhelm Reich, auf einer der Verhaftungslisten der Gestapo, der geheimen Staatspolizei stand.[175] Darüber hinaus war sein Name leicht als jüdisch einzuordnen und er gehörte zu der früh attackierten Berufsgruppe der Ärzte. Am 1. April 1933 wurden die kleinen weißen Praxisschilder mit den Namensangaben und der Facharztbezeichnung in schwarz, die neben den Haustüren die Existenz einer Arztpraxis anzeigten, mit gedruckten Zetteln beklebt. Auf denen stand: „Achtung Jude. Besuch verboten!" (in ebd.). Die Nazis wussten mit großer Sicherheit wer Perls war und auch, wo man ihn finden konnte.

Auch Perls' Frankfurter Lehrer, Kurt Goldstein, der 1930 Leiter der neurologischen Abteilung des neuen staatlichen Krankenhauses in Berlin Moabit geworden war, bekam als Jude und Mitglied der SPD am 1. April „Besuch" von der SA. Die Männer in den braunen Uniformen drangen in Goldsteins Untersuchungszimmer ein und nahmen ihn unmittelbar und noch im Arztkittel mit. Während seines einwöchigen Gefängnisaufenthaltes in der General-Pape Straße, teilte er sich die Gefängniszelle mit dem Arzt und Psychoanalytiker Erich Simenauer, der am gleichen Tag im Krankenhaus Moabit verhaftet worden war. Währen dieser Zeit wurde Goldstein auch in den Folterkeller geführt und mit gefüllten Gummischläuchen geschlagen. Auf Grund von Interventionen aus dem Kollegenkreis wurde er mit der Auflage freigelassen, nie mehr nach Deutschland zurückzukehren. Er floh in die Schweiz, ging dann kurz nach Amsterdam und emigrierte 1935 in die USA (vgl. Harrington 2002, 300f). Es hätte auch schlimmer kommen können. Im Tagebuch von Victor Klemperer findet sich am Montag, den 10. April 1933 die folgende Eintragung: „Aber ringsum Hetze, Elend, zitternde Angst. Ein Vetter Dembers, Arzt in Berlin, aus der Sprechstunde geholt, im Hemd und schwer misshandelt ins Humboldtkrankenhaus gebracht, dort, 45 Jahre alt, gestorben. Frau Dember erzählt es uns flüsternd bei geschlossener Tür. Sie verbreitet damit ja ‚Greulnachrichten' (...)" (Klemperer 1997, 16).

Die Perls' hatten sich aus Sicherheitsgründen frühzeitig um Pässe für eine mögliche Ausreise bemüht. Es sei daran erinnert, dass der Antisemitismus nun zwar wesentlich offener und gewaltsamer auftrat, zu diesem Zeitpunkt innerhalb der NSDAP aber noch nicht an eine organisierte und massenhafte physische Vernichtung der Juden gedacht wurde. Lore Perls hat berichtet, dass sie, nachdem sie die Pässe erhalten hatten, Drohbriefe erhielten, in denen sie als „Judenschweine" bezeichnet wurden (vgl. Gaines 1979, 15). Fritz Perls bemühte sich über die psychoanalytische Schiene um eine Möglichkeit, im Ausland als Psychoanalytiker zu arbeiten. Nach der positiv beurteilten Kontrollanalyse in Amsterdam half Ernest Jones den beiden Perls, sich eine Zukunft in Südafrika aufzubauen. Wichtig war dabei das von Eitingon in Berlin betriebene „Emigrationsbüro" (Lockot 1985, 111f), das unter anderem für Bürgen in den Emigrationsländern sorgte. Die Perls' hatten eine solche Bürgschaft vom Präsidenten der amerikanischen Psychoanalytischen Gesellschaft Brill, und eine weitere von Karen Horney, die bereits aus beruflichen Gründen in Amerika lebte. Dass die Perls', nach der kurzen und bitterarmen Periode in Amsterdam, nach Südafrika weiteremigrieren konnten und in der dortigen Emigration nicht im Elend leben mussten, wie tausende andere gebildete Flüchtlinge, haben sie letztendlich der Internationalen Psychoanalytischen Vereinigung zu verdanken. Dies sei, bei aller Kritik an der politischen Anpassungsstrategie der IPV an die Naziherrschaft,[176] mit Dankbarkeit hier erwähnt. Die Entstehungsgeschichte der Gestalttherapie bleibt Teil der Emigrationsgeschichte der deutschsprachigen Psychoanalyse ab 1933.

Die jeweiligen Flucht- und Emigrationsvorbereitungen, bei denen Eitingon und Jones (auch mit Geld) halfen, wurden von den einzelnen Psychoanalytikern anscheinend isoliert und individuell betrieben. Martin Grotjan, Mitglied der Deutschen Psychoanalytischen Gesellschaft, erinnerte sich an diese Zeit, in der von den jüdischen Psychoanalytikern einer nach dem anderen verschwand: „Niemand war dazu in der Lage, einem anderen eine schützende Hand anzubieten; einige verstanden nicht, was um sie herum geschah, und sie mussten mit ihrem Leben bezahlen; andere versteckten sich und benutzten die erste Gelegenheit, um zu fliehen. Das war keine Frage der Entscheidung; auch fanden keine Abschiedsparties statt. Die Leute verschwanden einfach – so als ob jemand unter ihren Füßen eine Falltür aufgezogen hätte" (in Lockot 1985, 147f).

Im Jahre 1932 hatte die DPG 56 Vollmitglieder, zu denen Perls als Kandidat nicht zählte (vgl. Lockot ebd., 148). Ende 1934 hatte die DPG noch 28 Mitglieder, von denen 11 im Ausland lebten und 1936/37 wohnten noch 17 „arische" Mitglieder der DPG in Berlin (vgl. ebd., 345). Insgesamt emigrierten in den 30er Jahren 190 Psychoanalytiker in die USA. Zwei Drittel davon nach der Besetzung bzw. dem Anschluss Österreichs zwischen 1938 und 1942 (vgl. ebd., 344).

Die von der DPG betriebenen Versuche, sich von politischen Positionen und Personen zu distanzieren, die den Nazis nicht passten und sich gleichzeitig dem autoritären Regime als Partner anzubieten, lassen sich ebenso bei der Gewerkschaft (ADGB) wie bei der in Deutschland verbliebenen Rest-SPD ausmachen (vgl. Schönhoven 1989, 157f).[177] Alle diese Organisationen wurden früher oder später aufgelöst und bei den Gewerkschaften wurden zudem noch die verbliebenen Funktionäre verhaftet, eingesperrt und misshandelt (vgl. ebd., 180). Die „arische" Rest-DPG ließ sich als Arbeitsgruppe in das „Deutsche Institut für psychologische Forschung und Psychotherapie" eingliedern, das 1936 gegründet wurde und überwinterte dort, zusammen mit jungianisch und adlerianisch orientierten Kollegen, bis zum Kriegsende.[178]

11.5.1. Konfluenz und Projektionen können Leben kosten

Max Eitingon reagierte im April 1933 abwiegelnd, als Perls ihm gegenüber seine Ängste äußerte: „Er sagte, Sie orientieren sich nicht an der Realität. Sie laufen davon. Und das tat ich. Meine Realität war meine Unfähigkeit, mit Hitlers SS fertigzuwerden. Er brauchte noch zwei Jahre, um sich neu zu orientieren und nach Palästina zu gehen" (Perls 1981, 135).

Hier zeigte sich wieder die Fähigkeit und der Mut von Perls, seinen Sinnen zu vertrauen und seine Angst als wichtiges Warnsignal ernstzunehmen. Hier war sinnliche Vernunft in Aktion. Über die letzten Tage in Berlin sagte Lore Perls: „Our last few nights in Berlin we slept in a different place every night. People were getting pulled out of their beds between two and four in the morning (...)" (L. Perls in Gaines 1979, 14).

Anfang April ging Lore Perls mit dem Baby Renate zu ihrer Familie nach Pforzheim und Fritz Perls floh mit 100 Mark und dem nötigsten Gepäck nach Amsterdam. Die teuren Möbel, die per Schiff nach Amsterdam gebracht werden sollten, wurden an der Grenze aufgehalten. Die Besitzer der neuen kleinen Wohnung, die die Perls angemietet hatten, wollten eine Entschädigung für ihren finanziellen Nachteil, da die Perls weder in die Wohnung eingezogen waren, noch Miete überwiesen hatten. Die Möbel waren ruiniert, nachdem sie im Freien an der Grenze dem Wetter ausgesetzt waren und wurden für wenig Geld verkauft. Die Bücher der beiden, über Tausend Stück, verkauften sie ebenfalls „for next to nothing" (ebd., 16). Für Fritz Perls war das Aufgeben und Zurücklassen seiner ersten eigenen Praxis und der Geräte für die Bestrahlung, Physiotherapie und Massage ein harter Schlag (vgl., ebd.). Er selber schrieb in der Rückerinnerung: „Viele Juden hätten während der Herrschaft Hitlers gerettet werden können, wenn sie in der Lage gewesen wären, sich von ihrem Besitz, ihren Verwandten und ihrer Angst vor dem Unbekannten freizumachen" (Perls 1981, 135). Fritz Perls war dazu in der Lage. August Watermann und Karl Landauer beispielsweise, seine beiden Kontrollanalytiker Ende 1933 in Amsterdam, kamen wegen ihres Zögerns nicht mehr über die Grenze und starben in einem deutschen Konzentrationslager (vgl. Rothe 1987).

Als linker deutscher Jude wusste Perls, dass es auf die wache Wahrnehmung der Grenzen zwischen Individuum und Umwelt ankam, dass es für einen wie ihn kein Aufgehen im Großen und Ganzen gab und dass es lebensgefährlich sein konnte, nicht bei Sinnen zu sein und nicht rechtzeitig die mörderische Ganzheit zu verlassen. Während ein nicht geringer Teil der deutschen Juden noch Jahre nach 1933 das Hitlerregime für eine vorübergehende Erscheinung hielt und weiterhin an ein idealisiertes „wahres Kulturdeutschland" glaubte, nahm Perls, da er bei Sinnen war, „das empirisch gegebene Deutschland" (Baumann 1996, 157) im damaligen Hier und Jetzt rechtzeitig und deutlich war und ging. Eine seiner wichtigsten Erfahrungen, die durch den Tod von Familienangehörigen und psychoanalytischen Lehrern bestätigt wurde, war wohl, dass Konfluenz, verstanden als ein wahrnehmungsabgestumpftes sowie risiko- und konfliktvermeidendes Verbleiben im Lebensfeld, das Leben kosten kann. Diese Erkenntnis hat er bis an sein Lebensende weitertradiert.

Ich bin übrigens auch der Ansicht, dass das lebenslange Interesse von Perls an Projektionsvorgängen, mit den Erfahrungen zusammenhängt, die er als assimilierter deutscher Jude mit den Projektionen der Nazis gemacht hat. Er wusste um die möglichen gewalttätigen Folgen von Projektionen und wie wichtig es ist, Verantwortung für unangenehme Persönlichkeitsanteile und Gefühle zu übernehmen: „Das Töten einer Millionen Juden hilft den Nazis nicht im mindesten, jene Eigenschaften loszuwerden, die sie in die jüdische Rasse hineinprojizieren" (Perls 1991, 264).

Bis 1933 war Fritz Perls familiär und beruflich eingebunden und sozial engagiert.[179] Ich denke, dass die Emigration und das mit ihr einhergehende Trauma (ein Thema auf das ich in einem geplanten Folgeband eingehen möchte), sowie die in der Emigration stattfindenden Enttäuschungen, einen persönlichen Wachstumsprozess in diesem Bereich abgebrochen haben und vielleicht auch narzistische und kriegstraumatische Wunden neu aufrissen und offen hielten. Dies ist bei aller Kritik an der selbstbezogenen Haltung des alten Perls mitzubedenken. In bezug auf die Entwicklung eines eigenen therapeutischen Ansatzes, hatte die Emigration und die in ihrem Verlauf sich einstellende Trennung, von allen offiziellen und bevormundenden bürokratischen Organisationen, eine positive Wirkung.

Festzuhalten bleibt, dass hinter dem Beharren auf dem Autonomie-Pol beim Autor und Gestalttherapeuten Perls die Überlebenserfahrung eines rechtzeitig emigrierten deutschen Juden zu finden ist: „Viele hätten gerettet werden können, wenn sie ihre eigenen Kräfte mobilisiert hätten, anstatt auf jemanden zu warten, der sie rettet" (ebd.).[180]

12.
EXODUS UND TOD

Fritz Perls gehörte zu den allerersten eines großen Exodus. Im Jahre 1933 emigrierten und flohen ca. 37 000 Menschen aus Deutschland. In der Mehrzahl bestand diese erste Welle aus der linksorientierten intellektuellen und kulturellen Elite. Zu dieser Emigrationswelle gehörte auch eine kleine Gruppe hochsensibler liberaler und konservativer Demokraten, die unmittelbar und geradezu physisch ihr Deutschsein und ihr Verständnis von deutscher Kultur als bedroht empfanden (vgl. z.B. Haffner 2001). Ohne direkt von Verfolgung betroffen zu sein, sie waren weder Linke noch hatten sie einen jüdischen Hintergrund oder waren durch irgendwelche Aktivitäten gegen die Nationalsozialisten aufgefallen, wollten sie ihre persönliche Integrität bewahren, zu der ein humanistisches Verständnis von Deutschland gehörte. Matthias Haffner beispielsweise setzte seinen Erinnerungen an die Zeit von 1914 bis 1933 ein diese Haltung charakterisierendes Goethe-Wort voran: „Deutschland ist nichts, aber jeder einzelne Deutsche ist viel" (in Haffner ebd.).

Bis zum Auswanderungsverbot am 23. 10. 1941 stieg die Zahl der Emigranten auf etwa 300 000 an. Beim Ausbruch des Krieges wurde Europa zur Falle für diejenigen, die nicht nach Übersee emigriert waren. Einige der Flüchtlinge fielen zum zweiten Mal in die Hände der Nationalsozialisten oder nahmen sich, wie Walter Benjamin, Walter Hasenclever und andere, angesichts der drohenden Verhaftung vorzeitig das Leben. Viele vor den Nazis Geflohene erlitten als „potentielle Kriegsgegner" Internierungen in Frankreich und England und viele nach Sowjetrussland geflohene KPD-Funktionäre und kommunistisch orientierte Künstler und Schriftsteller, verschwanden während der Stalin'schen Säuberungswellen in den sibirischen Lagern und wurden dort zu Tode gebracht (vgl. Böhne et. al. 1992, 31f). Die meisten Emigranten gingen direkt oder auf Umwegen in die USA. Henry Lowenfeld, wie Perls Ausbildungskandidat am Berliner Psychoanalytischen Institut zur betreffenden Zeit, schrieb: „Man kann sagen, dass die USA uns wohlwollend aufgenommen hat und uns die Möglichkeit zur Arbeit in unserem Beruf und zu Einkommen gegeben hat. Gleichwohl ist die Emigration ein Trauma gewesen, das man niemals ganz überwindet“ (in Peters 1992, 36).

Die Männer und Frauen, die Deutschland verließen, waren in Gefahr, waren nicht gewollt oder wollten das totalitäre Nazideutschland nicht. Dieses Deutschland schaltete Zug um Zug alle aus, die Gegner waren, Widerstand leisteten oder aus Sicht der neuen Herrscher eine Störung für die große Volkseinheit darstellten. Zwischen 1933 und 1939, dem Jahr des Kriegsbeginns, wurden mehr als 225 000 Männer und Frauen aus politischen, nicht aus rassischen Gründen, zu Zuchthausstrafen verurteilt oder waren in Konzentrationslager eingeliefert worden, und Tausende wurden hingerichtet oder bei der Festnahme ermordet (vgl. Engelmann 1995, 282). Auch während der Kriegsjahre, als die große Mehrheit der Bevölkerung längst mit dem Idol Hitler identifiziert war und die totalitäre und unmenschliche Politik des nationalsozialistischen Regimes mittrug, gab es politisch wie humanistisch motivierte Widerstandsversuche. Als populärstes Beispiel sei hier nur an die Münchener Studentengruppe „Weiße Rose“ erinnert. Fast alle Widerstandgruppen, welcher religiösen, ethischen oder politischen Orientierung sie auch angehörten, wurden irgendwann ausfindig gemacht und ihre Mitglieder in der Regel getötet. Speziell im Milieu der Christen und der Arbeiterbewegung gab es zudem Menschen, die in die innere Emigration gingen, moralisch resistent blieben, sich menschlich verhielten und manchmal auch einen individuellen Widerstand im Kleinen praktizierten. Sie nahmen Risiken auf sich, indem sie etwa Zwangsarbeiter und Kriegsgefangene menschlich behandelten,[181] den Hitlergruß nicht ausführten, Auslandssender hörten oder „Juden“ bis zum Kriegsende versteckten.[182] Andere verweigerten sich als Soldaten bei bestimmten Aktionen, desertierten[183] oder führten innerhalb der Wehrmacht auf eigene Faust Sabotageakte aus.[184]

Im Jahre 1933 lebten in Deutschland ca. 500 000 als Juden bezeichnete Menschen, von denen ab 1941 durch Deportationen in die Arbeits- und Vernichtungslager zwischen 160 000 und 195 000 getötet wurden (vgl. Scheffler 1964, 87). Da das Ziel der „Judenpolitik“ der NSDAP in den Vorkriegszeiten nicht die Vernichtung sondern die „restlose Auswanderung“ war (vgl. Heyderich in Heer Hg. 1997, 54), wurde der größere Teil vertrieben bzw. konnte vorher emigrieren oder fliehen. Vom kosmopolitischen deutschen Humanismus jedoch, dieser „kurzen klassischen Periode der deutschen Aufklärung“ (vgl. Baumann 1996, 160), von der klassisch-romantischen Denk- und Kulturtradition (vgl. Volkov 2001, 165f), die als Bestandteil der europäischen aufgeklärten Bürgerkultur begriffen wurde und die die meisten der deutschen Juden bis zuletzt liebten,[185] ist etwas geblieben. Es ist eingegangen in die Werke zahlreicher Emigranten von unterschiedlichster politischer und religiöser Herkunft und über diesen Weg nach Kriegsende oftmals nach Deutschland zurückgekehrt.

12.1. Das Schicksal der Berliner Familie Perls[186]

An dieser Stelle möchte ich davon berichten, was aus den in Berlin verbliebenen Familienmitgliedern von Fritz Perls geworden ist. Der Vater Nathan Perls,[187] starb am 17. 11. 1933 eines natürlichen Todes und sein Grab befindet sich auf dem jüdischen Friedhof in Berlin Weißensee.[188] Seine jüngste Tochter, Grete Gutfreund, die noch seine Beerdingung organisierte, konnte mit ihrer Familie emigrieren.

Am 7. 9. 1942 fuhr der sogenannte 58. Alterstransport mit 101 Personen von den Zuggleisen der Berliner Grunewaldrampe ab. Zwei von ihnen waren die Mutter von Fritz Perls, Amalie „Sara“ Perls,[189] und Elisabeth „Sara“ Perls, seine älteste Schwester. Die Frauen trugen schon seit dem 1. 1. 1939 alle den zusätzlichen Zwangsnamen „Sara“ und die Männer mussten den zusätzlichen Namen „Israel“ führen. Der Transport ging in das Konzentrationslager Theresienstadt, das sogenannte „Vorzugslager“, das ein Altersghetto war. Man gaukelte den Abtransportierten eine Wohnsitz-Verlegung vor und schloss mit ihnen zur Täuschung Altersheim-Verträge auf Lebenszeit ab, die mit dem Vermögen der Abtransportierten bezahlt wurden. Diese getäuschten, alten und zudem oft kranken Menschen starben dann auch nach der Ankunft, unter den nicht erwarteten Ghetto- und KZ-Bedingungen in Theresienstadt, zu Tausenden. Für die meisten anderen bedeutete Theresienstadt den Durchgang in eines der Vernichtungslager. Die 83-jährige Amalie Perls starb bereits am 7. 10. 1942, also einen Monat nach ihrem Abtransport nach Theresienstadt. Elisabeth Perls, die als Sekretärin bei der Jüdischen Gemeinde gearbeitet hatte, war mit 51 Jahren zu jung für dieses Alters-KZ, aber vielleicht spielte ihre Sehbehinderung hier eine Rolle. Auch ihr Todesort war Theresienstadt. Sie gilt als verschollen, man weiß also nicht, wann und wie sie gestorben ist. Zwei Schwestern von Amalie Rund,[190] Clara Rund und Rosalie Rund, waren schon im August 1942 nach Theresienstadt gebracht worden, wurden ins Ghetto von Minsk weitertransportiert und starben dort. Der Bruder der Mutter, der Arzt Eugen „Israel" Rund,[191] ist 72 jährig mit dem 4. Großen Alterstransport am 17. 3. 1943 von Berlin nach Theresienstadt gebracht worden. Sein Todesort war Auschwitz.

II.
ZUR AKTUALITÄT DER ERFAHRUNGEN DER DEUTSCH-JÜDISCHEN GROSSSTADTAVANTGARDE

1. DEUTSCH-JÜDISCHE ERFAHRUNGEN

Perls' Aktualität, dies ist meine These,[192] gründet in den Lebens- und vor allem Überlebenserfahrungen der vertriebenen deutschen Großstadtavantgarde, die in den von ihm wesentlich mitgestalteten Therapieansatz eingegangen sind.

Die Kultur der Weimarer Republik, darauf machte Traverso unter Bezugnahme auf Gay aufmerksam, war „ein brodelndes, nach Neuerungen suchendes Labor, das eine Gruppe von Outsidern geschaffen hatte, deren Weg in ihrem eigentlichen Vaterland, nämlich dem Exil, endete" (Traverso 1993, 53). Die spezielle Situation, in der sich diese soziale Gruppe in den Jahren des Wilhelmismus und der Weimarer Republik befand, machte sie zu einer „unfreiwilligen Avantgarde der zukünftigen Welt" (Baumann 1996, 217). In den Weimarer Jahren gab es ein echtes Bündnis zwischen Deutschen und Juden, auf dem Boden einer kulturellen und sozialen Revolte. Diese jüdisch-deutsche Symbiose spielte sich „nur im Milieu nonkonformistischer, im Abseits stehender Intellektueller ab (trotz ihrer Zahl, ihrer Qualität und der Wirkung ihres Werkes" (ebd., 28). Seit den frühen Assimilationszeiten gab es sich gegenseitig bereichernde jüdisch-deutsche Zweierkonstellationen. Zu nennen wären hier etwa Moses Mendelsohn und Gotthold Ephraim Lessing, Heinrich Heine und Julius Campe, Karl Marx und Friedrich Engels, Joseph Joachim und Johannes Brahms, Martin und Paula Buber, Rosa Luxemburg und Karl Liebknecht, Arnold Schönberg und Alban Berg, Kurt Weil bzw. Hans Eisler und Berthold Brecht. Die jüdisch-deutsche Intelligenz der Weimarer Jahre entfaltete meist in der Emigration ihre geistige Potenz[193] und entsprechend entstanden einige der Hauptwerke der jüdisch-deutschen Kultur erst im Exil.[194] Auch Fritz und Lore Perls haben erst nach 1934 im südafrikanischen Exil mit der Entwicklung der Gestalttherapie begonnen. In den

Jahren ab 1946 führten sie diese Arbeit dann gemeinsam mit dem amerikanischen Schriftsteller und Anarchisten Paul Goodman fort, der aus einer sephardisch-jüdischen Familie stammte.

Diejenigen innerhalb der Großstadtavantgarde, die in einem jüdischen Kontext geboren worden waren, erlebten die zu verarbeitenden Lebenssituationen unter zusätzlich verschärften Bedingungen. Ich benutze hier den Begriff „jüdisch" als einen Erfahrungsmodus, als Ausdruck für eine Grenzerfahrung sozialpsychologischer Natur. Die jüdischen Deutschen existierten in einem leeren gesellschaftlichen Raum, zwischen einer verlorenen jüdischen Identität und der westlichen Gesellschaft, die sie niemals wirklich aufnahm.

Der Emigrant Kurt Lewin hat im Rückblick diese Erfahrung verallgemeinert: „Es ist charakteristisch für Individuen, die die Grenze zwischen sozialen Gruppen überschreiten, dass sie nicht nur über ihre Zugehörigkeit zu der Gruppe, in die sie eintreten wollen, im Ungewissen sind, sondern auch über ihre Zugehörigkeit zu der Gruppe, die sie verlassen. Nicht die Zugehörigkeit zu vielen Gruppen ist die Ursache der Schwierigkeiten, sondern eine Ungewissheit über die Zugehörigkeit" (Lewin in Baumann ebd., 151).

Das „Nichts" oder die „Leere", mit der sich Perls sein Leben lang beschäftigte, war meiner Ansicht nach auch die Lücke „zwischen einer verlorenen und einer nicht gefundenen Realität" (Baumann ebd., 115), und diese Leere existierte auch innerhalb des Menschen der versuchte „die beiden gleich illusorischen Stützen zu erreichen" (ebd.). Wie viele deutsche Juden war Perls auf der Suche nach einer geistigen Heimat und hat sie, genau wie Wilhelm Reich und Otto Rank, für viele Jahre in der „jüdischen Wissenschaft", in der Psychoanalyse gesucht, die diese Sehnsucht nicht erfüllen konnte. Alle drei waren wohl auch zu sensibel und eigensinnig, um sich der bürokratischen Erstarrung einer ehemals kulturkritischen Bewegung zu fügen.

Fritz Perls machte sich nach jedem Absturz in die Leere immer wieder neu auf den Weg, versuchte Lähmung, Depression und Todeswunsch zu überwinden und den Kampf um ein besseres Leben aufzunehmen. In einer Passage aus seinem mit seiner Frau in der Emigration 1942 verfassten ersten Buch, ist Perls nicht so weit entfernt von Freuds nüchterner, allen Illusionen, Utopien und Schnellheilversuchen skeptisch gegenüberstehenden Haltung: „Der Mensch wird zerrieben zwischen den Kiefern von Krieg und Ausbeutung, trotz all der Vorteile der Zivilisation und trotz all der Selbsttäuschungen, mit denen unser Stolz auf den ‚Fortschritt' das ‚Unbehagen in der Kultur' zu übertönen versucht. Unsere Hoffnungslosigkeit, Erlösung zu finden, ist unvermindert geblieben, der Traum, den verlorenen Kontakt zur Natur wiederzugewinnen, ist immer noch ein Traum, während jeder Versuch, in der Religion, in irgendeinem Glauben, Zuflucht zu suchen, sei es der Kommunismus, der Faschismus, die Theosophie, die Psychoanalyse oder die Philosophie, früher oder später scheitern wird" (Perls 1991 , 131).

1.1. Kafkas vierbeinige Wesen

Franz Kafka hat für die Situation der Juden im deutschen Kulturraum das Bild von vierbeinigen Wesen geprägt, die mit den „Hinterbeinchen" noch in der alten traditionellen jüdischen Realität steckten, deren „Vorderbeinchen" aber keinen neuen Halt fanden (vgl. Baumann ebd., 223). Menschen wie Perls steckten nicht einmal mehr mit den „Hinterbeinchen" in der traditionell jüdischen Realität. Die expressionistische Generation litt an der modernen Erfahrung der „transzendentalen Obdachlosigkeit", wie Georg Lukàcs das gegen 1916 in seiner „Theorie des Romans" nannte. Die deutschen Juden unter ihnen schwebten zusätzlich noch in der Leere der nationalen Nicht-Identität. Sie wurden angetrieben durch den Traum der Assimilation, die von der deutschen Gesellschaft von den Juden gefordert wurde, und erlebten doch immer wieder, dass sie nicht dazugehörten, dass sie im zunehmend nationalistischen Deutschland nicht als „Deutsche" galten. Stanley Keleman erinnerte sich an ein Gespräch mit dem alten Fritz Perls: „Then in Yiddish he added, ‚It's hard to be a Jew'. We talked about what it meant to be a Jew. (...) We talked about his own struggles trying to grow up. Something like, ‚I've been in this world a long time and I'm a Jew. There's no way out of being a Jew. This world doesn't let you forget it – especially the way I grew up'" (Perls in Gaines 1979, 342).

Die endgültige Erfahrung, nicht aus dem Judentum „austreten zu können", machten Atheisten jüdischer Herkunft, wie Perls, spätestens mit dem Erstarken des Nationalsozialismus in Deutschland.[195]

1.2. Universalismus, Einsamkeit, Modernität

„(...) und wenn mich einer fragte, wohin ich gehöre, ich würde antworten: eine jüdische Mutter hat mich geboren, Deutschland hat mich genährt, Europa mich gebildet, meine Heimat ist die Erde, die Welt mein Vaterland" (Ernst Toller 1994, 162).

Viele deutsche Juden wurden Vertreter universalistischer Ideen. Ihre Universalität war der Versuch, Trennungen aufzuheben, um der allgemeinen Humanität zum Durchbruch zu verhelfen, und damit auch den eigenen Außenseiterstatus aufzuheben. Entsprechend waren Konzepte wie die Aufklärung oder der Sozialismus, der als Utopie alle nationalen, religiösen und standesbedingten Trennungen aufzuheben versprach, mit Erlösungshoffnungen besetzt.

Die Juden im Europa der Nationalstaaten und speziell in Deutschland, wurden zu den ersten „universalen Fremden" (Bauman ebd., 111), die letztlich nur bei sich selbst ganz zu Hause sein konnten. Ein Mann wie Perls war kein Einwanderer aus einem anderen Land, in das er eigentlich gehörte und in das er zurückkehren konnte. „Sein" Land existierte nicht. Dies erklärt zum Teil die in dieser sozialen Situation nötige Selbstbezogenheit.

Die meisten Deutschen sahen in der Assimilation, in der gelungenen Übernahme der sozial erwünschten Verhaltens- und Denkweisen, lediglich eine Maske, „hinter der der unverbesserliche Jude lauerte" (ebd., 113). Das „Assimilationsspiel" war nicht zu gewinnen. Die meisten deutschen Juden steckten in einer aussichtslosen Situation, sie konnten weder ihr Judentum authentisch leben, noch wurden sie von einer vom Antisemitismus durchdrungenen Gesellschaft angenommen. Der „durchschnittliche Jude, weder Parvenu noch Rebell, war von einem Gefühl des Andersseins durchdrungen, von einer angeborenen Seltsamkeit, und er stand vor der Realität wie vor einem Rätsel" (Traverso ebd., 78). Sobald die deutsche Gesellschaft in eine Krise geriet, ob in der Gründungsphase des wilhelminischen Kaiserreiches, nach dem verlorenen Krieg oder in der großen Endkrise der Weimarer Republik, geriet der „durchschnittliche Jude" in die Suchscheinwerfer enttäuschter und aggressiver Sündenbocksucher. Der in einem jüdischen Kontext geborene konnte nie in der großen anonymen Masse aufgehen, oder sich einfach heraushalten und die Dinge geschehen lassen. Er wurde gesucht und gefunden, selbst wenn er gar nicht wusste, dass er derjenige war, der gesucht wurde. Entsprechend war bei den Sensibelsten unter ihnen eine Abneigung gegen Konfluenzideologien vorprogrammiert. In all diesen Situationen gab es keine Möglichkeit, in die meist schon lange verlorene traditionelle Vergangenheit zurückkehren. Deutsche Juden wie Martin Buber schufen allerdings mit ihrer „Entdeckung" des scheinbar ursprünglichen und ganzheitlichen Ostjuden, der ohne Maske in Verbindung mit einer authentischen Tradition lebte, vielen „nicht-jüdischen-Juden" ein mythisches Sehnsuchtsbild, das die Möglichkeit bot, auf die jüdische Herkunft stolz zu sein.[196]

Für Bauman war Franz Kafka ein Prototyp des hier angesprochenen Zustandes. Sein Werk gibt entsprechend Einblick in die Welt der Einsamkeit, in den „ambivalenten und bedeutungslosen Raum" (Bauman ebd., 151): „Fremde aus allen Lebensbereichen konnten in diese Erfahrungen wie in einen Spiegel schauen und die Details ihres eigenen Bildes darin sehen" (ebd., 112). In Kafkas Werk zeigt sich das jüdische Leben im deutschen Kulturraum. Der deutsch schreibende Jude Kafka lebte als „Deutscher" im tschechisch sprechenden Prag. Für ihn „verwandelte sich die Welt in ein Testgelände und das Leben in eine permanente Gerichtssitzung, ... eine lebenslängliche und niemals endgültige Prüfung" (ebd., 146f).

Der assimilatorische Druck brachte einen sozialen Kontext hervor, in dem die Widersprüche der Moderne am schärfsten erfahren wurden. Diese Erfahrung hatte „nicht einfach zerrissene Seelen, zerbrochene Leben, Mutlosigkeit und Verzweiflung zur Folge" (ebd., 192), sondern war auch durch „ein einzigartiges und beispielloses kreatives Potential gekennzeichnet" (ebd). Die hier angesprochene „Leere, die nichts anderes als ein Drang nach Erfüllung war" (ebd., 224), wurde entsprechend von Perls im Anschluss an Friedlaender / Mynona als „fruchtbare Leere" aufgefasst. Die Kraft, die aus dem Einlassen auf diese „fruchtbare Leere" erwuchs, sowie ihre Stellung als „Fremde" und oft ungemein gebildete „Universalisten", mit einem distanzierteren und deshalb oft größeren Überblick über das zu erkundende Feld, machte aus zahlreichen deutschen und österreichischen Juden Pioniere und Heroen der modernen Kultur. Es reicht hier Freud, Wittgenstein, Marx und die Frankfurter Schule zu erwähnen. Dies heißt nicht, so Bauman in einer Art Zusammenfassung seiner Thesen, dass die moderne Kultur jüdisch sei oder Juden von Natur aus modern waren: „Es war, um genauer zu sein, das Los einiger transitorischer jüdischer Generationen, die im leeren Raum zwischen den Traditionen, die sie schon verlassen hatten, und der Lebensform, die ihnen hartnäckig das Recht auf Eintritt verweigerte, schwebten. In jenem leeren Raum konnte sich ... Fluch und Segen der Selbstkonstruktion und Bedeutungsbildung nicht verbergen, und sie erzwangen sich so ihren Weg in die Vision der condition humaine (...). Auf diese Weise geschah es, dass die heimatlosen jüdischen Intellektuellen die ersten waren, die in diesen Raum ohne Versteck stolperten (oder eher gestoßen wurden). Seit damals haben Heimatlosigkeit, Wurzellosigkeit und die Notwendigkeit der Selbstkonstruktion aufgehört, das Kennzeichen der Juden zu sein" (Bauman ebd., 197).

Sie waren lediglich, gemeinsam mit den anderen Männern und Frauen der Großstadtavantgarde und unter größerem Druck als diese, die ersten, die tiefgreifende Erfahrungen mit der postmodernen Existenz machten. „Später fanden sie eine Heimat, aber erst, nachdem die Welt selbst postmodern geworden war. Damit verloren sie ihre Unterschiedenheit (...)" (ebd., 197).

1.3. Die Gestalt-Assimilationstheorie: Eine biologisch-soziologische Widerstandsmetapher

Das Assimilationsangebot an den einzelnen deutschen Juden war eindeutig als einseitiger Prozess gedacht. Der einzelne Jude, und nur an ihn erging der Aufruf zur Assimilation, hatte sich der herrschenden und dominanten Kultur und Gesellschaft anzupassen, sie in sich aufzunehmen und sich so in etwas zu verwandeln, das ihn nicht mehr von den anderen Gesellschaftsmitgliedern unterschied. Dass dies, bei allem Bemühen, letztlich nicht gelang, weil es nicht akzeptiert wurde, tut an dieser Stelle nichts zur Sache. Assimilation meint vom Wortursprung her eine Hierarchie, eine Aufforderung zur Gleichmacherei. Baumann weist darauf hin, dass die früheste Verwendung des Begriffes Assimilation in der Biologie stattfand (vgl. Bauman ebd., 133f). Er verweist in diesem Zusammenhang auf das Oxford English Dictionary aus dem Jahre 1578, in dem sich der Terminus Assimilation auf einen lebenden Organismus bezieht, der Teile der Umwelt seinen eigenen Bedürfnissen anpasst, in dem er sie transformiert und mit sich identisch macht (vgl. ebd.). Der Assimilationsbegriff wurde zunehmend metaphorisch verwendet, erhielt soziologische Bedeutung und wurde im Sinne von „gleich sein oder werden" verwendet, als von den europäischen Nationalstaaten erstmals das Angebot oder genauer die Forderung an Minderheiten ausging, sich einzufügen. Wichtig ist, dass sich der Blickwinkel vom einzelnen lebendigen Organismus weg verlagerte und sich nun auf das „Material" bezog, das gleich gemacht und gleich werden sollte. Der mächtige Pol war nun der gesellschaftliche Großorganismus, in den sich der einzelne Mensch einzupassen hatte.

Fritz und Lore Perls sind bei der ursprünglichen biologischen Sichtweise geblieben und stehen somit quer zum Gebrauch des Assimilationsbegriffes in den Assimilationsdebatten, die von den deutschen Juden über Generationen hinweg leidenschaftlich und teilweise im Streit geführt wurden. In der Gestalttherapie, speziell in der Variante von Fritz Perls, ist Assimilation auf einen Organismus bezogen, einen „lebendigen, aktiven Körper" (Bauman ebd., 135), der Teile der Umwelt zu seinem Nutzen und Wachstum benutzt, sie wählend de-strukturiert und in Eigenes verwandelt. Dies war für einen deutschen Juden ein sehr radikales Bild und entsprach so gar nicht dem aus der damaligen Zeit oftmals überlieferten defensiven Gefühl vieler deutscher Juden, das sich in dem damaligen volkstümlichen Ausspruch spiegelt: „Stiefkinder müssen doppelt so brav sein" (in Meyer 1992, 125).

Der einzelne Jude sollte sich in die deutsche Kultur assimilieren und die Mehrheit der deutschen Juden bemühte sich auch um möglichst unauffällige Einpassung, die oftmals auch Elemente der Ablehnung der eigenen, in der Regel ostjüdischen Herkunft und Vergangenheit beinhaltete. Fritz Perls bestand darauf, ohne positiv oder negativ Bezug auf die ostjüdische Herkunft zu nehmen, dass das Individuum die Umwelt assimiliert, und zwar auf seine eigene Art und Weise. Kontakt ja, aber keine Konfluenz. Anpassung ja, aber kreativ und mit einer Portion konstruktiver Aggressivität. So transportiert der oft als biologistische Reduzierung kritisierte gestalttherapeutische Assimilationsbegriff und die ihm inhärente Vorstellung einer organismischen Selbstregulation, eine widerspenstig-selbstbestimmte Antwort auf die Forderungen des Ganzen an das Einzelne, sich ihm zu ergeben. In den Diskussionen mit Paul Goodman[197] wurde hieraus das Konzept des „creative adjustment", das die eigensinnige Ausbalancierung der individuellen wie gesellschaftlichen Bedürfnisse meint, aber an der Priorität der Integrität des Einzelorganismus oder des Individuums festhält.

Entsprechend seiner Sichtweise von Assimilation, hat Perls sich schon früh gegen Freuds Position gewandt, die die Identifikation mit dem Bestehenden und damit auch mit den bestehende Mächten, als unumgänglich und entscheidend für die Ich-Bildung ansah. Er wollte statt dessen Integration, die immer auch die Eigentätigkeit des Einzelnen, sein Ja oder Nein bezüglich der „Bekömmlichkeit" des vorfindbaren oder sich aufdrängenden Umweltmaterials beinhaltet. Sein Leben lang kämpfte er gegen das von außen Eindringende oder Eingedrungene, das dem Eigenen Fremde, für das er manchmal das alte jüdische Wort „Dybbuk" (Perls 1981, 239) benutzte. Dennoch wusste Perls von der Notwendigkeit, in einem aktiv mitgestalteten Bereich der Gesellschaft Teil zu sein und menschliche Anerkennung und Bestätigung zu bekommen. Wachstum und Identität sind nicht als Monade, sondern nur im Dialog und innerhalb eines sozialen, den Einzelnen in seinem Wert bestätigenden Netzwerkes zu haben.

Für das hier behandelte Thema ist von Bedeutung, dass sich Perls' Sichtweise von Assimilation massiv gegen eine Erziehungs- oder Sozialisationstheorie wandte, die lediglich „well adjusted people" (Adorno 1971, 109) produzieren will. Für Perls wie für Goodman galt: Im Notfall auch allein und gegen den Strom, aber ohne in selbstzerstörerische Isolierung zu verfallen.

2.
AUTONOMIE STATT AUSCHWITZ: SINNLICHKEIT UND SELBSTBESTIMMUNG

„Und das unaufgebbare Recht des Einzelnen gegenüber jeder Art von Menge, Masse oder Gemeinschaft gehört seit dem Ende des Faschismus zu meinen ethischen und politischen Grundkategorien" (Norberto Bobbio).[198]

Autonomie, eigensinnige Anpassung, Individualismus und die Betonung der Sinnlichkeit bilden den Kern von Erziehungsvorstellungen, die sich nicht nur bei Perls finden, sondern auch bei anderen Emigranten, die aus dem gleichen zeitlichen und intellektuellen Erfahrungsfeld wie er kamen. Es handelt sich hier gewissermaßen um eine Traditionslinie und ich will hier darauf hinweisen, dass beispielsweise auch Herbert Marcuse in der Tradition einer die verdrängte Sinnlichkeit rehabilitierenden kritischen Aufklärung steht. Wie Raoul Hausmann oder den beiden Perls ging es Marcuse ebenfalls um die Entwicklung einer „radikalen Sensibilität" und „Emanzipation der Sinne", als Voraussetzung für das Entstehen einer freien Gesellschaft (vgl. Marcuse 1973, 76f). Auch seine Kollegen Horkheimer und Adorno haben in der „Dialektik der Aufklärung" gegen die Macht der „instrumentellen Vernunft" die Rehabilitierung der Sinnlichkeit ins Felde geführt. Es ist darauf hingewiesen worden, dass die Frankfurter Schule das „gut verdrängte frühromantische Erbe als eine genuine Fortsetzung der Aufklärung" (Brunkhorst et. al. Hg. 1990, 10) begriffen hat und versuchte, „den romantischen Impuls in die Aufklärung zu integrieren; die Provokation jeder normativen Ordnung durch das Ästhetische einzuklagen, ohne das Opfer des Intellekts zu bringen; die Phantasie und Tiefendimension des Imaginativen zu erschließen und doch die Vernunft nicht zu verraten" (ebd., 9).

Fritz Perls, als gebildeter Praktiker, als Kyniker und als Gestaltdada, sowie Lore Perls als künstlerisch veranlagte und tanzbewegte Bildungsbürgerin, haben Sinnlichkeit unmittelbar über die Integration des Körpers, der Emotionen, der Stimme und Ausdrucksbewegungen in ihre Arbeit einbezogen. Zudem kennt die Gestalttherapie auch die Reintegration des „romantischen Erbes" über die Arbeit mit künstlerisch-ästhetischen Ausdrucksmitteln.

Marcuse hat übrigens, dies ist auch eine Parallele zum älteren Mitschüler Perls vom Berliner Mommsen-Gymnasium, in der Kritik an den sogenannten psychoanalytischen Kulturschulen (Horney, Fromm etc.) darauf bestanden, die materielle Basis des vergesellschafteten Menschen nicht zu vergessen. Marcuse kritisierte in „Triebstruktur und Gesellschaft" die zu starke kulturelle Orientierung der „Revisionisten" und dass sie die Betonung „vom Organismus auf die Persönlichkeit, von den materiellen Grundlagen auf die ideellen Werte verlegen" (Marcuse 1987, 268f). Paul Goodman hat in einem Artikel von 1945 gegen die psychoanalytische Kulturschule im Kern die gleiche Kritik vorgebracht und im Namen Freuds den unlösbaren Zusammenhang von gesellschaftlichen und biologisch determinierten Faktoren verteidigt, was für die beiden Perls' (und auch für Otto Fenichel)[199] Anlass war, mit ihm Kontakt aufzunehmen (vgl. Goodman 1989, 71f).

Herbert Macuse meinte in den sechziger Jahren, dass in einer Welt, in der das „kollektive Ichideal" (Marcuse 1965a, 104) dominiert, das autonome Ich für das „Funktionieren der verwalteten, technifizierten Welt" (ebd., 94) zunehmend überflüssig und störend wird. Meiner Ansicht nach existiert die Dominanz des kollektiven Ichideals immer noch, und wird heute, mittels der weltweit operierenden Medien im Dienste der Konsumwarenindustrie, als kulturenübergreifendes Ideal-Selbst wirksam. Für Marcuse hing die „Entfaltung des Ich von seiner ‚Macht zur Negation' ab, das heißt von seiner Fähigkeit, einen persönlichen, privaten Bereich mit seinen eigenen individuellen Bedürfnissen und Anlagen aufzubauen und abzuschirmen" (ebd.). Er meinte damals, dass die Psychoanalyse helfen kann, diese „private Autonomie und Rationalität wiederherzustellen" (ebd., 105), sowie „mit einem eigenen Gewissen und eigenem Ichideal zu leben, was durchaus bedeuten kann – in Absage und Opposition gegenüber dem Bestehenden" (ebd.) zu leben. Meiner Ansicht nach trifft das schon seit langem eher auf Perls und die Gestalttherapie zu, als auf die freudianische Psychoanalyse. Marcuse wie Perls ging es um die „Insistenz auf den individuellen Bedürfnissen und Möglichkeiten" (ebd.) sowie die „Kraft des Individuums, sich von den anderen abzulösen, ein Selbst zu werden und zu bleiben ..." (ebd.).

Es geht mir hier darum, dass es nicht lediglich eine Persönlichkeitsstörung von Fritz Perls war, die ihn den Autonomiepol betonen ließ, sondern auch um die Lebenserfahrung einer Generation deutscher Juden. Theodor Adorno hat dies drastisch formuliert: „Die einzige wahrhafte Kraft gegen das Prinzip von Auschwitz wäre Autonomie, wenn ich den Kantschen Ausdruck verwenden darf; die Kraft zur Reflexion, zur Selbstbestimmung, zum Nicht-Mitmachen" (Adorno 1971, 93). Auch er wies auf die in Deutschland verbreitete Untertanenmentalität hin, auf die fatalen Folgen eines Über-Ich, das er letztlich wie Perls als geschluckte[200] und inkorporierte Autorität begriff. Von daher betonte er den Wert der „Autonomie" und hielt die Empfehlung, den Schwerpunkt auf „Bindung" zu setzen, vor dem Hintergrund der deutschen Erfahrungen für „fatal" (vgl. ebd., 93).

Hier sei daran erinnert, dass vor 1933 eine „übergreifende Gemeinsamkeit der pädagogischen Denk- und Urteilsstrukturen für die Menschen dieser Zeit bestanden hat, und über schärfste, ja als unvereinbar geltende politisch-weltanschauliche Gegensätze hinweg reichte" (Blankertz 1982, 304). Herwig Blankertz hat darauf verwiesen, dass die NS-Pädagogik an eine Tradition des Führerkultes anschließen konnte, die sich, ausgehend von der bürgerlichen Jugendbewegung, in den kommunistischen Kinderorganisationen genauso fand, wie bei einem sozialistischen Pädagogen und Psychoanalytiker wie Siegfried Bernfeld. Auch Bernfeld plädierte beispielsweise 1927 in einer Arbeit über sozialistische Pädagogik für das Nutzen von massenpsychologischen Phänomenen, wie etwa die Bereitschaft von Kindern, „bedeutende Führerpersönlichkeiten" nachzuahmen und zu imitieren, um ein Erziehungsziel zu erreichen (vgl. Blankertz ebd., 303f).

Davon unterschieden betonte Adorno im Kontext einer Individualitätspädagogik die „Erziehung zur Erfahrungsfähigkeit" und für ihn war „der Anti-Individualismus, der die deutsche pädagogische Diskussion so lange beherrscht hat und der immer noch nachklingt, reaktionär, faschistoid. Man muss gegen den autoritären Anti-Individualismus angehen" (Adorno ebd., 117).

Ich plädiere dafür, diesen Kontext mitzubedenken, wenn über den Individualismus und auch den manchmal inakzeptablen Egoismus[201] von Perls und entsprechende Tendenzen innerhalb der Gestalttherapie nachgedacht wird. Der Bruch mit der Gehorsamstradition ist mir ein wertvolles Erbe. Dass die Gehorsamstradition nicht nur eine deutsche Angelegenheit war und ist, hat 1969 das amerikanische „Milgram-Experiment", zur Gehorsamsbereitschaft gegenüber Autoritäten, nachgewiesen. Dieses Experiment nahm die psychologischen Gehorsamsvorgänge im deutschen Offizierskorps und bei den Verantwortlichen aller Ebenen im Rahmen des Holocaust zum Anlass. Das Experiment ergab, dass die Befolgung von Anweisungen und Befehlen einer als Autorität eingestuften Person, bei einem großen Teil von über eintausend amerikanischen Versuchspersonen, trotz Gewissenskonflikt und verbalem Protest, zur Auslösung von Schmerz erzeugenden, verletzenden und auch tödlichen (fingierten) Stromstößen führte (vgl. Keupp Hg. 1998, 159f).

Als widerständige Kernelemente des Gestaltansatzes halte ich, speziell vor diesem Hintergrund, Autonomie, Individualität und Selbstdenken für unverzichtbar.[202] Klar ist mir, und es sei hier wiederholt, dass Fritz Perls als Person den Autonomiepol betont bis überbetont hat und dass dies innerhalb des Gestaltansatzes, fast wie in einer traditionellen Familienkonstellation, durch die Lore Perls zugeschriebenen Qualitäten von „in-Beziehung-sein" und Sorge tragen ausgependelt wurde.

Adorno hat einmal eine zumindest negative Definition des „richtigen Menschen" versucht. Er spricht sich dabei, in Gestaltterminologie gefasst, sowohl gegen Konfluenz als auch gegen Egotismus aus. Für Adorno wäre dieser Mensch „weder bloße Funktion eines Ganzen, das ihm so gründlich angetan wird, dass er davon nicht mehr sich zu unterscheiden vermag, noch befestigte er sich in einer puren Selbstheit" (Adorno 1969, 56). Im Kontext der deutschen Erfahrungen blieb Adorno zwar in seinen Erziehungsvorstellungen bei der Betonung der Autonomie, wusste aber um die Relativität dieser Schwerpunktsetzung und auch, genau wie der Gestaltansatz, dass der Kontakt, also das dialektische Verhältnis von Selbst- und Weltbezug, bei der Ich- oder Selbstbildung von großer Wichtigkeit ist. Dabei berief er sich auf den bürgerlichen Bildungsbegriff, wie er sich etwa in der Definition des Individuums durch Goethe und Hegel findet (vgl. ebd. 55). Die Selbstbildung braucht „Entäußerung" (ebd. 46), denn „wir werden nicht dadurch freie Menschen, dass wir uns selbst (...) als je einzelne verwirklichen, sondern dadurch, dass wir aus uns herausgehen, zu anderen in Beziehung treten und in gewissem Sinn an sie uns aufgeben. Dadurch erst bestimmen wir uns als Individuen, nicht indem wir uns wie Pflänzchen mit Wasser begießen, um allseitig gebildete Persönlichkeiten zu werden" (ebd., 146)

Zum historischen Hintergrund des Gestaltansatzes gehört die Erfahrung von deutschen Juden in der „prima linea" der Großstadtavantgarde, dass sie letztlich nur bei sich selbst zu Hause waren. „Heimat" mussten sie aus sich selbst heraus schaffen und sie taten dies zumeist in einem kleinen menschlichen Bezugsnetz, einer „einbettenden Kultur" (Keupp et. al. 1999, 296) die Halt, Dialogmöglichkeiten und Anerkennung bot und auf Grund der Emigration zum Teil mehrfach neu konstruiert werden musste. Perls' verehrter Lehrer Mynona hat in einem seiner Briefe aus dem Exil diese Erfahrung auf den Punkt gebracht: „Wir brauchen ... einen autonomen Individualismus mit sozialer Konsequenz. Eher wird es nicht gut" (Friedlaender / Mynona 1986, 12).

3.
PERLS' AKTUALITÄT: IDENTITÄTSARBEIT

Dass Menschen ihre Identität[203] selbst zu konstruieren haben, ist das moderne an der damaligen Lebenserfahrung. Es geht seit damals zunehmend um die Orientierung in einem offenen und im ganzen unübersehbaren „physikalischen, leiblichen, sozialen, moralischen und zeitlichen Raum, in dem Personen nun eben einmal wählen und handeln müssen" (Straub in Assmann et. al. Hg. 1998, 95). Seit geraumer Zeit steht bei den Identitätstheoretikern aus der Soziologie, Sozialpsychologie und Psychoanalyse die Analyse der „modernen" Aufgabe der Identitätsbildung in einer individualisierten Gesellschaft mit ihren Chancen und Risiken im Mittelpunkt.[204] Menschen wie Fritz Perls haben das schon vor-erlebt und versucht, sowohl lebenspraktisch als auch theoriebildend, auf die entsprechenden Herausforderungen zu reagieren. Beispielsweise hat die für den Gestaltansatz typische Sichtweise der Persönlichkeitsentwicklung als Kontaktprozess, bei dem es um den Kontakt an der Grenze von Einzelorganismus und Umwelt und um den Kontakt zwischen den innerpsychischen Polaritäten geht, auch mit dem zu tun, was heute Identitätsarbeit genannt wird: „In dieser Identitätsarbeit versucht das Subjekt, situativ stimmige Passungen zwischen inneren und äußeren Erfahrungen zu schaffen und unterschiedliche Teilidentitäten zu verknüpfen" (Keupp et. al. 1999, 60).[205]

Perls' Arbeit mit Polaritäten, seine überbewertete und dann geringgeschätzte dramatherapeutische Arbeit mit den zwei Stühlen (vgl. Staemmler 1995) ist im Sinne Mynonas, Hausmanns sowie der neueren Identitätsforschung eine praktische und konstruktive Möglichkeit, die inneren Pole, Selbst- und Objektrepräsentanzen, oder Teil-Selbste in einen Bezug zueinander und in eine selbstkonstruierte eigene Sinn-Ordnung zu bringen.[206] Oder, wie Keupp das nennt, eine Art Patchworkpersönlichkeit zu konstruieren, die als kohärent erlebt wird. Dass es hierbei nicht nur um ein theoretisch interessantes Konzept geht, zeigt beispielsweise die schwierige Identitätsarbeit von Kindern aus binationalen Ehen, von Migranten und Kindern aus Zuwandererfamilien.

Statt eine einheitliche integrierte Persönlichkeit als Ziel- und Endpunkt anzunehmen (was als persönliche Sehnsucht sicher legitim ist), aber auch statt der Vorstellung von „frei flottierenden Identitäten in ständig wechselnden Kontexten“ (Bialas in Keupp 1997, 52), muss im Sinne von Perls von Integration als einem endlosen Prozess und in der Folge von einer integrierenden Persönlichkeit gesprochen werden. Identität ist keine konfliktfreie Einheit, sondern eine ständige Balancierarbeit. Autonomie und Zugehörigkeit, Struktur und Prozess, Sein und Werden, Getrenntheit und Teilhabe sind nicht als „Entweder-Oder-Struktur“, sondern unter Aufgabe der von Reichwein als „patriarchalisches, kulturelles Introjekt“ (Reichwein 1989, 45)[207] bezeichneten Forderung nach Widerspruchsfreiheit, als ein Prozessgeschehen zu betrachten, das auch ein „Sowohl als auch“ zulässt.

In den Subjektivitätskonzeptionen der sogenannten Postmoderne[208] erscheinen Person, Selbst und Identität als „flüssig, kontextbezogen und prozessual“ (Bilden 1998, 17). Es geht um das Aufgeben einer rigiden inneren Hierarchie und die Aufgabe von Vorstellungen über eine entwicklungspsychologisch zu erreichende und bleibende stabile „erwachsene“ Identität. Statt dessen wird das Zulassen „innerer Vielfalt (Mutiplizität), Heterogenität und Differenz oder auch Fragmentierung“ (ebd., 9) gefordert. Diese Gegenentwürfe zum einheitlichen Selbst, das oft negativ als totalitär konnotiert wird, lehnen sich meiner Ansicht nach zu sehr an pathologische Begriffe an. Straub hat zu Recht daran erinnert, dass Laing auf Grund seiner Erfahrungen mit psychotischen Menschen, die in den Grundlagen ihres Seins erschüttert sind, die Bedeutung dessen hervorgehoben hat, was man ontologische Sicherheit nennt. Ich teile seine Ansicht, dass der meist soziologisch und psychologisch diskutierte Identitätsbegriff, von dieser Vorstellung eines radikalen Identitätsverlustes her betrachtet werden muss, um die Kostbarkeit dessen zu begreifen, was Erikson[209] unter dem Begriff Identität diskutiert hat.

Die Frage von Bilden, ob es bei einem „dezentrierten Selbst“ (Bilden ebd., 20) nicht eine „klare innere Hierarchie“ (ebd., 22) geben muss, damit nicht „Chaos und Handlungsunfähigkeit ausbrechen“ (ebd.,22), hat die Gestalttherapie mit dem Begriff der empfundenen Mitte und dem Figur-Hintergrundprinzip beantwortet. Dieses Prinzip entscheidet ständig die Hierarchien und Vorränge im Kontakt von Individuum und Umwelt neu, ohne dass sich das Verhältnis von Individuum und Umwelt fixiert, was im Gestaltdenken Anlass für Therapie wäre. Dieses Prozessgeschehen schließt allerdings die Erfahrung von einem „Kern-Selbst“ (D. Stern) oder einem „Ich-Gefühl“ (P. Federn) nicht aus, das im frühen sinnlichen Dialog mit den wichtigen Bezugspersonen entsteht. Trotz seines Eintretens für flexiblere Identitätsvorstellungen ist auch Keupp klar, dass „ein Gefühl der Kohärenz (‚sense of coherence‘) die entscheidende Bedingung für psychische und körperliche Gesundheit“ (Keupp 1997, 18) ist. Für ihn ist „Kohärenz ohne ‚Identitätszwang‘ (...) ein kreativer Prozess von Selbstorganisation“ (ebd.),[210] in dem es darum geht, dass die Menschen „sich aus den vorhandenen Lebensstilen und Sinnelementen ihre eigenen kleinen lebbaren Konstruktionen“ (ebd.) zusammenweben. Dieser kreative Prozess bedarf „der Idee und der Realisierung einer ganzheitlichen Gestalt, der Abstimmung von Farben und Mustern, der Verwendung von geeigneten Stoffen“ (ebd.).

3.1. Nietzsche und die Künstler

Die deutschen wie jüdischen Mitglieder der sozialen Gruppe, zu der Perls gehörte und die ich hier vereinfachend als Kunst-Avantgarde bezeichnet habe, teilten den Segen wie die Qual der persönlichen Erfahrungen mit der eigenen inneren Vielfalt. Bei dem mit Perls gleichaltrigen Georg Grosz zeigten sich Vielheit und Widerspruch in Werk und Person in ähnlich intensiver Ausprägung wie bei Perls.

Grosz notierte einmal: „Ich war heiß bemüht dem großen Walt Whitman nachzueifern, der einmal schrieb: ‚Ich enthalte Vielheiten, und warum sollte ich mir nicht widersprechen?‘“ (in Schneede 1989, 190). Während des Krieges kam Grosz in einem Brief auf seinen „Doppelgänger-Gedanken“ zu sprechen: „Ich bin grenzenlos einsam / d.h. ich bin allein mit meinen Doppelgängern, fantomanische Figuren, in denen ich ganz bestimmte Träume, Ideen, Neigungen usw. real werden lasse. Ich fetze gleichsam drei andere Personen aus meinem inneren Vorstellungsleben heraus, ich glaube selbst an diese vorstellenden Pseudonyme" (in ebd. 60).

Friedrich Nietzsche, der unbestrittene Heros all dieser kritischen Außenseiter, war vielleicht eines der ersten modernen Subjekte, das seine Multiplizität wahrnahm, daran litt und sich dieser Erfahrung stellte. Seine Vorstellung und Hypothese vom „Subjekt als Vielheit" (Nietzsche in Keupp et. all. 1994, 243) war der erste Ausdruck dessen, was sich heute im Extrem in den Diagnosen der multiplen Persönlichkeit als medizinisch kategorisierte Pathologie zeigt. Er schrieb: „Am Leitfaden des Leibes erkennen wir den Menschen als eine Vielheit belebter Wesen, welche theils mit einander kämpfen, theils einander ein- und untergeordnet, in der Bejahung ihres Einzelwesens unwillkürlich auch das Ganze bejahen" (Nietzsche in Haslinger 1993, 185).

Ihm schien es oftmals, dass „bei allem Denken eine Vielheit von Personen betheiligt sei" (in ebd. 264) und die feste Einheit des Subjektes war für ihn nur von kurzer Dauer: „Der Subjektpunkt springt herum" (in ebd., 263). Den feld- und kontakttheoretischen Selbstbegriff des Gestaltansatzes vorwegnehmend schrieb er: „Die Sphäre eines Subjektes beständig wachsend oder sich vermindernd – der Mittelpunkt des Systems sich ständig verschiebend" (in ebd., 212).

Anders als Perls ging es Nietzsche allerdings um Kampf, um die Hierarchie zwischen den einzelnen inneren Stimmen, Trieben, Teilen und Tendenzen. Im Gestaltansatz geht es um Kontaktaufnahme und Dialog zwischen den Teilen und Tendenzen und einen sich Zeit lassenden Prozess, in dem es im besten Falle zu einer Integration kommt, die weder Gewinner noch Verlierer kennt. Der Gestaltbildungsprozess, also das Entstehen, Vergehen und Neuentstehen einer einheitlichen Gestalt, ist Prozess, aktive kreative Integrationsleistung und der Begriff Gestalt meint immer eine Unterwegsgestalt im Blochschen Sinne.

Gaines betonte in seinem Buch, in dem er unterschiedlichste persönliche Eindrücke und Erinnerungen an Fritz Perls festgehalten hat, die keine seiner positiven wie negativen Seiten unerwähnt lassen, dass er nicht den Versuch unternommen habe, ein einheitliches Bild von Perls zu konstruieren. In den aufgezeichneten Erinnerungen erscheint Perls als „kind and cruel, compassionate teacher and indifferent son-of-a-bitch, devil and saint" (Gaines 1979, viii). Fritz Perls, den Lore Perls auch als „half prophet half bum“ charakterisiert hat, erschien auch Gaines nach der Fertigstellung seines Buches als „both satyr and shepard, both vagrant and wizard“ (ebd.). Folgerichtig heißt es im Klappentext: „Meet the many different men who were Fritz Perls.“

3.2. Die Vielheit des Subjekts.

„Scharf und milde, grob und fein,
vertraut und seltsam, schmutzig und rein,
der Narren und Weisen Stelldichein:
dies Alles bin ich, will ich sein,
Taube zugleich, Schlange und Schwein!“ (Nietzsche)

Wie ich schon erwähnt habe, hatte Mynona / Friedlaenders Polaritätsphilosophie Perls und Teilen der Berliner Kunstavantgarde positive Möglichkeiten der Bewältigung ihrer Identitätsproblematik geboten: „In der Polaritätsphilosophie fand Friedlaender aber auch die Legitimation für die eigene, auf als widersprüchlich empfundene Extreme ausgerichtete Lebensweise“ (Exner 1996, 236). Er konstruierte mit seiner Philosophie eine „sich traditionellen Mustern verweigernde Lebenshaltung, die es ihm erlaubte, ernster Philosoph und Groteskenschreiber, Familienvater und Bohèmien, Lyriker und Didaktiker, Moralist und Narr zu sein, ohne ein schizoides Bild von sich zu haben.Vielmehr entwarf er Maximen, die von ihm verlangten, möglichst Extreme zu leben, um sich der eigenen Einheit, Identität und Macht zu vergewissern“ (ebd.).

Die Mehrfachidentität der kritischen Außenseiter, die Unmöglichkeit, nur eine feste Identität zu haben, als Deutscher, Jude, Mann, Frau usw., war sicherlich auch eine Quelle ihrer Kreativität. Über Heinrich Heine etwa schrieb Hermand, dass er in seinem Denken, seinen Schriften und seinem menschlichen Verhalten mehr war „als nur Jude, nur Deutscher, nur Liberaler, nur Gelehrter, nur Kritiker menschlicher Vorurteile, weil ihn die Fülle seiner Identitäten stets vor irgendwelchen politischen, religiösen, nationalen oder akademischen Einseitigkeiten bewahrt hat“ (Hermand 1996, 200). Heine war ein „linkshegelianischer Deutscher, ein frühsozialistischer Franzose und zugleich ein auf volle Emanzipation bestehender Jude, der aufgrund dieser Mehrfachidentität eine wesentliche schärfere Optik auf die bestehenden Zustände entwickelte als die meisten seiner liberalen Zeitgenossen" (ebd. 234).

Vor dem Hintergrund der deutsch-jüdischen Kultur, dieser historischen Landschaft, die „im wahrsten Sinne des Wortes in Rauch aufgegangen" (Traverso 1993, 12) ist, haben eine beträchtliche Zahl emigrierter Intellektueller mit „scharfer Optik" Werke geschaffen, die zum bleibenden Bestand einer sich kritisch verstehenden europäischen Aufklärungskultur gehören.[211]

3.3. Kafka und Perls: „aber" versus „und"

Es gab unter den deutschen Juden solche, die an ihrer Vielheit litten, andere gingen durchaus positiv mit dem multiplen Selbsterleben um. Gustav Landauer bezog 1913, in einer auf die nationale Identität pochenden Zeit, eine nietzscheanische Position, die geradezu „postmodern" klingt: „Ich habe nie das Bedürfnis gehabt, mich zu simplifizieren oder durch Verleugnung meiner Selbst zu unifizieren; ich akzeptiere den Komplex, der ich bin, und hoffe noch vielfältiger eins zu sein als ich weiß" (Landauer in Wolf 1988, 96).

Für die deutschen Juden, die sich in ihrer Mehrheit noch bis 1933 als deutsche Staatsbürger jüdischen Glaubens verstanden, auch für die assimiliertesten und „unifiziertesten" unter ihnen, blieb zumindest die Erfahrung des „und", des sowohl Jude als auch Deutscher zu sein, erhalten. Es war Ernst Jünger, der 1930 die Juden in Deutschland aufforderte, ihre Tarnung abzulegen, sich nicht mehr als Deutsche zu verkleiden und ihr Judentum offen zuzugeben. „Die Behauptung, man sei zugleich Jude und Deutscher war in seinen Augen reiner ‚Wahn'" (Traverso 1993, 52).

Gehörte Perls zu denen, für die auch vor diesem Hintergrund das Bestehen auf dem „und" im persönlichen Leben wie in der therapeutischen Arbeit mit den Persönlichkeitspolaritäten wichtig war, so findet sich bei Franz Kafka gehäuft das „aber", auf das Perls so allergisch reagierte. Kafkas Werk ist durchzogen von der klaren, erbarmungslosen Erkenntnis und poetischen Repräsentation von Einsamkeit, Fremdheit und Ausgeliefertsein. Auf dieser Erfahrungsebene zu verweilen, war Perls sicherlich unerträglich, vielleicht hatte er aber auch die Fähigkeit und Kraft, dieser Situation immer wieder zu entkommen und weiterzugehen. Laut Uytersprott war Kafka derjenige deutsche Schriftsteller, der das „aber" am häufigsten in seinen Arbeiten gebraucht hat: „Die Ursache dafür liegt in der bemerkenswerten Komplexität einer Seele, die nicht einfach gradlinig sehen und fühlen konnte, einer Seele, die nicht aus Feigheit und Vorsicht zweifelte und zögerte, sondern eher aus Klarsicht. Eine Seele, die bei jedem Gedanken, jeder Wahrnehmung, jeder Behauptung sofort einen kleinen Teufel flüstern hörte: ‚aber'" (Uytersprott in Bauman 1996, 221). Kafka vereinfachte seine Situation nicht durch eine ausschließende „entweder – oder" Entscheidung, aber er versuchte auch nicht, oder es gelang ihm nicht, beide Seiten durch Kontakt und einen Integrationsprozess in Bewegung zu bringen. Das „aber" Kafkas repräsentiert für Baumann „die Resignation eines Nebeneinander – eines Nebeneinander in einer inkongruenten und dennoch unverbrüchlichen Vereinigung" (Bauman ebd.).

Vor diesem Hintergrund will ich einmal aus einer späten Demonstrationssitzung von Perls zitieren: „Aber ist ein Killer. Du sagst ‚Ja' und dann kommt das große ‚Aber', das das ganze ‚Ja' umbringt. Du gibst dem ‚Ja' keine Chance. Wenn du jetzt das ‚aber' durch ‚und' ersetzt, dann gibst du dem ‚Ja', der positiven Seite, eine Chance" (Perls 1986, 170).

Perls forderte den Klienten in der Sitzung auf, erst einmal zur auseinandergebrochenen Gestalt ja zu sagen: „Das ist deine Gegensätzlichkeit. Du bist beides" (ebd., 218). Beide Seiten zu ihrem Recht und ihrem Ausdruck kommen lassen, „das Einander-Bekämpfen in ein Einander-Zuhören" (ebd., 223), in einen Dialog verwandeln, eine Integration nach eigenem Maßstab versuchen und eine Mitte finden, das hat Perls mit seinen zahlreichen widersprüchlichen Seiten immer wieder versucht und das war auch seine therapeutische wie politische Orientierung (vgl. ebd. 226). Wenn sich die inneren wie die gesellschaftlichen Pole bekämpfen, statt in Dialog zu treten, gibt es „keine Chance zu wachsen oder, sich zu entwickeln" (ebd, 170). Das ist ein Lebensresümee!

4. MEPHISTO ALS INTEGRATIONSFERMENT: PERLS' LEITMOTIV

„Das Geeinte zu entzweien und das Entzweite zu einigen
ist das Leben der Natur;
dies ist die ewige Systole und Diastole,
... das ein- und ausatmen der Welt, in der wir leben,
weben und sind" (Goethe, Zur Farbenlehre).

4.1. There is No End of Integration

Perls' Denken durchlief unterschiedliche theoretische Kontexte und somit auch Terminologien, die jeweils seine Ausgangsposition bestätigten, präzisierten und erweiterten. Wie ich hoffe gezeigt zu haben, waren hier Freud und Nietzsche von Bedeutung, die den unvollständigen Menschen vervollständigen wollten; die expressionistische Entfremdungsklage und Suche nach dem neuen Menschen; Mynonas Polaritätsphilosophie; die marxistische Entfremdungskritik; Dialektik in der Tradition der Hegelmarxisten; die Gestaltpsychologie; Goldsteins organismische Theorie; das Bauhaus und noch einiges mehr. Mensch und Welt werden von der Tradition, in die ich Perls einordne, als auseinandergefallen betrachtet und es wird versucht, durch einen Integrationsprozess aus den Bruchstücken ein zumindest sujektiv sinnvolles Mosaik zu machen. Für Perls war typisch, dass er den Versuch unternahm, diese Idee in leb- und lehrbare Praxis umzusetzen. Von daher hat er von Anfang an nicht für eine distanzierte, lediglich deutende Psychoanalyse getaugt und sich auch erst auf der Linie der aktiven Tradition der Psychoanalyse weiterentwickelt. Als Wahlspruch für den dissidenten Psychoanalytiker Perls scheint mir eine der Feuerbachthesen von Karl Marx zu passen, die auch das Buch von Lukàcs einleitet, das Perls studiert hat. In dieser These habe ich lediglich zwei Begriffe ausgetauscht, um sie dem von mir gemeinten Kontext anzupassen: „Die Psychoanalytiker haben die Menschen nur verschieden interpretiert, es kommt aber darauf an, sie zu verändern."[212]

Entsprechend ging es Perls immer auch um den „Wiederaufbau der Persönlichkeit" im Sinne Kurt Goldsteins. Das meint den Versuch, die Analyse und die Reorganisation des Verhaltens zusammenzubringen und sowohl Deutungsangebote[213] als auch das Experimentieren mit neuen Reaktionsmöglichkeiten im zwischenmenschlichen Kontakt, gleichberechtigt einzusetzen. Wichtig ist hier noch, dass beim Gestalt-Ansatz die Selbsttätigkeit der Klienten im Vordergrund steht, eine Vorgabe, die Perls selber in seinen späten Jahren als therapeutischer „Regisseur" oft nicht eingehalten hat.

Perls schrieb: „Die tiefe Spaltung in unserer Persönlichkeit, der Widerstreit zwischen überlegtem und spontanem Verhalten, ist das hervorstechende Merkmal unserer Zeit" (Perls 1980, 28). Um die „unvollständige Bewusstheit und Unbeweglichkeit" (ebd., 34) zu korrigieren, muss zuerst der sinnliche Pol wieder Gehör und Ausdrucksmöglichkeit finden. Perls hat eine Art kentaurische Therapie konzipiert, die Tiefe positiv definiert und vor dem Verschwinden bewahrt, die den Menschen körperlich gründen und sinnliche Vernunft statt künstliche Intelligenz fördern will (vgl. Bocian 2000, 52f). Es ging ihm darum, die kindliche Erfahrungsfähigkeit[214] auf einer höheren Stufe wieder herzustellen und die Integration der kreativen Höhen der Vernunft und der emotionalen Tiefen des Körpers zu fördern.

Dies soll dazu führen, dass der Mensch, der im Begriff des Organismus mit dem biologischen Körper und dem sozialen Umweltfeld untrennbar verbunden bleibt, statt nur abgespaltene Sprach- und Denkperson zu sein, sich vermehrt selbst reguliert. Es geht darum, den Einfluss des Introjektes „Über-Ich" zu reduzieren, die einseitige und rigide Steuerung durch Moral oder Verstand auszubalancieren und ein prozessuales integrierendes Zusammenspiel aller menschlichen Ressourcen zu stimulieren.

Perls ging es dabei keineswegs um die integrierte Persönlichkeit als Endprodukt, er wusste auf Grund seiner Lebenserfahrung, dass die Einheit, die die Pole und Widersprüche aufhebt oder zudeckt, nicht dauerhaft erreichbar ist. Es gibt keine Einheit oberhalb der Pole und speziell vor dem Hintergrund der deutschen Geschichte ist eine als endgültig gemeinte gute Gestalt oder gute Ganzheit eine Fiktion. Ein solches Ganzes wäre „Gewalt, die nichts halbes und Vereinzeltes leben lässt ...; das Halbe und Vereinzelte aber sind die Menschen." (Theweleit 1995, ebd., 410). Sicherlich gab es auch bei Perls die persönliche Sehnsucht nach wohlgeordneter individueller und sozialer Harmonie. Aber er blieb als Mensch, und als der hat er auch den Gestaltansatz entscheidend geprägt, „Unterwegs-Gestalt" im Sinne Blochs. Als solche führte er im Spannungsfeld des nietzscheanischen Grundpaares Apollo und Dyonysos eine endlose Suchbewegung aus, balancierend, äquilibrierend und integrierend. An diesem Punkt wusste der alte Perls sich mit seinem alten Meister einig: „Freud (...) sagte am Ende seines Lebens: ‚Keine Analyse kann jemals beendet werden', und ich sage, bevor mein Leben zuende ist, Integration ist nie abgeschlossen" (Perls 1981, 308).

4.2. Mephisto: Stören und ergänzen

„Mephisto bringt schließlich einzig gute"
(F. Perls an L. Posner 27. 3. 1928).

Fritz Perls war für mich die zentrale treibende Kraft innerhalb der Gründergruppe und steht bis zu seinem Lebensende für das vitale, jeden Stillstand störende Element innerhalb des Gestaltansatzes.[215] Wo manch einer „Harmonie" wahrnahm, spürte er oft eine Art „Friedhofsruhe", wo sich Wissenschaftlichkeit als lebloses intellektuelles Balzritual in Szene setzte oder sich jemand lediglich als „gut" und „heilig" präsentierte, begann er zu stören und zu irritieren, Chaos zu erzeugen und die Situation in Bewegung zu bringen. Er trat dann oft provozierend als Gestaltdada auf, als kynisches Element, als der von ihm so geschätzte Mephisto aus Goethes Faust.[216]

Beim Polaristen Goethe steht Mephisto nicht einfach für das Böse oder den Teufel im absoluten Sinne. Mephisto ist Teil der auseinandergefallenen Ganzheit, notwendiger Gegenpol zur Lichtgestalt Gottes.[217] Goethes Theaterteufel repräsentiert das Prinzip des ergänzenden Widerspruchs. Gegen eine das eigenständige Denken verbietende religiöse Macht und eine körperlos-verkopfte Aufklärung tritt er als Ergänzer im Sinne von Hegels „Das Wahre ist das Ganze" auf.

Als Person ist Mephisto gewitzt und intelligent, materialistisch und sinnesfreudig, er ist Nietzsches „fröhlicher Wissenschaftler", ein kynisch-moralloser Aufklärer, der die Dinge furchtlos beim Namen nennt, „um allem, was bloß schönes Denken ist, ins Gesicht schlagen zu können" (Sloterdijk 1983b, 713). In der Szene „Prolog im Himmel" beispielsweise, erweist er sich als schonungsloser Kritiker und ironischer Beobachter, der in direkter Auseinandersetzung mit Gott-Vater keine Scheu hat, das Lächerliche, das er im Erhabenen wahrnimmt, zu entlarven.[218] Mephisto war ein Mann nach Perls' Geschmack.

Im Rückblick und zusammenfassend lässt sich sagen, dass bei zahlreichen Individuen aus der expressionistischen Generation und speziell bei denjenigen, die wie Fritz Perls aus dem deutsch-jüdischen Kontext stammten, eine individual- und zeitgeschichtlich bedingte Verletzbarkeit und Offenheit der Sinne zu finden war, die mit der Bereitschaft zum eigenständigen und angstfreien Denken und Handeln einherging.[219] Die Mephisto Variante dieser Haltung war für Perls spezifisch. Ich denke, Perls hat sich und die Welt mit Mephisto konfrontiert, weil er überzeugt war, dass dieser die notwendige aufstörende Energie für das Wachsen, das Vorwärtsgehen, das Abenteuer des Neuen und die kreative Anpassung bereitstellt.[220] Wenn er pro-vozierte, dann praktizierte er die Theorie des „schöpferischen Konfliktes" (Perls 1980, 253) und wollte bei seinem Gegenüber oftmals etwas hervor-rufen,[221] etwas herauslocken. Er war an dem interessiert, was fehlte, um ganz zu werden und ganz werden bedeutete für Perls auch, die eigene Kraft und Kreativität wiederzufinden. Oder anders: Er war einer, der versuchte, simultan ganz machen und in Bewegung zu setzen.

5. SCHLUSS: EXPRESSIONISTEN – EMIGRANTEN – HEIMATSUCHER

„Ich habe nirgends ein absolutes Heimatgefühl"
(Lore Perls).[222]

Die Vertreter der Avantgarde-Kultur und des „expressionistischen kreativen Geistes" (L. Perls in Sreckovic 1999, 48) verstanden sich oft als Kosmopoliten, als Weltbürger, waren aber in der Realität zumeist „Weltlose". Sie hatten lediglich in einer selbstkonstruierten Gegen- oder Parallel-Kultur die Möglichkeit, sich zusammen mit Gleichgesinnten einen Ort der Zugehörigkeit zu schaffen, wo sie dann meist versuchten, „in Verbundenheit frei zu sein", wie Erich Mühsam das einmal ausdrückte.[223] Nachdem ihre menschlichen und gesellschaftlichen Ideale durch die Ereignisse von 1914 und 1933 zerstört worden waren, fanden sie ihre „wahre Heimat" im Exil.

In diesem Zusammenhang ist auch von einer „verlorenen Generation" (vgl. Glaser 1976, 200; Pfemfert 1985, 59f) gesprochen worden und Gottfried Benn hat über sie geschrieben: „Es war eine belastete Generation: verlacht, verhöhnt, politisch als entartet ausgestoßen – eine Generation jäh, blitzend, stürzend, von Unfällen und Kriegen betroffen, auf kurzes Leben angelegt" (Benn in Pinthus 1995, 9). Ein Teil dieser Generation ist bereits im ersten Weltkrieg gefallen, der größte Teil ist nach 1933 geflohen bzw. vertrieben worden. Einige haben sich in der Emigration das Leben genommen, die Produktivität vieler erlosch, sie fanden keinen neuen Anfang und ihr Werk wurde vergessen. Andere wiederum konnten nach der Flucht den frühen Erfolg fortsetzen. Fritz Perls gehörte zu denjenigen, die erst in der Emigration zum Eigenen fanden und etwas schufen, was auch für die Zukunft von Wert sein wird. Das hat nicht zuletzt etwas mit seiner Bereitschaft zu tun, sich auf die Leere wie auf das

Chaos einzulassen, die sich beim Verlust des Gewohnten und Geliebten einstellen, sowie mit seinem Durchhaltevermögen angesichts von seelischem Schmerz und Depression. Er war bereit, durch für ihn persönlich, sowie sozial und politisch dunkle Zeiten zu gehen, die er Engpass nannte, und er gab das Vertrauen nie ganz auf, dass am Ende ein neuer Anfang möglich ist. Er hat das selber so ausgedrückt: „To suffer one's death and to be reborn is not easy" (Perls 1986).

In Zeiten, in denen die Bestimmung von Identität, Zugehörigkeit, Herkunft und Zukunft schwierig geworden ist und mit fortlaufenden Transformationen konfrontiert wird, können wir von den Lebens- und vor allem Überlebenserfahrungen der Emigranten, diesen Pionieren der Moderne und ewigen Heimatsuchern, etwas lernen.

ANMERKUNGEN

1 Dieses auf Siegfried Bernfeld gemünzte Zitat, der Altersgenosse von Perls war und dessen Lebensweg sich mit dem von Perls kreuzte, stammt von Gruberich-Simitis (in Bernfeld et. al. 1988, 13).

2 Amerika, als letzte Emigrationsetappe der aus Deutschland geflohenen Begründer, hat neuen sicheren Boden sowie die Möglichkeit und Freiheit der vollen Entfaltung des Mitgebrachten bedeutet. Die Zusammenarbeit mit amerikanischen Kollegen unterschiedlicher Fachdisziplinen, die größtenteils die europäische Tradition assimiliert hatten und Passendes und Vorantreibendes aus der amerikanischen Tradition beitrugen, war für die Konzeption und Verschriftlichung eines eigenständigen Ansatzes äußerst fruchtbar und in der Gestalt von Paul Goodman wohl auch nötig (vgl. Sreckovic 1999, 56f).

3 Da Perls für sich selber bis zu seinem Tode den typisch deutschen Vornamen Fritz benutzt hat, werde ich in dieser Arbeit das Gleiche tun.

4 Die in die Gestalttherapie mündende Entwicklungslinie beginnt mit dem Einfluss der Freud / Breuerschen Katharsistechnik sowie der kulturkritischen „Psychoanalyse" von Otto Gross. Sie verläuft weiter über die aktive und elastische Technik von Ferenczi, Groddeck und Rank bis zu den Berliner Linksfreudianern und Charakteranalytikern (Bernfeld, Fenichel, Fromm) mit dem Zentrum Wilhelm Reich. In der Amsterdamer Emigration hatten Ansätze des „nicht dissidenten" Karl Landauer einen gewissen Einfluss (Bocian 1997a). In den USA kam es zur selektiven Integration von Positionen der sogenannten psychoanalytischen „Kulturschule". Zu dieser Gruppe zähle ich Perls' Lehrerin Karen Horney (Bocian 1992), Clara Thompson (mit der Perls in den ersten Jahren in den USA eine professionell-freundschaftliche Beziehung hatte), Erich Fromm und Harry Stack Sullivan vom Allison White Institut, an dem Perls nach seiner Ankunft in den USA ca. 1946 einen Vortrag hielt.

5 G. Mosse hat speziell den Vertretern des liberalen und linken deutsch-jüdischen Bildungsbürgertums mit seinem Buch „Jüdische Intellektuelle in Deutschland" (1992) ein Denkmal gesetzt.

6 Etwa Z. Bauman, U. Beck und H. Keupp.

7 Lore Perls hat sich meiner Einschätzung nach von ihm inspirieren lassen und hat dann mitgewirkt, mitgestaltet und beigetragen. Beide haben in der Phase der Konzeption der grundlegenden Gestaltkonzepte wohl ein die jeweilige Einzelperson tranzendierendes synergetisches Feld gebildet (vgl. Burow 1993, 59). Paul Goodman hat die Ideen der beiden deutschen Emigranten in den USA kreativ aufgenommen, „mit seinem vielfältigen geistigen Hintergrund verbunden und dadurch erweitert" (Frambach 1996, 44).

8 Nach der frühen verdienstvollen Arbeit von Kogan (1976) hat Petzold (1984) eine dem damaligen theoretischen Stand innerhalb der Gestaltbewegung um viele Jahre vorausgehende Arbeit über die historische Entwicklung der Gestalttherapie vorgelegt, die auch auf die unterschiedlichen Beiträge der Hauptgründer eingeht. Sreckovic (1999) hat die erste größere Arbeit verfasst, die tiefergehend und chronologisch die Entstehung der Gestalttherapie entlang der Lebensgeschichte und der theoretischen Beiträge aller drei Mitbegründer vorstellt. Der Beitrag von Sreckovic ist in Bezug auf die Entstehungsgeschichte des Gestaltansatzes wohl zur Zeit als Referenz anzusehen. Clarkson und Mackewn (1995) haben eine ausgewogene Darstellung der konstruktiven wie zu kritisierenden Persönlichkeitsanteile und theoretischen Beiträge von F. Perls vorgelegt, während Stoehr (1994) eine eingehende Analyse des Beitrages von Paul Goodman zur Gestalttherapie veröffentlicht hat.

9 Die vierzig deutschen Lebensjahre von Perls nehmen allerdings von den insgesamt 425 Seiten des Buches lediglich die ersten 14 Seiten ein.

10 Zum Begriff der Figuration, der hier für das eine Gestalt bildende Figur-Hintergrundverhältnis von Theorie und Lebenserfahrung steht, vgl. Elias 1981, LXVII f und Foulkes 1992, 165.

11 Ich bedanke mich bei Milan und Anna Sreckovic, die so freundlich waren, mir Einsicht in das Material zu gewähren, das sie auf Grund ihrer Durchsicht privater Dokumente und Briefe von Fritz und Lore Perls zusammengestellt haben. Ich zitiere aus den in diesem Material enthaltenen Auszügen der Briefe von Fritz Perls an Lore Posner.

12 Zum Perls-Goodmanschen Verständnis von „Therapie als Gestaltanalyse" vgl. Bocian (2000, 48f). Vgl. hierzu auch Goldsteins Verständnis einer an die Gestaltpsychologie anschließenden „ganzheitlichen Analyse", bei der der Wissenschaftler oder Therapeut versucht, durch eine zwischen Figur und Hintergrund pendelnde „dialektischen Bewegung" sich „auf ein größeres ganzheitliches Verständnis" hinzubewegen und „den ganzen Organismus in seiner Umwelt ... zu rekonstruieren" (Harrington 2002, 280f).

13 Mit dem Beginn der Niederschrift dieser Arbeit habe ich Land und Kultur gewechselt und musste beruflich völlig neu beginnen. Entsprechend war und bin ich persönlich sehr an einem Menschen interessiert und mit ihm zum Teil identifiziert, der unter unvergleichlich schwierigeren Bedingungen sein (Deutsch-)Land verlassen musste und dabei menschlich nicht zerbrochen ist, wie viele andere Vertriebene, sondern sich kreativ an die jeweils neue Situation mitprägend angepasst hat. Zudem ist es Fritz Perls (gemeinsam mit seiner Frau und einer Gruppe gleichgesinnter Kollegen) auch noch gelungen, in Form der Gestalttherapie etwas zu hinterlassen, in dem wertvolle Lebenserfahrungen aufbewahrt sind, die in dieser Form weiterwirken. Dass ich mich in einem neuen Land und einer anderen Kultur intensiv mit einem für mich attraktiven Teil deutscher Geschichte beschäftigt habe, hat zur Bewältigung der durch meine Migration entstandenen Identitätskrise und Irritationen beigetragen. In ihrem Beitrag über die „Bedeutung der Emigration für die Identitätsentwicklung" hat Diem-Wille darauf aufmerksam gemacht, dass wichtige Arbeiten emigrierter Psychoanaly-

tiker aus dem deutschen Kulturraum sich mit „deutschen Kulturheroen" beschäftigt haben. Ein Beispiel ist die Goethe Biographie von Kurt Eissler, von dem Bruno Bettelheim annahm, dass er sich mit diesem Thema beschäftigt hat, um den Kulturverlust besser bewältigen zu können (vgl. Diem-Wille in Bittner Hg. 1994, 101).

14 Auch Expressionisten wie Ivan Goll sahen im Expressionismus nicht lediglich eine künstlerische Form, sondern eine „Gesinnung" (vgl. Best 1982, 21). Brinkmann kam 1960 in seinem Forschungsbericht „Expressionismus" ebenfalls zu dem Ergebnis, dass es sich hier um einen „Kollektivbegriff" für „ideologische und soziologische Phänomene" handelt (vgl. ebd., 8f). Ebenso sprach Muschg davon, dass das „geistige Zentrum der Bewegung (...) jenseits des ästhetischen" lag (vgl. ebd. 9).

15 Auf die Berliner Technikdebatte, die Wilhelm Reich, Otto Fenichel, Richard Sterba, Helmuth Kaiser und Theodor Reik nach 1933 in den Publikationen der internationalen psychoanalytischen Bewegung führten, in der schon viele später der Gestalttherapie positiv oder negativ nachgesagten Effekte einer aktiven therapeutischen Vorgehensweise in Bezug auf Widerstände heftig diskutiert wurden, ist von Perls in der Emigration aufmerksam verfolgt worden. Ich hoffe auf diese äusserst gehaltvolle Debatte in einem Folgeband einmal eingehen zu können.

16 Zur „Amerikanisierung der Psychoanalyse" vgl. kritisch Jacoby 1990, sowie die differenzierte Diskussion von Jacobys Thesen in Müller 2000, 169 f

17 Zur Bedeutung des Antisemitismus bei der unterschiedlichen Entwicklung der europäischen Nationalstaaten vgl. Bergmann 2002.

18 Zum Einfluss des europäischen Antisemitismus auf die Entwicklung einer antisemitischen Variante des Islamismus, die sich im Zusammenhang mit der dem Holocaust folgenden Staatsgründung Israels im arabischen Kulturraum, insbesondere nach 1945, entwickelt hat, vgl. die kenntnisreiche Arbeit von Michael Kiefer (2002).

19 Dies waren vor allem der „Alldeutsche Verband", der antisemitische Großgrundbesitzerverein „Bund der Landwirte" und der „Deutschnationale Handlungsgehilfenverband junger Kaufleute" (vgl. Benz et. al. 1997, 177f).

20 Nach der gescheiterten demokratischen Revolution flohen und wanderten massenhaft demokratisch und liberal gesinnte Deutsche nach Amerika aus. Die Auswanderungswelle erreichte im Jahr 1854 einen Höhepunkt, in dem 221 253 Deutsche nach Amerika einwanderten. Speziell die sogenannten „Fourty-Eighters" haben vieles zum Aufbau Amerikas beigetragen. Ich erinnere nur an den demokratischen Revolutionär Friedrich Hecker und an Carl Schurz, der amerikanischer Innenminister wurde. Beide haben sich, typisch für die deutschen Revolutionäre, in den USA für die Sklavenbefreiung eingesetzt. Vgl. zum Thema die Arbeit von W. P. Adams: Die Deutschen im Schmelztiegel der USA (Berlin 1990), englische Version: German Americans (Indianapolis, Indiana). Beides im Internet zu finden.

21 Der völkische Rassismus war mit Nietzsche nicht zu vereinbaren, obwohl dieser den Nationalsozialisten mit seinen gegen die christliche Moral gerichteten Angriffen, die auch vor der Verachtung von „schwachem" Leben nicht halt machten, ideologisch Nahrung gegeben hat. Zum biologischen Antisemitismus schrieb er: „Wer das fremde Blut hasst oder verachtet, ist noch kein Individuum, sondern eine Art mensch-

liches Protoplasma" (Nietzsche 1992, 108). Eine tiefgehende Analyse von Nietzsches Denken im politischen Kontext seiner Zeit, die sich gegen die Interpretation von Nietzsche als simpler Vorreiter des Nazismus, aber vor allem gegen die neuere verharmlosende Interpretationen von Nietzsche als lediglich radikalem freien Denker wendet, findet sich im Monumentalwerk von D. Losurdo „Il ribelle aristocratico" (Torino 2002).

22 Bauman schreibt zu Goethe: „Der herausragende Platz Goethes im Pantheon der deutschen Kultur, wurde in den intellektuellen Salons, die von Rahel Varnhagen, Dorothea Mendelsohn oder Henriette Herz unterhalten wurden, mit allen Mitteln verteidigt. Dort, wie in den Schriften zahlloser jüdischer Biographen und Analytiker der deutschen Klassik, wurden die Propheten der deutschen Kultur für die Förderung universaler menschlicher Werte gepriesen und das Deutschtum selbst, als Haltung der Offenheit für das allgemeine Menschliche definiert, als eine Fähigkeit, Ideen zu artikulieren, die für die gesamte Menschheit gültig waren" (Baumann 1996, 160).

23 Ich neige dazu, Klassik und Romantik nicht als Gegensätze aufzufassen und verweise auf die Arbeit von Volkov, die die „klassisch-romantische Tradition" als ein Ganzes betrachtet. Volkov sieht die romantische Bewegung, speziell in ihrer Frühphase, nicht als Gegensatz zur Aufklärung, sondern eher als ein Korrektiv, speziell zur entsinnlichten und verkopften Berliner Spätaufklärung (vgl. Volkov 2001, 165f).

24 Zur damaligen Debatte, ob es um eine umfassende persönliche Bildung oder die Ausbildung für eine spezifische, gesellschaftlich nützliche Berufstätigkeit gehen sollte, wie die meisten Aufklärungsvertreter forderten, vgl. H. Blankertz (1992, 95f).

25 Zur kritischen Diskussion der Theorie Mosses von der Bedeutung des deutschen Bildungsbegriffes für die assimilierten Juden vgl. Volkov 2001, 165-183.

26 Die Gestalttherapie steht meiner Ansicht nach in der Tradition einer selbstkritischen Aufklärung (vgl. Bocian 2000, 87f), die sich mit der Entwicklung einer Philosophie der Natur und des Leibes gegen die einseitige Betonung von Vernunft, Verstand, Autonomie und gegen das Aufblähen des Ich zur Welt und zur einzigen Realität des Menschen gewandt hat. Gegen die Reduzierung des Menschen auf ein von einer äußeren Welt abgeschnittenes Vernunftwesen wird seine Verwobenheit mit der natürlichen Welt gesetzt, mit der er unlösbar durch seine leibliche Existenz verbunden ist. Natur und Geist stehen gerade durch die leibliche Existenzweise des Menschen miteinander im Dialog. Die frühe romantische und dialektische Naturphilosophie von Schelling, die den Cartesianischen Dualismus überwinden wollte und großen Einfluss auf die Klassiker Goethe und Schiller hatte, nimmt in dieser Denktradition einen zentralen Platz ein (vgl. Ebrecht 1991, Kirchhof 1988). Von hier geht eine Entwicklungslinie weiter über die Lebensphilosophie Nietzsches und Bergsons, die Phänomenologie Husserls und Heideggers und den Existenzialismus bis zu den modernen System- und Selbstorganisationstheorien. Zentrale Themen dieser scheinbar modernen Theorien zeichneten sich bereits im Schellingschen System ab: Leben als Einheit von Natur und Geist; der Prozess- und Entwicklungsgedanke; die Vorstellung eines ganzheitlichen, wachsenden, selbstregulierten und mit der Umwelt vernetzten Organismus; das Denken in sich ergänzenden Polaritäten etc. (vgl. Evers 1986,

Schmied-Korwarzik 1985, Titze 1979). Auch für die Entstehung der Tiefenpsychologie wichtige Anschauungen über das Unbewusste und die Bedeutung von Traum und Kindheit finden sich in der Schellingschen Naturphilosophie. Deren Einfluss auf Freuds Gedanken beschreibt ausführlich O. Marquard (1987). Die persönlich wichtigsten philosophischen Vermittler dieser Tradition für Perls waren sicherlich Friedlaender und Smuts.

27 Shepard (1975, 15) verlegt den Geburtsort von Perls aus dem Zentrum in ein „jüdisches Viertel am Rande Berlins". Clarkson et al. (1995, 14), haben das anscheinend genauso übernommen. Sreckovic (1999) schreibt, im Anschluss an Lore Perls, von einem „jüdischen Ghetto" (ebd. 19). Auch Autoren wie Zerbetto (1998, 4) und Giusti et. al. (2002, 13), verlegen den Geburtsort von Perls, wahrscheinlich ebenfalls im Anschluss an Shepard, in ein jüdisches „Ghetto".

28 Informationen vom Archiv der Stiftung „Neue Synagoge Berlin" vom 20. 4. 1996. Quellen: Friedhofsunterlagen / Beerdigungsmeldung des Vaters und Erhebungsbogen der Volkszählung vom Mai 1939 der Mutter. Abweichend davon werden die Geburtsorte im „Handbuch der deutschsprachigen Emigration nach 1933" in der Tschechoslowakei angesiedelt, worauf sich Peters (1992) bezieht.

29 Das Haus hat die Kriegszerstörungen überstanden und hat heute die Hausnummer 13 (vgl. Hahn 1996, 7).

30 Aus Unterlagen des Jüdischen Museums Frankfurt.

31 Kopien der Weinetiketten wurden mir vom Jüdischen Museum Frankfurt zur Verfügung gestellt.

32 Insgesamt erwähnt er hier „Ich, du, Eltern, Gesellschaft, Gatten" (Perls 1981, 290). Die Einreihung der Ehegattin in diese Kette verweist auf einen der Konfliktherde in der Ehe Perls / Posner.

33 Otto Gross, der psychologische Theoretiker dieser damals für eine Generation kollektiven Erfahrung, sprach hier von der „Unterwerfung zwecks Vermeidung der Einsamkeit" (in Nitschke 2000, 136).

34 Es handelt sich für mich hier um eine der von Sloterdijk (1978) beschriebenen frühen persönlichen Erfahrungen, die die Grundlage für eine spätere Theoriebildung abgeben. Die Theorie ist entsprechend nicht nur aufgesetzt, sondern in der Lebenserfahrung der Person verankert.

35 Engelmann (1998, 27f) schrieb, dass im Zuge der deutschen Geschichte da, wo den Juden das Waffentragen und die Karriere im Militärdienst erlaubt oder auf Grund der Annahme des christlichen Glaubens möglich war, sie auch „großes" zu leisten im Stande waren. Er berichtet von jüdischen Meisterfechtern, von jüdischen Ring- und Fechtlehrern des Habsburger Prinzen am österreichischen Hof und davon, dass 1443 der Jude Ott mit seinem Lehrbuch das Ringen in Deutschland erst zur selbständigen Kampfdisziplin gemacht hat und von einem der schneidigsten Reiter der kaiserlich-deutschen Armee, dem preußischen General der Kavallerie Walther von Mosser, der „volljüdischer" Herkunft war.

36 Diese Information verdanke ich Herrn Lockemann vom „Berliner Institut für Lehrerfort- und -weiterbildung und Schulentwicklung".

37 Mitteilung des Berliner Instituts für Lehrerfort- und -weiterbildung und Schulentwicklung vom 27.3.1996.

38 Peters erläutert: „Krafft (wohl Erich Kraft, 1892), der in Berlin an der Bonhoefferschen Klinik ausgebildet wurde, dann bei Simmel im Schlösschen Tegel als Psychoanalytiker arbeitete und ebenfalls nach den USA emigrieren musste; ferner Friedrich Holländer, 1896-1976, ein Film-, Revue- und Kabarettkomponist, der für Marlene Dietrich das Lied ‚Ich bin von Kopf bis Fuß auf Liebe eingestellt' und andere bekannt gewordene Songs schrieb. ... Beim dritten ... Namen, Schildkraut, ... handelt es sich wahrscheinlich um einen Sohn des Schauspielers Rudolf Schildkraut (1862-1930), der am Deutschen Theater unter Max Reinhardt als Shylock in Shakespeares *Kaufmann von Venedig* Triumphe gefeiert hatte" (Peters 1992, 219).

39 Schriftliche Mitteilung des Berliner Institutes für Lehrerfort- und -weiterentwicklung und Schulentwicklung vom 27. 3. 1996.

40 „Einige Bilder fand ich sehr schön – eine große blaue Madonna von Raphael und Rembrands ‚Mann mit dem goldenen Helm'. ... Ich brauchte lange, um in Picasso den Metzger zu sehen, der er ist, in Gauguin den Plakat-Produzenten, in Rousseau den ‚Verdinglicher'. Einige Maler wuchsen in meiner Achtung – Klee, Van Gogh, Michelangelo und Rembrandt" (ebd. 140f).

41 Vgl. etwa seine Erinnerungen an die Opernaufführung in der Arena von Verona (in Perls 1981, 21).

42 In seiner „Live Chronologie" deutet sich allerdings auch eine Erfahrung an, die ihn damals irritierte: „Make the stage real. Turn the world into a stage. What is reality? Confusing" (Perls 1993, 5).

43 Genau das war es meiner Ansicht nach, was gerade die Perlssche Gestalttherapie in den ersten Jahren in Deutschland so attraktiv machte. Ich meine hier eine zutiefst traumatisierte Nachkriegsgesellschaft, in der die Ideologie der kollektiven Unschuld und das Verdrängen der eigenen Erlebnisse von Schuld und Verstrickung, von Verlust und Leid, von Scham und Hass, die Gefühle auf Eis gelegt hatte.

44 Der Objektbeziehungstheoretiker Michael Balint, der in einer Art Typenlehre versucht hat, zwei polare Reaktionen, auf den traumatischen Verlust des ersten „primären Liebesobjektes", zu beschreiben, hat damit eine andere interessante theoretische Konstruktion bereitgestellt, mit der versucht werden kann, Perls zu verstehen. Balint spricht vom eher „philobatischen" Menschen, der sich ständig neue Liebesobjekte sucht und sich dann wieder von ihnen löst, um scheinbar autonom und selbstzufrieden die „freundlichen Weiten" aufzusuchen und dem eher „oknophilen" Menschen, der sich eher vertrauensvoll und ängstlich an die Objekte „anklammert". Im Sinne Balints war Perls ein „philobatischer Held" (vgl. Balint 1991).

45 Ich vergesse natürlich hierüber nicht, dass es sich in Bezug auf das hier angesprochene Verhalten bei Perls auch um den Ausdruck einer berechtigten generationstypischen Rebellion gegen die repressive und verlogene bürgerliche („wilhelminische") Moral handelte, die später in den USA, im Rahmen der counter-cultur Ende der sechziger Jahre, erneut Ausdruck fand.

46 Wenn Kohut davon spricht, dass der „gesunde Exhibitionismus" des Kindes durch die

„isolierte, sexualisierte exhibitionistische Beschäftigung mit einzelnen Größensymbolen" (Kohut in Wolf ebd., 115) ersetzt wird, so stützen Perls Hinweise auf die tendenziell zwanghafte Beschäftigung mit seinen eigenen wie den weiblichen Genitalien (Perls 1981, 306f) diese Sichtweise.

47 Die Informationen und zitierten Dokumente in Bezug auf das Studium von Perls in Berlin (zitiert als „Archiv. Nr." und „Bl.") stammen aus der schriftlichen Mitteilung des Universitätsarchivs der Humboldt-Universität zu Berlin vom 29. 4. 1996 an den Verfasser.

48 Mitteilung von Dr. M. Hubensdorf, ehemals FU Berlin (Institut für Geschichte der Medizin), vom 13. 2. 1996 an den Verfasser.

49 Vgl. Fußnote 31.

50 Mitteilung von Dr. M. Hubensdorf.

51 Als in der Stadt Löwen beispielsweise aus Häusern heraus anscheinend vorbereitet auf die einmarschierenden deutschen Truppen geschossen wurde, statuierte man ein Exempel. Die Häuser, aus denen geschossen wurde, steckten die deutschen Truppen in Brand, so dass es in allen Stadtteilen Löwens brannte. Zahlreiche Studenten und Geistliche wurden mit der Beschuldigung, sie seien Rädelsführer, sofort erschossen, ebenso alle mit Waffen vorgefundenen Bürger. Man nahm Honoratioren der Stadt als Geiseln, um sie zu erschießen, wenn die Angriffe aus der Bevölkerung nicht aufhörten. Die gelegten Brände zerstörten einen großen Teil der alten Stadt Löwen und vernichteten die Universitätsbibliothek mit 250 000 kostbaren Hand- und Druckschriften (vgl. Heydecker 1997, 113f).

52 Mitteilung des Krankenbuchlagers Berlin vom 4. 7. 1997.

53 Sloterdijk zieht eine Linie von der Entwicklung der Gasgranate zur systematischen „atmoterroristischen" Zerstörung von Lebensumwelten bis zu den Vernichtungsaktionen durch Gaskammern in deutschen Konzentrationslagern und zieht eine andere Linie bis zu den amerikanischen Napalmangriffen in Vietnam und den Abwürfen der Lungenbrecherbomben Blue 82 in Irak und Afghanistan.

54 Haber gehörte als deutscher Jude zur Mehrheit der deutschen Wissenschaftler, die im ersten wie im zweiten Weltkrieg ihre „neutrale Wissenschaft" in den Dienst der deutschen Militär- und Vernichtungspolitik gestellt haben.

55 „Das Luftattentat des Gasterroristen erzeugt im Angegriffenen die Verzweiflung, durch Nichtunterlassenkönnen der Atmung zur Mitwirkung bei der Auslöschung des eigenen Lebens gezwungen zu sein" (Sloterdijk ebd., 21).

56 Gelbkreuz, eine ölige Flüssigkeit, die beim Platzen der Geschosse versprüht wird, „bleibt im Gelände haften, durchdringt die Lederstiefel und Uniformen und bildet überall am Körper schmerzhafte Blasen und schlecht heilende Wunden" (Heydecker ebd., 282). Zu den Wirkungen von Gelbkreuz gehörten schlecht heilende Entzündungen an den Augen und Atmungsorganen.

57 Das „Gunfire" des englischen Originaltextes meint Geschütz- oder Kanonenfeuer und nicht das in der deutschen Übersetzung benutzte „Gewehrfeuer". Gewehrfeuer machen keine Volltreffer, direkten Treffer oder direct hits von Sanitäts-Unterständen. Entsprechend habe ich die Begriffe ausgetauscht.

58 Im Original heißt es: „sobbed my heart out" (vgl. Perls 1969, 165).

59 In den Unterlagen des Krankenbuchlagers Berlin finden sich Angaben über eine stationäre Behandlung des Sanitätsgefreiten F. Perls, Mitglied der 5. Kompanie des Pionier Regiments 36, vom 16. 4. 1916 bis zum 26. 4. 1916 im Feldlazarett 7, Roubaix.

60 Er hat sich wahrscheinlich in diesem Fall einweisen lassen, da er ein gutes Verhältnis zu diesem Arzt hatte, von dem er sich anscheinend respektvoll behandelt fühlte. An anderer Stelle schreibt er: „Ich habe mich immer geschämt, wenn ich krank war. Es war wie ein Stigma. Selbst an der Front verschwieg ich lieber eine Mandelentzündung mit hohem Fieber als eine derartige ‚Schwäche' zuzugeben" (Perls 1981, 261).

61 Aus einem Flugblatt, das im Herbst 1918 in Berlin verteilt wurde, in dem den Juden die Schuld am Krieg gegeben wurde (vgl. Adler 1988, 137).

62 Es gab durchaus Stimmen in Deutschland und Österreich zu Beginn des zwanzigsten Jahrhunderts, die sich gegen den Antisemitismus aussprachen, weil der verhindere, dass die der deutschen Sprache und Kultur zugeneigten Massen der osteuropäischen Juden „als eine Erweiterung der deutschen Machtstellung bis tief in das Gebiet fremder Völker und Reiche" (in Adler 1988, 113) genutzt werden können.

63 Milan Sreckovic, der auf Grund seiner biographischen Gespräche mit Lore Perls Einblick in dieses Thema hat, vertritt ebenfalls diese Ansicht.

64 „He was a medical officer in the first World War, and he was heavily involved in gas warfar. And what he saw, he said one time, utterly, utterly embittered him all his life" (Zeff in Gaines 1979, 4).

65 „Fritz war ein hoffnungsloser Zyniker. Während des ersten Weltkrieges war er verwundet worden und hatte eine Lungenentzündung. (...) Das trug wahrscheinlich dazu bei, dass er später in Afrika emphysemisch wurde und Schwierigkeiten mit dem Herzen bekam. Aber das kam natürlich vor allem vom Rauchen, womit er in den Schützengräben angefangen hatte, als es nicht genug zu essen gab" (L. Perls 1997, 49).

66 Zur Forschung in Bezug auf Psychotraumatologie und Traumatherapie vergleiche das umfassende Lehrbuch von Fischer et. al. 2003.

67 „Nach der Niederlage marschierten wir über zwanzig Stunden am Tag. Es gab kaum etwas zu essen. Damals fing ich an zu rauchen und ich habe es nie wieder aufgegeben" (Perls 1981, 179).

68 U. Kluge zieht den Schluss, das der „Kampf gegen die Volksbewegung der Räte ein irrationaler Faktor mehrheitssozialdemokratischer Politik" (Kluge ebd., 69) war und er beurteilt die „Rätefeindschaft als Überreaktion auf den unerwarteten und kaum koordinierbaren Massenimpuls, aus der sich ein innerproletarischer ‚Klassenkampf' entwickelte" (ebd.). Peukert beklagt in diesem Zusammenhang, dass die SPD keinerlei Versuch gemacht habe, „gestützt auf die Loyalität der Räte, die Demokratisierung der Verwaltung einzuleiten und eine politisch konformere bewaffnete Macht aufzubauen, als das die alten kaiserlichen Offiziere sein konnten und wollten" (Peukert 1987, 41).

69 Ich habe hier Albrecht Götz von Olenhusen für seine mir zugesandten Arbeiten zu diesem Thema und seine großzügige Hilfe bei der Klärung von Perls' Situation in Freiburg zu danken.

70 Die Informationen stammen vom Universitätsarchiv der Universität Freiburg. Mitteilung an den Verfasser vom 12.4.1996.

71 Schriftliche Mitteilung von Albrecht Götz von Olenhusen an den Verfasser vom 28. 6. 1998. Perls wohnte laut Meldekarte vom 1. 5. bis 2. 6. 1919 in Freiburg in der Zähringerstr. 31 I. Die Karte hat wahrscheinlich der Vermieter „Buss" ausgefüllt. Perls hat sich nach Berlin abgemeldet.

72 Brief von Albrecht Götz von Olenhusen an den Verfasser vom 28. 6. 1997.

73 Brief von A. G. v. Olenhusen an den Verfasser vom 17. 5. 1998.

74 Der Schriftsteller Ernst Toller, einer der Kommandanten der Roten Armee Münchens, zitierte in seinen Erinnerungen einen Zeugen dieser Tat. Landauer wurde mehrfach geschlagen und ging durch die Schläge mit einer schlegelartigen Keule zu Boden. Er wollte aufstehen und reden, wurde aber von jemandem in den Kopf geschossen. Er atmete immer noch. Man zog ihm den Mantel aus, legte ihn auf den Bauch und schoss ihm in den Rücken: „Da Landauer immer noch zuckte, tritt ihn der Vizewachtmeister mit den Füßen zu Tode, dann wird ihm alles heruntergerissen und seine Leiche ins Waschhaus geworfen" (in Toller 1994, 142).

75 Erst Ende der zwanziger Jahre, aus noch zu erläuternden Gründen, finden sich bei Perls, wie bei Reich, Bloch oder Brecht, mehr oder weniger gelungene Versuche, aus der bürgerlich-rebellischen „Zwischenschicht" auf die Seite der durch die Kommunistische Partei geführten „Klasse der Zukunft" zu wechseln, oder sich zumindest in ihren Dienst zu stellen.

76 Etwa die Landkommune „Freie Erde" bei Düsseldorf um 1921 (vgl. Heineke 1978, 58).

77 Zum Einfluss der politischen Ideen Landauers auf Bubers Denken und zur Bedeutung von Bubers dialogischer Ich-Du Philosophie für die Theorie und Praxis der Gestalttherapie vgl. Doubrawa und Staemmler (Hg.) (2003)

78 Vgl. hierzu die Arbeiten von Gay 1989a und Hermand et. al. 1989.

79 Zu dieser einflussreichen Gruppe gehörten im Jahre 1905 Ernst Ludwig Kirchner, Erich Heckel, Fritz Bleyle und Karl Schmidt-Rottluff als Gründungsmitglieder. Im Laufe der Zeit stiessen immer wieder andere Künstler, auch aus anderen europäischen Ländern, für eine Zeit zur Gruppe, von denen ich hier nur Max Pechstein und Emil Nolde nennen möchte (vgl. Elger 1994).

80 Zupfgeigenhansel war eine Liedersammlung der bürgerlichen Jugendbewegung, bearbeitet für Gitarrenbegleitung, die bis heute in deutschen Pfadfinderkreisen benutzt wird.

81 Aus der ersten Abschrift eines Interviews, das Dan Rosenblatt mit Lore Perls geführt hat. Eine Kopie dieser ersten Abschrift wurde mir von Milan Sreckovic zur Verfügung gestellt

82 Deutsche Übersetzung vom Autor. Das „Wir" ist auch im Original kursiv gedruckt.

83 „First time a solid bearing. Groping. And less confused" (Perls 1993, 6).

84 Exner (1996, 309) vermutet, dass Perls an den Diskussionsabenden in der Wohnung von Segal teilgenommen hat. Zur Gästeliste von Meidner, auf der auch Friedlaender verzeichnet ist, vgl. Hülsewig-Johnen Hg., 1994, 75.

85 Vgl. Reichwein (1989) zur kritischen Auseinandersetzung mit der Integration dieser Ansätze in die Gestalttherapie. Sie kritisiert speziell deren implizit vorhandene Forderung nach Widerspruchsfreiheit und Tendenzen zur gedanklichen Konstruktion geschlossener statt offener Systeme.

86 Seth Taylor schreibt in seiner Dissertation über die Nietzsche Rezeption der deutschen Expressionisten über Friedlaenders Nietzschebuch und seine „Schöpferische Indifferenz": „These two books, in fact, embody in a nutshell the relationship of Expressionism to Nietzsche, expressed philosphically" (in Exner ebd., 195).

87 Solipsismus: erkenntnistheoretischer Standpunkt, der nur das eigene Ich mit seinen Bewusstseinsinhalten als das einzig Wirkliche gelten lässt u. alle anderen Ichs mit der ganzen Außenwelt nur als dessen Vorstellungen annimmt. (c) Duden – Das Fremdwörterbuch. 7. Aufl. Mannheim 2001. [CD-ROM]. Sat_Wolf, Bayern

88 In Bezug auf das Grundpaar Subjekt-Objekt erwähnte Perls, dass schon Freud die Abhängigkeit zwischen Beobachter und beobachteten Fakten entdeckt habe (vgl. ebd., 14) und machte beispielhaft den funktionellen Zusammenhang innerhalb eines Bezugspaares am Beispiel der gegenseitigen Abhängigkeit von Erwartung und Enttäuschung deutlich (vgl. ebd., 21).

89 Stirners wichtigstes Werk war das im deutschen Vormärz 1844 erschienene „Der Einzige und sein Eigentum." Anselm Ruest, der Schwager von Mynona, war überzeugter Anhänger Stirners und gab Schriften Stirners sowie die Stirnerianische Zeitschrift „Der Einzige" heraus, in der auch Mynona veröffentlichte (vgl. Exner 1996, 216f).

90 Zu dieser Perlsschen Konstruktion, die auf Friedlaenders Polaritätsphilosopie, Freuds Topologie, sowie möglicherweise auch auf Nietzsches Gedanken zum Verhältnis von Herrenmoral und Sklavenmoral zurückgeht (und der „Sklave", der Under-Dog, eher eine Art „Unter-Ich" als Repräsentant des Freudschen Es, ist meist der, der letztlich gewinnt), vgl. Blankertz et. al. 2005, 291f).

91 Das erste Dadaistische Manifest von Dada Berlin wurde 1918 unterschrieben von: „Tristan Tzara. Franz Jung. George Grosz. Marcel Janco. Richard Huelsenbeck. Gerhard Preiß. Raoul Hausmann. O. Lüthy. Frèderic Glauser. Hugo Ball. Pierre Albert Birot. Maria d' Arezzo. Gino Cantarelli. Prampolini. R. van Rees. Madame van Rees. Hans Arp. G. Thäuber. Andrèe Morosini. Francois Mombello-Pasquati" (in Riha Hg. 1977, 25).

92 Zum durchdachten Verhältnis von F. Perls zu Sprache, Intellektualität und zu seinem integrativen Verständnis vom Verhältnis von Vernunft und Sinnlichkeit, auch in Bezug und Abgrenzung zur Freudschen Psychoanalyse, vgl. Bocian 2000, 52f.

93 Otto Gross und Mynona haben beide in der Zeit bis zum Ausbruch des ersten Weltkrieges in Franz Pfemferts Zeitschrift „Die Aktion" publiziert.

94 Otto Gross (1877-1920). Zu Leben, Werk und den jährlich stattfindenden internationalen Kongressen, vergleiche die umfangreiche Internetseite der „Internationalen Otto Gross Gesellschaft" in deutsch und englisch (www:ottogross.org) und die Referenzarbeit „Otto Gross: Paradies-Sucher zwischen Freud und Jung" von E. Hurwitz (1988).

95 Zur Dynamik der Beziehungen zwischen Gross, Jung und Freud in dieser Periode vgl.

Hurwitz (1988, 170f). In dem 1920 erschienenen Buch „Psychologische Typen“ von Jung, referiert dieser ausführlich die Typenlehre von Gross, insbesondere dessen Arbeiten „Cerebrale Sekundärfunktionen“ und „Über Psychopathische Minderwertigkeiten“ (vgl. Hurwitz ebd., 261f).

96 Übrigens war für Gross die von Freud technisch vorgesehene „anhaltende Fixation der Übertragung auf den Arzt“ (in Hurwitz 1988, 84) Ausdruck und Wiederholung „des gesellschaftlichen Anspruchs auf Monogamie“ (ebd.) und in der Bohème Hochburg Ascona hat er entsprechend das Zweiersetting um gruppentherapeutische Experimente erweitert, in der die weibliche Selbstbefreiung eine wichtige Rolle spielte.

97 Zur unterschiedlichen Übersetzung des von Perls und Goodman benutzten Begriffes „self-conquest“ vgl. Blankertz et. al. 2005, 263f u. Perls et. al. 1991, 223.

98 Sein freies Sexualleben war für viele Skandal und für manche eine Faszination. Ich erinnere nur an seinen Einfluss auf D. H. Lawrence, den er über seine Kontakte mit den Richthofen Schwestern ausgeübt hat. Belastend für seine psychoanalytischen Sympathisanten war sicherlich die offizielle psychiatrische Diagnose „Wahnsinn“, aus der Zeit der Zwangseinweisung, an der auch die erste Diagnose von C. G. Jung „Dementia praecox“, die Freud nicht teilte, seinen Anteil hatte. Hurwitz schließt nicht aus, dass Jungs Diagnose auch eine „Rechtfertigung für eigenes Versagen, ... Mittel der Rache für erlittene Kränkungen“ (Hurwitz 1988, 184) war. Gravierend war in diesem Zusammenhang sicherlich auch die Tatsache, dass es mehr als einmal zu Selbstmorden unter den jungen Frauen gekommen war, die sich im Kreis um Gross bewegten und deren Tendenz zum Ausbruch aus den unterdrückenden bürgerlichen Verhältnissen er massiv unterstützte, was ihm als ärztliche Fahrlässigkeit angelastet wurde.

99 Vgl. das Kapitel: „Ferenczi ‚nonno della Gestalt‘“, in Giorgio Antonellis Buch „Il mare di Ferenczi“ (1997, 511f).

100 Auch in Paris löste sich die Dadagruppe auf (Tzara, Picabia, Duchamp, Aragon, Breton u. a.) und der Surrealismus gewann an Boden.

101 Vor allem in der Grenadierstraße und der Dragonerstraße, die heute Max-Beer-Straße heißt.

102 Es handelte sich um einen Dr. Rosen oder Rosenstock (vgl. L. Perls 1997, 58).

103 Diathermie nennt man eine Wärmebehandlung mit hochfrequentem Wechselstrom, der die Gewebe durchflutet und durch Widerstandwärme erhitzt.

104 Allerdings kam es beim sich ausbreitenden Einverständnis mit dem Modernisierungsprozess in einigen Fällen zu „seltsamen Allianzen weit über die festgefügten politischen Lager hinaus“ (H. A. Glaser 1989, 169). So etwa bei dem revolutionären Rechten und Nationalisten Ernst Jünger und Bert Brecht. Beide bevorzugten die Kälte-Metapher (vgl. ebd., 174) und wollten vom humanistischen Sentiment wenig wissen.

105 „Rather study medicine (without interest) – this opens the door to philosophy, physiology“ (Perls 1993, 6).

106 Dass Helene Deutsch sich als Sozialistin verstand und in ihren frühen Jahren auch mit Rosa Luxemburg Kontakt hatte, wird meist in der Rückerinnerung an sie vergessen.

107 Bei Horney gibt es keine Gesellschaftsanalyse im politischen oder politökonomi-

schen Sinne. Von daher ist der Kritik von philosophisch-marxistischer Seite (Adorno, Marcuse etc.) an der Oberflächlichkeit ihres Kulturbegriffs beizustimmen. Ihr spezifisch weiblicher Ausgangspunkt wird dabei jedoch zumeist übersehen.

108 Als Beispiel will ich hier den Artikel „Totalität" von Carl Einstein erwähnen, der 1914 in der bedeutenden expressionistischen Zeitschrift „Die Aktion" erschien und in dem Einstein, ohne das Wort Gestalt zu benutzen, wesentliche Bestandteile der Kerntheorie der Gestaltpsychologie ausbreitet (vgl. Einstein in Best Hg. 1982, 113). Etwa die Auffassung, dass Erkennen „ein Schaffen von geordneten Inhalten, das heißt totalen Systemen bedeutet." (ebd., 112) Totalität wird hier als „geformtes Sein" verstanden, das im dialektischen Sinne „als Einheit von Gegensätzen" (ebd., 113) definiert wird. Totalität ist nicht einfach „Einheit", was nach Einstein qualitativ unendliche Wiederholung bedeuten würde, sondern als „endliches System" existiert sie nur „unter Mitwirkung aller bestimmten verschiedengearteten Teile eines Systems" (ebd.). Dieser Totalitätsbegriff unterscheidet sich wesentlich vom totalitär-undialektischen Ganzheitsbegriff der Zeit des Nationalsozialismus. Vgl. hierzu auch die kritische Arbeit von Lessin (2002), der als Gegengewicht zu einem totalitären Ganzheitsbegriff, auch innerhalb der Gestalttherapie, die Bedeutung des „Fragments" hervorhebt.

109 Zur Geschichte der Gestaltpsychologie im deutschen Kulturraum vgl. die umfang- und detailreiche Referenzarbeit von Mitchel G. Ash „Gestalt Psychology in German Culture, 1890-1967". Hier zitiert nach der italienischen Ausgabe (2004).

110 Zum Leben und zur theoretischen Entwicklung von Goldstein vgl. Harrington (2002), zum Einfluss von Goldstein auf die Gestalttherapie vgl. Votsmeier (1995), zum Verhältnis Goldsteins zur Psychoanalyse vgl. Laier (1996).

111 In dieser Zeitschrift erschienen auch die erwähnten Arbeiten von Goldstein / Gelb, sowie die wichtigsten Arbeiten der Berliner Schule der Gestaltpsychologie (Wertheimer, Köhler, Koffka, Duncker), entsprechend wurden alle drei Theoriestränge als eine gemeinsamen Schule wahrgenomman (vg. Ash 2004, 275f).

112 Zum Verhältnis Gestalttherapie und Feldtheorie vgl. Parlett und Portele in Fuhr et. al. 1999.

113 Diese Sichtweise teilt die Gestalttherapie mit Psychoanalytikern wie M. Eagle (vgl. dessen Arbeit „Es und Ich in neuer Sicht" 1988, 262f.) und mit den kontextualistischen Analytikern um Stolorow (vgl. Orange et. al. 2001, 14f).

114 Die systemische Naturphilosophie des südafrikanischen Politikers und Philosophen Jan Smuts bot Perls, in den ersten Emigrationsjahren, eine komplette Terminologie für seine eigenen Auffassungen vom ganzheitlichen Organismus, der, materielle wie geistige Nahrung assimilierend, in seinem Umweltfeld wächst. Smuts fasste „als Systematiker des Holismus" (Burian 1985, 130) die bisherigen polaristisch-ganzheitlichen Auffassungen in einem großen Entwurf zusammen, der den Einzelorganismus wie das Universum umfasste. Mit Smuts' Holismus, inklusive seiner Annahme einer beseelten Welt, einer „Weltseele", tauchten mitten im zwanzigsten Jahrhundert zentrale Gedanken von Schelling und Goethe wieder auf. Gegen die metaphysischen Übersteigerungen von Smuts, etwa seine Ansicht, „die Wirklichkeit als Ganzes ist ein gewaltiges universales Lebewesen" (Smuts in G. Böhme Hg. 1989, 322) hat Perls sich

verwehrt. Er sperrte sich gegen diesen „theologischen Holismus“ (Perls 1991, 32) genauso wie gegen „Hegels dialektischen Idealismus als einen philosophischen Versuch, Gott durch andere metaphysische Begriffe zu ersetzen“ (ebd., 15).

115 Die Vorstellung von blockierter Selbstverwirklichung oder gehemmtem Wachstum der Persönlichkeit, hatte sowohl für Goldsteins ehemalige Mitarbeiterin Frieda Fromm-Reichmann, als auch für Karen Horney theoretische und praktische Relevanz.

116 Goldsteins Hervorhebung „des Wertes der Selbstverwirklichung, der Existenz“ (Harrington ebd.) hatte in Frankfurt Einfluss auf Paul Tillich, als Vertreter einer existenzialistischen Philosophie, sowie auf die französische Phänomenologie (Merleau-Ponty) und die später in den USA entstandene Humanistische Psychologie.

117 Dass Goldstein seinen ganzheitlichen Ansatz auch in seinem Arbeitsumfeld praktizierte und gemeinsam mit Psychologen, Ärzten und Pädagogen interdisziplinär arbeitete, hatte möglicherweise eine Vorbildfunktion für das Ehepaar Perls. Der psychoanalytisch orientierte Perls konnte in diesem Klima, zusammen mit seiner gestaltpsychologisch orientieren Frau, ein erstes interdisziplinäres Grundpaar bilden, das dann nach Flucht und Emigration bei jedem der weiteren theoretischen Entwicklungsschritte um mitdiskutierende und beitragende Künstler, Pädagogen, Sozialwissenschaftler etc. erweitert wurde.

118 Karl Landauer (1887-1945) war direkter Freudschüler und zugleich ein unabhängiger Kopf. Er steht (in Abgrenzung zu Wilhelm Reich) für eine sanfte Handhabung der aktiven Psychoanalyse, sowie für die Betonung selbständigen Denkens und Fühlens. Er war der einzige Psychoanalytiker, der in einem Artikel Perls' Vortrag zum Thema „Orale Widerstände“ von 1936 positiv zitierte. Zudem unterstrich er die besondere Bedeutung der Affekte und der kindlichen Gebärdensprache. Befreundet mit Ferenczi und Groddeck hat er sich in diesem Zusammenhang immer wieder mit der Gleichzeitigkeit von seelischen und körperlichen Vorgängen befasst (vgl. Landauer, K. 1991, Rothe 1987).

119 Zum historischen und aktuellen Verhältnis von Freudianischer Psychoanalyse und Gestaltpsychologie vgl. die wichtige Arbeit von Waldvogel (1992).

120 Von der Position einer organismischen Ganzheits- / Gestalttheorie aus, hat sich Kurt Goldstein 1927 kritisch mit der Psychoanalyse auseinandergesetzt. Der Vortrag „Die Beziehung der Psychoanalyse zur Biologie“ macht seinen starken Einfluss auf die spätere Gestalttherapie deutlich.

121 Der Kontaktzyklus von Perls und Goodman (1991, 196f) beschreibt vier grundlegende Phasen des Kontaktes zwischen Organismus und Umwelt, die meist in Form einer Wellenkurve dargestellt werden: Vorkontakt, Kontaktanbahnung, Kontaktvollzug und Nachkontakt.

122 Argelander schloss an die Arbeit von Schumacher an: „Das vom Bewusstsein jeweils Fokussierte – die Figur – ... ist in ein thematisches Feld, den Hintergrund, eingebettet“ (Argerlander in Mertens 1990, 34). Der Schlussbildungsprozess vollzieht sich für ihn nach Gestaltprinzipien und der Analytiker soll mit der Deutung „abwarten, bis die einzelnen Elemente in ihrer funktionalen Bedeutsamkeit aufeinander verweisen

und sich das unbewusste Thema als eine Gestalt abzeichnet, von der die einzelnen Elemente ihren Sinn erhalten" (Argelander in Waldvogel 1992, 89).

123 Cäcilia Arenz (1999, 19f) hat darauf hingewiesen, dass die Neuformulierung des Übertragunsbegriffes durch die intersubjektiven Psychoanalytiker um Stolorow letztlich der gestalttherapeutischen Auffassung von der organisierenden und schöpferischen Anpassungsleistung des Selbst entspricht. Stolorow betrachtet die Übertragung nicht als Realitätsverzerrung, sondern als eine Form der aktiven Assimilierung der therapeutischen Beziehung in die subjektiven Wahrnehmungsstrukturen (den Hintergrund) des Klienten (vgl. Stolorow et. al. 1996, 57f).

124 Brief von Prof. Dr. Mitchel G. Ash, damals Institut für Geschichte der Universität Wien, an den Verfasser vom 20. 1. 1998: „Leider kann Ihre Vermutung durchaus richtig sein, dass die Assistententätigkeit von Perls bei Wagner-Jauregg und Schilder als Volontariat begriffen und deshalb nicht schriftlich festgehalten worden ist. Bei meinen eigenen Recherchen im Universitätsarchiv habe ich mehrfach erfahren müssen, dass über Universitätsmitarbeiter, die weder regelmäßig besoldet noch als Stipendiaten geführt wurden, sehr wenige bis gar keine Unterlagen vorhanden sind."

125 „Ich glaube, er hatte auch Kontakt zu Schilder, der sehr gestaltorientiert war" (L. Perls 1997, 77).

126 Mitteilung des Wiener Stadt- und Landarchiv vom 16. 6. 1997. „Dr. Friedrich Perls, geb. 8. 7. 1893 in Berlin, Nervenarzt, mosaisch, ledig. 13. 9. 27 – 30. 9. 27: 9, Eisengasse 99/8 abgemeldet: unbekannt, vorher: Velden a. Wörthersee, ordentl. Wohnsitz: Berlin". Die Anschrift „Tendlerg. 4" findet sich handschriftlich auf dem Anmeldebogen des Lehrinstitutes der Wiener Psychoanalytischen Vereinigung zum Seminar von Dr. Hitschmann „Traumlehre" vom 21. 10. 1927: „Dr. Perls, Arzt." Als Adresse ist eingetragen „Frankfurt", was dann wieder durchgestrichen und durch „Tendlerg. 4" ersetzt wurde.

127 Im Behandlungsjahr 1927/28 waren bei insgesamt 256 Ambulatoriumsfällen der Neurosenabteilung die „Angsthysterie" mit 24 und die „Impotenz" mit 48 Nennungen die meistgenannten Diagnosen.

128 „Ich ging ohne Geld nach Wien; ich hatte keine Rücklagen und verdiente nicht viel. Wenn ich Geld hatte, gab ich es aus und hatte ich keins, konnte ich mit so gut wie gar nichts auskommen" (Perls 1981, 55).

129 Entsprechend der Seminaranmeldungsbögen aus dem Archiv des Lehrausschusses der Wiener Psychoanalytischen Vereinigung (Freud-Museum, London), deren Kenntnis ich Johannes Reichmayr verdanke.

130 Perls saß in den Seminaren unter anderem zusammen mit der Prinzessin Bonaparte; dem Pionier der psychosomatischen Medizin Felix Deutsch; Anni Reich, der damaligen Frau von Wilhelm Reich, deren Aufsatz „Einige Bemerkungen zur Gegenübertragung" (1960) für die innerpsychoanalytische Diskussion von Bedeutung war und die 1960 bis 1962 die Position der Präsidentin des New York Psychoanalytic Institut bekleidete; dem Kunsthistoriker Ernst Kris, der wichtige Werke zur psychoanalytischen Kunstinterpretation verfasste und seiner Frau Marianne, die in den USA eine wichtige Kinderanalytikerin wurde; Eduard Kronengold, der als Edward Kronold

zweimal Präsident der New York Psychoanalytic Society wurde; Edmund Bergler, dessen Arbeit über die Schreibhemmung bei Schriftstellern (1950) in literarischen Kreisen (auch bei Paul Goodman) Beachtung fand; Ludwig Eidelberg, in New York Professor für Psychiatrie und 1959 Präsident der Psychoanalytic Association of New York; Mrs. Dorothy Burlingham, die lebenslang beruflich und privat mit Anna Freud verbunden blieb und Anni Angel-Katan, die in den USA Professorin für Kinderpsychoanalyse an der Universität Ohio und 1957 Gründungsmitglied der Cleveland Psychoanalytic Society wurde. Anni Reich, Anni Angel und Edward Kronold waren in Wien linkspolitisch aktiv und arbeiteten in den von Wilhelm Reich und Marie Frischauf gegründeten sozialistischen Sexualberatungsstellen. Anni Reich wurde in Berlin kurzzeitig von den Nazis verhaftet und Anni Angel war in der Emigrationszeit in Holland im antifaschistischen Widerstand aktiv. Zu den erwähnten Namen vgl. ausführlicher Mühlleitner 1992.

131 Paul Federn (1871-1950) war bereits ab 1903 Mitglied von Freuds Wiener Mittwoch-Gesellschaft und wurde von Freud, nach seiner Krebserkrankung, zum persönlichen Nachfolger ernannt. Einfluss auf Perls hatten die Pionierarbeiten von Federn zur Ich-Psychologie und zur Psychoseforschung (vgl. Federn 1987). Federns Begriff „Ich-Grenze", der einiges von Kohut Selbstkonzept vorwegnahm, blieb für Perls lebenslang von Bedeutung. In Amerika hat Perls laut eigener Aussagen Federn besucht und Federn war im Besitz eines Exemplars von „Ego, Hunger and Aggression", das mit einer Widmung von Perls an ihn versehen war. Federns Sohn Ernst hat dieses Exemplar später an einen Gestalttherapeuten in Cleveland verkauft. (Mitteilung von Ernst Federn an den Verfasser, Brief vom 24. 1. 1997)

132 Auf diese Veranstaltung bezieht sich möglicherweise eine Erinnerung von Perls: „Ein anderer Psychoanalytiker, der mich beeindruckte, war Paul Federn; vor allem wegen eines Satzes, den er während einer Vorlesung sagte. Stellt euch einen ehrwürdigen Patriarchen vor, der sagt: ‚Man kann gar nicht genug vögeln!' Und das in einer Atmosphäre, wo gewöhnlich nur ‚mind-fucking' geschätzt wurde" (Perls 1981, 58).

133 Vor dem ersten Weltkrieg hatte auch Karen Horney in Fraenkels „Berolinum" gearbeitet (vgl. Müller 2000, 67).

134 Zumal James Fraenkel auch Besitzer des verpachteten Krankenhauses blieb.

135 Perls hielt diesen Vortrag auf dem Kongress in Marienbad im Jahre 1936, zu dem er aus der südafrikanischen Emigration anreiste. Der Vortrag war als ein weiterführender Beitrag zur Reichschen Widerstandsanalyse gedacht und befasste sich mit dem Thema „Orale Widerstände". Die überwiegend negative Aufnahme seiner Gedanken hing höchstwahrscheinlich damit zusammen, dass man ihn als Schüler von Wilhelm Reich identifizierte, der damals bereits aus der psychoanalytischen Vereinigung herausgedrängt worden war. Hierzu in einem späteren Kapitel mehr.

136 Ungarisch Jenö Hàrnik, wurde in Budapest von Ferenczi analysiert, gehörte dort zu den ersten Psychoanalytikern und hatte am Ende des Ersten Weltkrieges Kontakte zur revolutionären Rätebewegung. Er beteiligte sich an der Psychiatriereform in den öffentlichen Kliniken, emigrierte jedoch auf Grund des anwachsenden ungarischen Faschismus und Antisemitismus gegen 1921 mit anderen analytischen Kollegen nach

Berlin, wo er Lehranalytiker wurde (vgl. Freud / Ferenczi 1993, 66). Im Briefwechsel zwischen Freud und Ferenczi äussern sich beide sehr negativ und indiskret über Harnik, tun dies aber auch in Bezug auf bereits ausgetretene (Adler, Jung) oder noch zur Freudschen Bewegung gehörende Analytiker, sowie in Bezug auf eigene Analysanden.

137 Fromms und Perls' Kritik der Freudschen Theorie und ihre Ideen zur Veränderung der therapeutischen Praxis ähneln sich in den Grundzügen teilweise enorm. Etwa in Bezug auf die Kritik der Todestriebtheorie, des autoritären Deutens und das infantilisierende Couch-Setting. Eine positive Einstellung hatten beide in Bezug auf Themen wie psychisches Wachstum, Körperbewusstsein sowie die Bedeutung des Hier und Jetzt und beide integrierten Bubers Ich-Du Philosophie und taoistisch-buddhistische Theorieelemente in ihren jeweiligen Ansatz. Gemeinsam ist den beiden Berliner Charakteranalytikern auch eine tendenziell aktiv-konfrontierende Vorgehensweise. In der konkreten Praxis war Perls allerdings radikaler in der Umsetzung, und in Bezug auf den Einsatz neuer Interventionsmöglichkeiten wesentlich kreativer als Fromm. Eine vergleichende Arbeit zu den aus einem sehr ähnlichen Lebenskontext erwachsenen Freudrevisionen von Perls und Fromm, sowie ihren Differenzen, ist in Vorbereitung. Ich verweise an dieser Stelle zum Vergleich auf meine Analyse von Perls' Freudrevisionen (Bocian 2000) und auf Fromms Vorträge zum Thema in „Von der Kunst des Zuhörens" (Fromm 1991).

138 Zu Otto Fenichels (1897-1947) Wirken in Berlin, seinen Emigrationsaktivitäten in Oslo und Prag, sowie seiner großen Bedeutung für die amerikanische Psychoanalyse vgl. Jacoby 1990, Peters 1992, 353 f und Müller 2000.

139 Möglicherweise war auch der im Mynona / Segal-Kreis aktive Raoul Hausmann beteiligt. Es ist ein „Paul Hausmann" aufgeführt.

140 Die NSDAP der Stadt Dessau forderte beispielsweise in einem Flugblatt, in dem es um die Schließung des Bauhauses ging, zusätzlich laufende Winterhilfe für Kleinrentner, Kriegsbeschädigte, Kriegshinterbliebene, kinderreiche Familien und Wohlfahrtsempfänger; Errichtung guter und billiger Kleinwohnungen für Minderbemittelte; Unbedingten Mieterschutz, solange die Wohnungsnot nicht behoben war. Die städtische Sparkasse sollte nur langfristige Darlehen zu niedrigen Zinssätzen vergeben und die hohen Gehälter der städtischen Beamten sollten gekürzt und das Bürgermeistergehalt in der Höhe beschränkt werden (vgl. Droste 1993, 226).

141 Entwicklungsgeschichte des modernen Dramas (1911), Die Seele und die Formen (1911), Die Theorie des Romans (1916).

142 In den siebziger Jahren haben einige westdeutsche Linke wieder an Lukàcs angeknüpft. Einer der ganz wenigen, der unter Einbezug der Arbeit von Lukàcs eigenständig an die freudomarxistischen Versuche einer Verbindung psychoanalytischer und marxistischer Erkenntnisse anschloss, war Dieter Duhm mit seinem Buch „Warenstruktur und zerstörte Zwischenmenschlichkeit". Nicht anders als Fritz Perls es fünfzig Jahre zuvor hätte formulieren können, schrieb Duhm etwa in Bezug auf die Moral des Mitmachens und des Dazugehörenwollens: „Die Angst, von dem / den anderen aufgrund einer missglückten Selbstverwertung nicht akzeptiert zu werden, ist unbe-

wusst identisch mit der Angst, vom entpersönlichten Vater grausam bestraft (,kastriert') oder vernichtet zu werden" (Duhm 1977, 119).

143 Lessin (2002) hat in diesem Zusammenhang in einer für den Gestaltansatz wichtigen Arbeit das „Fragment" als Korrektiv und Gegengewicht zu Totalisierungstendenzen des Ganzheitsbegriffs eingeführt.

144 Bloch war, außer seiner Sympathie für Schellings Naturphilosophie – Habermas nannte ihn einmal einen „marxistischen Schelling" (Habermas 1978, 11) –, laut Burghart Schmidt „von Husserl her (...) gestalttheoretisch orientiert. Er prägte später, um dem antiprozessualen, antiproduktiven Zug der Gestalttheorie zu entgehen, den paradoxen Begriff der ,Auszugsgestalt'" (Schmidt in G. Böhme 1989, 350).

145 Vgl. hierzu Bergius in Exner 1996, 290. Sowie auch Bergius (1977): „Für die politische Entwicklung von Grosz und Heartfield war das Stadium des Dadaismus bedeutend. (...) Der Berliner Dadaismus war für sie – wie auch für Herzfelde, Jung und Piscator – im Sinne Blochs ,Unterwegsgestalt einer aufgebrochenen Wirklichkeit'" (in Siepmann 1977, 43).

146 Wegbereiter waren Schopenhauer und Nietzsche; Hauptvertreter Henri Bergson, Georg Simmel, Wilhelm Dilthey, Henry James und Hans Driesch; als Vertreter einer irrationalen Lebensphilosophie gelten Ludwig Klages und Oswald Spengler. Phänomenologie und Existenzphilosophie sind sowohl Fortführung als auch Antwort: Max Scheler, Edmund Husserl, Martin Heidegger (vgl. Fellmann 1993).

147 Eine Quelle dieser Sichtweise ist der Bildungs- und Individualitätstheoretiker Wilhelm von Humboldt, mit seiner gerade für das deutsch-jüdische Bildungsbürgertum bedeutsamen Auffassung, dass das Ganze, die Totalität, sich nur in individueller Besonderheit äußern kann (vgl. Blankertz 1992, 101f).

148 Zu den Unterschieden zwischen der Gestaltpsychologie der Berliner Schule und der Ganzheitspsychologie der Leibziger Schule vgl. Ebrecht 1991, 283 f

149 Auch Herbert Marcuse nahm in seiner Auseinandersetzung mit totalitären Ideologien und Staatstheorien bei seiner Kritik am „Universalismus" die universalistischen Ansätze der Gestalttheorie aus (vgl. Marcuse 1965, 20).

150 Ebrecht hat darauf hingewiesen, dass Beck mit seiner Theorie der „zweiten Moderne", die u. a. durch Enttraditionalisierung und den Druck zur eigenverantwortlichen Selbst- und Biographiekonstruktion gekennzeichnet ist, letztlich modernisierte lebensphilosophische Gedanken in einer anderen wissenschaftlichen Terminologie präsentiert (vgl. Ebrecht 1991, 319f). Auch die Selbstorganisationstheorien (N. Luhman, F. Varela etc.) oder die sozialpsychologischen Arbeiten zur Individualisierung der Gruppe um Keupp greifen lebensphilosophische Themen wieder auf (vgl. ebd.).

151 Die beiden Perls' erwähnen, dass „Ausdruck und Rollenspiel" innerhalb der Psychoanalyse unter anderem von der Kinderanalyse benutzt wurde(vgl. Perls 1991, 237). Zur Geschichte der Kinderanalyse am Berliner Institut vgl. Oberborbeck 1994.

152 Für die Gestaltpädagogik kann die Bezugnahme auf Bernfeld und Karl Landauer, beide Pioniere der psychoanalytischen Pädagogik (vgl. Bittner et. al. Hg.1966), bereichernd sein. Zur neueren Diskussion um die Bedeutung von Bernfeld für eine Päda-

gogik im Spannungsfeld von Erziehung, Gesellschaftskritik und Therapie vgl. Trescher et. al. Hg. (1993).

153 E. Federn in einem Brief vom 13. 3. 1997 an den Verfasser.

154 Die Daten finden sich in Longerich (1995) und Ribbe et. al. (1994).

155 Vgl. Rackelmann (1994), der auch die von Sharaf (1994, 190f) übernommenen Angaben von Reich über die Existenz und Stärke eines „Deutschen Reichsverbandes für proletarische Sexualpolitik" korrigiert. Dieser Reichsverband ist auf Grund der Konkurrenz zwischen den Einzelverbänden und speziell zwischen SPD und KPD, nie zustande gekommen.

156 Reich hielt seine erste Vorlesung im II. Quartal 1931 (April bis Juni): „Triebpsychologie und Charakterlehre. 4 Stunden, Hörerzahl 46." Im Jahre 1932 die fünfteilige Vorlesung „Trieblehre" und das „Freud-Seminar. Schriften zur Technik. 5 Doppelstunden. Teilnehmerzahl 20." Im letzten Quartal noch einmal die Vorlesung: „Triebpsychologie und Charakterlehre", mit 27 Teilnehmern und im I. Quartal 1933 noch einmal die Vorlesung: „Trieblehre". Die Daten stammen aus den Ausgaben der IZP (Internationale Zeitschrift für Psychoanalyse) von 1930 bis 1933 und sind im jeweiligen sogenannten „Korrespondenzblatt der Internationalen Psychoanalytischen Vereinigung" enthalten. Unter „I. Mitteilungen der Internationalen Unterrichtskommission" finden sich an erster Stelle die Veranstaltungen des Berliner Psychoanalytischen Institutes.

157 „Elsa Gindler gilt als Wegbereiterin der Körpertherapie. Sie erforschte seit 1917 eigenständig das Zusammenspiel von äußerer Bewegung und Atem mit innerem Beteiligtsein, Bewusstseinsmodus und menschlichem Wachstum. Dabei entdeckte sie die Bedeutung von wachem Gewahrsein und Tiefenkontakt, organismischer Selbstregulation (...)„ (Franzen 1995, 3).

158 Bei Nietzsche findet sich auch eine Parallele zur Position von Perls / Goodmann, die sich gegen Freuds Konzept des Unbewussten abgrenzt. Perls / Goodman setzen das Unbewusste mit verarbeiteten Erlebnissen und Ereignissen gleich, die nun zum innerpsychischen Hintergrund gehören. Nietzsche: „Es gibt im organischen Reiche kein Vergessen, wohl aber eine Art Verdauen des Erlebten" (zitiert nach Haslinger 1992, 119).

159 Aus psychoanalytischer Sicht (E. Simmel 1943) gab es allerdings aus diesem Kontext heraus Kritik an Freuds dualistischer Todestriebtheorie (vgl. Simmel 1993, 227f).

160 „Einstweilen, bis den Bau der Welt – Philosophie zusammenhält, – Erhält sie das Getriebe – Durch Hunger und durch Liebe." Aus Schillers Gedicht „Die Weltweisen" (in Heigl-Evers et. al. 1993, 5).

161 Ich zitiere hier das englische Original, da die deutsche Übersetzung zwar das Bloch nahe Wort „dämmern" (dawn) benutzt, aber der Originaltext doch weniger poetisch ist. In der deutschen Übersetzung heißt es: „Kontakt heißt ‚Finden und Herstellen' der heraufdämmernden Lösung" (Perls et. al. 1991, 17).

162 Es ist hier nicht der Ort, um vertieft auf weitere Parallelen zwischen Bloch und Goodman einzugehen, ich will nur darauf hinweisen, dass Bloch in ähnlicher Weise wie Goodman in den von diesem formulierten Teilen des Buches „Gestalt Therapy" über

die Farben des Ärgers geschrieben hat (vgl. Bloch ebd., 52; Perls et.al. 1991, 136), eine Phänomenologie der Affekte versuchte (vgl. Bloch ebd., 77f) und ebenfalls eine Art Trieb- oder Kontaktzyklus mit den Phasen Streben / Sehnen – Suchen / gezieltes Treiben – Begehren / Wünschen – Wollen / Tunwollen entwarf (vgl. Bloch ebd., 49f).

163 Fischer versteht im Anschluss an M. Horowitz das Trauma u. a. als „unterbrochene Handlung, ... als unterbrochene Kampf- oder Fluchthandlung oder auch als Erstarrungszustand (freezing)„ (Fischer et.al. ebd, 118), mit entsprechenden, vor allem auch muskulären psychosomatischen Reaktionen.

164 „Dennoch – so sahen wir – blieben die männlichen Dadaisten im eigenen Leben weit hinter ihren Idealen und ihrer Kritik zurück: die Frau als gleichwertige Partnerin und Künstlerin anzuerkennen" (Bergius ebd.).

165 Wilhelm Reich hat von einem der von der SA angekündigten Überfälle auf den „Roten Häuserblock" in der Wilmersdorferstraße berichtet (vgl. Reich 1982, 133).

166 Aus dem Frankfurter Kreis kam auch der Soziologe N. Elias (1981), der, unter Einbeziehung der Psychoanalyse und der Gestaltpsychologie, das Verhältnis von Individuum und Gesellschaft als „Figuration" (ebd., LXVIIf), als ein von Individuen gebildetes Interdependenzgeflecht zu fassen suchte. Vgl. dazu seine schöne Arbeit „Mozart" (Elias 1993).

167 Ein Beleg hierfür ist, das sowohl Otto Fenichel (vgl. Jacoby 1990, 299), neben Reich die zweite zentrale Figur der Berliner Freudomarxisten, als auch die beiden Perls', die Kritik von Goodman (vgl. Goodman 1989, 71f) an der Überbetonung der kulturellen Faktoren durch die „Revisionisten" und dessen Verteidigung des unlösbaren Zusammenhangs von biologischen und gesellschaftlichen Faktoren positiv wahrnahmen und mit Goodman deshalb Kontakt aufnahmen.

168 So etwa die Ansätze von Freud und Adler, denen er Sektierertum und Pseudotoleranz vorwarf. Er selbst plädierte für eine dialektisch-ergänzende Sichtweise der unterschiedlichen Schulen innerhalb der psychoanalytischen Bewegung (vgl. Perls 1991, 79).

169 Zur Auseinandersetzung um den „Fall Reich" vgl. Fallend / Nitzschke (1997) und M. Schröter (1998).

170 Die Angabe von Clarkson und Mackewn (1993, 9), dass Perls in Berlin von 1928 bis 1933 als „certified Freudian psychoanalist" gearbeitet habe, stimmt nicht. In dieser Zeit war er Ausbildungskandidat des Berliner Institutes und „certified" war er erst nach der positiv bewerteten letzten Kontrollanalyse bei Landauer in Amsterdam. In Amsterdam wurde er im IV. Quartal 1933 „außerordentliches Mitglied" (IZP 20/1934) der oben genannten holländischen psychoanalytischen Vereinigung, die Anfang 1933 als eine zweite anerkannte IPV-Vereinigung, auf Grund von Spannungen mit den aus Deutschland geflohenen Analytikern, gegründet worden war. Im Jahre 1935 und 1936 wird er immer noch als außerordentliches Mitglied, allerdings mit Wohnanschrift in Johannesburg / Südafrika geführt. Erst in Band 23/1937 der „Internationalen Zeitschrift für Psychoanalyse, nach seinem Vortrag in Marienbad 1936, ist er mit einer Johannesburger Anschrift, u. a. zusammen mit Karl Landauer und

Theodor Reik, als „ordentliches Mitglied" der „Vereeniging van Psychoanalytici in Nederland" aufgeführt (vgl. IZP 1934-1937). Lore Perls wird in keinem der von mir eingesehen Dokumente der IPV erwähnt, hat also ihre psychoanalytische Ausbildung offiziell nicht abgeschlossen.

171 Das am 1. 4. 1934 gegründete Ausbildungsinstitut war laut Programm „Founded and Controlled by The South African Psychoanalytikal Group affiliated to The British Psychoanalytical Society" (vgl. Sreckovic 1999, 98).

172 Fritz Perls hatte in Südafrika eine Übersetzung von Reichs „Charakteranalyse" in Auftrag gegeben (vgl. L. Perls 1997, 67).

173 Sie liebten sich, waren glücklich mit dem Baby Renate, hatten viele Freunde im als aufregend erlebten Berlin, Lore hatte ihre Promotion abgeschlossen und Fritz Perls begann zu verdienen (vgl. Sreckovic 1999, 88).

174 Vgl. den Bandmitschnitt des Kulturamtes Pforzheim: „Interview mit Frau Dr. L. Perls vom 10. 7. 1989." Hier berichtet Lore Perls davon, dass, nachdem Perls schon nach Amsterdam geflohen war, Bekannte und Freunde, die nicht jüdisch waren, öffentlich zeigten „dass sie da nicht mitmachen". Es gab Einladungen nach Hause und Lore Perls wurde öffentlich „ausgefahren". Laut eigener Aussage erlebte sie in dieser Zeit „gar nichts von Anfeindung, im Gegenteil."

175 Reich kehrte um diese Zeit fluchtartig nach Wien zurück. Dort angekommen erlebte er nicht nur seine Isolierung innerhalb der psychoanalytischen Vereinigung, sondern stand auch hier bereits auf einer Verdächtigenliste der Staatsorgane. Die österreichische Staatspolizei hatte von der Berliner Gestapo eine Verhaftungsliste angefordert, auf der alle aus Berlin vertriebenen oder geflohenen Österreicher verzeichnet waren, denen „kommunistische Umtriebe" vorgeworfen wurden. Auf dieser Liste vom 5. Mai 1933 nahm Reich einen prominenten Platz ein (vgl. Rothländer 1998, 34).

176 Anpassungs- und Anbiederungsversuche, um die persönliche, berufliche oder institutionell-organisatorische Existenz zu sichern, waren in der Zeit nach der Machtübernahme verbreitet. Ähnliche Phänomene gab es auch bei zahlreichen Einzelpersonen, z. B. bei Richard Huelsenbeck, Theodor W. Adorno und Mies van der Rohe. So mancher berühmte Mann ist erst emigriert, nachdem er bemerkt hatte, dass es trotz seiner Anpassungsbemühungen in Deutschland keine Zukunft mehr für ihn gab. Zu den frühen Anpassungsversuchen von Th. W. Adorno und Mies van der Rohe vgl. Eitner 1991, 101 und 198.

177 Selbst bei bürgerlichen jüdischen Organisationen findet sich zu Beginn der Versuch einer Anpassung. Leo Beck, Präsident des Zentralrates, der sich nach 1933 Reichsvertretung der deutschen Juden nannte, erklärte Ende 1933, „die nationale Revolution", die den Bolschewismus bekämpfe und die „Erneuerung Deutschlands" wolle, könne mit der Zustimmung der jüdischen Gemeinde rechnen. Als „Gottlosenbewegung" sei der Bolschewismus ein Feind der Juden, die das neue Deutschland als „Ideal und Bestrebung" ansehen (in Traverso 1993, 120).

178 Zum von Freud und hohen IPV Funktionären unterstützten Anpassungskurs der DPG an die neue totalitäre deutsche Regierung, die mitbetriebene „Arisierung" und

Gleichschaltung, sowie die anscheinend erinnerungslose Neugründungspolitik als DPV nach 1945 vgl. Brecht et. al. (1985), R. Lockot (1985) und H. M. Lohmann (1994).

179 Diese Einschätzung teilt auch Sreckovic (1999, 89).

180 Dass er zwar sich, seine Frau und sein Kind, nicht aber andere Familienmitglieder gerettet hat, scheint Perls gequält zu haben. Wovor er anscheinend floh, waren die „Geister, die Opfer Hitlers, meist Verwandte von mir und Lore“ (Perls 1981, 136), die ihn in Alpträumen bedrängten. Seine eigenen Schuldgefühle und entsprechend das Konzept „Schuld“, versuchte er anscheinend abzuwehren, ohne zumindest ein Stück möglicher Verantwortung zu übernehmen (vgl. Perls 1981, 135f). Anscheinend sind diese „Bedrohungen“ für sein inneres Gleichgewicht zu groß gewesen. Seine Schuldgefühle können mit seiner Mutter und seiner ältesten Schwester zusammengehangen haben, die während der Deportationen umgekommen sind und auch mit der Mutter von Lore Perls, Toni Posner, geb. Ebner. Diese hatte beide Perls' in Südafrika besucht. Sie wollte nach Deutschland zurück und hatte sich zudem auch nicht mit Fritz Perls verstanden, der sie anscheinend nicht in der Familie behalten wollte. Auch Lore Perls gelang es nicht, ihre Mutter an der Rückkehr nach Nazideutschland zu hindern. Toni Posner kehrte nach Deutschland zurück, wurde am 4. 12. 1941 nach Riga deportiert und getötet. Die Schwester von Lore Perls, Liselotte Lisser (geb. Posner), ihr Mann Kurt Lisser und deren Tochter Ruth Lisser wurden, nachdem sie nach Amsterdam emigriert waren, dort festgenommen und in Auschwitz getötet. Der Bruder des Vaters, William Posner, kam im Altersghetto Theresienstadt um (vgl. Brändle 1985).

181 Vom Juni 1941 bis zum Juni 1944 wurden 24 300 Deutsche wegen „Umgang mit Ausländern“ verhaftet (vgl. Steinbach et. al. 1994, 102f).

182 Auf Grund eines Helfernetzes überlebten in Berlin etwa 1 400 der geschätzten 5 000 Deutsche jüdischer Abstammung, die sich für ein Leben im Untergrund entschieden hatten (vgl. Benz et. al. 1994, 228f).

183 Die Wehrmachtsgerichte verhängten wegen „Fahnenflucht“ etwa 35 000 Urteile, davon 22 750 Todesurteile, von denen 15 000 vollstreckt wurden (vgl. Steinbach et. al. 1994, 526f).

184 Mein Vater Alfons Bocian (geb. 1907) beispielsweise, ein parteiloser Arbeiter und Gewerkschafter aus Duisburg, erzählte, er habe grundsätzlich als Soldat den Hitlergruß verweigert („Habe Schmerzen im rechten Arm“), in die Tanks von Panzerfahrzeugen Sand geschüttet, Ventile von Wehrmachtsfahrrädern abgeschraubt, sich Wunden zugefügt, die den Kampfeinsatz verhinderten und gefangenen russischen Soldaten beim Wachdienst Nahrung zugesteckt. Beim kriegswichtigen Dienst als Lokomotivführer der Duisburger Thyssenhütte habe er die aus ganz Europa zur Zwangsarbeit verschleppten Männer und Frauen menschlich behandelt und mit Zusatznahrung versorgt. Er hörte auch „Feindsender“, was äußerst gefährlich war, um sich über die Realität des Kriegsverlaufes zu informieren.

185 Victor Klemperer, kein Linksliberaler oder etwa Sozialist, sondern jemand, der sich vor 1933 als deutscher Patriot und Nationalist verstand, schrieb in sein Tagebuch am 5. 10. 1935: „Wohin gehöre ich? Zum ‚jüdischen Volk‘ dekretiert Hitler. Und ich

empfinde das von Isakowitz anerkannte jüdische Volk als Komödie und bin nichts als Deutscher oder deutscher Europäer" (Klemperer 1997, 44).

186 Die Daten zum Schicksal der Kernfamilie Perls / Rund stammen aus der Mitteilung der Stiftung „Neue Synagoge Berlin – Centrum Judaicum" vom 22. 4. 1996 an den Autor. Die Informationen zum Schicksal der Geschwister von Amalie Rund, aus dem „Gedenkbuch Berlins der jüdischen Opfer des Nationalsozialismus (Hg. FU Berlin, Zentralinstitut für sozialwissenschaftliche Forschung. Edition Hentrich, 975 u. 1084).

187 Nathan Perls, geb. 6. 2. 1857 in Kattowitz, Schlesien.

188 Bisher wurde, wahrscheinlich im Anschluss an Erinnerungen von Laura Perls, davon ausgegangen, dass vom Vater „jede Spur fehle" (Sreckovic 1999, 96). Die Daten des jüdischen Friedhofs in Berlin Weißensee, bei dem ich recherchiert habe, sagen: Nathan Perls ist am 17. 11. 1933 gegen 2 Uhr 10 morgens eines natürlichenTodes gestorben. Laut Beerdingungs-Anmeldung fand das Begräbnis am 19. 11. 1933 ohne Rabbiner statt. Es wurde das „El mole rachamim Gebet" gesprochen und es erklang ein „Harmonium". Die Grab Nummer ist 88458 Abt. J. 3, Reihe 9. Für 30 Reichsmark hat die Tochter Grete Gutfreund noch zusätzlich die „Reservierung einer Nebenstelle für längstens 30 Jahre", höchstwahrscheinlich für die Mutter, beantragt.

189 Amalie Perls, geb. Rund, geb. 29. 11. 1858 Laurahütte, Schlesien.

190 Dass es sich um Schwestern von Amalie Perls handelt, vermute ich auf Grund des gleichen Geburtsortes. Clara Rund, geb. 19.12.1868, Laurahütte, Schlesien und Rosalie Rund, geb. 15. 6. 1862, Laurahütte, Schlesien.

191 Eugen Rund, geb. 22. 3. 1871 in Laurahütte, Schlesien.

192 An dieser Stelle sei noch einmal erwähnt, dass eine biographische Arbeit, wie die hier durch mich vorgelegte, immer eine persönliche Deutung und selektiv ist, so dass niemals der ganze Mensch sichtbar wird, sondern lediglich Teile von ihm in einem bestimmten Kontext, der vom Autor gewählt wird. Dies hat seinen Wert und mag durch andere Blickwinkel ergänzt und bereichert werden.

193 Vgl. etwa die Arbeiten von Hanna Arendt, Elias Canetti, Ernst Bloch, Erich Fromm, sowie von H. Marcuse und den anderen Vertretern der Frankfurter Schule.

194 Im Exil schrieb beispielsweise Norbert Elias „Über den Prozess der Zivilisation", Walter Benjamin „Über den Begriff der Geschichte", Ernst Bloch „Das Prinzip Hoffnung" und Horkheimer / Adorno schrieben die „Dialektik der Aufklärung".

195 „In Germany at the time of the Hitler business we were not very conscious Jews. Fritz had practically deserted everything Jewish. (...) But then, of course, with Hitler, Fritz became aware of the fact that you cannot renounce being a Jew any more than one can renounce being black or white. You simply are, whether you like it or not" (Lore Perls in Gaines ebd., 341).

196 Buber benutzte der völkischen Ideologie entlehnte biologistische Begriffe, ohne Rassist, im Sinne der Behauptung überlegener oder unterlegener Rassen zu sein. Er sprach in Bezug auf das Judentum von der „Gemeinschaft des Blutes" und dass die „tiefsten Schichten unseres Wesens vom Blut bestimmt" seien (vgl. Traverso 1993, 50; vgl. auch Baumann 1996, 114).

197 Über Goodman gingen nach 1945 auch passende Ideen von Aristoteles zu diesem

Thema in den Gestalteinsatz ein. „Aristoteles drückt es (in ‚Von der Seele') bündig aus: ‚Nahrung ist Unähnliches, das zu Ähnlichem umgestaltet wird.'" (Goodman 1992, 75).

198 Bobbio, N.: Wir wissen immer weniger. In: Die Zeit, 29. 12. 1999, 41-42.

199 Auch Otto Fenichel hat aus den gleichen Gründen und wegen des gleichen Artikels Kontakt mit Goodman aufgenommen. In einem Brief an Goodman äussert sich Fenichel lobend über dessen 1945 in der Zeitschrift „Politics" erschienen Aufsatz „The Political Meaning of Some Recent Revisions of Freud" (vgl. Jacoby 1990, 229).

200 „dass ... die Menschen mehr oder minder widerstandslos das schlucken, was das überwältigende Seiende ihnen vor Augen stellt und außerdem noch ihnen einbleut, als ob was nun einmal ist, so sein müsste" (Adorno 1971, 141).

201 Taylor (1995) hat sich kritisch mit der bürgerlichen Kultur der Authentizität und Selbstverwirklichung auseinandergesetzt. Er hat mit Tocqueville den wichtigen Unterschied zwischen Individualismus als ein moralisches Ideal und Egoismus als eine unmoralische Haltung betont (ebd., 29f), die versucht, soziale Einbindungen und Verantwortungen auszublenden. Perls als Person hat sicherlich beide Seiten dieser Medaille gelebt.

202 Bürmann hat darauf verwiesen, dass für ihn persönlich die im Kontext der Humanistischen Psychologie angebotene dialogische Beziehungsstruktur sich „fundamental unterscheidet von traditionell deutschen Autoritätsbeziehungen bzw. dem Verhältnis von ‚Führung und Gefolgschaft'" (Bürmann 1998, 60). Bürmann macht allerdings auch darauf aufmerksam, dass speziell in den Anfangsjahren in der Tradition von Fritz Perls in Gestalt-Ausbildungsgruppen Machtverhältnisse entstanden und die Gestalttherapie auch immer wieder Menschen anzuziehen schien, „die für die Verführung der Macht in besonderer Weise anfällig" (Bürmann 1998, 58) waren. Meiner Meinung nach handelte es sich bei diesem Phänomen um Erlösungsübertragungen auf den mächtigen „Vater", was dann auch eine Unterwerfungsbereitschaft und ein Machtverhältnis mittransportierte. Auf der Leiterseite vermute ich Kultivierung von Egoismus und das Ausleben von Macht, als Kompensation für ein unausbalanciertes, beschädigtes Selbstwertgefühl.

203 Zur Definition und Entwickung des Begriffes Identität gibt Keupp einen guten Überblick in seinem Beitrag „Diskursarena Indentität: Lernprozesse in der Identitätsforschung" (in Keupp et. al. 1997, 11-39). Als Basis der ganzen Diskussion bleibt für mich der von Keupp zitierte Satz von Blasi ausschlaggebend: „Identität ist eine Antwort auf die Frage ‚Wer bin ich?'„ (in Keupp et. al. ebd., 7). Ob das Individuum diese Antwort in einer biographischen Erzählung, einer Empfindung oder einer gesellschaftlichen Rolle findet, bzw. in einer mehr oder weniger integrierten Kombination dieser und anderer Antworten, wird hier nicht allgemeingültig definiert.

204 Vgl. Assmann et. al. Hg. 1998, Beck Hg. 1997, Keupp Hg. 1993, Keupp et. al. Hg. 1997, Keupp et. al. 1999.

205 In der Fachliteratur zum Thema Identitätsbildung kommt es in der Folge für den gestaltorientierten Leser zu einer wahren Renaissance traditioneller Gestalttherapiekonzepte.

206 Bilden macht auf die durch die amerikanische feministische Therapeutin Chaplin modifizierte Technik von Perls aufmerksam, deren Interesse insbesondere den mit dem Geschlechterverhältnis verknüpften hierarchisch gedachten Polaritäten der patriarchalen abendländischen Kultur gilt (vgl. Bilden 1998, 9f).

207 Reichwein (1997) definiert entsprechend Autonomie als „die Fähigkeit eines Menschen, sich im Bewusstsein seiner Abhängigkeit ... als selbst-antwortendes Wesen zu begreifen und den Konsequenzen seines jeweiligen So-Seins und -Verhaltens nicht ausweichen (...). in diesem Sinne schließt ‚Autonomie' Abhängigkeit und Unabhängigkeit in sich ein" (Reichwein 1998, 43).

208 Vgl. hierzu Keupp et. al. 1997, 11f

209 Straub vertritt die Ansicht, dass Eriksons Identitätstheorie, die von vielen „postmodernen" Autoren als antiquiert angesehen wird, im Kern heute noch brauchbar ist (vgl. Straub ebd., 76).

210 Seine in diesem Sinne verwendete Patchworkmetapher beschreibt meines Erachtens gut die Theoriebildung von Perls, der ja immer wieder fehlende Einheitlichkeit, also Widersprüchlichkeit, vorgeworfen worden ist (vgl. etwa Petzold H. in Fuhr et. al. 1999, 309f).

211 Etwas vom deutsch-jüdischen Erbe war in der Emigration am Leben geblieben, hatte sich auf freierem Boden weiterentwickelt und war nach 1945 zurückgekehrt und hat die hiesige geistige und kulturelle Landschaft bereichert. Hierzu zähle ich u.a. die Arbeiten von Adorno, Arendt, Benjamin, Bloch, Elias, Horkheimer, Jonas, Marcuse, Plessner, Popper, Wittgenstein und auch die Gestalttherapie.

212 Die letzte und abschließende der elf Thesen von Karl Marx, zu Ludwig Feuerbachs dialogisch-materialistischer und religionskritischer Philosophie, lautet: „Die Philosophen haben die Welt nur verschieden interpretiert, es kommt aber darauf an, sie zu verändern" (Marx in Lukàcs 1988, 58). Ich habe die Bezeichnung „die Philosophen" durch „die Psychoanalytiker" und die Bezeichnung „die Welt" durch „die Menschen" ersetzt

213 Perls schrieb 1948: „Unser Ziel ist Integration, und das analytische Verfahren ist nur eines von vielen Hilfsmitteln, die auf dieses Ziel hinführen" (Perls 1981, 37).

214 In der mit Goodman konzipierten Theorie des Selbst wird, mit Bezug auf eine Bemerkung in Freuds „Traumdeutung", die Einheit von Primär- und Sekundärvorgang als gesunde Funktion beim zur Kreativität und Spontaneität fähigen Erwachsenen betrachtet. Dabei schreiben Perls und Goodman schon 1951 „den frühkindlichen Wahrnehmungsprozessen eine Ganzheitlichkeit und integrative Kraft zu, wie sie mittlerweile auch durch die moderne Säuglingsforschung vertreten wird (Bocian 2000, 38f)."

215 Dies unabhängig davon, wie viel Lebensqual die damit zusammenhängenden Persönlichkeitsmerkmale ihm selber bereitet haben und wie viel Schmerz er dadurch auch ihm nahestehenden Personen zugefügt haben mag.

216 „Perls was the Mephistopheles to Mike Morphy's sainthood. (...) Perls seemed to have the function around there of being the negative aspects of Mike's over-positiveness" (Rollo May über das Esalen Institut, in Gaines 1979, 153). Das Mephisto Motiv geht

auf seine Jahre als „schwarzes Schaf" der Familie in der Jugendzeit zurück: „Das Vergnügen, das es mir in meinen schlimmen Jahren bereitete, mich selbst als Mephisto zu sehen und darzustellen" (Perls 1981, 260). Damals stellte der Vater und Freimaurer-Großmeister den „heiligen" Gegenpol dar. Dass im Mephistobild Widerstands- und Selbstbehauptungsaspekte gegen die Entwertungen durch den Vater enthalten sind, der ihn einmal „ein Stück Scheiße" genannt hatte, wird ebenfalls deutlich: „Wenn sich Faust über Mephisto ärgert, nennt er ihn eine Travestie von Schmutz und Blut, eine Kloake, wie wir sagen würden" (ebd.).

217 Philosophie- bzw. aufklärungsgeschichtlich gesehen, ist das Moderne an Goethes Mephisto, dass er den „dialektischen Evolutionismus" (Sloterdijk 1983, 344) repräsentiert, das heißt, er steht für eine Form der positiven Destruktion, für „das gute Böse" (ebd.) Im Sinne Hegels geht es hier um eine antireligiöse Entwicklungstheorie, und Mephisto, als antimethapysischer Empiriker, sieht das Leben entsprechend in seiner polar-dialektischen Entwicklung. Er nimmt das „Negative" als Teil des Lebendigen an und für ihn ist das „Böse" dem Sein, dem sich entwickelnden Leben, immanent.

218 Im Gegensatz zur pathetischen Verherrlichung der Schöpfung durch die Engel, sieht Mephisto den Menschen, den „kleinen Gott der Welt" wesentlich realistischer: „Ich seh nur, wie sich die Menschen plagen. Der kleine Gott der Welt bleibt stehts von gleichem Schlag. Und ist so wunderlich als wie am ersten Tag. Ein wenig besser würd er leben, Hättst du ihm nicht den Schein des Himmelslichts gegeben; Er nennts Vernunft und brauchts allein, Nur tierischer als jedes Tier zu sein" (Goethe 1988, 22).

219 Vgl. auch Habermas 1997, 37.

220 Gestaltpsychologisch geht es um die Provokation bzw. Bereitstellung von Schließungselementen für eine offene Gestalt, die den Gestaltbildungsprozess blockiert und Stillstand, Habitus, „Charakter" bedeutet, statt Gestalt im Übergang und Basis für Weiterentwicklung zu sein.

221 Vgl. Petzold in F. Perls 1981, IV.

222 Lore Perls, die im Alter in ihre deutsche Geburtsstadt Pforzheim zurückkehrte und dort starb, sagte in einem Gespräch mit einer Schülergruppe des Gymnasiums, das sie als Mädchen selber besucht hatte: „Wir haben in der Friedenstraße gewohnt, das Haus steht noch. Das einzige Haus in der Straße, das nicht gut aussieht – verwahrlost und nicht gut erhalten ... Ich habe nirgends ein absolutes Heimatgefühl" (Lore Perls 1989).

223 Vgl. Traverso (1994, 7f).

LITERATUR

Adams, W. P. (1990): Die Deutschen im Schmelztiegel der USA. Berlin (American version: German Americans, Indiana University, Indianapolis

Adler, H. G. (1988): Die Juden in Deutschland. München

Adorno, Th. W. (1960): Mahler. Eine musikalische Physiognomik. Frankfurt a. M.

Adorno, Th. W. (1971): Erziehung zur Mündigkeit. Frankfurt a. M.

Adorno, Th. W. (1969): Stichworte. Kritische Modelle 2. Fankfurt a. M.

Alpert, J. (1992): Psychoanalyse der Frau jenseits von Freud. Berlin, Heidelberg

Antoch, R. F. (1989): Von der Kommunikation zur Kooperation. Studien zur individualpsychologischen Theorie und Praxis. Frankfurt a. M.

Antonelli, G. (1997): Il mare Ferenczi. La storia, il pensiero, la tecnica di un maestro della psicoanalisi. Roma

Arenz, C. (1999): Übertragung oder Wirklichkeit? In: Gestalttherapie 2, 11-25

Ash, M. G. (2004): La Psicologia della Gestalt nella cultura tedesca dal 1890 al 1967. Milano

Assmann, A. et. al. (Hg.) (1998): Identitäten. Erinnerungen, Geschichte, Identität 3. Frankfurt a. M.

Balint, M. (1991): Angstlust und Regression. Stuttgart

Battenberg, F. (1990a, b): Das europäische Zeitalter der Juden. Teilband I und II. Darmstadt

Bauman, Z. (1996): Moderne und Ambivalenz. Das Ende der Eindeutigkeit. Frankfurt a. M.

Beck, U. (Hg.) (1997): Kinder der Freiheit. Frankfurt a. M.

Beckmann, M. (1955): Briefe aus dem Krieg. Hamburg

Benn, G. (1982): Gedichte. In der Fassung der Erstdrucke. Frankfurt a. M.

Benz, W. (1997): Der Holocaust. München

Benz, W. et. al. (Hg.) (1994) : Lexikon des deutschen Widerstandes. Frankfurt a. M.

Benz, W. et. al. (Hg.) (1997): Vorurteil und Völkermord. Entwicklungslinien des Antisemitismus. Freiburg, Basel, Wien

Bergius, H. (1993): Das Lachen Dadas. Die Berliner Dadaisten und ihre Aktionen. Gießen

Berglar, P. (1999): Wilhelm von Humboldt. Reinbek bei Hamburg

Bergmann, W. (2002): Geschichte des Antisemitismus. München

Bernfeld, S. (1934): Die Gestalttheorie. In: Imago 20, 32-77

Bernfeld, S. et. al. (1988): Bausteine der Freud-Biographik. Frankfurt a. M.

Bernfeld, S. (1974): Antiautoritäre Erziehung und Psychoanalyse 2. Frankfurt a. M.

Best, O. F. (1982): Theorie des Expressionismus. Stuttgart

Bildarchiv Preußischer Kulturbesitz (Hg.)(1983): Juden in Preußen. Ein Kapitel deutscher Geschichte. Dortmund

Bilden, H. (1998): Jenseits des Identitätsdenkens – Psychologische Konzepte zum Verständnis „postmoderner" Subjektivität. In: Verhaltenstherapie und psychosoziale Praxis 30, 5-32

Bittner, G. (Hg.) (1994): Biographien im Umbruch. Lebenslaufforschung und vergleichende Erziehungswissenschaft. Würzburg

Blankertz, H. (1992): Die Geschichte der Pädagogik. Von der Aufklärung bis zur Gegenwart. Wetzlar

Blankertz, St. (1990): Gestaltkritik. Paul Goodmans Sozialpathologie in Therapie und Schule. Köln

Blankertz, St., Doubrawa, E. (2005): Lexikon der Gestalttherapie. Wuppertal

Bloch, E. (1979): Das Prinzip Hoffnung. Band I bis III. Frankfurt a. M.

Bloch, E. (1992): Erbschaft dieser Zeit. Frankfurt a. M.

Bocian, B. (1988): Selbst, Meditation und erotisches Erfassen der Wirklichkeit. In: Gestalttherapie 2, 59-68

Bocian, B. (1992): Karen Horney. Skizze zu Leben, Werk und Bedeutung für die Gestalttherapie. In: Gestalttherapie 1, 5-14

Bocian, B. (1992a): Das Unbehagen in der Gestalttherapie oder – Wem gehört eigentlich die DVG? In: DVG-Forum, Info-Brief Nr. 15, 11-20

Bocian, B. (1993): Wider das unhistorische Lesen des Buches Gestalt Therapy. Kritische Anmerkungen zum Artikel von St. Blankertz in Gestalttherapie 1/93. In: Gestalttherapie 2, 66-72

Bocian, B. (1994 / 1995a, b): Gestalttherapie und Psychoanalyse. Zum besseren Verständnis eines Figur-Hintergrund-Verhältnisses – Teil I-III. In: Gestalttherapie 2/94, 12-36, 1/95a, 61-83, 2/95b, 69-83

Bocian, B. (1997): Warum Psychoanalyse als Hintergrund? Anmerkungen zu Peter Rumpler und Lannie Peyton. In: Gestalttherapie 1, 77-79

Bocian, B. (1997a): Der Frankfurter Psychoanalytiker Karl Landauer (1887-1945). Ein vergessener Lehrer von Lore und Friedrich Perls. In: Gestalttherapie 2, 3-18

Bocian, B. (2000): Von der Revision der Freudschen Theorie und Methode zum Entwurf der Gestalttherapie – Grundlegendes zu einem Figur-Hintergrund-Verhältnis. In: Bocian B., Staemmler F. M. Hg. (2000), 11-108

Bocian, B.; Staemmler, F. M. (Hg.) (2000): Gestalttherapie und Psychoanalyse. Berührungspunkte-Grenzen-Verknüpfungen. Göttingen

Bocian, B. (2002): Lebenserfahrung und Theorieproduktion. Fritz Perls in Berlin 1893-1933: Ein Beitrag zur deutschen Vorgeschichte und zur Aktualität von Gestalttherapie und Gestaltpädagogik. Diss. phil. Technische Universität Berlin.

Bocian, B. (2004): Zu den Berliner Wurzeln der Gestalttherapie: Expressionismus – Psychoanalyse – Judentum. In: Müller, T. (Hg.): Psychotherapie und Körperarbeit in Berlin. Geschichte und Praktiken der Etablierung. Abhandlungen zur Geschichte der Medizin und der Naturwissenschaften Nr. 86. Husum

Böhme, G. (1985): Anthropologie in pragmatischer Hinsicht, Frankfurt a. M.

Böhme, G. (1994): Weltweisheit – Lebensform – Wissenschaft. Eine Einführung in die Philosophie. Frankfurt a. M.
Böhme, H. (1988): Natur und Subjekt. Frankfurt a. M.
Böhne, E. et. al. (Hg.) (1992): Die Künste und die Wissenschaften im Exil 1933-1945. Gerlingen
Botstein, L. (1991): Judentum und Modernität. Essays zur Rolle der Juden in der deutschen und österreichischen Kultur 1848 bis 1938. Wien u. Köln
Bracher, K. D. et. al. (Hg.) (1988): Die Weimarer Republik 1918-1933. Politik . Wirtschaft . Gesellschaft. Bonn
Brändle, G. (1985): Die jüdischen Mitbürger der Stadt Pforzheim. Pforzheim
Brecht, K. et al. (1985): „Hier geht das Leben auf eine sehr merkwürdige Weise weiter ...". Zur Geschichte der Psychoanalyse in Deutschland. Hamburg
Breuer, J.; Freud, S. (1991): Studien über Hysterie. Frankfurt a. M.
Brubacher, F. (1973): 60 Jahre Ketzer. Selbstbiographie. „Ich log so wenig als möglich". Zürich
Brunkhorst, H. et. al. (1990): Herbert Marcuse zur Einführung. Hamburg
Burian, W. (1985): Sexualität, Natur, Gesellschaft. Eine psycho-politische Biographie Wilhelm Reichs. Freiburg
Bürmann, J. (1992): Was ist Gestaltpädagogik? In: Gestaltpädagogik 2, 38-54
Bürmann, J. (1998): 20 Jahre Gestaltpädagogik. In: Gestaltpädagogik 12, 51-61
Bundeszentrale für politische Bildung (Hg.)(1991): Deutsche Juden – Juden in Deutschland. Bonn
Burow, O. A. (1993): Macht Liebe Macht? Neue Anforderungen an Psychologen und Pädagogen beim Aufbruch in die Informationsgesellschaft. In: Gestalttherapie 2, 51-65
Cardorf, P. (1988): Friedlaender (Mynona) zur Einführung. Hamburg
Cavaleri, P. (1992): Karen Horney and Frederick Perls. In: Quaderni di Gestalt 1, 53-59
Clark, R. W. (1990): Siegmund Freud. Leben und Werk. Frankfurt a. M.
Clarkson, P.; Mackewn, J. (1993): Fritz Perls. London
Cohn, R. et. al. (1991): Gelebte Geschichte der Psychoanalyse. Zwei Perspektiven. Stuttgart
Cremerius, J. (1984): Vom Handwerk des Psychoanalytikers. Band 2. Stuttgart-Bad Cannstatt
Cremerius, J. (1992): „Die Psychoanalyse gehört niemandem". Als Wissenschaft vom Menschen darf sie nicht monopolisiert werden. In: Wiesse, J. (Hg.): Chaos und Regel. Göttingen
Cremerius, J. (1987): Unterdrückung von Wahrheit, persönlicher Freiheit und wissenschaftlichem Denken in der psychoanalytischen Bewegung. In: Psychoanalytisches Seminar Zürich (Hg.): Between the Devil and the deep blue Sea. Psychoanalyse im Netz. Freiburg i. Br., 15-34
Cremerius, J. (Hg.) (1995): Die Zukunft der Psychoanalyse. Frankfurt a. M.
Dahmer, H. (1980): Analytische Sozialpsychologie. 1. Band. Frankfurt a. M.
Dahmer, H. (1995): Schicksale der „psychoanalytischen Bewegung". In: Cremerius, J (Hg.): Die Zukunft der Psychoanalyse. Frankfurt a. M.

Danzer, G. (1992): Der wilde Analytiker. Georg Groddeck und die Entdeckung der Psychosomatik. München
Dech, J. et. al. (Hg.) (1991): Dada Zwischenreden zu Hannah Höch. Berlin
De Clerck, R. (1994): „Der Traum von einer bess'ren Welt": Psychoanalyse und Kultur in der Mitte der zwanziger Jahre: Berlin und London. In: Gekle, H. (Hg.): Luzifer-Amor. Zeitschrift zur Geschichte der Psychoanalyse 13, 41-70
Dickow, J. Hg. (1988): Die Bedeutung biographischer Forschung für den Erzieher. Münster
Doubrawa, E., Staemmler, F. (Hg.)(2003): Heilende Beziehung. Dialogische Gestalttherapie. Wuppertal
Dreitzel, H. P. (1982): Der Körper in der Gestalttherapie. In: Kamper, D. und Wulf, Ch.: Die Wiederkehr des Körpers. Frankfurt a. M., 52-67
Dreitzel, H. P. (1988): Zur Theorie und Genese narzisstischer Persönlichkeitsfunktionsstörungen. In: Gestalttherapie 2, 33-42
Droste, M. (1993): Bauhaus 1919-1933. Köln
Duhm, D. (1977): Warenstruktur und zerstörte Zwischenmenschlichkeit. Lampertheim
Eagle, M. N. (1988): Neuere Entwicklungen in der Psychoanalyse. München-Wien
Eberhardt, A. P. (1914): Von den Winkellogen Deutschlands – Freimaurerlogen neueren Datums im ersten Vierteljahrhundert. Leibzig
Ebrecht, A. (1991): Das individuelle Ganze. Zum Psychologismus der Lebensphilosophie. Stuttgart
Edschmid, K. (1964): Lebendiger Expressionismus. Auseinandersetzung, Gestalten, Erinnerungen. Frankfurt/M, Berlin
Eitner, H-J. (1991): Hitlers Deutsche: Das Ende eines Tabus. Gernsbach
Elger, D. (1994): Expressionismus. Eine deutsche Kunstrevolution. Köln
Elias, N. (1981): Über den Prozess der Zivilisation. Erster Band. Frankfurt a. M.
Elias, N. (1996): Über sich selbst. Frankfurt a. M.
Elias, N. (1993): Mozart. Frankfurt a. M.
Engelmann, B. (1994): Wir Untertanen. Ein deutsches Geschichtsbuch. Göttingen
Engelmann, B. (1995): Einig gegen Recht und Freiheit. Ein deutsches Geschichtsbuch 2. Teil. Göttingen
Engelmann, B. (1998): Deutschland ohne Juden. Göttingen
Evers, M. (1986): Philosophie des Organismus in teleologischer und dialektischer Sicht. Münster
Exner, L. (1996): Fasching als Logik. Über Salomo Friedlaender / Mynona. München
Fallend, K.; Nitzschke, B. (Hg.) (1997): Der ‚Fall' Wilhelm Reich. Beiträge zum Verhältnis von Psychoanalyse und Politik. Frankfurt a. M.
Federn, P. (1978): Ichpsychologie und die Psychosen. Frankfurt a. M.
Fellmann, F. (1993): Lebensphilosophie. Elemente einer Theorie der Selbsterfahrung. Reinbek bei Hamburg
Fenichel, O. (1979): Aufsätze. Bd. I. Olten
Ferenczi, S. (1982): Die Elastizität der psychoanalytischen Technik. In: Schriften zur Psychoanalyse. Band II. Frankfurt a. M., 237-250

Ferenczi, S.; Rank, O. (1924): Entwicklungsziele der Psychoanalyse. Leipzig, Wien, Zürich
Feuerbach, L. (1975): Werke in sechs Bänden. Band 4. Kritiken und Abhandlungen III (1844-1866). Frankfurt a. M.
Fischer, G., Riedesser, P. (2003): Lehrbuch der Psychotraumatologie. München / Basel
Fischer, L. (1993): Georg Grosz. Reinbek bei Hamburg
Foulkes, S. H. (1992): Gruppenanalytische Psychotherapie. München
Frambach, L. (1993): Identität und Befreiung in Gestalttherapie, Zen und christlicher Spiritualität. Petersberg
Frambach, L. (1996): Salomo Friedlaender / Mynona (1871-1946). Erinnerung an eine Quelle der Gestalttherapie. In: Gestalttherapie 1, 3-23
Frank, M. 1975): Der unendliche Mangel an Sein. Schellings Hegelkritik und die Anfänge der Marxschen Dialektik. Frankfurt a. M.
Franzen, G. M. (1995): „Werden Sie wieder reagierbereit!" Elsa Gindler (1885-1961) und Ihre Arbeit. In: Gestalttherapie 2, 3-18
Frech, H. W. (2000): Gestalt im Feld. Theoretische und gesellschaftliche Herausforderungen. In: Gestalttherapie 2, 3-19
Freud, S. (1972): Die „kulturelle" Sexualmoral und die moderne Nervosität. In: Freud, S.: Drei Abhandlungen zur Sexualtheorie. Frankfurt a. M.
Freud, S. (1991): Hemmung, Symptom und Angst. Frankfurt a. M. (Fischer)
Freud, S. (1993): Die Traumdeutung. Frankfurt a. M.
Freud, S.; Ferenczi, S. (1993): Briefwechsel Bd. I/2, 1912 bis 1914. Wien. Köln. Weimar
Freud, S.; Groddeck, G. (1988): Briefe über das Es. Frankfurt a. M.
Friedlaender / Mynona, Alfred Kubin (1986): Briefwechsel. Linz
Friedrich, O. (1973): Weltstadt Berlin. Größe und Untergang 1918-1933. München
Friedrich, V. (1988): Briefe einer Emigrantin. Die Psychoanalytikerin Clara Happel an ihren Sohn Peter (1936-1945). In: Psyche 42, 193-215
Frenzel, H. A. et. al. (1993): Daten deutscher Dichtung. Chronologischer Abriss der deutschen Literaturgeschichte. Band 2. Vom Realismus bis zur Gegenwart. Köln
From, I. (1987): An oral History of Gestalt Therapy, Part 2: A Conversation with Isadore From. In: Gestalt Journal, 7-27 [dt. Ärgerlich warf ich mit dem Aschenbecher nach Fritz Perls. Im Gespräch mit Edward Rosenfeld. In: Doubrawa, A. u. E. (Hg.): Erzählte Geschichte der Gestalttherapie. Wuppertal 2003, 89-114]
Fromm, E. (1989): Gesamtausgabe Band VIII. Psychoanalyse. München
Fromm, E. (1991): Von der Kunst des Zuhörens. Therapeutische Aspekte der Psychoanalyse. Schriften aus dem Nachlass Band 5. Weinheim und Basel
Fuegi, J. (1999): Brecht & Co. Biographie. Berlin
Fuhr, R., Sreckovic, M., Gremmler-Fuhr, M. (1999): Handbuch der Gestalttherapie. Göttingen
Funk, R. (1990): Erich Fromm. Reinbek bei Hamburg
Gaines, J. (1979): Fritz Perls. Here and Now. Millbrae
Gay, P. (1988): „Ein gottloser Jude". Sigmund Freuds Atheismus und die Entwicklung der Psychoanalyse. Frankfurt a. M.

Gay, P. (1989a): Die Republik der Außenseiter. Geist und Kultur in der Weimarer Zeit 1918-1933. Frankfurt a. M.

Gay, P. (1989b): Freud, Juden und andere Deutsche. Herren und Opfer in der modernen Kultur. München

Geisel, E. (1981): Im Scheunenviertel. Bilder, Texte und Dokumente. Berlin

Gente, H. P. (Hg.) (1973): Marxismus, Psychoanalyse, Sexpol. Bd. 1., Dokumentation. Frankfurt a. M.

Gerhard-Sonnenberg, G. (1976): Marxistische Arbeiterbildung in der Weimarer Zeit (MASCH). Köln

Giusti, E. et. al. (2002): Psicoterapie della Gestalt. Integrazione dell'Evoluzione Pluralistica. Roma

Glaser, H. G. (Hg.) (1989): Deutsche Literatur. Eine Sozialgeschichte. Weimarer Republik-Drittes Reich: Avantgardismus, Parteilichkeit, Exil 1918-1945. Reinbek bei Hamburg

Glaser, H. (1976): Sigmund Freuds Zwanzigstes Jahrhundert. Seelenbilder einer Epoche. Materialien und Analysen. München, Wien.

Glaser, H. (1985): Spießer Ideologie. Von der Zerstörung des deutschen Geistes im 19. und 20. Jahrhundert und dem Aufstieg des Nationalsozialismus. Frankfurt a. M.

Glaser, H. (1993): Bildungsbürgertum und Nationalismus. Politik und Kultur im Wilhelminischen Deutschland. München

Goethe, J. W. (1998): Faust. Volume primo. Milano

Goldmann, R. (1999): Die große Lücke. Über jüdisches Leben in Deutschland vor und nach dem Holocaust. In: Frankfurter Allgemeine Zeitung 14.9.1999, 10

Goldstein, K. (1927): Die Beziehung der Psychoanalyse zur Biologie. In: Eliasberg, W. (Hg.): Bericht über den II. Allgemeinen ärztlichen Kongress für Psychotherapie in Bad Nauheim, 27.-30. April 1927. Leipzig, 15-52

Goodman, P. (1989): Natur heilt (Natura sanat non medicus) – Psychologische Essays. Köln

Goodman, P. (1992) : Stossgebete und anderes über mich. Köln

Görlich, B. (Hg.) (1980): Der Stachel Freud. Beiträge und Dokumente zur Kulturismus-Kritik. Frankfurt a. M.

Grimm, R. et. al. (Hg.) (1970): Die sogenannten zwanziger Jahre. First Wisconsin Workshop. Schriften zur Literatur 13. Bad Homburg v. d. H.

Groddeck, G. (1988): Krankheit als Symbol. Schriften zur Psychosomatik. Frankfurt a. M.

Gross, O. (2000): Von geschlechtlicher Not zur sozialen Katastrophe. Hamburg

Grosz, G. (1976): Ein kleines Ja und ein großes Nein. Sein Leben von ihm selbst erzählt. Reinbek bei Hamburg

Gumbrecht, H. U. (2001): Der geblendete Igel. Zurück in die Zukunft: Die Humboldt-Renaissance an amerikanischen Hochschulen. Frankfurter Rundschau, 12. 9. 2001, 17

Habermas, J. (1997): Politik, Kunst, Religion. Stuttgart

Haffner, S. (1994): Der Verrat 1918 / 1919 – als Deutschland wurde, wie es ist. Berlin

Haffner, S. (2001): Geschichte eines Deutschen. Die Erinnerungen 1914-1933. München

Harrington, A. (2002): Die Suche nach Ganzheit. Die Geschichte biologisch-psychologischer Ganzheitslehren: Vom Kaiserreich bis zur New-Age-Bewegung. Hamburg
Haslinger, R. (1993): Nietzsche und die Anfänge der Tiefenpsychologie. Regensburg
Haumann, H. (1990): Geschichte der Ostjuden. München
Hausmann, R. (1982a, b): Texte bis 1933. Band 1 und 2. München
Heer, H. (Hg.) (1997): Im Herzen der Finsternis. Victor Klemperer als Chronist der NS-Zeit. Berlin
Heigl-Evers, A. (1993): Lehrbuch der Psychotherapie. Stuttgart
Heimannsberg, B. et. al. (Hg.): Das kollektive Schweigen. Nationalsozialistische Vergangenheit und gebrochene Identität in der Psychotherapie. Köln
Heineke, G. (1978): Frühe Kommunen in Deutschland. Versuche neuen Zusammenlebens. Jugendbewegung und Novemberrevolution 1919-14. Herford
Hepp, M. (1993): Kurt Tucholsky. Biographische Annäherungen. Reinbek bei Hamburg
Hepp, C. (1992): Avantgarde. Moderne Kunst, Kulturkritik und Reformbewegung nach der Jahrhundertwende. München
Hermand, J. (1991): Grüne Utopien in Deutschland. Zur Geschichte des ökologischen Bewusstseins. Frankfurt a. M.
Hermand, J. (1996): Judentum und deutsche Kultur. Beispiele einer schmerzhaften Symbiose. Köln, Weimar, Wien
Hermand, J. et. al. (1989): Die Kultur der Weimarer Republik. Frankfurt a. M.
Hermann, H. H. (1969). Weimar – Bestandsaufnahme einer Republik. Reinbek bei Hamburg
Herrmann, I. (1922): Die neue Berliner psychologische Schule und die Psychoanalyse (Kongressbericht). In: Imago 8, 481 f
Herrmanns, L. M. (1994): Psychoanalyse in Selbstdarstellungen Bd.2. Tübingen
Hesse, H. (1988): Eigensinn. Reinbek bei Hamburg
Heydecker, J. J. (1997): Der große Krieg 1914-1918. Von Sarajewo bis Versailles. Berlin
Hinck, W. (1990): Die Wunde Deutschland. Heinrich Heines Dichtung. Frankfurt a. M.
Hochheimer, W. (1954): Zur Analyse des therapeutischen Feldes. In: Psyche 7, 648-675
Horkheimer, M., Adorno, Th. W. (1991): Dialektik der Aufklärung. Frankfurt a. M.
Horney, K. (1926): Flucht aus der Weiblichkeit. In: IZP – Internationale Zeitschrift für Psychoanalyse 12, 360-374
Horney, K. (1977): Neue Wege in der Psychoanalyse. Frankfurt a. M.
Horney, K. (1989): Die Psychologie der Frau. Frankfurt a. M.
Huelsenbeck, R. (1992): Mit Witz, Licht und Grütze. Auf den Spuren des Dadaismus. Hamburg
Huelsenbeck, R. (Hg.) (1994): DADA Eine literarische Dokumentation. Reinbeck bei Hamburg
Hülsewig-Johnen, J. (Hg.) (1994). O Mensch! Das Bildnis des Expressionismus. Bielefeld
Hurwitz, E. (1988): Otto Gross. Paradies-Sucher zwischen Freud und Jung. Zürich
IZP – Internationale Zeitschrift für Psychoanalyse. Herausgegeben von Sigm. Freud. Nummer 14/1928, Nummer 16/1930 bis 19/1933, Nummer 23/1937. Nedeln / Liechtenstein 1969 (Kraus Reprint)

Jacoby, R. (1990): Die Verdrängung der Psychoanalyse oder Der Triumph des Konformismus. Frankfurt a. M.
Jägersberg, O. (Hg.) (1984): Georg Groddeck. Der wilde Analytiker, Es-Deuter, Schriftsteller, Sozialreformer und Arzt aus Baden-Baden. Bühl-Moos
Jay, M. (1991): Dialektische Phantasie. Die Geschichte der Frankfurter Schule und des Instituts für Sozialforschung 1923-1950. Fankfurt a. M.
Kampmann, W. (1994): Deutsche und Juden. Fankfurt a. M.
Karady, V. (1999): Gewalterfahrung und Utopie. Juden in der europäischen Moderne. Frankfurt a. M.
Karcher, E. (1992): Otto Dix 1891-1969. „Entweder ich werde berühmt – oder berüchtigt." Köln
Kaus, R.; Heinrichs J. (1989): Wandlungen im Unbewussten. Gedanken zu O. Marquards Werk „Transzendentaler Idealismus-Romantische Naturphilosophie-Psychoanalyse. In: Jahrbuch der Psychoanalyse. Stuttgart, 124-166
Keupp, H. (Hg.) (1993): Zugänge zum Subjekt. Perspektiven einer reflexiven Sozialpsychologie. Frankfurt a. M.
Keupp, H. et. al. (Hg.) (1997): Identitätsarbeit heute. Klassische und aktuelle Perspektiven der Identitätsforschung. Frankfurt a. M.
Keupp, H. (Hg.) (1998): Der Mensch als soziales Wesen. Sozialpsychologisches Denken im 20. Jahrhundert. Ein Lesebuch. München
Keupp, H. et. al. (1999): Identitäts-Konstruktionen. Das Patchwork der Identitäten in der Spätmoderne. Hamburg.
Kiefer, M. (2002): Antisemitismus in den islamischen Gesellschaften. Der Palästina-Konflikt und der Transfer eines Feindbildes. Düsseldorf
Kirchhoff, J. (1988): Schelling. Hamburg
Kischke, H. (1996): Die Freimaurer. Fiktion, Realität und Perspektiven. München
Klemperer, V. (1997): Das Tagebuch 1933-1945. Eine Auswahl für junge Leser. Berlin
Kluge, U. (1985): Die deutsche Revolution 1918 / 1919. Frankfurt a. M.
Kogan, G. (1976): The Genesis of Gestalt Therapy. In C. Hatcher / P. Himelstein (Hrsg.), The Handbook of Gestalt Therapy. New York
Korte, H. (1994): Die Dadaisten. Reinbek bei Hamburg
Krockow, C. G. v. (1992): Die Deutschen in ihrem Jahrhundert 1890-1990. Reinbek
Kunstamt Kreuzberg et. al. (Hg.) (1977): Weimarer Republik. Berlin und Hamburg
Laier, M. (1989): Das Frankfurter Psychoanalytische Institut (1929-1933). Materialien aus dem Sigmund-Freud-Institut Frankfurt Nr. 9. Frankfurt (Sigmund-Freud-Institut)
Laier, M. (1996): Der Neurologe Kurt Goldstein (1878-1965) und seine Beziehung zur Gestaltpsychologie und Psychoanalyse. In: Plänkers et. al. Hg. 1996, 235-253
Landauer, G. (1978): Aufruf zum Sozialismus. Wetzlar
Landauer, K. (1991): Theorie der Affekte und andere Schriften zur Ich-Organisation. Frankfurt a. M.
Lemche, E. (1993): Das Körperbild in der psychoanalytischen Entwicklungspsychologie. Eschborn

Lessin, U. (2002): „Fragment“ als Korrektiv. Plädoyer für ein Gegengewicht zu Totalisierungstendenzen des Ganzheitsbegriffs. In: Gestalttherapie 1, 19-51
Link-Salinger, R. (Hg.) (1986): Signatur: g.l. Gustav Landauer im „Sozialist“ (1892-1899). Frankfurt a. M.
Lockot, R. (1985): Erinnern und Durcharbeiten. Zur Geschichte der Psychoanalyse und Psychotherapie im Nationalsozialismus. Frankfurt a. M.
Loesch, I. (1990): Mit Leib und Seele. Erlebte Vergangenheit des Ausdruckstanzes. Berlin
Lohmann, H. M. (Hg.) (1994): Psychoanalyse und Nationalsozialismus. Beiträge zur Bearbeitung eines unbewältigten Traumas. Frankfurt a. M.
Lohmann, H. M. (1991): Freud zur Einführung. Hamburg
Longerich, P. (1995): Deutschland 1918 – 1933. Die Weimarer Republik. Handbuch zur Geschichte. Hannover
Lorenz, D. (2000): Die Freudsche Psychoanalyse ist keine Wissenschaft – aber ein faszinierendes literarisches Verfahren. www.morgenwelt.de
Lorenzer, A. (1993): Intimität und soziales Leid. Archäologie der Psychoanalyse. Frankfurt a. M
Losurdo, D. (2002): Il ribelle aristocratico. Torino
Ludwig-Körner, Ch. (1992): Der Selbstbegriff in Psychologie und Psychotherapie. Wiesbaden
Lukàcs, G. (1988): Geschichte und Klassenbewusstsein. Darmstadt
Lutz, B. (Hg.) (1995): Metzler Philosophen Lexikon. Stuttgart
Mahler, M. et. al. (1987): Die psychische Geburt des Menschen. Frankfurt a. M.
Mann, K. (1991): Der Wendepunkt. Ein Lebensbericht. Reinbek bei Hamburg
Marcuse, H. (1965a, b): Kultur und Gesellschaft Bd. 1 und Bd. 2. Frankfurt a. M.
Marcuse, H. (1973): Konterrevolution und Revolte. Frankfurt a. M.
Marcuse, H. (1987): Triebstruktur und Gesellschaft. Frankfurt a. M.
Marquard, O. (1987): Transzendentaler Idealismus. Romantische Naturphilosophie. Psychoanalyse. Köln
Marx, K. et. al. (1970): Ausgewählte Werke. Band I. Frankfurt a. M.
Mehrgardt, M. (1995): Erkenntnistheorie und Gestalttherapie. Teil I. Eine dialektische Erkenntnistheorie als Grundlage der Gestalttherapie. In: Gestalttherapie 2, 20-35
Mehrgardt, M. (2001): Homo Solus. Doxa und Paradoxa des kulturellen Selbstverständnisses. In: Gestalttherapie 1, 3-27
Mehrgardt, M. et. al. (2001): Selbst und Selbstlosigkeit. Ost und West im Spiegel ihrer Selbsttheorien. Köln
Melzer, R. (1999): Konflikt und Anpassung. Freimaurerei in der Weimarer Republik und im „Dritten Reich“. Wien
Mertens, W. (1990): Einführung in die psychoanalytische Therapie. Band 1. Stuttgart, Berlin, Köln
Mertens, W. (1990 b.): Psychoanalyse. Stuttgart, Berlin, Köln
Mertens, W. (1993): Die psychoanalytische Haltung. In: Ermann (Hg.): Die hilfreiche Beziehung in der Psychoanalyse. Göttingen, 11-34
Mertens, W. (1997): Psychoanalyse – Geschichte und Methode. München

Meyer, M. A. (1992): Jüdische Identität in der Moderne. Fankfurt a. M.
Modena, E. (1997): Psychoanalyse und Freudismus. Zur Aktualität einer marxistischen Freud-Kritik 1995, exemplifiziert am Versuch einer Neuinterpretation der Trieb-Theorie. In: Rothschild (Hg.): Selbstmystifizierung der Psychoanalyse. Psychoanalytische Blätter Band 5. Göttingen u. Zürich, 111-143
Moser, T. (1987): Der Psychoanalytiker als sprechende Attrappe. Eine Streitschrift. Frankfurt a. M.
Moser, T. (1990): Das zerstrittene Selbst. Frankfurt a. M.
Mosse, G. L. (1992): Jüdische Intellektuelle in Deutschland. Zwischen Religion und Nationalismus. Frankfurt a. M.
Mühlleitner, E. (1992): Biographisches Lexikon der Psychoanalyse. Die Mitglieder der Psychologischen Mittwoch-Gesellschaft und der Wiener Psychoanalytischen Vereinigung 1902-1938. Tübingen
Müller, B. (1988): Zur Theorie der Diagnostik narzisstischer Erlebnis- und Verhaltensstrukturen. In: Gestalttherapie 2, 43-58
Müller, K. J. (1988): Mahler. Leben, Werk, Dokumente. München
Müller, T. (2000): Von Charlottenburg zum Central Park West. Henry Lowenfeld und die Psychoanalyse in Berlin, Prag und New York. Frankfurt a. M.
Mynona (S. Friedlaender) (1988): Das Eisenbahnunglück oder der Anti-Freud. Hamburg
Mynona (S. Friedlaender) (1989): Graue Magie. Ein Berliner Nachschlüsselroman. Berlin
Neumann-Schönwetter M. (1991): Verleugnung der eigenen Wurzeln? Vom Unsinn der Ausgrenzung. Assoziationen zu Psychoanalyse und Gestalt. In: Burow, O. A. et. al. (Hg): Gestaltpädagogik in Praxis und Diskussion. Berlin, 192 – 207
Nietzsche, F. (1964): Gedichte. Stuttgart
Nietzsche, F. (1992): Nietzsche-Brevier. Stuttgart
Nietzsche, F. (1994): Jenseits von Gut und Böse und andere Schriften. Werke 3. Köln
Nitzschke, B. (1988): Sexualität und Männlichkeit. Zwischen Symbiosewunsch und Gewalt. Reinbek bei Hamburg
Nitschke, A. et. al. (Hg.) (1990a, b): Jahrhundertwende. Der Aufbruch in die Moderne. Band 1 und Band 2. Reinbek bei Hamburg
Nitzschke, B. (2000): Das Ich als Experiment. Essays über Sigmund Freud und die Psychoanalyse im 20. Jahrhundert. Göttingen
Oberborbeck, K. W. (1994): Kinderanalyse im Umfeld des Berliner Psychoanalytischen Instituts 1920-1933. In: Gekle, H. et. al. Hg.: Luzifer-Amor. Zeitschrift zur Geschichte der Psychoanalyse 13, 71-120
Olbrich, H. (Hg.) (1990): Geschichte der deutschen Kunst 1918-1945. Leipzig
Olenhusen, A. G. v. (1990): Bürgerrat, Einwohnerwehr und Gegenrevolution. Freiburg 1918-1920. Zugleich ein Beitrag zur Biographie des Rudolf Freiherr v. Sebottendorf. In: Olenhusen, G. v. et. al. (Hg.): Wege und Abwege. Beiträge zur europäischen Geistesgeschichte der Neuzeit. Festschrift für E. Howe. Freiburg
Olenhusen, A. G. v. (2000): Anarchismus und Psychoanalyse zu Beginn des 20. Jahrhundertss. Der Kreis um Erich Mühsam und Otto Gross. In: Schriften der Erich-Mühsam-Gesellschaft. Heft 19

Olvedi, U. (1992): Frauen um Freud. Die Pionierinnen der Psychoanalyse. Freiburg
Orange, D. M. et. al. (2001): Intersubjektivität in der Psychoanalyse. Kontextualismus in der psychoanalytischen Praxis. Frankfurt a. M.
Ottersbach, G. (1992): Max Reinhard oder: Woher kommt das Dramatische in der Gestalttherapie. In: Gestalttherapie 2, 5-14
Parlett, M. (1992): Feldtheorie. Vortrag auf dem Europäischen Gestalt-Kongress Mai 1992 in Paris. In: Gestalttherapie 2, 15-24
Passett, P. (1983): Gedanken zur Narzissmuskritik: Die Gefahr, das Kind mit dem Bad auszuschütten. In: Psychoanalytisches Seminar Zürich (Hg.) Die neuen Narzissmustheorien: zurück ins Paradies? Frankfurt a. M., 165-193
Perls, F. (1977): In and out the Garbage Pail. Toronto, New York, London
Perls, F. S. (1979): Planned Psychotherapy. In: Gestalt Journal 2 (2), 5-13
Perls, F. (1980): Ein Interview mit Dr. Friedrich Perls (1966). In: Perls, F.S.: Gestalt-Wachstum-Integration. Aufsätze, Vorträge, Therapiesitzungen. (Hg). H. Petzold. Paderborn, 17-26
Perls, F. (1981): Gestalt-Wahrnehmung. Verworfenes und Wiedergefundenes aus meiner Mülltonne. Frankfurt a. M.
Perls, F. (1986): Gestalt-Therapie in Aktion. Stuttgart Perls, F. (1979): Grundlagen der Gestalt-Therapie. Einführung und Sitzungsprotokolle. München
Perls, F. (1987): Gestalt als Lebensphilosophie (Zusammenstellung R. Fuhr). In: Gestalttherapie 1, 17-24
Perls, F. (1991): Das Ich, der Hunger und die Aggression. München
Perls, F. (1993): A Life Chronology. In: Gestalt Journal 2, 5-9 [dt.: Autobiographische Stichworte. In: Perls, F.: Was ist Gestalttherapie?, Wuppertal 2004, 105-110]
Perls, F. S., Hefferline, R. F.,Goodman, P. (1987): Gestalt-Therapie. Wiederbelebung des Selbst. Stuttgart
Perls, F. S., Hefferline, R. F., Goodman, P. (1991): Gestalttherapie. Grundlagen. München
Perls, F. S., Hefferline, R. F.,Goodman, P. (1996): Gestalt Therapy. Excitement and Growth in the Human Personality. London
Perls, L. (1989): Leben an der Grenze. Essays u. Anmerkungen zur Gestalt-Therapie. Köln
Perls, L. (1989): Bandmitschnitt des Kulturamtes der Stadt Pforzheim: „Interview mit Frau Dr. L. Perls vom 10.7.1989."
Perls, L. (1991): Gespräch von Frau Dr. L. Perls (Lore Posner) mit der Projektgruppe des Pforzheimer Reuchlin-Gymnasiums (Gesprächsprotokoll vom August 189): In: Briefe ehemaliger Schüler des Reuchlin-Gymnasiums. Pforzheim, 54-56
Perls, L. (1992): A Conversation with Laura Perls. In: Living at the Boundery. Highland, NY (Gestalt Journal Publications), 25-34 [dt.: Aus dem Schatten hervortreten. Im Gespräch mit Edward Rosenfeld. In: Doubrawa, A. u. E. (Hg.): Erzählte Geschichte der Gestalttherapie. Gespräche mit Gestalttherapeuten der ersten Stunde. Wuppertal 2003, 25-48]
Perls, L. (1997): Der Weg zur Gestalttherapie. Lore Perls im Gespräch mit Daniel Rosenblatt. Wuppertal [erweiterte Neuauflage unter dem Titel: Perls, L., Meine Wildnis ist die Seele des Anderen. Der Weg zur Gestalttherapie. Wuppertal 2005]

Perls, L. (2001): Interview. Aus dem Schatten hervortreten. In: Gestaltkritik 2, 20-29
Peters, B. (o. J.): Die Geschichte der Freimaurerei im Deutschen Reich. Berlin
Peters, U. H. (1992): Psychiatrie im Exil. Die Emigration der Dynamischen Psychiatrie aus Deutschland 1933-1939. Düsseldorf
Petzold, H. (1984): Die Gestalttherapie von Fritz Perls, Lore Perls und Paul Goodman. In: Integrative Therapie 1-2, 5-72
Petzold, H. (1987): Heraklitische Wege – Gestalttherapie und Integrative Therapie: Bezüge, Gemeinsamkeiten und Divergenzen. In: Latka, H. F. et. al. (Hg.): Gestalttherapie und Gestaltpädagogik – zwischen Anpassung und Auflehnung. Dokumentation der Münchner Gestalt-Tage 87. Eurasburg, 34-92
Petzold, H. (1993): Zur Frage nach der „therapeutischen Identität" in einer pluralen therapeutischen Kultur am Beispiel von Gestalttherapie und Integrativer Therapie – Überlegungen (auch) in eigener Sache. In: Petzold, H., Sieper, J. (Hg.): Integration und Kreation. Band 1. Paderborn, 51-92
Petzold, H. (1996): Identitätsvernichtung, Identitätsarbeit, „Kulturarbeit" – Werkstattbericht mit persönlichen und prinzipiellen Überlegungen aus Anlass der Tagebücher von Victor Klemperer, dem hundertsten Geburtstag von Wilhelm Reich und anderer Anstöße. In: Integrative Therapie 4, 371-450
Peukert, D. J. (1987): Die Weimarer Republik. Krisenjahre der klassischen Moderne. Fankfurt a. M.
Pfemfert, F. (1985): Ich setze diese Zeitschrift wider diese Zeit. Sozialpolitische und literaturkritische Aufsätze. Darmstadt und Neuwied
Pines, M. (1977): S. H. Foulkes' Beitrag zur Gruppentherapie. In: Heigl-Evers, A. (Hg.): Die Psychologie des 20. Jahrhunderts, Band VIII. Zürich
Pinthus, K. (Hg.) (1995): Menschheitsdämmerung. Ein Dokument des Expressionismus. Reinbek bei Hamburg
Plänkers, T. et. a. (Hg.) (1996): Psychoanalyse in Frankfurt am Main. Zerstörte Anfänge, Wiederannäherung, Entwicklung. Tübingen
Pohlen, M. et. al. (1995): Psychoanalyse – Das Ende einer Deutungsmacht. Reinbek bei Hamburg
Portele, H. (1988): Psychotherapie ist keine „Ausübung von Heilkunde" sondern ... . In: Gestalttherapie 1, 12-18
Portele, H. (1989): Gestalttherapie und Selbstorganisation. In: Gestalttherapie 1, 5-15
Portele, H. (1989a): Autonomie, Macht, Liebe. Frankfurt a. M.
Portele, H. (1992): Der Mensch ist kein Wägelchen. Gestaltpsychologie – Gestalttherapie – Selbstorganisation – Konstruktivismus. Köln
Portele, H. (1993): Anarchistische Grundlagen der Gestalttherapie. In: Gestalttherapie 2, 22-29
Rackelmann, M. (1994): Wilhelm Reich und der Einheitsverband für proletarische Sexualreform und Mutterschutz: Was war die Sexpol? In: Emotion. Beiträge zum Werk von Wilhelm Reich 11, 56-93
Rapaport, D. (1973): Die Struktur der psychoanalytischen Theorie. Stuttgart
Rattner, J. (1990): Alfred Adler. Reinbek bei Hamburg

Reich, W.; Neill A. S. (1986): Zeugnisse einer Freundschaft. Der Briefwechsel zwischen W. Reich und A. S. Neill 1936-1957. Köln
Reich, W. (1937): Der dialektische Materialismus in der Lebensforschung. In: Zeitschrift für Politische Psychologie und Sexualökonomie. Band 4, Heft 3 (14), 137-148
Reich, W. (1975): Reich speaks of Freud. Wilhelm Reich discuss his Work and his Relationship with Sigmund Freud. Harmondsworth
Reich, W. (1982): Menschen im Staat. Frankfurt a. M.
Reich, W. (1983): Charakteranalyse. Frankfurt a. M.
Reich, W.; Fromm, E.; Bernfeld, S. (1934 / 1968): Dialektischer Materialismus und Psychoanalyse. Sozial-Revolutionäre Schriften II. Berlin (Underground Press)
Reichmayr, J. (1994): Spurensuche in der Geschichte der Psychoanalyse. Frankfurt a. M.
Reichwein, R. (1989): Die Funktionalisierung der Verdrängung im Konzept der Autopoiesis. In: Gestalttherapie 1, 30-46
Reinhardt, M. (1993): (Es ist nicht die Welt des Scheins...). Max Reinhardt über das Theater. Herausgegeben vom Deutschen Theater. Berlin
Reitemeyer, U. (1988): Philosophie der Leiblichkeit. Ludwig Feuerbachs Entwurf einer Philosophie der Zukunft. Frankfurt a. M.
Ribbe, W. et. al. (Hg.)(1994): Kleine Berlin Geschichte. Landeszentrale für politische Bildungsarbeit Berlin
Riha, K. (1977): Dada Berlin. Texte, Manifeste, Aktionen. Stuttgart
Rochard, P. (Hg.) (1989): Der Traum von einer neuen Welt. Berlin 1910-1933. Mainz
Rothe, H. J. (1987): Zur Erinnerung an Karl Landauer. Materialien aus dem Sigmund-Freud-Institut Frankfurt. Nummer 4.
Rothländer, C. (1998): „Und mit der Hausmusik ging er in den Tod...". Über das Leben des Wiener Psychoanalytikers Karl von Motesiczky. In: Werkblatt. Zeitschrift für Psychoanalyse und Gesellschaftskritik Nr. 41 /2, 3-33
Rubins, J. L. (1983): Karen Horney. Sanfte Rebellin der Psychoanalyse. Frankfurt a. M.
Rürup, R. (Hg.) (1995): Jüdische Geschichte in Berlin. Bilder und Dokumente. Berlin
Scheffler, W. (1964): Judenverfolgung im Dritten Reich. Berlin
Schilder, P. (1936): Besprechung von: Koffka, K.: Principles of Gestalt Psychology. In: Imago 22, 251-255
Schiller, F. (1965): Über die ästhetische Erziehung des Menschen. Stuttgart
Schipperges, H. (1975): Am Leitfaden des Leibes. Zur Anthropologik und Therapeutik Friedrich Nietzsches. Stuttgart
Schmidbauer, W. (1998): „Ich wusste nie, was mit Vater ist". Das Trauma des Krieges. Reinbek bei Hamburg
Schmidt, A. (1988): Emanzipatorische Sinnlichkeit. Ludwig Feuerbachs anthropologischer Materialismus. München, Zürich
Schmied-Korwarzik, W. (1985): Die existentiell-praktische Einheit von Mensch und Natur. Zur Bedeutsamkeit der Naturphilosophie Schellings für die Ökologiedebatte. In: Heckmann, R. (Hg.): Natur und Subjektivität. Stuttgart-Bad Cannstatt, 375-389
Schneede, U. M. (1989): Georg Grosz. Der Künstler in seiner Gesellschaft. Köln
Scholem, G. (1995): Judaica 2. Frankfurt a. M.

Schönhoven, K. (1989): Reformismus und Radikalismus. Gespaltene Arbeiterbewegung im Weimarer Sozialstaat. München
Schrader, B. et. al. (1987): Die „goldenen“ Zwanziger Jahre. Kunst und Kultur der Weimarer Republik. Wien, Köln, Graz
Schröter, K. (1993): Döblin. Reinbek bei Hamburg
Schröter, M. (1998): Manichäische Konstruktion. Kritik an zwei Studien über Wilhelm Reich und seine Konflikte mit der DPG / IPV. (1933-34). In: Psyche 2, 176-197
Schubert, K. (1995): Jüdische Geschichte. München
Schuhmann, K. (Hg.) (1991): Sankt Ziegenzack springt aus dem Ei. Dadaismus in Zürich, Berlin, Köln und Hannover. Leibzig und Weimar
Schultz, H. J. (Hg.) (1979): Mein Judentum. Stuttgart
Schumacher, W. (1971): Gestaltdynamik und Ich-Psychologie. In: Psyche 25, 161-191
Schutte, J.; Sprengel, P. (Hg.): Die Berliner Moderne 1885-1914. Stuttgart
Schwarze, A. (1987): Poetische Selbstverständigung im Anderen. Die literarische Hölderlin-Biographik der 70er Jahre als Doppelportrait. Essen
Sennet, R. (2000): Der flexible Mensch. Die Kultur des neuen Kapitalismus. Berlin
Sharaf, M. (1994): Wilhelm Reich: Der heilige Zorn des Lebendigen; Die Biographie. Berlin
Shepard, M. (1975): Fritz. New York
Siepmann, E. (1977): Montage: John Heartfield. Vom Club Dada zur Arbeiter-Illustrierten Zeitung. Dokumentes-Analysen-Berichte. Berlin
Simmel, E. (1993): Psychoanalyse und ihre Anwendungen. Ausgewählte Schriften. Frankfurt a. M.
Sloterdijk, P. (1978): Literatur und Organisation von Lebenserfahrung. Autobiographien der zwanziger Jahre. München
Sloterdijk, P. (1983a, b): Kritik der zynischen Vernunft. Erster und Zweiter Band. Frankfurt a. M.
Sloterdijk, P. (1996): Selbstversuch. Ein Gespräch mit Carlos Oliveira. München, Wien
Sloterdijk, P. (2002): Luftbeben. An den Quellen des Terrors. Frankfurt a. M.
Spitz, R. (1988): Vom Dialog. München
Sreckovic, M. (1999): Geschichte und Entwicklung der Gestalttherapie. In: Fuhr, R. et. al. (Hg.): Handbuch der Gestalttherapie. Göttingen, 15-180
Sreckovic, M. (2001): Historisches. In: DVG Hg., Gestalttherapie Heute. Düsseldorf, 4-16
Staemmler, F.-M. (1995): Der „leere Stuhl“ – Ein Beitrag zur Technik der Gestalttherapie. München
Staemmler, F.-M. et. al. (2004): Ganzheitliche Veränderung in der Gestalttherapie. Köln
Steinbach, P. et. al. (Hg.) (1994): Widerstand gegen den Nationalsozialismus. Bonn
Stephan, I. (1992): Die Gründerinnen der Psychoanalyse. Zürich
Sterba, R. F. (1985): Erinnerungen eines Wiener Psychoanalytikers. Frankfurt a. M.
Stoehr, T. (1994): Here, Now, Next. Paul Goodman and the Origins of Gestalt Therapy. San Francisco
Taylor, Ch. (1995): Das Unbehagen an der Moderne. Frankfurt a. M.

Taylor, S. (1990): Left-Wing Nietzscheans. The Politics of German Expressionism. 1910-1920. Berlin, New York
Theweleit, K. (1995): Männerphantasien Band 2. Männerkörper. Zur Psychoanalyse des weißen Terrors. München
Theweleit, K. (1995 a): Das Land, das Ausland heißt. Essays, Reden, Interviews zur Politik und Kunst. München
Thompson, C. (1982): Die Psychoanalyse. Ihre Entstehung und Entwicklung. Zürich
Titze, H. (1979): „Identitäts"philosophie heute und bei Schelling. Meisenheim / Glan
Töteberg, M. (1978): Heartfield. Reinbek bei Hamburg
Toller, E. (1994): Eine Jugend in Deutschland. Reinbek bei Hamburg
Traverso, E. (1993): Die Juden und Deutschland. Auschwitz und die „Jüdisch-Deutsche Symbiose". Berlin
Traverso, E. (2004): Cosmopoli: Figure dell'esilio ebraico-tedesco. Verone
Ulrich, B. et. al. (Hg.) (1994): Frontalltag im Ersten Weltkrieg. Wahn und Wirklichkeit. Frankfurt a. M.
Vietta, S. et. al. (1994): Expressionismus. München
Volkov, S. (1994): Die Juden in Deutschland 1780-1918. Enzyklopädie deutsche Geschichte Band 16. München
Volkov, S. (2001): Das jüdische Projekt der Moderne. München
Votsmeier, A. (1995): Gestalt-Therapie und die „Organismische Theorie" – der Einfluss Kurt Goldsteins. In: Gestalttherapie 1, 2-16
Waldvogel, B. (1992): Psychoanalyse und Gestaltpsychologie. Historische und theoretische Berührungspunkte. Stuttgart-Bad Cannstatt
Walter, H. J. (1975): Der gestalttheoretische Ansatz in der Psychotherapie. In: Guss, K. (Hg.): Gestalttheorie und Erziehung. Darmstadt
Wendt, B. J. (1995): Deutschland 1933-1945. Das Dritte Reich. Handbuch zur Geschichte. Hannover
Werner, B. E. (1962): Die zwanziger Jahre. Von Morgen bis Mitternacht. München
Wheeler, G. (1993): Kontakt und Widerstand. Ein neuer Zugang zur Gestalttherapie. Köln
Wick, R. K. (1994): Bauhaus-Pädagogik. Köln
Will, H. (1987): Georg Groddeck. Die Geburt der Psychosomatik. München
Winkler, H. A. et. al. (Hg.) (1997): Weimar. Ein Lesebuch zur deutschen Geschichte 1918-1933. München
Witte, B. (1992): Walter Benjamin. Reinbek bei Hamburg
Wolf, S. (1988): Gustav Landauer zur Einführung. Hamburg
Zeitler, P. (Hg.) (1991): Erinnerungen an Elsa Gindler. München
Zerbetto, R.(1998): La Gestalt. Terapia della Consapevolezza. Milano
Zuckmayer, C. (1971): Als wär's ein Stück von mir. Erinnerungen. Frankfurt a. M.

ANGEFRAGTE UND BENUTZTE ARCHIVE UND EINRICHTUNGEN:

Berliner Institut für Lehrerfort- und -weiterbildung und Schulentwicklung – BIL
Bibliothek für Zeitgeschichte Stuttgart
Bundesarchiv, Abteilungen Potsdam
Humboldt-Universität zu Berlin, Universitätsarchiv
Jüdische Gemeinde zu Berlin
Jüdisches Museum Frankfurt
Kassenärztliche Vereinigung Berlin, Arztregister
Krankenbuchlager Berlin
Landeseinwohneramt Berlin
Magistrat der Stadt Wien, Wiener Stadt- und Landarchiv
Sigmund Freud-Museum, London
Stiftung „Neue Synagoge – Centrum Judaicum", Berlin
Universität Freiburg i. Br., Universitätsarchiv
Universität Wien, Universitätsarchiv
Institut für Geschichte der Medizin des Zentrums für Human- und Gesundheitswissenschaften der Charitè – Universitätsmedizin Berlin (ZHGB)

INDEX

Gestalttherapie – Einführungen

Erhard Doubrawa und Stefan Blankertz, **Einladung zur Gestalttherapie:** Eine Einführung mit Beispielen, 104 Seiten, € 10,50

Erhard Doubrawa, **Die Seele berühren:** Erzählte Gestalttherapie, 123 Seiten, € 11,90

Daniel Rosenblatt, Erhard Doubrawa, Stefan Blankertz, **Gestalt Basics.** Zwei Einführungen in einem Band: »Gestalttherapie für Einsteiger« (Rosenblatt) sowie »Einladung zur Gestalttherapie« (Doubrawa/Blankertz), 192 Seiten, gebunden, € 18,50

Gestalttherapie – Bibliothek

Stephen Schoen, **Die Nähe zum Tod macht großzügig:** Ein Therapeut als Helfer im Hopiz, 103 Seiten, € 12,90

Stephen Schoen, **Wenn Sonne und Mond Zweifel hätten:** Gestalttherapie als spirituelle Suche, 118 Seiten, € 11,90

Stephen Schoen, **Greenacres:** Ein Therapie-Roman, 289 Seiten, € 16,90

Arnold Beisser, **Wozu brauche ich Flügel?** Ein Gestalttherapeut betrachtet sein Leben als Gelähmter, 156 Seiten, € 13,90

Barry Stevens und Carl R. Rogers, **Von Mensch zu Mensch,** 261 Seiten, € 18,90

Daniel Rosenblatt, **Zwischen Männern:** Gestalttherapie und Homosexualität, 204 Seiten, € 13,90

Judith R. Brown, **Zwei in einem Sieb:** Märchen als Wegweiser für Paare, 192 Seiten, gebunden, € 18,90

Gestalttherapie – Klassiker

Frederick S. Perls, **Was ist Gestalttherapie?,** 140 S., € 14,90

Laura Perls, **Meine Wildnis ist die Seele des Anderen:** Im Gespräch mit Daniel Rosenblatt u.a., herausgegeben von Anke und Erhard Doubrawa, 248 Seiten, gebunden, € 21,90

Erving und Miriam Polster, **Gestalttherapie:** Theorie und Praxis der integrativen Gestalttherapie, 352 Seiten, € 18,90

Erving und Miriam Polster, **Das Herz der Gestalttherapie:** Beiträge aus vier Jahrzehnten, 389 Seiten, € 21,90

George Dennison, **Gestaltpädagogik in Aktion,** hg. und mit einem Nachwort von Stefan Blankertz, 393 Seiten, € 24,90

James S. Simkin, **Gestalttherapie:** Minilektionen für Gruppen und Einzelne, 136 Seiten, € 12,90

Barry Stevens, **Don't Push the River:** Gestalttherapie an ihren Wurzeln, 261 Seiten, € 19,90

Anke und Erhard Doubrawa (Hg.), **Erzählte Geschichte der Gestalttherapie:** Gespräche mit Gestalttherapeuten der ersten Stunde, 256 Seiten, € 14,90

Gestalttherapie – Arbeitsbücher

Gordon Wheeler, **Jenseits des Individualismus:** Für ein neues Verständnis von Selbst, Beziehung und Erfahrung, 348 Seiten, € 29,90

Gordon Wheeler / Stephanie Backman (Hg.), **Gestalttherapie mit Paaren,** 376 Seiten, € 25,50

Michaela Pröpper, **Gestalttherapie mit Krebspatienten:** Eine Praxishilfe zur Traumabewältigung, 202 Seiten, mit 4-farbigen Abbildungen, € 22,90

Stefan Blankertz, **Gestalt begreifen:** Ein Arbeitsbuch zur Theorie der Gestalttherapie, 160 Seiten, € 20,50

Stefan Blankertz und Erhard Doubrawa, **Lexikon der Gestalttherapie,** 347 Seiten, € 19,90

Erhard Doubrawa und Frank-M. Staemmler (Hg.), **Heilende Beziehung:** Dialogische Gestalttherapie, 230 Seiten, € 21,90

Frank-M. Staemmler und Werner Bock, **Ganzheitliche Veränderung in der Gestalttherapie,** 150 Seiten, € 21,90

Robert L. Harman (Hg.), **Werkstattgespräche Gestalttherapie**: Mit Gestalttherapeuten im Gespräch, 191 Seiten, € 20,90

GIK-Business

Stefan Blankertz, **Wenn der Chef das Problem ist:** Ein Ratgeber, 249 Seiten, gebunden, € 24,90

Heilende Texte

Meister Eckhart, ausgewählt und kommentiert von Stefan Blankertz, herausgegeben und eingeleitet von Erhard Doubrawa, 171 Seiten, gebunden, € 14,90